2011

中国林业信息化发展报告

Annual Report
on Forestry Informatization Development in China

■《中国林业信息化发展报告》编纂委员会

中国林业出版社

图书在版编目（CIP）数据

中国林业信息化发展报告. 2011 / 《中国林业信息化发展报告》编纂委员会编纂.
－北京：中国林业出版社, 2011.8

ISBN 978-7-5038-6360-8

Ⅰ. ①中… Ⅱ. ①中… Ⅲ. ①林业－信息化－研究报告－中国－2011

Ⅳ. ①F326.2-39

中国版本图书馆CIP数据核字(2011)第211073号

出　版：中国林业出版社（100009 北京西城区德内大街刘海胡同7号）

网　址：http://lycb.forestry.gov.cn

E-mail：cfybook@163.com　　电　话：83282326

发　行：中国林业出版社

印　刷：北京鼎美华斯印刷有限公司

版　次：2011年8月第1版

印　次：2011年8月第1次

开　本：787mm×1092mm 1/16

印　张：25

字　数：528千字

定　价：89.00元

《中国林业信息化发展报告2011》编纂委员会

Annual Report
on Forestry Informatization Development in China

《中国林业信息化发展报告2011》 编写组

组　长　李世东

成　员

邹亚萍	高尚仁	靳爱仙	杨新民	冯峻极	徐　前
温战强	高　崎	张会华	王　辉	顾洪波	刘利民
李淑芳	孟庆雯	乌日根	祝　巍	白　莹	谢宁波
张　翼	赵学志	钱能志	邹连顺	张云毅	张晓辉
周金锋	刘韶辉	吕光辉	黄一川	严　剑	邢　红
王小明	周　洪	武庆兰	刘宝华	邹亚萍	张耀恒
董　原	胡应学	曹　靖	龚立民	赵　鹏	洪家宜
刘再清	彭继平	杨柏权	龚玉梅	菅宁红	孙念军
何乐观	邓　侃	王　伟	高　伟	唐景全	潘世英
王佳会	李海涵	李晓华	刘合胜	王小婷	宿友民
杨桂英	陈圣林	夏宗林	杨本廷	赵　曼	艾笃亢
李月清	刘海平	王维家	李建军	钟黔春	陈世远
尹钟玉	刘　斌	闫　峻	阎铁铮	李冬梅	叶　卫
杨铁东	肖　微	冯德乾	周建洪	胡　永	郑兆欣
杜红梅	王为民	吕生龙	何　谦	王向军	李明师
钱　杰	王学东	徐　浩	王小明	许定成	王青春
刁训禄	王明印	刘友明	卜柏青	陈　尖	古大全
刘俏敏	陈　敏	贾发扬	熊　静	文　彬	乌兰图雅
薛恩东	高建玉	洛桑才让	刘方圆	陈　旭	杨华兵
赵日洪	刘力武	陈　震	于子君	李陆宙	李飞峰
周绍金	姜胜男	胡振华			

序

全球信息技术的创新及其广泛应用，正推动世界范围内生产方式、生活方式、思维方式发生深刻变革。温家宝总理强调指出：全球化、知识化、信息化、网络化的新时代逐步到来，有别于以往工业革命的新型人类文明形态正在形成过程中。世界正在从工业文明向信息文明演进，信息技术已成为生产力发展的时代强音，其每一项重大突破，无不孕育着生产力的新飞跃，信息技术诸多新的概念、新的思想、新的技术层出不穷——“三网融合”、“两化融合”、物联网、云计算、智慧地球、高端计算等等，这些信息动向反映信息化正在向高端发展，正在步入一个新的时期、一个新的发展阶段。

我们生活在信息时代，信息化进程是引起社会各界广泛关注的一个大的课题。作为世界上最大的发展中国家，我国信息化的发展必须和经济社会的快速发展相适应。信息化对于人类社会和国家民族发展的重要性不言而喻，信息化推进生产力发展，促进生产关系的变革，其所促发的经济社会转型和向信息社会的转变，不仅重绘全球政治的版图，而且将影响每个国家在人类历史长河中的重新定位。

2010年，在党中央、国务院的领导下，经过各地区、各部门和各方面的共同努力，我国信息化建设取得了重要进展。信息技术不断得到应用，信息基础设施和服务水平不断提高，信息产业持续快速增长，信息网络规模已跃居世界首位。全面加快林业信息化建设步伐，是我国林业适应国际国内信息化大趋势的战略举措，是满足社会信息化时代要求的战略行动，是支撑现代林业建设需要的战略内容。发展现代林业、建设生态文明、推动科学发展是当前全国林业工作的主题和方向。发展现代林业，建设好三大体系，必须要用现代科学技术提升林业，用现代物质条件装备林业，用现代信息手段管理林业，实现林业发展的科学化、信息化和机械化。也就是说，现代林业是信息化的林业，是由现代信息技术武装起来的林业，是紧跟时代发展潮流的林业。不借助于现代信息手段，就搞不清现状，就无法管理好林业庞大、复杂的资源，也无法科学有效地指导林业产业发展和生态文化建设，林业信息化已成为支撑现代林业大厦的三大支柱之一，林业信息化已进入全面加快发展的新阶段。“加快林业信息化，带动林业现代化”成为我国林业行业的时代特征和实现林业科学发展的战略举措。

《中国林业信息化发展报告》是中国林业信息化发展权威性的年度发展报告，每年出版一部，《中国林业信息化发展报告2011》是继首部《中国林业信息化发展报告2010》出版之后又一部实证式的林业信息化记录，从信息技术、产业、网络、应用、安全各个视野记录了2010年信息化发展进程中取得的进展，总结和讨论了与信息化相关的林业各个领域的热门主题、突出成就和具有前瞻性的信息技术，分析和预测了林业信息化的形势和状况、政策和策略、理论和实践研究的优秀成果，对重大工程项目等进行客观、公正、深入的分析和评估，对我国林业信息化进行全景式的概览和探索。希望此书能够给大家提供我国林业信息化发展的引导，对抓住历史机遇，加大林业信息化力度，开拓林业信息化事业，提升林业信息化水平具有积极的借鉴和指导意义。

全国绿化委员会副主任
国 家 林 业 局 局 长
2011年8月31日

目 录

CONTENTS

总论篇

地方篇

借鉴篇

图表专栏

Annual Report on Forestry Informatization Development in China

总论篇

第一章　年度总报告

2010年，全国林业信息化建设围绕着林业改革、发展的核心和主题，科学谋划，克服困难，狠抓落实，各项工作取得了新进展，获得了新突破。我国林业信息化建设快速推进，进入了统一规划、统一标准、统一管理、全面加快发展的新阶段。

第一节　2010年林业信息化建设进展

2010年，国家林业局高度重视林业信息化工作，多次开会进行专题研究，对林业信息化建设作出重要批示和指示。2010年1月21日，贾治邦局长在全国林业厅局长会议上指出：林业信息化建设取得实质性进展，全国林业信息化建设进入了全面发展的新阶段，已成为现代林业建设的一大亮点。2010年4月2日，贾治邦局长主持召开局长办公会，专题研究林业信息化建设问题，在听取了林业信息化建设情况汇报后明确指出：加快信息化是应对全球气候变化、全面推进现代林业发展、提高行政效率、降低行政成本的重要举措。林业信息化充分采用了世界先进理念和技术，借鉴吸纳了其他部门和地区成功的经验，起点非常高，思路非常清楚，方法非常对头，组织非常有力，取得了非常明显的成效。2010年12月27~28日，在北京召开的首届全国林业信息化示范省建设工作座谈会是在全面贯彻党的十七大、十七届五中全会和中央经济、农村、林业工作会议精神，全面加快推进林业信息化建设的新形势下召开的一次十分重要的会议，贾治邦局长出席会议并发表了题为《高度重视林业信息化在现代林业建设中的重大作用》的重要讲话（图1-1），国家林业局党组副书记、副局长祝列克同志作了题为《大力推进林业信息化示范建设，带动现代林业又好又快发展》的报告，这些指示充分肯定了2010年林业信息化的建设成绩，深刻阐释了新时期林业信息化的重要地位和作用，对今后一个时期林业信息化工作提出了明确要求，为进一步全面加快林业信息化建设指明了方向。2010年，在局党组的高度重视和坚强领导下，经过各地各单位的共同努力，林业信息化工作取得了显著成绩。

图1-1　贾治邦局长在全国林业信息化示范省建设工作座谈会上作指示

一、建成了高标准的内网、外网、专网，形成了全国林业信息高速公路

2010年，在已有工作的基础上，将林业专网节点由37个扩展至72个，初步形成了覆盖全国的中国林业网（外网）和国家林业局办公网（内网）。通过该网，各省级林业部门、各计划单列市林业局和国家林业局各司局、各直属单位，都可直接参加全国林业视频会议，或系统内的任何一方组织召开的电视电话会议，并通过电子公文传输系统实现文件传输等在线办理和事务办理。建立了国家林业局移动电话网，为职工工作、生活提供了便利。江西、湖南等省（区）完善了省、市、县、乡四级联网的林业政务内网体系，福建、浙江、吉林森工已把网络铺设到林场和乡镇林业站。内蒙古等省（区）对原有的网络线路

进行了带宽扩充和向下延伸。这些重要行动都有力促进了林业信息化的全面快速发展。

二、林业综合办公系统正式上线运行，全国林业系统进入无纸化办公时代

国家林业局内网由工作平台、信息平台、学习平台、生活平台和交流平台五大板块组成，局大院内全体职工、院外直属单位及36个省级林业部门的用户都可按权限登录内网系统进行工作、学习和交流。自2010年6月1日起，正式启用综合办公系统，通过综合办公系统实现了公文办理、会议办理、事务办理等政府机关主要工作的在线办理，除涉密文件外，全面实行网上办公，进入无纸化办公阶段，标志着林业系统由数千年的纸与笔时代进入了光与电时代。这是林业信息化建设的一件大事，在林业信息化发展史上具有里程碑意义，开创了林业信息化发展新纪元，必将对现代林业建设起到巨大的推动作用。过去一份文件从起草到发送至有关单位一般需三周时间，实现无纸化办公后，一份文件仅需一周时间即可完成全部运转过程，文件运转周期平均缩短了2/3左右，大大提高了工作效率。纸质办公时代，国家林业局每年印制文件仅纸张、油墨费用就达100多万元，无纸化办公时代仅需10多万元，节省行政成本90%。湖南、辽宁、浙江等综合办公系统建设起步较早的省份正在完善功能、强化应用，大大节约了行政成本。

三、整合改造了各司局各单位网站，形成了“中国林业网”统一门户网站

将国家林业局门户网站与现有50多个司局和直属单位网站进行了有机整合，实行统一域名管理下的网站群管理模式，形成了国家林业信息发布、在线办事和互动交流的统一平台。增建繁体版和英文版，加强了信息发布能力，拓展了服务功能，打造了“中国林业网”整体形象，得到了社会各界的广泛关注。先后策划开展了“解读中央林业工作会议精神”等系列活动，制作了“中央林业工作会议”、“新中国林业60年”等专题，丰富了网站内容。由中国林业网、中国政府网和新华网联合组织的局长在线访谈，得到了社会各界的广泛关注。辽宁省开通了林业政务商务一体化门户网站，福建等省完成了全省林业应急视频会商指挥系统建设，实现了视听到村、会商到乡的目标。2010年12月，国家林业局政府网绩效评估取得历史最好成绩，综合排名位列73个部委第11名，国家林业局政府网荣获中央部委“优秀政府网站”和“品牌栏目”奖。2010年中国林业网信息发布量和访问量分别突破5万条和1亿人次。

四、强化了数据库和应用系统建设整合，信息资源共享迈出了实质性步伐

整合改造了近百个专题数据库，初步实现了副省级以上决策层面的专业数据集中管理和统一基础平台上的跨部门数据共享。森林资源管理数据库、林业产业基础数据库建设取得阶段性成果。建设了基础数据交换平台、空间数据管理和发布等应用系统，将局内各个数据库和应用系统集中在统一平台上，实现林业信息资源的有效整合、统一管理和资源共享。启动实施林业资源监管体系建设项目，国产卫星数据应用系统建设项目等，完成了前期工作。各地各单位不同程度地实施了改造升级和整合完善工程。各地各单位不同程度地实施了改造升级和整合完善工程。北京、上海、云南、广东等省（市）投入大量资金用于业务应用系统建设。江西、浙江等省开发了林权交易网和网上林权交易系统，打造了统一的电子商务平台。吉林森工集团自主研发的“经济运行系统”和“森林防火监控系统”达到国际先进水平。

五、积极推动“金林工程”立项，大力开展示范工程和示范省建设

完成“金林工程”重点信息化建设项目建议编制工作并上报国家发展改革委，争取“金林工程”早日立项。组织编制了《全国林业信息化发展建设“十二五”规划》和“感知生态、智慧森林”物联网示范工程项目方案，力争列入国家信息化总体规划和首批物联网应用示范工程。在2009年辽宁、福建、湖南、吉林森工被确定为首批全国林业信息化示范省之后，每个示范省确定了2个示范主题，力争尽快推出国际先进、国内领先的示范成果，湖南省林业厅从2010年起，每年投入100万元，用于林业信息化试点示范建设。辽宁省林业厅从2010年开始，开展林业信息化示范市创建活动，每年拿出200万元奖励示范市建设，争取把林业信息化水平推到一个新高度。2010年12月27~28日在北京召开的全国林业信息化示范省建设工作座谈会总结交流了林业信息化示范建设经验，并颁发了首批全国林业信息化示范省奖牌。此次会议上明确提出：林业信息化必须打破条块分割，实行“五个统一”，即统一规划、统一标准、统一制式、统一平台、统一管理。在“五个统一”的前提下，林业信息化工作要调动各方面的积极性，破除林业部门比较保守的观念，把微观层面和宏观层面的事物结合起来，走出一条有中国特色的林业信息化发展之路，以推动全国林业信息化建设又好又快发展（图1-2、图1-3）。

图1-2 祝列克副局长在全国林业信息化示范省建设工作座谈会上讲话

图1-3 全国林业信息化示范省建设工作座谈会现场

六、加快信息化标准规范建设步伐，开展了首次“中国林业信息化发展战略”研究

研究制定了林业信息化标准指南、林业信息化术语等6个急需的基础性标准，同时认真梳理了现行标准，2009年底已颁布实施或参照执行。密切关注国际、国内信息化发展动向，组织相关专家学者及知名IT企业开展中国林业信息化发展战略研究，提出了林业信息

化发展战略框架、战略内容、战略重点、优先领域和保障措施，目的在于充分借鉴国际、国内信息化发展经验，最大限度地激活、用活林业资源，增强林业发展活力，为管理部门决策提供科学依据。印发了首部《中国林业信息化发展报告》。河北、江苏、福建、河南、湖北、四川等省都建立了省级信息化标准规范，指导全省林业信息化建设。

七、努力加强制度建设，林业信息化走上了规范化管理轨道

制定印发了《全国林业信息化工作管理办法》、《中国林业网管理办法》、《国家林业局办公网管理办法》、《全国林业专网管理办法》、《国家林业局中心机房管理办法》和《国家林业局网络信息安全应急处置预案》等制度及《办公计算机安全管理办法》、《账号与口令管理办法》、《病毒防御管理办法》、《电子邮件安全管理办法》、《访问控制安全管理规范》、《通信与操作安全管理规范》、《系统监控管理办法》、《信息安全事件管理规范》等信息安全管理办法，制定了《全国林业网站绩效评估管理办法》。

八、加强信息化机构队伍建设，中央编办正式批复成立了国家林业局信息中心

2010年3月，经中央编办批复成立了国家林业局信息中心，对全国林业信息化工作履行行业管理等职能。2010年1~3月，按照局里统一部署，连续举办了5期中国林业网和国家林业局办公网应用培训班，熟悉了综合办公系统和电子公文传输系统的使用方法，强化了政府工作人员的信息化意识和信息化知识。许多省级林业部门补充了领导小组人员，充实了管理机构人员，强化了技术队伍建设，据初步统计，2/3省级林业厅局成立了信息办或信息中心（图1-4）。

图1-4 中国林业网和国家林业局办公网应用培训班

第二节 2011年林业信息化发展展望

2011年，按照现代林业建设的总体部署，林业信息化工作要以全面实现林业信息化为目标，按照“五个统一”的工作思路，尽快形成布局科学、高效便捷、先进实用、稳定安全的全国林业信息化格局，为加强林业资源监管，优化森林生态系统结构，增强林业灾害监测预警和应急能力提供手段，力争在六个方面取得重点突破。

一、尽快编制完成国家和地方林业信息化“十二五”发展规划

在《全国林业信息化建设纲要》的基础上，结合工作实际，学习借鉴信息化发达国家的建设经验，完善出台国家、各省（区、市）“十二五”林业信息化发展规划，提出今后一个时期林业信息化的发展思路、建设目标、建设任务等，全面贯彻落实“以林业信息化带动林业现代化”的总体思路，利用信息化手段改变传统的林业管理模式和生产方式，充分发挥信息化建设在发展现代林业、建设生态文明、推动科学发展中的重要作用。

二、努力做好林业信息资源整合改造，大力推动物联网应用

要树立开放合作、共享共赢的理念，打破部门间、条块间的界限和封锁，梳理规范业务流程，整合共享信息资源，尽快实现横向到边、纵向到底，全面建成中国林业统一门户，将各类林业数据库、应用系统、网站分别整合到国家林业局办公网（内网）和中国林业网（外网）两大平台上，完善内外网栏目设置，加强外网信息发布、在线办事、互动交流等板块和内网五大平台的内容维护工作。拓展林业信息化应用领域，扩大信息化应用的覆盖面，全面提升信息资源共建共享和应用水平。通过积极努力工作，国家林业局被纳入国家首批物联网应用示范6个部委之一，要抓住这一契机，在互联网基础上，搞好林业物联网的示范试点，将林业监管的物品与互联网相连接，实现智能化识别、定位、跟踪、监控和管理。

三、加快林业核心业务信息化步伐，争取“金林工程”尽快实施

加快林业资源监管信息化，形成“全国林业资源一张图”。以统一的林业资源空间分布信息为基础，将全国林业数据落实到山头地块，提供从宏观到微观多级林业资源分布、历史、现状和动态信息。2010年，通过启动实施林业资源综合监管服务体系试点建设项目，逐步将全国林地、沙地、湿地和生物多样性等基础性林业资源数据落实到山头地块，形成对三个系统和一个多样性的全面有效监管。

加快营造林管理信息化，实现全国造林规划设计一体化。对国家实施的重点工程等营造林的规划、计划、作业设计、进度控制、检查验收和统计上报等各环节实行一体化管理。

加快林业灾害监控与应急管理信息化。在国家和地方建设森林防火监控和应急指挥系统、林业有害生物防治管理系统、野生动物疫源疫病监测管理系统，在国家和相关省级单位建设沙尘暴防治等林业灾害管理系统，为林业灾害的监测、预警预报、应急处理、损失评估和灾后重建等提供支撑。根据国家重大信息化工程建设规划编制的有关精神，组织编制“金林工程”项目建议，要进一步与国家发展改革委沟通协调做好立项工作，全面启动林业资源监管和林业灾害监控与应急管理系统建设，带动全国林业信息化快速发展。

四、进一步做好林业信息化示范省建设，引领全国林业信息化迈上新台阶

在总结第一批林业信息化示范省建设经验的基础上，抓好各项工作落实，努力为全国林业信息化建设探索路子。积极稳妥地推进第二批林业信息化示范省建设，遴选第二批林业信息化示范省，要按照《国家林业局办公室关于开展林业信息化示范省（区、市）建设工作的通知》要求：一是要求有独立的林业信息化建设组织和管理机构，切实承担起林业信息化建设的具体职责，并配备有不少于5人的专职工作人员；二是要有适合本地区特点的林业信息化建设总体规划，明确林业信息化的指导思想、建设原则、总体目标、主要建设内容和保障措施，并具有较强的科学性和可操作性；三是要外网具备信息发布、在线办事、互动交流三大功能，内网办公系统能够实现公文无纸化传递，有功能完善的独立机房，有运行效果良好的应用系统和数据库；四是要将林业信息化建设纳入当地林业建设总体规划，其建设资金及运维资金有基本保障；五是要有比较完善的科技支撑和林业信息化标准体系，邀请当地或全国信息化专家，定期或不定期对林业信息化建设的重大技术问题进行决策咨询；六是要有一套较完整齐全的林业信息化制度体系，包括项目建设管理制度、网络管理制度、应用推广制度、运维制度和激励制度等，各项工作运转规范有序。示范省要在政策、资金、技术等方面不断出经验，带动全国林业信息化又好又快发展。

五、共同推动理顺林业信息化投资渠道，为信息化建设提供资金保障

林业信息化建设是一项长期的系统工程，但目前仍没有稳定的资金来源渠道，随着林业信息化的快速推进，资金需求量很大，迫切需要研究制定林业信息化建设经费投入和使用机制。一是按照中央和地方事权划分的原则，积极争取在国家、省级发展改革委、财政部门设立林业信息化建设专项，做好林业信息化建设项目储备，开辟信息化建设长期稳定的渠道；二是在国家、省级现有林业建设项目总投资中，用于信息化建设的经费尽快统一管理使用，集中投入信息化建设；三是要积极沟通协调财政部门，将林业信息化运维资金列入各级政府经常性财政预算；四是本级林业计财部门，进一步协调资金，每年启动3~5个信息化重点项目，加快林业信息化建设；五是在市场效益明显的领域，积极吸收社会投资。争取形成高效的信息化建设和运行维护长效机制。

六、加强林业信息化组织机构和队伍建设，重视信息化标准和信息安全工作

林业信息化机构建设取得了明显进展，但仍不适应现代林业快速发展的需要。需要尽快充实信息化机构工作人员，增强林业信息化机构的协调能力，确保林业信息资源的有效整合，消除和预防重复投资、重复建设造成新的信息孤岛和资源浪费。地方林业部门要强化信息化管理机构和队伍建设，完善管理机制，赋予对业务应用信息化的协调权力，从侧重技术支撑服务向行政管理创新转变。制定一批急需的林业信息化标准，为互联互通、资源共享奠定基础。强化保密意识，加强入侵防御、漏洞扫描、病毒查杀，提高系统的稳定性、安全性和可靠性，确保网络运行安全与信息安全。

第二章　发展政策

2010年，国家林业局全面推进林业信息化工作，多次召开会议专题研究信息化工作，并相继出台了一系列重要文件，有力地推动了现代林业建设的快速发展。

第一节　重要会议

示范省建设是全面推进林业信息化建设、提高林业信息化建设水平的重要举措。为充分发挥点亮一盏灯，照亮一大片的示范带动作用，全面加快推进林业信息化建设，2010年12月27~28日，国家林业局组织召开了首次全国林业信息化示范省建设工作座谈会。会上，贾治邦局长发表了题为《高度重视林业信息化在现代林业建设中的重大作用》的讲话（专栏2-1）。

专栏2-1

高度重视林业信息化在现代林业建设中的重大作用

——在全国林业信息化示范省建设工作座谈会上的讲话

贾治邦

（2010年12月27日）

刚才，祝列克同志代表局党组作了一个非常重要的报告，充分肯定了一年来信息化各项工作取得的成效，客观分析了信息化工作面临的机遇和挑战，对今后信息化发展提出了明确的要求，具有很强的针对性，讲得很生动、很好，对今后的信息化工作具有很重要的指导意义。会后要印发与会代表和各司局、各直属单位，大家一定要认真学习领会，深入贯彻落实。下面，我再强调三点。

一、信息办做了大量卓有成效的工作，取得了非常明显的成效

2009年之前，全国林业信息化工作比较分散，各司局、各单位的信息化工作诸侯割据，大家都在建网站，还建数据库和应用系统，但标准制式不统一，各自为政，信息孤岛很多，不能实现互联互通、资源共享。为消除林业信息化重复建设和资源浪费现象，2009年初，按照国家信息化建设的总体部署，根据国内外信息化发展的理论与实践、形势与任务，结合国情、林情，局党组决定成立国家林业局信息化管理办公室，大力推进林业信息化建设，加大信息资源整合力度。2010年3月，中央编办正式批复成立了国家林业局信息中心。信息中心与信息办两块牌子，一套人马。

信息办成立以来，按照局党组的要求，在有关部门的配合下，统一规划，整合资源，勤勉工作，化解矛盾，在困难中前进，在协调中发展，做了大量卓有成效的工作，进展快，标准高，效果好。编制了《纲要》和《指南》，完成了全国林业信息化顶层设计；成功筹备召开了首届全国林业信息化工作会议，确立了全国林业信息化总体思路；建成了高标准的内网、外网、专网，形成了全国林业信息高速公路；林业综合办公系统正式上线运行，全国林业系统开始进入无纸化办公时代；整合改造了各司局各单位网站，形成了“中国林业网”统一门户网站；强化了数据库和应用系统建设整合，信息资源共享迈出了实质性步伐；积极推动“金林工程”立项，大力开展示范工程和示范省建设；编撰了首部《中国林业信息化发展报告》，开展了首次“中国林业信息化发展战略”研究；努力加强制度和标准建设，林业信息化逐步走上了规范化管理轨道；加强信息化机构队伍建设，中央编办正式批复成立了国家林业局信息中心等，取得了非常明显的成效，圆满完成了局党组部署的各项任务。林业信息化成为现代林业发展的一大亮点，赢得了国务院办公厅和有关部委的赞誉，许多部委来我局参观考察，在林业信息化发展史上乃至我国林业发展史上具有里程碑意义。这些成绩的取得，得益于全国林业系统广大干部职工，尤其是信息办的同志们付出的辛勤努力，局党组对林业信息化建设取得的成绩非常满意。

希望信息办和全国林业信息系统的同志们，继续发扬辛勤努力、团结奋进、无私奉献、爱岗敬业的光荣传统，力争把今后的林业信息化工作做得更好。同时，希望各司局、各单位和各地林业部门今后更加重视信息化工作，积极支持、配合信息办把这一现代林业的重要支柱做大做强。

二、林业信息化工作非常重要，任务十分艰巨而光荣

近年来，党中央、国务院对林业工作作出了一系列重要指示，巩固林业的“四个地位”，实现林业的“四大使命”和“五大功能”，都必须按照胡锦涛总书记“三个依靠”、“二个着力”、实现“双增”目标的指示精神，全面贯彻以生态建设为主的林业发展战略，发展现代林业，建设生态文明，推动科学发展。发展现代林业是林业工作的总任务，建设生态文明是林业工作的总目标，推动科学发展是林业工作的总要求，三者相互联系，相互促进。这既是林业改革和发展的核心和主题，也是今后林业发展的旗帜和方向。

科学化、信息化、机械化是现代林业的三大支柱。林业现代化首先必须有林业的信息

化，林业信息化是林业现代化最主要、最具有标志性意义的任务。没有林业的信息化，就没有林业的现代化，就无法建成真正意义上的现代林业。现代林业是用现代技术装备的林业，信息技术是当今世界最典型、集成度最高的现代技术。所以，现代林业首先是用现代信息技术装备的林业。

林业围绕生态系统建设，拓展了很多职能，林业部门管理的林地、沙地、湿地占国土面积的56%，这些都是非常重要的生产资料。不借助于现代信息手段，就搞不清现状，就无法管理好林业庞大、复杂的资源，也无法科学有效地指导林业产业发展和生态文化建设。最近我到北京市调研，他们对照2003年与目前的卫星照片，土地的变化情况一目了然。如果各省区市都能把管辖的森林、湿地、沙地、生物多样性等林业资源信息采集处理，形成全国统一的林业信息资源基础数据库，就可以随时了解全国林业资源的变动情况，作出合理的规划和安排，作出科学的工作决策。

在目前城市周围土地严格控制和投资风险日益增大的情况下，依法保护林地、湿地和野生动植物等稀缺资源的任务更加艰巨，从中央到省、市、县、乡都要利用先进的信息手段来管理林业，没有林业信息化，林业资源保护利用也搞不好，这些工作都凸显了信息化的极端重要性。

三、林业信息化必须打破条块分割，实行“五个统一”

怎样才能搞好林业信息化？国内外的实践、行业内外的实践都充分证明，搞好林业信息化，必须避免各自为政，实行“五个统一”，即统一规划、统一标准、统一制式、统一平台、统一管理。信息办的主要任务，就是搞好组织、协调、指导、监督和管理工作，落实好“五个统一”。

（一）统一规划。林业信息化建设首先要明确应该做哪些事情，然后做好统一规划，根据规划逐步实现。林业信息化是一项非常重要的系统工程，必须做一个成一个，投资一定要产生相应的效率和效益。2009年初，国家林业局颁布了《全国林业信息化建设纲要（2008~2020年）》和《全国林业信息化建设技术指南（2008~2020年）》，这是我们推进林业信息化的纲领性文件，对未来10年的信息化工作作了总体部署和安排。目前，信息办会同计财司等有关司局正在抓紧编制《全国林业信息化发展“十二五”规划》，即将印发。同时，指导未来20年信息化工作的《中国林业信息化发展战略研究》已完成初稿。这些都是结合林业现状作的统一谋划，发展思路非常清晰，是统一规划的具体体现。信息办工作很有章法，抓得很好。下一步，各司局、各直属单位要积极配合信息办工作，在统一规划指导下开展信息化工作，共同抓好规划的落实。林业信息化建设如同登山，每个阶段都很重要，都是在为下一个阶段打基础，一点一点爬到新的高度。有了统一的规划，在具体实施上，按照“由易到难”的原则逐步实施，从基础建设向应用推进，应用从简单逐渐向主体业务推进。

（二）统一标准。林业信息化需要制定统一的信息技术标准，统一标准是林业信息化建设的关键，是确保各种信息流在不同层级、不同部门间顺利流动的前提。在此基础上，才能整合提升目前分散的信息系统。如果建设标准不统一，即便建设速度再快，质量再高，建成一个系统，就形成一个孤岛，也无法连接到国家林业局统一的大平台。信息办成立以来，把与信息化相关的国际标准、国家标准、行业标准进行了认真梳理，并且研究制定了8个急需标准，从数据代码、功能要求、交换标准等方面进行规范，为林业信息化的规范建设与高效发展奠定了坚实基础。各地各单位都要认真贯彻执行这些标准。目前，信息办正在抓紧组织制定另外13个信息化相关标准。但标准化工作还不能完全适应全国林业信息化全面快速发展的要求，需要进一步加强，通过标准规范，来提高数据采集质量，解决数据的一致性、适应性问题。要尽快完成一批高技术含量的基础性综合类标准，争取早日形成比较完备的林业信息化标准体系。

（三）统一制式。林业信息化应用的软件系统，要尽量做到上下统一，避免相同的事情，用多种互不兼容的软件来支撑。因为如果制式不统一，各层级、各系统之间就会存在壁垒，林业系统就无法形成一个真正意义上的完整统一的大平台，就会浪费国家对林业信息化建设的投资。实践证明，不按照统一制式的应用系统，最终都要被边缘化，所有的信息化投资将变得毫无意义。只有统一制式，大家应用的普遍性功能才会不出问题，才能保证全国林业系统信息化建设成果的平滑对接，实现统一升级和完善。林业系统各级领导干部和信息办主任，在统一制式的问题上，一定要引入相关标准，实现上下对接，作出的决策和建成的系统要能经得起历史的考验，为林业信息化建设创造后续发展的机会。从历史发展角度看，秦朝统一度量衡"书同文、车同轨"的创举，促进形成了伟大的中华民族。同样，全国林业信息化统一制式，纵向才能与中央、省、市、县、乡实现连接兼容，横向与所有的部委互联互通，各省区市林业厅局也要做到横向到边、纵向到底的互联互通，以形成合力，共同促进现代林业的又好又快发展。

（四）统一平台。要基于多年的林业信息化经验，引入国内外强大的技术实力，重点打造一个林业信息化统一平台。基于信息共享的平台框架，便于用户在统一平台上进行一体化的设计，实现林业基础数据、业务数据、管理数据的共享。系统设计要遵循国家及林业系统关于信息化建设的规范标准，统一权限管理，完成多业务的管理，实现各个业务数据的融合，还要便于业务的拓展。统一平台必须采用统一的设计。通过计算机电信集成技术、数据库技术、视频媒体流和射频识别技术的融合，基于系统框架的设计和流程化的设计思想，通过分布式、模块化的实现方式，将林业数据库、应用系统、网站整合在统一平台上，建立林业统一门户网站。只要进入林业统一门户，就像进了迪斯尼乐园，想了解的都可以看到，这样才便于地方领导和社会各界了解林业情况。如果没有统一门户，各自建设的门户太多，就给想了解林业情况的人增添了麻烦，整个设备和设施都会造成浪费。在统一平台上，各个环节通过软件的数据共享、实时控制，有效地协调同步起来，形成一个完善的、规范的、可控的信息化管理系统。

（五）统一管理。信息化发达国家和国内各部委信息化建设经验充分证明，信息化建设必须实行统一的部署和管理。不统一管理，各司局、各直属单位、各省区市林业厅局建设的各种数据库和应用系统，采用不同的形式存储数据，就难以有效快速地进行数据交换，不能有效进行数据共享、整合，从而形成信息孤岛，难以满足新形势下现代林业又好又快发展的需求。因此，必须树立长远的观点、全局的观点、统一的观点，坚决打破司局、部门、条块的界限和封锁。今后林业信息化建设，各业务司局、直属单位根据工作需要提出需求，由信息办统一整合包装项目，通过招投标利用社会技术力量统一建设，实现林业信息化项目的统一管理，实现数据存储的统一管理，最终实现数据的快速交换、高效传递，真正实现互联互通、信息资源共享，减少管理和运维成本，提高工作效率和工作成效。

在"五个统一"的前提下，该放开的要放开，该搞活的要搞活，调动各方面的积极性，共同维护中国林业统一门户网站。矛盾具有普遍性和特殊性，即有共性和个性。在保证共性的基础上，要突出个性、鼓励个性，把我们的网站办成百花齐放、反映各方面最新成果的网站。林业网站趣事多，知识面广，要充分调动各单位的积极性，争取集中力量把国家林业局各个子站都办成有特色、有个性的网站。比如：野生动物、花卉等子站要办出特色，进入统一门户就能看到野生动物的生活习性，吸引大家进入我们的网站。一定要破除林业部门比较保守的观念，把微观层面和宏观层面的事物结合起来，建设一个统一灵活的中国林业门户网站，走出一条中国特色林业信息化发展之路，为全面推进现代林业建设作出新的更大贡献。

最后，我代表局党组向为林业信息化建设付出辛勤劳动的信息化战线的全体同志表示衷心的感谢！局党组对林业信息化工作寄予厚望，实现全国林业信息化任重而道远。希望各司局、各单位和各地林业部门认真落实会议精神，继续以饱满的热情，大力推进林业信息化，为发展现代林业、建设生态文明、推动科学发展作出更大贡献！

在本次会议上，祝列克副局长发表了题为《大力推进林业信息化示范建设 带动现代林业又好又快发展》的讲话（专栏2-2）。

专栏2-2

大力推进林业信息化示范建设　带动现代林业又好又快发展

——在全国林业信息化示范省建设工作座谈会上的讲话

祝 列 克

（2010年12月27日）

今天，我们召开全国林业信息化示范省建设工作座谈会，主要内容是总结交流林业信息化示范建设经验，部署安排今后的林业信息化工作。刚才，会议颁发了首批全国林业信息化示范省奖牌，宣布了首次中国林业网子站和各省（区、市）林业厅（局）网站测评结果、全国林业十件大事和今年全国林业信息化十件大事评选初步结果，对《全国林业信息化发展"十二五"规划》和《中国林业信息化发展战略研究报告》作了说明。在此，我代表国家林业局，向林业信息化建设取得显著成绩的省区表示热烈祝贺！向为林业信息化工作付出辛勤劳动的信息化战线的全体工作者表示衷心感谢！下面，我讲三点意见。

一、全国林业信息化建设取得了阶段性重大成果

首届全国林业信息化工作会议后，在各地各单位的大力支持和共同努力下，全国林业信息化建设快速推进，进入了全面加快发展的新阶段。一年多来，林业信息化建设取得了显著成效。

（一）建成了高标准的内网、外网、专网，形成了全国林业信息高速公路。建设完成了物理隔离的中国林业网（外网）和国家林业局办公网（内网），林业专网节点由36个增加到70多个，实现了网络全覆盖。并改造建成了高标准的国家林业中心机房。江西、湖南等省完善了省、市、县、乡四级联网的林业政务内网体系，福建、浙江、吉林森工已把网络铺设到林场和乡镇林业站。内蒙古等省区对原有的网络线路进行了带宽扩充和向下延伸。这些重要行动，促进了林业信息化的快速发展。

（二）林业综合办公系统正式上线运行，全国林业系统进入无纸化办公时代。从6月1日起，林业系统进入无纸化办公阶段。这是林业信息化建设的一件大事，在林业信息化发展史上具有里程碑意义。局大院内全体职工、院外直属单位及36个省级林业部门都可登录内网系统进行工作、学习和交流，标志着林业系统由数千年的纸与笔时代进入了光与电时代。据统计，国家林业局每份文件的运转周期，从原来的3个星期缩短为1个星期，工作效率大大提高。湖南、辽宁、浙江等综合办公系统建设起步较早的省份也在不断完善功能、强化应用。

（三）整合了各司局和直属单位网站，形成了“中国林业网”统一门户网站。整合改造了50多个司局和直属单位网站，实行统一域名管理下的网站群管理模式，形成了国家林业信息发布、在线办事和互动交流统一平台。增建了繁体版和英文版。加强了信息发布能力，拓展了服务功能，打造了“中国林业网”整体形象，得到了社会各界的广泛关注。最近，国家林业局政府网荣获中央部委“优秀政府网站”和“品牌栏目”奖。2010年中国林业网信息发布量和访问量分别突破5万条和1亿人次。辽宁省开通了林业政务商务一体化门户网站。福建等省完成了全省林业应急视频会商指挥系统建设，实现了视听到村、会商到乡的目标。

（四）大力开展示范工程和示范省建设，为全国林业信息化建设树立了样板。实施了计算机网络系统和办公自动化、林业信息专网及政务公开平台建设、防护林工程监管信息系统、林业资源综合监管服务体系试点等建设项目，取得了明显成效。经过严格认真筛选，辽宁、福建、湖南、吉林森工被确定为首批全国林业信息化示范省，各示范省明确了示范主题，分别在外网基础平台建设、省市县乡四级联网协同办公、资源整合、三网融合等方面做了大量卓有成效的工作，树立了样板。湖南省林业厅从2010年起，每年投入100万元，用于信息化试点示范建设。辽宁省林业厅从2010年开始，开展林业信息化示范市创建活动，每年拿出200万元奖励示范市建设，今年信息化投资1500万元。2010年吉林森工用于信息化建设投资达3000万元。福建省林业信息化示范建设投资突破500万元。

（五）强化了数据库和应用系统建设整合，信息资源共享实现了跨越。整合改造了近百个专题数据库，建设了基础数据交换平台、空间数据管理和发布等应用系统，将局内各个数

据库和应用系统集中在统一平台上，实现林业信息资源的有效整合、统一管理和资源共享。北京、云南、广东等省市投入大量资金用于业务应用系统建设。江西、浙江等省开发了林权交易网和网上林权交易系统，打造了统一的电子商务平台。吉林森工集团自主研发的“经济运行系统”和“森林防火监控系统”进入国际先进行列。

（六）加快信息化标准规范和制度建设步伐，林业信息化步入规范化管理轨道。梳理了信息化现行标准，研究制定了林业信息化标准指南和急需的基础性标准。河北、江苏、福建、河南、湖北、四川等省都建立了省级信息化标准规范，指导全省林业信息化建设。印发了《全国林业信息化工作管理办法》、《中国林业网管理办法》、《全国林业网站绩效评估管理办法》等15项制度，林业信息化开始步入规范化管理轨道。

（七）编制了全国林业信息化发展“十二五”规划，开展了首次“中国林业信息化发展战略研究”。以《全国林业信息化建设纲要》为指导，组织编制了《全国林业信息化发展“十二五”规划》，即将正式印发。密切关注国际、国内信息化发展动向，组织相关专家学者开展中国林业信息化发展战略研究，最大限度地激活、用活林业资源，增强林业发展活力，为管理部门决策提供科学依据。

（八）加强信息化机构队伍建设，为林业信息化快速发展提供了组织保障。成立了国家林业局信息化建设项目实施领导小组，经中央编办正式批复，成立了国家林业局信息中心，国家有了一支专职林业信息化管理队伍。许多省级林业部门补充了领导小组人员，充实了信息化管理机构人员，强化了技术队伍建设。一些省批复成立了专门的信息化管理机构，使全国设立林业信息化机构的省区达到2/3以上。

一年多来，全国林业系统大力推进林业信息化工作，整合起步、夯实基础，林业信息化建设取得实质性进展，全国林业信息化建设进入了全面发展的新阶段，已成为现代林业建设的一大亮点，在我国林业信息化发展史上具有里程碑意义，局党组对林业信息化建设取得的成绩十分满意。

二、当前林业信息化工作面临着重大战略机遇

（一）从全球来看，信息化已成为当今世界经济社会发展的总趋势，人类社会进入了信息化新时代。纵观信息化发达国家，都在强力推进电子政务、电子商务和电子社区建设，从而引起全球范围网络文化的大变革。信息化发达国家重视电子政务建设与政府业务重组相结合，实现业务流程网上再造。欧盟推动电子政务一体化，实现政府部门之间信息系统的一体化及中央与地方政府之间信息系统的一体化，投入17亿欧元实施泛欧电子服务项目，努力打造电子政府。信息产业已成为全球发展速度最快、从业人员最多、规模扩展最为迅速、创造财富最多的产业，成为全球经济新的增长点。美国自2000年以来，信息产业每年以32%的速度增长，成为美国最大的支柱产业。美国的谷歌、脸谱等造就了许多亿万富翁，都是近几年信息产业创造的，信息化快速发展也是美国能够快速走出上一次金融危机的主要动力。印度信息化最大的特点就是向落后乡村的延伸，着重面向整个落后地区提升教育水平。国际数据资讯公司预测今年

将是“云端运算服务元年”，认为云计算的增长速度将是传统IT行业增长率的6倍，未来5年云端服务的平均年增长率可望达到26%。网络已经成为社区生活重要的学习工作以及休闲娱乐必不可少的工具。英国从中央到地方政府共同协商建立了面向公众和企业的700项服务项目，2006年底英国地方政府所有服务项目就实现了100%在线服务，真正实现了全民上网。

（二）从国内来看，信息化已成为推动经济社会发展的战略举措，我国进入了以信息化带动工业化的新时期。早在2005年11月，国务院总理、国家信息化领导小组组长温家宝主持会议，审议并原则通过《国家信息化发展战略（2006~2020年）》。并明确指出，信息化是当今世界发展的大趋势，是推动经济社会发展和变革的重要力量。制定和实施国家信息化发展战略，是顺应世界信息化发展潮流的重要部署，是实现经济和社会发展新阶段任务的重要举措。要按照全面贯彻科学发展观的要求，站在现代化建设全局的高度，大力推进国民经济和社会信息化，不断把我国信息化提高到新水平。2007年，党的十七大把“信息化”作为当今世界经济社会发展的五大趋势之一，放在我国经济社会发展全局极为重要的位置，充分反映了信息化在建设中国特色社会主义进入改革发展关键时期的突出地位和重要作用。2010年9月8日，国务院常务会议审议通过了《国务院关于加快培育和发展战略性新兴产业的决定》，确定了新一代信息技术等七个战略性新兴产业。十七届五中全会强调指出：“要全面提高信息化水平。推动信息化和工业化深度融合，加快经济社会各领域信息化。实现电信网、广播电视网、互联网‘三网融合’，构建宽带、融合、安全的下一代国家信息基础设施。推进物联网研发应用。以信息共享、互联互通为重点，大力推进国家电子政务网络建设，整合提升政府公共服务和管理能力。确保基础信息网络和重要信息系统安全。”截至今年12月，我国网民规模达到6亿，使用手机上网的网民规模达3亿。在我国经济发展的关键时期，以互联网为代表的信息技术以其先导性、高渗透性和高关联性，对经济的发展产生了越来越大的推动作用，已成为优化经济结构、推动经济发展方式转变的助推器。在不远的将来，信息化就会和空气、水、食物一样，成为人类生活生产的重要内容，云计算与物联网将会成为变革人们生活、生产方式的新技术，信息化将为建设更高效、透明、负责任的政府提供新的思路，为社会公众提供普遍和敏捷服务。

（三）从林业来看，信息化是做好新形势下林业工作的迫切需要，林业信息化已经进入全面加快发展的新阶段。以《全国林业信息化建设纲要》和《全国林业信息化建设技术指南》的正式发布以及首届全国林业信息化工作会议的胜利召开为标志，我国林业信息化建设进入了统一规划、统一标准、统一管理、全面加快发展的新阶段，现代林业需要科学化、信息化和机械化支撑，“加快林业信息化、带动林业现代化”成为实现林业科学发展的重大战略举措。近两年全国林业信息化建设迅猛推进，已经搭建了一个信息化基础平台，要构建完善的林业生态体系、发达的林业产业体系和繁荣的生态文化体系，建设和保护森林生态系统，保护和恢复湿地生态系统，治理和改善荒漠生态系统，全面维护生物多样性，依靠传统的管理手段无法准确及时了解其现状及动态，远不能满足指导现代林业全面协调可持续发展的要求，我们必须借助现代信息技术，将林业所有的“物”接入网络，并对海量数据进行灵活和高效处理。互联网时代我们落后于人，物联网时代大家都在同一起跑线，谁抓住机遇，谁就能占据战略制高点，谁失去机遇，谁将再次受制于人。“十二五”期间国家对各省（区、市）的考核目标，包括森林覆盖率和森林蓄积量，已作为一票否决的指标。怎样才能在落实每年的考核指标时，及时看到这些数据，必须要靠信息化手段，靠人工是办不到的。所以，林业资源数据要求每年及时更新，这对林业信息化提出了更高的要求。我们一定要抓住机遇，不断加大林业信息网络基础设施建设力度，加强信息技术在林业各领域的深度应用和业务创新，进一步加强网络与信息安全管理，积极发挥组织引导作用，使信息化真正成为广大林业干部职工共建共享、支撑业务最具活力的重要组成部分，让人们更直观地看到信息化的价值，感受到信息化的魅力。可以预见，林业信息化将实现与林业业务的全面融合，今后每一棵树木都将带一个身份证，全国各地从采种、育苗、造林、抚育、采伐、运输、木材销售、加工利用及野生动植物、休闲旅游的每一个环节都会置于监控之下，主要业务全部实现网上办理。

三、今后一个时期林业信息化工作任务十分繁重

按照现代林业建设的总体部署，今后要以全面实现林业信息化为目标，统一规划、统一标准、统一平台、统一管理，尽快形成布局科学、高效便捷、先进实用、稳定安全的全国林业信息化格局，为加强林业资源监管，优化森林生态系统结构，增强林业灾害监测预警和应急能力提供手段，力争在六个方面取得重点突破。

（一）尽快编制完成国家和地方林业信息化“十二五”发展规划。在《全国林业信息化建设纲要》的基础上，结合工作实际，学习借鉴信息化发达国家的建设经验，完善出台国家、各省区市“十二五”林业信息化发展规划，提出今后一个时期林业信息化的发展思路、建设目标、建设任务等，全面贯彻落实“以林业信息化带动林业现代化”的总体思路，利用信息化手段改变传统的林业管理模式和生产方式，充分发挥信息化建设在发展现代林业、建设生态文明、推动科学发展中的重要作用。

（二）努力做好林业信息资源整合改造，大力推动物联网应用。要树立开放合作、共享共赢的理念，打破部门间、条块间的界限和封锁，梳理规范业务流程，整合共享信息资源，尽快实现横向到边、纵向到底，全面建成中国林业统一门户，将各类林业数据库、应用系统、网站分别整合到国家林业局办公网（内网）和中国林业网（外网）两大平台上，完善内外网栏目设置，加强外网信息发布、在线办事、互动交流等板块和内网五大平台的内容维护工作。拓展林业信息化应用领域，扩大信息化应用的覆盖面，全面提升信息资源共建共享和应用水平。通过积极努力工作，我局已被纳入国家首批物联网应用示范6个部委之一，要抓住这一契机，在互联网基础上，搞好林业物联网的示范试点，将林业监管的物品与互联网相连接，实现智能化识别、定位、跟踪、监控和管理。

（三）加快林业核心业务信息化步伐，争取“金林工程”尽快实施。一是加快林业资源监管信息化，形成“全国林业资源一张图”。以统一的林业资源空间分布信息为基础，将全国林业数据落实到山头地块，提供从宏观到微观多级林业资源分布、历史、现状和动态信息。今年，

先通过启动实施林业资源综合监管服务体系试点建设项目，逐步将全国林地、沙地、湿地和生物多样性等基础性林业资源数据落实到山头地块，形成对三个系统和一个多样性的全面有效监管。二是加快营造林管理信息化，实现全国造林规划设计一体化。对国家实施的重点工程等营造林的规划、计划、作业设计、进度控制、检查验收和统计上报等各环节实行一体化管理。三是加快林业灾害监控与应急管理信息化。在国家和地方建设森林防火监控和应急指挥系统、林业有害生物防治管理系统、野生动物疫源疫病监测管理系统，在国家和相关省级单位建设沙尘暴防治等林业灾害管理系统，为林业灾害的监测、预警预报、应急处理、损失评估和灾后重建等提供支撑。根据国家重大信息化工程建设规划编制的有关精神，我们已组织编制“金林工程”项目建议，要进一步与国家发展改革委沟通协调，争取早日立项，全面启动林业资源监管和林业灾害监控与应急管理系统建设，带动全国林业信息化快速发展。

（四）进一步做好林业信息化示范省建设，引领全国林业信息化迈上新台阶。在总结第一批林业信息化示范省建设经验的基础上，抓好各项工作落实，努力为全国林业信息化建设探索路子。积极稳妥地推进第二批林业信息化示范省建设，遴选第二批林业信息化示范省一定要按照《国家林业局办公室关于开展林业信息化示范省（区、市）建设工作的通知》要求，一要有独立的林业信息化建设组织和管理机构，切实承担起林业信息化建设的具体职责，并配备有不少于5人的专职工作人员；二要有适合本地区特点的林业信息化建设总体规划，明确林业信息化的指导思想、建设原则、总体目标、主要建设内容和保障措施，并具有较强的科学性和可操作性；三要外网具备信息发布、在线办事、互动交流三大功能，内网办公系统能够实现公文无纸化传递，有功能完善的独立机房，有运行效果良好的应用系统和数据库；四要将林业信息化建设纳入当地林业建设总体规划，其建设资金及运维资金有基本保障；五要有比较完善的科技支撑和林业信息化标准体系，邀请当地或全国信息化专家，定期或不定期对林业信息化建设的重大技术问题进行决策咨询；六要有一套较完整齐全的林业信息化制度体系，包括项目建设管理制度、网络管理制度、应用推广制度、运维制度和激励制度等，各项工作运转规范有序。示范省要在政策、资金、技术等方面不断出经验，带动全国林业信息化又好又快发展。

（五）共同推动理顺林业信息化投资渠道，为信息化建设提供资金保障。林业信息化建设是一项长期的系统工程，但目前仍没有稳定的资金来源渠道，随着林业信息化的快速推进，资金需求量很大，迫切需要研究制定林业信息化建设经费投入和使用机制。一是按照中央和地方事权划分的原则，积极争取在国家、省级发改委、财政部门设立林业信息化建设专项，做好林业信息化建设项目储备，开辟信息化建设长期稳定的渠道；二是在国家、省级现有林业建设项目总投资中，用于信息化建设的经费尽快统一管理使用，集中投入信息化建设；三是要积极沟通协调财政部门，将林业信息化运维资金列入各级政府经常性财政预算；四是本级林业计财部门，进一步协调资金，每年启动3~5个信息化重点项目，加快林业信息化建设；五是在市场效益明显的领域，积极吸收社会投资，争取形成高效的信息化建设和运行维护长效机制。

（六）加强林业信息化组织机构和队伍建设，重视信息化标准和信息安全工作。林业信息化机构建设取得了明显进展，但仍不适应现代林业快速发展的需要。要尽快充实信息化机构工作人员，增强林业信息化机构的协调能力，确保林业信息资源的有效整合，消除和预防重复投资、重复建设造成新的信息孤岛和资源浪费。地方林业部门要强化信息化管理机构和队伍建设，完善管理机制，赋予对业务应用信息化的协调权力，从侧重技术支撑服务向行政管理创新转变。制定一批急需的林业信息化标准，为互联互通、资源共享奠定基础。强化保密意识，加强入侵防御、漏洞扫描、病毒查杀，提高系统的稳定性、安全性和可靠性，确保网络运行安全与信息安全。

同志们，信息化本质上是一场管理思想、理念和方式的变革，是一场破除等级文化、改变信息不对称、实现信息共享的自我革命。信息化建设又是一项复杂的系统工程，不仅涉及信息技术应用，而且触及方方面面的管理工作。做好信息化工作，使命十分光荣，任务十分繁重，希望各地各单位紧密结合实际，认真落实首届全国林业信息化工作会议和这次会议精神，加快推进林业信息化，为发展现代林业、建设生态文明、推动科学发展作出新贡献。

会议结束时，国家林业局办公室副主任、信息办主任李世东作总结讲话（专栏2-3）。

专栏2-3

在全国林业信息化示范省建设工作座谈会上的总结讲话

李 世 东

（2010年12月28日）

全国林业信息化示范省建设工作座谈会开了两天，马上就要闭幕了。这次会议是在全面贯彻党的十七大、十七届五中全会和中央经济、农村、林业工作会议精神，全面加快推进林业信息化建设的新形势下召开的一次十分重要的会议。昨天上午，贾治邦局长接见了会议代表并发表题为《高度重视林业信息化在现代林业建设中的重大作用》的重要讲话，祝列克副局长作了题为《大力推进林业信息化示范建设，带动现代林业又好又快发展》的报告，会上颁发了首批全国林业信息化建设示范省奖牌，宣布了首次中国林业网子站和各省区市林业厅局网站测评结果、“十一五”全国林业十件大事和2010年全国林业信息化十件大事评选初步结果，并对《全国林业信息化发展“十二五”规划》和《中国林业信息化发展战略研究报告》作了说明和讨论，四个首批林业信息化示范省介绍了第一年的示范成果，各地各单位进行了很好的座谈交流。下面，我讲四点意见，供同志们参考。

一、会议取得圆满成功

两天的会议，内容丰富，主题突出，衔接紧凑，气氛热烈，达到了预期目的，收到了很好的成效。总的看，这次会议主要取得了四项成果：

（一）统一了思想认识。当前，从全球来看，信息化已成为当今世界经济社会发展的总趋势，人类社会进入了信息化新时代。从国内来看，信息化已成为推动经济社会发展的战略举措，我国进入了以信息化带动工业化的新时期。从林业来看，信息化是做好新形势下林业工作的迫切需要，林业信息化已经进入全面加快发展的新阶段。在新的历史起点上，林业信息化既面临着重大发展机遇，也面临着严峻形势挑战。在这样一个关键时刻，会议审时度势，全面分析了当前林业信息化发展面临的新形势、新任务，以及当前林业信息化发展中存在的突出问题。讨论中大家认为，会议对林业信息化形势的把握十分准确，对突出问题的分析实事求是，让大家既看到了机遇，又认清了挑战，更加明确了自己肩负的光荣使命，进一步统一了思想认识，增强了做好林业信息化工作的使命感、责任感、紧迫感。

（二）完善了林业信息化工作思路。会议明确，林业信息化必须打破条块分割，实行"五个统一"，即统一规划，统一标准，统一制式，统一平台，统一管理。在"五个统一"的前提下，调动各方面的积极性。一定要破除林业部门比较保守的观念，把微观层面和宏观层面的事物结合起来，走出一条有中国特色的林业信息化发展之路，为全面推进现代林业建设作出新的更大贡献。

（三）明确了林业信息化工作重点。这次会议对当前和今后一个时期的林业信息化工作作出了全面部署：力争在编制完成国家和地方林业信息化"十二五"发展规划；做好信息资源整合改造，大力推动物联网应用；加快林业核心业务信息化步伐，争取"金林工程"尽快实施；进一步做好林业信息化示范省建设，引领全国林业信息化迈上新台阶；共同理顺林业信息化投资渠道，为信息化建设提供资金保障；加强林业信息化组织机构和队伍建设，重视信息化标准和信息安全工作等6个方面取得新突破。这些工作既紧扣"加快林业信息化，带动林业现代化"的战略部署，又把需要着力强化的重点、难点工作非常鲜明地突出出来，找准了林业信息化发展中的主要问题和薄弱环节，增强了工作的针对性和有效性。

（四）增强了搞好林业信息化工作的信心。国家林业局党组高度重视林业信息化工作，多次对林业信息化工作作出重要批示和指示，这次贾局长在百忙当中接见会议代表并发表重要讲话，祝副局长作主题报告。贾局长、祝副局长都对林业信息化所取得成绩给予了高度评价和充分肯定，对林业信息化工作提出了新的更高要求。这一切都给林业信息化发展带来了新机遇。通过这次会议，大家感到信心十足，干劲倍增。四个首批示范省的典型发言，各具特色，经验宝贵，充分反映了各地林业信息化发生的深刻变化，让大家看到了希望，坚定了信心。大家认为，只要我们上下一心，团结一致，坚定不移地按照既定的思路抓下去，就一定能够实现林业信息化的快速发展，为全面推进现代林业科学发展作出新的更大贡献。

总之，这次会议的规格高、内容实、形式新、效果好，大家交流了经验，沟通了感情，明确了任务，增进了感情，提出了很多很好的意见和建议，会议达到了预期的目的，取得了圆满成功。

二、认真传达学习汇报落实会议精神

（一）认真传达学习会议精神。各单位要向本单位全体职工认真传达学习会议精神，深刻领会精神实质，充分认识当前林业信息化面临的新形势、遇到的新挑战、肩负的新使命，全面系统地理解和把握当前和今后一个时期林业信息化工作的总体要求，切实把林业信息化建设者的思想认识统一到会议精神上来，按照《全国林业信息化建设纲要》、《全国林业信息化建设技术指南》、首届全国林业信息化工作会议及这次座谈会精神，认真落实各项工作。各地各单位一定要有所作为，勇做林业信息化工作的倡导者、宣传者和推动者，按照会议精神，科学谋划林业信息化工作。

（二）及时向省（区、市）林业厅局主要负责同志汇报。回去以后，要及时将会议精神向本厅局主要负责人和分管负责人汇报，争取各级领导，特别是一把手的支持与重视。从全国各地林业信息化工作来看，凡一把手亲自抓，林业信息化工作就做得好，做得有成效，凡一把手不重视、不支持的单位，林业信息化工作就难有起色、难有发展。当前林业信息化正处在一个十分关键的时期，抓住机遇就能实现更大发展，错失机遇就会越加落后。越是关键时期，越需谋取更加充分的发展机遇。只有这样，才能尽快把林业信息化建设全面推向新的发展阶段。

（三）狠抓会议精神的贯彻落实。各地各单位要在认真学习领会会议精神的基础上，紧密结合各自实际，研究制定贯彻落实的具体措施和实施步骤，将会议的各项部署落到实处，变成广大干部职工的具体行动，要发扬敢拼敢闯，死咬不放的精神，狠抓工作落实，引导各种生产要素向林业信息化建设流动，真正实现以外促内，以上促下，以下促上，全面促进当地的林业信息化工作，并将贯彻落实情况及时报国家林业局信息办。

三、抓好几项具体工作的落实

（一）进一步统一认识。实践证明，统一集中的管理模式是保障林业信息化健康、高效发展的关键。林业信息化必须打破条块分割，实行“五个统一”，即统一规划，统一标准，统一制式，统一平台，统一管理。各级信息化主管部门要树立主人翁意识，切实负起“五个统一”的职责，努力推进林业信息化又好又快发展。

（二）积极开展“十二五”规划编制。认真组织编制当地林业信息化建设“十二五”规划，要提出适合当地发展特点的、有针对性的林业信息化发展思路、建设目标、总体框架、建设内容、保障措施等，最迟于2011年上半年正式出台。

（三）进一步抓好示范省建设。第一批示范省要继续努力，多出成果，快出成果。示范省建设将采取“可上可下”的原则，被确立为“林业信息化示范省”3年后，我局组织有关专家进行现场复查，对复查不合格者将提出警告，警告整改后仍不合格者，将取消其“林业信息化示范省”荣誉称号。2011年上半年将启动第二批示范省建设。各申报单位要对照林业信息化示范省6个条件进行分析，凡符合条件的可积极申报。其中，有无独立机构是申报示范省必须具备的条件，对此将实施一票否决制。

（四）做好信息化工程立项工作。目前，“金林工程”和物联网应用示范工程立项工作已取得积极进展，各地也要结合各自实际，积极开展信息化项目立项工作，稳定林业信息化投资渠道，以大工程带动林业信息化大发展。

（五）加大资源整合力度。各地各单位要采取有效措施，进一步加大机房、应用系统和数据库整合力度，实现资源共建共享，确保有限的资金发挥最大的效益。

（六）积极推进网站建设。国家林业局将开展地方林业网站群、专业网站群、网络博物馆、网络博览会建设以及信息援藏工作。各省级林业主管部门也要支持帮助市县林业主管部门完善网站，门户网站是一个单位的形象和窗口，各级林业主管部门都要建立网站，力争做到全覆盖。通过双域名、加挂统一标识等手段，打造中国林业网门户网站群。各地要加快内网建设，尽快实现无纸化办公，这是服务行业内部，凸显信息化成果的关键平台。各地专网扩建时，要报我局备案，以免IP地址冲突。

（七）积极开展网站测评工作。从今年起，我局将按照《全国林业网站绩效评估标准（试行）》和《全国林业网站绩效评估办法（试行）》有关要求，积极开展网站评估工作并定期公布评估结果。在综合评估的基础上，要设立单项奖，包括信息量最大、访问量最大、更新最及时、服务功能最全、互动交流量最大、网页设计最漂亮、数量整合最广、网络覆盖面最广等。在网站测评的基础上，将进行信息化发展水平综合评估，评估指标包括网站建设、管理机构、投资情况和培训工作等。

（八）加强林业信息化培训工作。2011年我们将与清华大学合作，启动林业信息化CIO高级研修班，加大林业信息化高端人才的培养力度。同时各地也要积极举办各类专题班、信息技术应用培训班，努力为林业信息化建设提供强大智力支撑。

（九）加强网络和信息安全。各地内外网必须实行物理隔离，同时要强化安全保密意识，确保网络及信息安全。

（十）加大林业信息化宣传力度。要通过各种渠道和形式，广泛宣传林业信息化的地位、作用、发展远景和建设成效，不断提升林业信息化的影响力，为林业信息化的快速发展营造良好氛围。同时，要大力宣传首批示范省的好经验、好做法，用榜样的力量凝聚人心，振奋精神，鼓舞士气，推动发展。

四、国家林业局信息办近期需落实的事项

（一）根据讲话录音，尽快修改完善并印发贾局长和祝副局长讲话稿（项目处落实）。

（二）召开专门会议，深入学习、认真领会、全面落实座谈会精神，逐条研究会议代表提出的意见和建议，制定具体落实措施（各处落实）。

（三）起草会议总结报告，签报给贾局长、祝副局长（项目处落实）。

（四）通过内外网、子站、简报、报纸等渠道，做好会议精神（包括会议综述、专题信息、领导讲话、各省发言等）的发布、报道及各省贯彻落实会议精神情况工作（网站处落实）。

（五）尽快修改完善《全国林业信息化建设“十二五”规划》和《中国林业信息化发展战略研究报告》（综合处、技术处落实）。

（六）做好网站绩效评估和两个10件大事评选后续工作并发布评估结果（网站处落实）。

（七）起草《国家林业局关于进一步抓好林业信息化示范省建设工作的通知》（项目处落实）。

（八）积极推进“金林工程”、物联网、等级保护、重点生态工程等项目立项和林业资源监管体系建设项目实施工作（项目处、技术处落实）。

同志们，经过大家的共同努力，全国林业信息化示范省工作座谈会取得了圆满成功。在这里，我代表国家林业局信息办再次向所有为林业信息化事业做出贡献的信息办主任和所有同行们表示衷心的感谢和崇高的敬意！让我们共同努力，再接再厉，深入贯彻落实局党组关于“加快林业信息化，带动林业现代化”的战略决策和“五个统一”的工作思路，不断开创全国林业信息化工作新局面，为发展现代林业、建设生态文明、推动科学发展作出新的更大贡献！

中华民族的传统佳节——春节即将来临，借此机会，向在座各位并通过你们向全国林业信息化建设者表示亲切慰问，向长期以来关心、支持我国林业信息化事业发展的各界朋友表示衷心感谢！祝大家新春愉快，阖家欢乐，身体健康，万事如意！

第二节　重要文件

2010年，国家林业局相继出台了一系列重要文件，明确了我国林业信息化发展的方针、政策、目标任务。这些文件的出台，有力地推进了我国林业信息化建设。

一、国家林业局办公室关于印发《国家林业局2010年信息化与电子政务工作要点》的通知

2010年3月4日，国家林业局办公室印发了《国家林业局办公室关于印发〈国家林业局2010年信息化与电子政务工作要点〉的通知》（办信字〔2010〕31号），在国家林业局各司局、各直属单位范围内部署安排相关事项（专栏2-4）。

专栏2-4

国家林业局2010年信息化与电子政务工作要点

2010年，国家林业局信息化与电子政务工作的总体思路是：深入贯彻落实中央林业工作会议、全国林业厅局长会议、全国林业信息化工作会议精神，紧紧围绕“发展现代林业、建设生态文明、推动科学发展”这个中心，按照“加快林业信息化，带动林业现代化”的总体思路，抓建设，抓应用，抓管理，大力拓展林业信息化应用领域，全面提升林业信息化应用水平，充分发挥林业信息化的支撑保障作用，为实现2020年奋斗目标奠定坚实基础。重点做好四个方面、28件大事。

一、综合工作方面

（一）认真贯彻落实贾治邦局长2009年12月15日重要批示和2010年全国林业厅局长会议精神，提升信息化认识，树立信息化理念，完善信息化思路，做好信息化工作，为林业改革发展、现代林业建设、同国际林业水平接轨提供坚实基础（责任单位：各司局、各直属单位）。

（二）召开全国林业信息化工作座谈会，统一思想，交流经验，总结2009年林业信息化工作，安排部署2010年全国林业信息化重点工作（责任单位：各司局、各直属单位）。

（三）编制完成全国林业信息化“十二五”建设规划，提出当前和今后一个时期林业信息化建设的发展思路、建设目标、建设任务等（责任单位：办公室、规资司、信息办、有关直属单位）。

（四）完成中国林业信息化发展战略研究。组织相关大专院校、科研院所及知名IT企业专家开展中国林业信息化发展战略研究，共商林业信息化发展大计，发布《中国林业信息化发展战略研究报告》（责任单位：办公室、信息办、有关直属单位）。

（五）发布首部中国林业信息化发展报告。系统总结林业信息化发展历程，全面展示林业信息化建设成就，借鉴国际国内信息化发展经验，促进林业信息化健康发展（责任单位：办公室、信息办、有关司局、各直属单位）。

二、项目建设方面

（六）认真做好国家林业局内外网整合改造、自然资源与地理空间信息库建设等2009年信息化建设项目的完善及验收工作，确保正常上线运行（责任单位：办公室、信息办、规划院、有关直属单位）。

（七）启动实施国家级林业资源综合监管服务体系建设项目、全国林业资源基础数据库建设项目和国家卫星林业遥感数据应用平台建设项目建设，逐步将全国林地、沙地、湿地和生物多样性等基础性林业资源数据落实到山头地块，形成对三个系统和一个多样性的全面有效监管（责任单位：办公室、信息办、有关司局、有关直属单位）。

（八）积极推进“金林工程”需求分析报告、项目建议书、可行性研究报告等编制工作，加大与国家发展改革委、财政部等有关部门沟通协调力度，争取“金林工程”早日立项（责任单位：办公室、规资司、信息办）。

（九）积极争取国家发展改革委、财政部、科技部、工业和信息化部等部委有关信息化项目（责任单位：办公室、信息办、有关直属单位）。

（十）加快网络电视台建设。组织好项目实施。围绕局重点工作，制作播出一批有较高质量的网络电视片（责任单位：办公室、信息办、规划院、有关直属单位）。

（十一）完成林业应急平台建设。积极与国务院应急办沟通协调，做好相关服务工作，建立比较完善的林业应急平台（责任单位：防火办、办公室、信息办等有关司局、直属单位）。

（十二）实施好司局单位林业信息化工程，包括升级完善森林防火指挥系统、林业行政执法人员管理系统，启动实施资金与财务监管系统、林业干部教育培训网络基础工程，境外森林资源合作信息库建设等（责任单位：防火办、政法司、规资司、人事司、林干院、信息办）。

（十三）积极推进电子商务建设，打造林业电子商务平台，加快推进信息化新技术、新产品应用（责任单位：办公室、信息办、人才中心、有关直属单位）。

三、拓展应用方面

（十四）继续加大林业信息资源整合力度，确保尚未完成整合工作的子站、应用系统、数据库全部整合到位，全面提升信息资源共建共享水平（责任单位：办公室、信息办、有关司局、有关直属单位）。

（十五）加强信息化应用培训。举办5期内外网应用技术培训班、信息化新技术新知识专题培训班，提高林业干部职工应用水平和林业信息化从业人员业务水平（责任单位：办公室、信息办、人事司、林干院、人才中心）。

（十六）完善内外网栏目设置，加强外网信息发布、在线办事、互动交流等板块和内网五大平台的内容维护工作（责任单位：办公室、信息办、规划院、各司局、有关直属单位）。

（十七）积极开展林业信息化战略合作。与有关部门，高等院校，研究机构，国际组织，电信运营商，知名IT企业等开展战略合作，扩大林业信息化应用领域（责任单位：办公室、信息办、有关司局、有关直属单位）。

（十八）完成国家林业局“政府电子政务内网需求分析”工作。按照国务院办公厅有关要求，做好我局电子政务内网业务梳理和表单填报工作（责任单位：办公室、信息办、有关司局、有关直属单位）。

（十九）指导各地林业部门开展信息化工作，努力完成2010年工作目标（责任单位：办公室、信息办）。

四、加强管理方面

（二十）加强林业信息化组织机构和队伍建设，明确职能编制，完善工作机制，充实人员队伍（责任单位：人事司、办公室、信息办、有关司局、有关直属单位）。

（二十一）制定实施《中国林业网管理办法》等系列制度，明确职责，规范管理，提高效率（责任单位：办公室、信息办）。

（二十二）做好中央办公厅、国务院办公厅和有关部委专网在我局节点的管理和运行维护工作，确保网络良好运行（责任单位：办公室、信息办、公安局、规资司、驻局监察局、规划院）。

（二十三）加强信息安全工作。加强入侵防御、漏洞扫描、病毒查杀等网络安全工作，强化保密意识，确保局内外网运行安全与信息安全。在对内外网划分安全域的基础上，完成安全等级保护相关工作（责任单位：办公室、信息办、规划院、有关司局、有关直属单位）。

（二十四）大力推进林业信息化标准建设。充分发挥林业信息数据标准委员会的作用，制定一批急需的林业信息化标准，为互联互通、资源共享奠定基础（责任单位：办公室、信息办、规划院、有关司局、有关直属单位）。

（二十五）继续推进林业信息化示范省建设，在总结第一批林业信息化示范省建设的基础上，积极稳妥地推进第二批林业信息化示范省建设，带动全国林业信息化又好又快发展（责任单位：办公室、信息办、有关直属单位）。

（二十六）成立林业信息化专家咨询机构，充分发挥林业计算机应用分会等方面专家、学者的作用，为林业信息化健康发展提供技术支持（责任单位：办公室、信息办、林科院、林学会、有关直属单位）。

（二十七）启动实施林业信息网络定额标准建设。制定科学、合理、符合我局信息化实际的公用经费定额标准（责任单位：办公室、信息办、规资司）。

（二十八）深入开展调查研究。有组织地到中央有关部委、地方林业部门、知名IT企业及信息化先进国家进行调研学习，准确把握信息化建设规律与形势，借鉴先进经验和技术，提高林业信息化发展水平（责任单位：办公室、信息办、有关直属单位）。

二、国家林业局办公室关于开通运行中国林业网和国家林业局办公网有关事宜的通知

2010年1月18日，国家林业局办公室印发了《国家林业局办公室关于开通运行中国林业网和国家林业局办公网有关事宜的通知》（办信字〔2010〕15号）（专栏2-5）。

专栏2-5

国家林业局办公室关于
开通运行中国林业网和国家林业局办公网有关事宜的通知

办信字〔2010〕15号

各省、自治区、直辖市林业厅（局），内蒙古、吉林、龙江、大兴安岭森工（林业）集团公司，新疆生产建设兵团林业局，各计划单列市林业局，国家林业局各司局、各直属单位：

根据《全国林业信息化建设纲要》和首届全国林业信息化工作会议精神，按照林业信息

化建设总体部署和有关通知要求，经过近1年的紧张工作，中国林业网和国家林业局办公网即将开通运行。为确保此项工作的顺利进行，现将有关事项通知如下：

一、中国林业网和国家林业局办公网建设的主要成效和功能

2009年，在局党组的高度重视和直接领导下，启动实施了一批重点林业信息化建设项目，取得了一系列建设成果，尤其是内外网整合改造取得了明显成效。

（一）构建了“中国林业网”门户网站。中国林业网与国家林业局政府网、国家生态网是一网三名，也就是我们的外网，这是林业系统对外沟通交流的重要门户和形象平台，在林业系统与社会各界之间架起了一条随时随地沟通交流的现代化高速公路。中国林业网构建了信息发布、在线服务、互动交流、林业展示四大板块，把各司局、各直属单位原有的网站整合为主题子站，新建了场景式服务系统和行政审批系统，增加了繁体版、英文版。

（二）建成了国家林业局办公网。也就是国家林业局内网，这是内部办公和沟通交流的平台，包括办公平台、信息平台、学习平台、生活平台和交流平台。在办公平台上，整合了综合办公、行政审批等应用系统。综合办公系统构建了领导专区、公文办理、会议办理、事务办理、综合管理五大模块。内网基本实现了我局所属各单位间的信息资源共享，大大提高了林业信息资源的利用率和办公效率。

（三）扩建了全国林业信息专网。新建了国家林业局京内外各直属单位、计划单列市林业局等单位的专网，真正把全国各省级林业单位、计划单列市林业局、国家林业局各司局、各直属单位连成了一个网。我局主楼外的所有单位均有20个终端可通过专网访问国家林业局内网，参加全国和区域性视频会议，传输交换电子公文、信息和简报，实现文字、语音、图像三位一体的信息传输。

（四）内外网实现了物理隔离。按照国家有关规定，我局大院内办公主楼与各建筑物之间通过光纤连接，主楼、3号楼、4号楼、物业楼、礼堂、食堂、卫生所、车队的所有办公室都实施了内网、外网分别布线，物理隔离，保障内部网络中的数据信息安全。

（五）局中心机房得到了整体提升。根据国家A类机房设计标准，经过优化结构和布局，合理划分了主机房、会商室、监控室、绘图室和办公室等区域。主机房分为内网区、外网区、电子政务外网区。配备了小型机、存储阵列、PC服务器、防火墙、安全审计、安全认证网关等硬件设备，购置并开发了应用系统和数据库后台系统软件，包括网络安全认证系统，协同办公系统，电子印章系统，个人办公助理，网站智能分析系统等，为网络的正常运行提供了安全、稳定的运行环境。改造后的机房在国家部委处于先进水平。

二、中国林业网和国家林业局办公网开通运行阶段安排

中国林业网和国家林业局办公网将于1月21日在全国林业厅局长会议上开通试运行。开通后按照三个阶段安排：

（一）安装调试和全员培训阶段：1月下旬至3月。一是进行安装调试。按照统一部署，局领导、各司局、机关大院内有关直属单位每一位同志办公桌上1台台式计算机连接内网，用

于日常办公；每个处室、每一位副司局级以上干部选定1台计算机连接外网，用于查询有关资料。1月下旬开始，技术人员将到各司局、各直属单位各个办公室进行统一安装调试。内外网计算机之间不得自行进行互换和串接使用，也不得通过普通优盘进行数据转换。二是进行全员培训。1月下旬开始，我局将分批次开展全员培训工作，对国家林业局各司局、机关大院内有关直属单位全体人员，其他直属单位和各地林业部门有关人员进行全面培训，确保大家都能熟练掌握相关系统的使用方法。

（二）电子文件与纸质文件双轨运行阶段：4~5月。为使大家能够逐渐适应网上办公这一新型办公手段，将利用2个月的时间实施电子文件和纸质文件双轨运行。此阶段，各地、各单位在运转传统纸质文件的同时，必须运转电子文件，以确保大家尽快熟练使用电子系统。

（三）全面运转电子文件阶段：6月1日起。我局将全面实行网上办公，取消纸质文件，进入无纸化办公阶段。届时，各地、各单位除涉密文件外，所有文件、信息都将进行网上流转，实现公文在线起草、办理、运转、签批及印发，并按照《国家林业局机关文书档案保管期限表》等要求，通过国家林业局电子档案管理系统进行电子文件归档。外来文件的接收，由各司局、各直属单位指定专人通过快速扫描仪进行扫描处理后进行在线流转。

三、中国林业网和国家林业局办公网开通运行的具体工作要求

（一）进一步深化对中国林业网和国家林业局办公网开通运行的认识。信息技术是现代三大高新技术之一，信息化已成为我国现代化进程的重要战略举措，更是建设现代林业的重要抓手和必然选择。中国林业网和国家林业局办公网的开通，是我局应用现代信息技术，提高办事效率，降低行政成本，推进现代林业向纵深发展的重要举措。可以说，没有林业信息化就没有真正意义上的林业现代化。各地、各单位一定要立足于战略高度和全局角度，充分认识开通中国林业网和国家林业局办公网的重要性和紧迫性，增强做好中国林业网和国家林业局办公网应用工作的责任感和使命感，振奋精神，抢抓机遇，乘势而上，尽快熟练应用，实施网上办公，为全面推动现代林业发展作出应有贡献。

（二）全力配合做好系统安装调试工作。近期，需进行设备安装、系统调试等大量前期准备工作。请各地、各单位要在确保日常工作正常开展的前提下，服从大局，克服困难，积极配合做好相关工作，为双网的启动运行奠定坚实基础。

（三）积极参加应用培训工作。双网系统庞大，流程详细具体、内容涉及面广。如不接受系统培训，将无法进行网上办公。综合办公是个完整的业务流程，任何一个环节出现问题，都将影响双网的正常运行，给工作带来很大难度。培训的时间、地点、内容统一安排，一旦错过，将无法弥补。请各地、各单位一定要严格按照培训计划，统筹兼顾，合理安排，确保所有在岗干部职工，均接受应用培训。

（四）做好相关运维工作。双网开通运行后，工作重点将由系统建设转向系统维护和信息维护上来。对此，我局将实行分工负责制。系统维护和综合性栏目信息维护工作由信息办统一组织协调，专业性栏目和子站信息的维护工作由各地、各单位分别承担。

（五）加强保密安全工作。我局内外网为非涉密网。各地、各单位要严格执行《保密法》、《保密法实施办法》及有关保密规章制度，凡涉及国家秘密的文件信息不得上网，均继续实行纸质文件运转方法，切实做到上网信息不涉密，涉密信息不上网，确保国家秘密的安全。

（六）提高快速反应能力。任何系统的研发都有一个不断完善、不断改进的过程，中国林业网和国家林业局办公网也是如此。双网上线后，可能会出现一些临时性问题。对此，各地、各单位一定要有足够的思想准备。一旦发现问题，请于第一时间与局双网呼叫中心联系，确保有关问题得到及时有效处理。

呼叫中心电话：010-84239626或010-84239676。

特此通知。

国家林业局办公室

2010年1月18日

三、国家林业局办公室关于正式实行无纸化办公有关事宜的通知

2010年5月21日，国家林业局办公室印发了《国家林业局办公室关于正式实行无纸化办公有关事宜的通知》（办发字〔201078号）（专栏2-6）。

专栏2-6

国家林业局办公室关于正式实行无纸化办公有关事宜的通知

办发字〔2010〕78号

各省、自治区、直辖市林业厅（局），内蒙古、吉林、龙江、大兴安岭森工（林业）集团公司，新疆生产建设兵团林业局，各计划单列市林业局，国家林业局各司局、各直属单位：

为积极适应全国林业信息化发展形势，认真落实《全国林业信息化建设纲要》、首届全国林业信息化工作会议精神，按照《国家林业局办公室关于开通运行中国林业网和国家林业局办公网有关事宜的通知》（办信字〔2010〕15号）部署，在纸质、电子双轨运行2个月的基础上，我局决定自6月1日起正式启用综合办公系统，除涉密文件、信息外，所有文件、信息（包括系统五大功能模块的所有内容，下同）都通过综合办公系统进行网上流转，实现文件、信息在线起草、审核、会签、签批、排版、发送、归档。为确保此项工作的顺利进行，现将有关事项通知如下：

一、进一步深化对实行无纸化办公重要性和紧迫性的认识

综合办公系统的上线运行，是林业信息化建设的一件大事，在林业信息化发展史上具有里程碑意义，在林业发展史上具有重大意义。以此为标志，我局将正式告别纸质文件，进入

无纸化办公时代。必将对现代林业建设起到巨大的推动和促进作用。

（一）运用现代信息技术实行无纸化办公，是应对全球气候变化的重要举措。气候变化是当前国际社会普遍关注的重大全球性问题，事关国家长远发展和核心利益。应对气候变化当务之急就是减少碳排放,除直接关闭一些能耗大、污染严重、产能效益低的企业实现直接减排外，还有一个更经济、更持久、更稳妥的手段就是通过多种树少砍树实现间接减排。通过运用现代信息技术，实现无纸化办公，可以大大减少纸张等物质资源和能源的消耗，进而减少林木采伐量，保护森林资源，增强森林碳储能力，有效应对气候变化。

（二）运用现代信息技术实行无纸化办公，是加强政府自身建设的重要举措。通过运用现代信息技术实行无纸化办公，可加快政府职能转变进程，大力促进行政管理的规范化和决策的科学化、民主化，使机关运转更加规范有序、工作更加公正透明、办事更加高效便民，大大增强政府行政能力，重塑政府机关良好形象。这种形式既解决了传统方法消耗大量人力物力的弊端，又大大缩短了文件运转时间，显著提高工作效率和工作水平。

（三）运用现代信息技术实行无纸化办公，是全面推进现代林业发展的重要举措。林业涉及的业务范围很广，事务繁多，性质庞杂，靠传统手段很难科学管理。只有通过信息化手段，才能把丰富的资源梳理清楚，进行科学分类。由于管理手段落后，过去林业行业经常发生重复立项、重复建设问题，造成国家财力的浪费。因此，对林业行业来说，运用现代信息技术，实现无纸化办公，不断提高林业资源调控配置能力和资源监管水平，迫在眉睫，尤为重要。

总之，运用现代信息技术实行无纸化办公呈大势所趋。各司局、各单位一定要进一步深化运用现代信息技术实行无纸化办公重要性和紧迫性的认识，顺应形势，统一思想，创新思维，更新观念，全力推进无纸化办公进程，为加快林业改革发展做出积极贡献。

二、实行无纸化办公的主要内容

国家林业局综合办公系统，面向国家林业局各司局、各直属单位，通过林业专网连通各省、自治区、直辖市林业厅（局），内蒙古、吉林、龙江、大兴安岭森工（林业）集团公司，新疆生产建设兵团林业局和各计划单列市林业局，为集中式协同办公和信息资源共享平台，具体包括领导专区、公文办理、会议办理、事务办理、综合管理五大功能模块。

（一）领导专区。针对国家林业局领导在日常工作中的需求，设立包括安排领导日程和领导会见、重要活动等，并对领导指示批示、领导讲话和领导办公文档进行科学管理，被授予相应管理权限的工作人员可以随时查询相关信息。

（二）公文办理。公文办理是综合办公系统中最为核心的一项应用内容，它提供了从收文登记、批办，到公文的起草、会签、审核、督办、监控、校对、电子印章、发布、归档、查询等全过程的网上公文服务。具体包括：发文管理、收文管理、签报管理、建议提案、查询统计、公文授权、公文维护等功能模块。

（三）会议办理。会议管理是综合办公系统的重要内容，涵盖全国性会议、局内部会议、国际会议、外部会议等，可对会议计划申报、审批，会议通知拟制、发送，会议材料起草、审批，会议纪要起草、审批、发送等环节进行全过程自动化管理，科学管理各类会议。

（四）事务办理。提供功能全面、方便快捷的日常办公环境，满足相关工作人员的特殊需求。具体包括：值班管理、信息管理、督查督办、人事管理、国际合作、后勤服务等功能模块。

（五）综合管理。综合管理的设立，旨在以人性化的服务宗旨，提供全方位的综合管理应用服务，提高办公效率和工作质量，减轻工作人员的工作负担。具体包括：通知、留言条、办公助理、通讯录、意见征询、大事记等功能模块。

三、实行无纸化办公的工作要求

（一）充分发挥领导带头作用。实行无纸化办公是一场技术变革，更是一场思想变革。任何变革都不可避免地会对传统的思维方式和工作习惯带来压力和挑战。面对新形势、新挑战，只有积极应对、努力践行，才能化被动为主动，由外行成内行。各地各单位，特别是各级领导同志一定要克服畏难情绪，迎难而上，知难而进，及时转变思想观念，加快信息化知识更新，带头学、带头用，努力做到熟练掌握，灵活应用，以全新的姿态积极投身其中，争做无纸化办公的倡导者、示范者和实践者。

（二）规范收发文管理工作。在收文方面，对所有与国家林业局内网相连通的单位，除涉密文件、信息外，我局不再受理纸质文件、信息。对未与我局内网连通单位的纸质文件，可将文件全文扫描处理后进入综合办公系统按程序办理（对个别过长过大的附件，可将纸质附件随扫描处理后的主件同步运转）。在发文方面，除涉密文件、信息外，所有文件、信息的起草、会签、审核、签批、排版、发送、归档均必须在网上办理。

（三）加大保密工作力度。国家林业局内网为非涉密网。凡涉及国家秘密、工作秘密、商业秘密的文件、信息不得在综合办公系统内运行，由相关司局、单位指定涉密计算机处理，并通过我局统一配发的保密专用优盘进行数据中转至文印室，由文印室按传统方式排版打印。文件起草人员一定要严格按照《林业工作国家秘密范围的规定》（林办发[2005]162号）有关要求准确界定所办公文的密级及公开方式，各审核环节在对公文内容和公文格式进行认真审核的同时，必须对所办公文是否涉密、能否公开进行严格把关，确保万无一失。不得在连接内网的计算机与连接外网的计算机之间交叉使用移动存储介质。

（四）切实做好文件归档工作。归档是公文流转的最后一个环节。按照国家有关规定，各司局、各单位在通过《国家林业局电子档案管理系统》随时进行电子文件归档的同时，要将需归档的电子文件的最后版本，打印1份纸质稿按档案工作有关要求于次年6月底前向档案部门移交归档。归档电子文件与纸质文件要保持完全一致。

（五）全力做好支撑保障工作。各司局、各单位要加大设备调试安装力度，确保连接国家林业局内网的每一台计算机均保持畅通状态。有关部门要采取有效措施，实时做好数据备份工作。实时检查UPS电源运行状况，确保一旦断电，可随时启用备用电池。在前期集中培训工作的基础上，加大日常培训指导力度，确保有关问题得到及时有效处理。实时开展网络病毒库升级工作，提高网络防范病毒的能力，确保网络运行安全。

特此通知。

国家林业局办公室

2010年5月21日

四、国家林业局办公室关于辽宁省林业厅推进林业信息化示范省建设内容的批复

2010年4月30日，国家林业局办公室印发《国家林业局办公室关于辽宁省林业厅推进林业信息化示范省建设内容的批复》（办发字〔2010〕58号）（专栏2-7）。

专栏2-7

国家林业局办公室关于辽宁省林业厅推进林业信息化示范省建设内容的批复

办发字〔2010〕58号

辽宁省林业厅：

你厅《关于报送辽宁省建设全国林业信息化示范省实施方案的函》（辽林函字〔2010〕24号）收悉。经研究，现批复如下：

按照《国家林业局关于组织开展首批全国林业信息化示范省建设工作的通知》（林信发〔2009〕284号）有关要求，你省被确定为首批林业信息化示范省，示范主题为外网建设和基础平台建设。你省对此高度重视，切实加强组织领导，精心编制实施方案，采取了一系列有力措施，组织开展了大量卓有成效的工作，提出了外网建设和基础平台建设的工作思路。外网建设拟在总结你省试点工作经验的基础上，通过组织项目实施，将有关网站进行系统整合，实行统一域名管理下的网站群管理模式，形成辽宁林业信息发布、在线办事和互动交流的统一平台，打造“辽宁林业”整体形象，有效维护林业主管部门信息发布和对外服务的一致性和权威性。基础平台建设是你省林业信息化建设的重点项目。拟通过综合应用计算机网络技术、门户技术、中间件技术和交换技术等，建设林业门户管理系统、单点登录系统、业务协同系统、数据共享与交换系统、林业信息即时通信系统和GIS地图服务系统等，逐步建立起统一的支持数据服务、数据加工、数据交换、业务应用和数据存储的高效稳定运行平台，避免重复建设及设备低效率使用，为有效消除信息孤岛、实现林业信息资源共享奠定坚实基础。

你省提出的工作思路，主题明确，措施得力，符合林业信息化发展实际，同意尽快组织实施。希望你省围绕上述思路，按照首届全国林业信息化工作会议和《全国林业信息化建设纲要》及《全国林业信息化建设技术指南》有关要求，加大工作力度，集中力量进行攻关，力争尽快推出国际先进、国内领先的示范成果，真正发挥示范作用，为全面加快林业信息化建设作出新贡献。

国家林业局办公室

2010年4月30日

五、国家林业局办公室关于湖南省林业厅推进林业信息化示范省建设内容的批复

2010年4月30日，国家林业局办公室印发《国家林业局办公室关于湖南省林业厅推进林业信息化示范省建设内容的批复》（办发字〔2010〕59号）（专栏2-8）。

专栏2-8

国家林业局办公室关于湖南省林业厅推进林业信息化示范省建设内容的批复

办发字〔2010〕59号

湖南省林业厅：

你厅《关于呈报〈湖南林业信息化示范省建设实施方案〉的报告》（湘林信〔2009〕3号）收悉。经研究，现批复如下：

按照《国家林业局关于组织开展首批全国林业信息化示范省建设工作的通知》（林信发〔2009〕284号）有关要求，你省被确定为首批林业信息化示范省，示范主题为资源整合和内网建设。你省对此高度重视，切实加强组织领导，精心编制实施方案，采取了一系列有力措施，组织开展了大量卓有成效的工作，提出了资源整合和内网建设的工作思路。“资源整合”拟以湖南省林业测土配方基础平台搭建为突破口，进一步建立健全各类资源数据库，加快相关林业专业应用系统建设步伐，逐步将湖南林地、湿地、野生动植物等基础性资源数据细化到山头地块，落实到千家万户，形成信息全方位辐射、监管多方面铺开、服务各层次跟进的林业信息化格局，有效解决“资源在哪里”、“造林造哪里”以及“种什么、怎么种”等问题，大幅度提升湖南省林业管理的整体现代化水平。“内网建设”拟在加强湖南省林业电子政务内网网络与信息安全保密责任管理的同时，按照“科学编制、整合资源、严格筛选、用管一致”的原则，健全内部工作机制，加强内网运行维护工作，下大力气普及信息技术知识，提高工作人员运用内网的能力和素质，逐步拓展内网应用领域，不断提高内网应用水平。

你省提出的工作思路，主题明确，措施得力，符合林业信息化发展实际，同意尽快组织实施。希望你省围绕上述思路，按照首届全国林业信息化工作会议和《全国林业信息化建设纲要》及《全国林业信息化建设技术指南》有关要求，加大工作力度，集中力量进行攻关，力争尽快推出国际先进、国内领先的示范成果，真正发挥示范作用，为全面加快林业信息化建设作出新贡献。

国家林业局办公室

2010年4月30日

六、国家林业局办公室关于福建省林业厅推进林业信息化示范省建设内容的批复

2010年4月30日，国家林业局办公室印发《国家林业局办公室关于福建省林业厅推进林业信息化示范省建设内容的批复》（办发字〔2010〕57号）（专栏2-9）。

专栏2-9

国家林业局办公室关于福建省林业厅推进林业信息化示范省建设内容的批复

办发字〔2010〕57号

福建省林业厅：

《福建省林业厅关于报送福建省林业信息化示范省建设实施方案的函》（闽林函〔2010〕16号）收悉。经研究，现批复如下：

按照《国家林业局关于组织开展首批全国林业信息化示范省建设工作的通知》（林信发〔2009〕284号）有关要求，你省被确定为首批林业信息化示范省，示范主题为在线行政审批和省市县乡四级联网协同办公。你省对此高度重视，切实加强组织领导，精心编制实施方案，采取了一系列有力措施，组织开展了大量卓有成效的工作，提出了在线行政审批和省市县乡四级联网协同办公的工作思路。在线行政审批拟利用电子政务资源和技术，通过对你省现有行政审批系统实施组织改造和数据交换，规范新开发审批系统，努力构建"一站受理、分发相关、协同审批、限时办结、公开透明、全程监督"的在线审批运作机制，建立全省统一的林业网上行政审批系统，实现在线咨询、申报、审批、资源共享、反馈、监管等功能的林业网上审批一体化服务。省市县乡四级联网协同办公拟基于你省政务网，通过建立应用支撑与集成环境、共享与交换体系和安全保障体系，构建由省、市、县、乡四级组成的全省林业虚拟专网，打造全省统一的林业电子政务协同办公平台和林业公共信息数据库，确保全省林业行政管理和公共服务水平得到较大幅度的提升。

你省提出的工作思路，主题明确，措施得力，符合林业信息化发展实际，同意尽快组织实施。希望你省围绕上述思路，按照首届全国林业信息化工作会议和《全国林业信息化建设纲要》及《全国林业信息化建设技术指南》有关要求，加大工作力度，集中力量进行攻关，力争尽快推出国际先进、国内领先的示范成果，真正发挥示范作用，为全面加快林业信息化建设作出新贡献。

国家林业局办公室
2010年4月30日

七、国家林业局办公室关于吉林森工集团推进林业信息化示范省建设内容的批复

2010年4月9日，国家林业局办公室印发《国家林业局办公室关于吉林森工集团推进林业信息化示范省建设内容的批复》（办发字〔2010〕47号）（专栏2-10）。

专栏2-10

国家林业局办公室关于吉林森工集团推进林业信息化示范省建设内容的批复

办发字〔2010〕47号

中国吉林森林工业集团有限责任公司：

《吉林森工集团关于推进林业信息化示范省建设内容的请示》（中吉森办字〔2010〕80号）收悉。经研究，现批复如下：

按照《国家林业局关于组织开展首批全国林业信息化示范省建设工作的通知》（林信发〔2009〕284号）有关要求，你公司被确定为首批林业信息化示范省，示范主题为"三网融合"和电子商务。你单位对此高度重视，切实加强组织领导，精心编制实施方案，采取了一系列有力措施，组织开展了大量卓有成效的工作，提出了"三网融合"和电子商务建设的工作思路。"三网融合"拟通过项目建设，力求在实现你公司数据、视频、音频"三网融合"的基础上，积极探索建立符合林业行业特点的"三网融合"模式，应用该系统，可及时、准确地反映企业运营情况，并基于一个统一平台，对各类数据进行综合分析、提炼，为林业决策提供准确的科学依据。电子商务是你单位林业信息化建设的重点项目，通过系统建设，力求在总结你单位所属金桥地板集团试点工作经验的基础上，建成一个集产品宣传、信息发布、即时通讯、在线交易、建设管理、产品服务等功能于一体的电子商务平台，以此为雏形，积极探索适合中国林业电子商务的发展途径。

你单位提出的工作思路，既有近期目标，又有长远规划，主题明确，措施得力，符合林业信息化发展实际，具有可操作性，同意尽快组织实施，待相关项目经国家有关部门批复后我局将给予补贴。希望你单位按照上述思路，加大工作力度，集中力量进行攻关，力争尽快推出国际先进、国内领先的示范成果，真正发挥示范带头作用，为全面加快林业信息化建设作出新贡献。

国家林业局办公室

2010年4月9日

八、国家林业局办公室印发《国家林业局2010年政府信息公开年度报告》

2010年3月22日，国家林业局办公室印发《国家林业局2010年政府信息公开年度报告》（办发字〔2010〕48号）（专栏2-11）。

专栏2-11

国家林业局2010年政府信息公开年度报告

按照《政府信息公开条例》有关要求，现将我局2010年政府信息公开年度报告公布如下：

一、基本情况

2010年，我局高度重视政府信息公开工作，采取了一系列重要措施，开展了大量卓有成效的工作，加大政府信息公开力度，充分发挥政府信息对人民群众生产、生活和经济社会活动的服务作用。堪称“中国法治蓝皮书”的《中国法治发展报告（2011版）》近日发布第二次中国政府透明度年度报告，国家林业局信息公开工作在部委排名中名列第2名。具体开展了以下几项工作：

（一）进一步拓展政府信息公开渠道。围绕社会广泛关注、事关群众切身利益的重大事项，除借助于新闻发布会、新闻媒体、各类公报等常规手段外，我局充分利用现代信息手段快捷高效、信息量大、覆盖面广的特点，将国家林业局政府网（中国林业网）作为信息公开的主渠道，主动公开我局产生的非涉密信息，切实加强与网民的交流互动，有效保障了社会公众的信息知情权。坚持先易后难、循序渐进的原则，积极稳妥地推进林业行政许可结果网上公开，进一步规范林业行政审批的运行，逐步实现林业行政审批全过程的动态公开，不断提高便民服务的层次和水平。强化政府信息公开目录编制和检索功能，为广大人民群众随时查询我局有关政府信息提供便利条件。同时，将我局门户网站与现有50多个司局和直属单位网站进行了有机整合，实行统一域名管理下的网站群管理模式，并增建繁体版和英文版，大大拓展了政府信息公开的广度和深度。通过组织策划开展“解读中央林业工作会议精神”等系列活动、“新中国林业60年”和局长在线访谈等专题，进一步丰富了信息公开的内容和形式，拉近了人民群众与政府之间的距离，树立了亲民爱民的政府形象。

（二）进一步强化依申请公开工作。依申请公开是政府信息公开的重要途径，是主动公开方式的延伸和补充。与主动公开不同，依申请公开是一种被动行为。一旦处理不当，将会给政府机关带来负面影响及不必要的麻烦。为此，我局始终高度重视依申请公开工作。为确保此项工作的顺利开展，我局健全了依申请公开机制，完善了依申请公开流程，认真受理人民群众的每一份政府信息公开申请，并在第一时间内作出积极响应，在法定的时间范围内予以答复，依法满足社会个体的合理需求，主动接受社会各界和人民群众对林业行政行为的监督和检查。

（三）进一步做好政府信息公开保密审查工作。按照《国家林业局〈政府信息公开条例〉实施办法》有关要求，我局及时修订并完善了公文发文稿头纸及相关文稿形式，将政府信息公开和保密审查作为重要内容列入公文运转程序中，建立健全了政府信息公开保密审查工作机制。在公文运转过程中，要求起草人员拟制公文、信息时，必须按照有关要求首先确定所办公文、信息是否涉密、能否公开，如果不涉密，就必须确定公开方式，明确“社会公开”或“内部公开”；各级领导审核公文、信息时，除对公文内容、公文格式进行审定外，还必须对其是否涉密、能否公开进行严格把关，做到责任分解，层层把关，风险共担，既防止借口保密而出现该公开的事项不公开或不及时、不全面公开等情况，也防止片面强调公开而发生失泄密。

（四）进一步推进林业重大事项的内部公开。在继续做好社会公开工作的基础上，加大力度，积极推进内部公开工作。对于我局在履行职能过程中产生的不宜向社会公众公开、但可让机关干部职工知晓的事项，以国家林业局办公网（内网）等形式在机关和直属单位内部公开，切实加强干部职工对权力运行的内部监控，防止少数人或个人滥用权力。逐步建立和完善内部公开工作机制，围绕机关干部职工关心的，如干部选拔任用、政府采购、基建工程、资金使用状况等问题，制定公开制度，加大公开力度，做到公开结果与公开过程相结合。

二、政府信息公开情况

（一）主动公开方面

1. 本年度，我局在国家林业局政府网共发布政府信息67294条（外网46945条，内网20349条），其中公文1255条（外网174条，内网1081条），其他政府信息66039条（外网46771条，内网19268条）；印发《国家林业局公报》4期。

2. 本年度，我局共举办各类新闻发布会10场，内容涉及第二届中国绿化博览会安徽吉祥物主题口号、中国森林生态服务评估研究成果、中国（温州）森林旅游节、西安世界园艺博览会、集体林权制度改革进展情况、春季造林绿化情况、国新办退耕还林发展生物质能源造林绿化新闻吹风会、全国林地保护利用规划、绿化长江重庆行动、国新办中小河流治理和山洪地质灾害防治等方面。

3. 本年度，共办理林业行政许可事项197725件（准予许可188976件，不准予许可8749件）。其中，按具体承担单位计：国家林业局机关办理许可4880件（准予许可4823件，不准予许可57件）；植物检疫机构准予许可23件；濒管系统办理许可61003（准予许可60996件，不准予许可7件）；国家林业局驻内蒙古自治区森林资源监督专员办事处办理许可27976件（准予许可27918件，不准予许可58件）；国家林业局驻长春森林资源监督专员办事处办理许可27053件；国家林业局驻黑龙江省森林资源监督专员办事处办理许可55223件（准予许可47133件，不予许可8090件）；国家林业局驻大兴安岭林业集团公司森林资源监督专员办事处办理许可21567件（准予许可21030件，不予许可537件）。

（二）依申请公开方面。本年度，我局共接到3份依申请公开申请。对此，我局均按照

《政府信息公开条例》有关要求，依法按期作了答复。

（三）申请行政复议及提起行政诉讼方面。本年度，我局未接到涉及信息公开的行政复议申请和行政诉讼。

（四）收费及减免情况。考虑到我国目前尚未出台政府信息公开收费具体标准等，我局本年度在公开政府信息工作方面未收取任何费用。

下一步，我局将以林业信息化建设为契机，加大力度，切实加强政务公开工作，不断提高政府信息公开工作效率和质量，确保社会公众政府信息知情权的有效落实。

九、国家林业局信息办关于印发《中国林业信息化发展报告2010》的通知

2010年12月23日，国家林业局信息办印发《中国林业信息化发展报告2010》的通知》（林信函〔2010〕38号）（专栏2-12）。

专栏2-12

国家林业局信息办关于印发《中国林业信息化发展报告2010》的通知

各省、自治区、直辖市林业厅（局），内蒙古、吉林、龙江、大兴安岭林业（森工）集团公司，新疆生产建设兵团林业局，各计划单列市林业局，国家林业局各司局、各直属单位：

为认真贯彻落实中央林业工作会议、全国林业厅局长会议和首届全国林业信息化工作会议精神，按照我局的统一部署和安排，经过前一段时间的紧张工作，《中国林业信息化发展报告2010》已由中国林业出版社正式出版。现印发给你们，并将有关事项通知如下：

一、目的意义

科学化、信息化、机械化是现代林业的三大支柱。按照国家林业局关于“加快林业信息化，带动林业现代化”的总体工作思路，近年来，通过出台一系列重要文件，实施一系列重大工程，开展一系列重大活动，推进林业信息化建设步入了全面加快发展的新阶段，成为全面推进现代林业科学发展的新亮点。为系统总结林业信息化发展历程，全面展示林业信息化建设成就，充分借鉴国际国内信息化发展经验，促进林业信息化建设又好又快发展，经研究，我局决定从2010年起，按年度组织编撰《中国林业信息化发展报告》。

二、主要内容

《中国林业信息化发展报告2010》是该系列《报告》的第一部，全书共计60多万字，分总论篇、地方篇和借鉴篇。总论篇包括综述、总体思路、发展政策、项目建设、标准体系、机构队伍等内容，地方篇包括华北地区林业信息化、东北地区林业信息化、华东地区林业信息化、中南地区林业信息化、西南地区林业信息化、西北地区林业信息化和西北地区林业信

息化，借鉴篇包括国际信息化发展动态、国内信息化发展动态、地方信息化发展动态、专家视点及大事记等。

三、具体要求

各地、各单位要进一步深化《报告》发布工作重要性和紧迫性的认识，结合工作实际认真组织学习，积极做好信息发布等相关工作，并将其作为指导林业信息化工作的重要依据和有益借鉴。

特此通知。

国家林业局信息办

2010年12月23日

十、国家林业局信息办关于评选2010年全国林业信息化十件大事的通知

2010年12月6日，国家林业局信息办印发《国家林业局信息办关于评选2010年全国林业信息化十件大事的通知》（专栏2-13）。

专栏2-13

国家林业局信息办关于评选2010年全国林业信息化十件大事的通知

林信函〔2010〕26号

各省、自治区、直辖市林业厅（局），内蒙古、吉林、龙江、大兴安岭森工（林业）集团公司，新疆生产建设兵团林业局，各计划单列市林业局，国家林业局各司局、各直属单位：

2010年是我国全面加快推进林业信息化的关键一年，林业信息化建设在全面整合、优化平台、确保服务的基础上，大力拓展林业信息化应用领域，全面提升林业信息化建设水平，为实现《全国林业信息化建设纲要》提出的建设目标做出了重要贡献。为全面总结一年来的建设成绩，进一步推动林业信息化建设再上新台阶，经研究，决定组织开展“2010年全国林业信息化十件大事”评选活动。

请各单位于2010年12月5至25日登陆“中国林业网（国家林业局政府网）”在线推选，亦可发传真推选，既可以推选10件大事，也可以推选1件或多件大事，既可以以单位名义推选，也可以个人推选。网上推选结束后，以得票多少选出前20件林业信息化大事。2010年12月26日至2011年1月5日在“中国林业网（国家林业局政府网）”上进行第二轮推选，经专家充分论证后，选出2010年全国林业信息化十件大事，并于2011年1月15日前后在“中国林业网（国家林业

局政府网）”上公布评选结果。

联系人：赵 晨 84238303 84238052（传真）

顾红波 84238560 84238064（传真）

附 表：2010年全国林业信息化十件大事推选表（略）

国家林业局信息办

2010年12月6日

第三章　发展规划

2010年，全国林业信息化建设按照科学管理、统一规划的原则，结合林业的核心和主题，全面贯彻落实“以林业信息化带动林业现代化”的总体思路，开展了《全国林业信息化发展“十二五”规划》编制及国家空间信息基础设施“十二五”规划调研工作，提出了今后一个时期林业信息化的发展思路、建设目标、建设任务等。

第一节　《全国林业信息化发展“十二五”规划》编制

2010年是全面实现林业“十一五”规划目标、编制“十二五”规划的关键年。在认真落实《全国林业信息化建设纲要》、《全国林业信息化建设技术指南》、《全国林业发展“十二五”规划》、中央林业工作会议、全国林业厅局长会议和全国林业信息化工作会议、全国林业信息化示范省建设工作座谈会精神的关键时期，加快推进林业信息化，有利于逐步建立起覆盖各级林业部门、功能齐备、互通共享、高效便捷、稳定安全的林业信息化体系，促进林业决策科学化、办公规范化、监督透明化、服务便捷化，为建设现代林业奠定扎实基础。为统筹规划、协调推进全国林业信息化建设工作，按照全国林业信息化工作会议精神和《全国林业信息化建设纲要2008~2020年》和《全国林业信息化建设技术指南2008~2020年》的有关要求，2010年组织编制了《全国林业信息化发展“十二五”规划》，拟定了今后一个时期林业信息化的发展思路、建设目标、建设任务等。

一、指导思想

以邓小平理论和“三个代表”重要思想为指导，深入贯彻落实科学发展观，按照现代林业建设的总体部署，以全面实现林业信息化为目标，以电子政务建设为重点，以信息资源开发利用和核心业务信息化为中心，以资源整合和信息共享为突破口，以完善体制机制为保障，统一规划、统一标准、统一制式、统一平台、统一管理，尽快形成布局科学、高效便捷、先进实用、稳定安全的全国林业信息化格局，为发展现代林业、建设生态文明、促进科学发展作出新贡献。

二、基本原则

（一）统一规划，统一标准

国家林业局统一领导、统筹规划全国林业信息化建设工作，强化顶层设计，实行统一标准，防止出现自成体系、重复建设和低水平应用等问题，为资源整合和协同作业打下基础。

（二）统一管理，分级负责

全国林业信息化建设中基础性、公共性的项目，由全国林业信息化领导小组办公室统筹资金安排，统一软件研发，为全国林业系统信息资源整合、共享提供保障。对地方个性化的林业信息化系统，由各地林业信息化主管部门依据统一规划与标准，依托各级林业信息化建设基础平台，分别负责建设实施。

（三）需求主导，面向应用

林业信息化建设要紧密结合政府职能转变和管理体制改革，以林业业务需求为主导，以应用和服务为重点，引入或自主开发适用面广、物美价廉的信息产品，推动信息技术与林业工作的结合，满足林业管理和生产需要。

（四）整合资源，促进共享

根据当前林业信息化的实际情况，基于林业信息化建设基础平台，以资源共享为核心，打破资源分散、封闭和垄断状况。充分利用和整合已有的信息资源，加速基础性林业专题数据的标准化改造，防止再次出现重复建设，促进互联互通，有效调控增量资源，优化信息资源配置，实现信息共享，提高信息资源效益。

（五）注重实用，适度超前

信息化建设中要注重实用性、可操作性和先进性相结合，采用成熟、可靠的信息技术支撑整个林业信息化建设，确保系统安全、可靠、高效运行；同时，充分考虑长远发展需要，基础设施建设适度超前，为今后工作拓展空间。

（六）试点先行，稳步推进

选择条件比较成熟的省份和单位先行试点示范，取得经验后，逐步推广应用。通过试点示范，探索科学的技术路线，积累经验，指导全国，少走弯路，减少风险，提高效率。

三、建设目标

完善信息技术在林业核心业务等各个环节的应用，核心业务信息化覆盖率达到80%，80%的省级以上单位实现无纸化办公，80％以上的行政许可项目实现在线处理；完善国家级林业信息化建设基础平台，完成80%的省级林业信息化建设基础平台，80％的省级单位建成国家、省、市、县四级上下互联互通的全国林业电子政务传输网络；完成我国林业信息资源目录体系与交换体系和安全管理体系，建立健全林业信息化标准规范体系，并在全国林业信息化工作中得到应用。奠定全面实现林业信息化的坚实基础。

《全国林业信息化发展“十二五”规划》（2011~1015年）全面贯彻落实“以林业信息化带动林业现代化”的总体思路，利用信息化手段改变传统的林业管理模式和生产方式，充分发挥信息化建设在发展现代林业、建设生态文明、推动科学发展中的重要作用，《规划》已经通过专家审定，即将于2011年编制完成并印发。

第二节　国家空间信息基础设施“十二五”规划调研

2010年12月15日，国家林业局办公室向国家地理空间信息协调委员会办公室报送《国家林业局国家空间信息基础设施建设与应用“十二五”规划调研材料》（办函发字〔2010〕360号）（专栏3-1）。

专栏3-1

国家林业局国家空间信息基础设施建设与应用“十二五”规划调研

一、林业空间信息基础设施建设与应用现状和存在问题

（一）现状

1. 地理空间数据资源建设。国家林业局已建立了全国基础地理信息数据库系统、覆盖全国的TM卫星图像数据库及部分省区的SPOT卫星图像数据库。已建立多期林业地理空间数据库，即全国森林资源连续清查数据库、全国森林资源分布数据库、天然林保护数据库、森林火灾数据库、荒漠化土地资源数据库、生物多样性数据库、野生动物数据库、全国大熊猫数据库、自然保护区管理数据库、林业有害生物发生防治数据库、防护林工程信息管理系统数据库和全国营造林实际综合核查数据库。

具有重大影响的管理及应用系统有森林资源管理系统、林火管理信息系统、森林病虫害防治管理系统、全国野生动物资源管理信息系统、荒漠化/沙化监测系统、京津风沙源治理工程信息管理系统、天然林保护工程系统、全国古树名木计算机网络信息管理系统、退耕还林工程信息管理系统、重点公益林管理信息系统、全国营造林实绩综合核查信息管理系统、全国有害生物管理信息系统、防护林工程信息管理系统等。

2. 网络支撑环境建设。以“三网一库”为基础的信息共享与传输平台建设框架初步形成。国家林业局至各省级林业主管部门的林业专网建成并投入使用，并推动了地方林业地理空间基础设施建设。基本建成了各省级林业主管部门机关局域网。少数省区建成了连接省、市、县三级林业主管部门的林业专网，有些省区利用当地政务网内网连通省、市、县林业主管部门。

3. 标准化进展、管理制度建设。林业管理的资源多，森林资源监测、荒漠化监测、野生动植物调查、湿地调查和森林火灾监测等利用空间数据信息化技术并已实现林业信息资源共享。国家林业局各司局结合各自业务建立了相关地理空间信息技术规范、专业标准、管理办法和安全保证规定。这些标准规范的出台，为我国林业信息化建设提供了技术支持平台。具体标准包括林业信息化标准体系、林业信息术语、林业基础信息代码编制规范、林业信息资源目录体系框架、林业信息资源交换体系框架和林业信息元数据标准；林业科学数据集成规范、林业科学数据分类与编码、数字栅格林业专题图生产技术规范等；项目建设标准包括天然林资源保护工程基础数据库内容规范、三北及长江流域等防护林体系建设工程基础数据库技术规范、黄土高原典型生态区基础数据库技术规范、青藏高原典型生态区基础数据库技术规范、植树造林空间数据加工技术规范、森林病虫害空间分布数据库加工技术规范、森林火灾数据库技术规范等。目前，全国森林资源数据库建设标准等一系列标准规范正在制定中。

4. 主要信息与服务内容。林业部门在履行政务职能、开展业务工作过程中产生的可提供共享的信息与服务见表3-1。

表3-1 国家林业局信息共享表

共享内容	共享方式
林业灾害数据	自主接收、数据交换
林业资源数据，包括森林、湿地、荒漠化、生物多样性等数据	自主接收、数据交换
其他综合数据	通过数据交换系统和信息产品实现共享

5. 主要经验。坚持以需求为主导的原则。积极推动林业地理空间信息建设和各项业务管理相结合，注重实用性和易用性,提高了工作效率

坚持规划先行的原则。编制了长远林业信息化规划，高起点，高标准地实施林业信息化工程，避免重复建设及信息孤岛现象的出现。

坚持统建统管的原则。网络建设做到国家林业主管部门统一建设，基础地理数据系统做到部门共享，在资源有限的情况下，打好基础，重点先行，一点突破。

坚持标准统一的原则。推动林业空间信息基础设施有序发展，解决了由于各地技术规程、数据编码、规则不同，影响到数字化建设中信息资源的共享和业务协同的问题。

（二）存在问题。尚未建立明确的林业地理空间信息建设投资机制和投资渠道，开发成果利用效率低下，林业调查、监测成果管理手段落后，查询统计困难，缺乏深层次的信息挖掘技术和信息产品开发。

国家林业主管部门与中央、国家各部门尚未连通，与各地尚未完全实现国家、省、市、县四级连通，无法实现业务协作。

重要设备设施严重老化，难以满足需要。

二、林业空间信息基础设施建设与应用的发展条件与趋势分析

（一）国外发展条件与趋势。国外发达国家的林业基础信息设施基本上都是依托国家空间信息基础设施和国家信息基础设施，以此为基础建立有专业特色的林业基础信息设施。在森林资源管理上，美国森林植被模型被不同层次的政府科研机构广泛使用，森林健康监测系统也已经建立和运行，这对于政府宏观决策和森林资源经营管理具有十分重要的意义。加拿大国家森林信息系统（NFIS）已发展成为加拿大森林状况和可持续管理的官方信息源。在生态环境方面，美国利用信息技术对生物栖息地进行环境评价。日本在自然生态环境保护方面采用先进的信息技术对自然生态环境进行调查，选择合适地点进行生态环境修复试点。各国都将航天和航空遥感作为森林健康状况实时监测的主要手段和方法。有些国家将GIS、GPS等空间技术用于森林健康水平和有害生物种群动态的系统监测，明显提高了森林健康监测的调查精确度和有关健康评估报告的效率。在湿地和荒漠化方面，2006年欧洲空间局发起"使用卫星发展全球湿地信息服务"的计划。美国、法国、以色列、澳大利亚等国，从防治土地退化的需要出发，利用地球资源卫星及"3S"技术在荒漠化方面做了大量工作。

（二）国内发展条件与趋势。林业信息实现综合化管理，将有效提高林业地理空间信息利用效率。我国各类林业监测工作是根据林业发展需要逐步发展起来的，并各自建立了相应的地理空间信息管理系统。国家林业局各业务司局根据各自的业务需求和管理需要组织开发了一批林业业务管理应用系统，并带动了部分省、县应用服务系统建设。在地理空间数据库建设方面，国家林业局有关司局和单位根据各自业务需求分别建立了多种比例尺的覆盖全国的基础地理信息数据库、不同分辨率和不同时相的卫星图像数据库，建立了林业专题数据库，包括森林资源数据库、荒漠化及沙化土地资源数据库、湿地资源数据库、生物多样性数据库等，并得到了很好的应用和推广，积累了丰富的林业地理空间信息资源，为我国林业地理空间信息管理工作做出了积极贡献。目前，国家林业局提出了整合现有各类林业资源监测地理空间信息，完善综合林业监测体系的设想，为实现林业建设综合管理提供了契机。

三、林业空间信息基础设施建设与应用的需求分析

（一）对公共地理空间信息的需求分析。由于林业资源的空间分布特性，林业地理空间信息应用与信息系统建设，需要测绘、国土、民政、航天等多个行业提供基础地理、遥感、土地利用、行政区划等公共基础地理数据和气象、水利等行业专题信息，具体需求见表3-2。

（二）对空间信息交换共享平台的需求分析。一是信息共享服务需求分析。为搞好林业地理空间信息应用与信息系统，需要国家空间信息基础设施提供以下信息共享服务见表3-3。二是信息安全和信息保密技术需求分析。搭建全国上下互联互通的计算机网络和涉密数据运行网络，用于支撑林业业务运行的基础地理数据和部分业务涉密数据。统一规划建设数据灾备中心，减少重复建设，加强数据安全管理。

（三）对地理空间信息标准化的需求分析。按照国际地理信息标准化定义，地理空间信息标准化包括两方面内容：一是直接引用或经过修编采用已发布实施的信息技术（IT）标准。

表3-2 公共地理空间信息的需求

序号	地理空间信息资源	应用领域
1	各种比例尺基础地理数据	林业资源调查监测；采伐流通管理；林地征占用；重点工程造林管理；森林防火监控和应急管理；林业有害生物监控和应急管理；自然保护区监测和管理、湿地资源调查等
2	各种分辨率的遥感影像数据（包括气象卫星、资源卫星等国产遥感数据和国外遥感数据等）	林业资源调查监测；林地征占用；重点工程造林管理；森林防火监控和应急管理；林业有害生物监控和应急管理；自然保护区监测和管理、湿地资源调查等
3	气象数据	沙尘暴灾害监测和评估、森林防火监控等
4	水文数据	湿地资源调查监测、荒漠化和沙化土地监测等
5	土地利用数据、地籍数据	林业资源调查监测、林地林权管理、自然保护区监测和管理、湿地资源调查等
6	植被数据	森林火灾预测预报、自然保护区监测和管理等
7	农业用地数据等	退耕还林工程规划、管理等
8	行政区划数据	林业资源监测、自然保护区监测和管理等

表3-3 信息共享服务需求

编号	类型	信息共享服务需求内容
1	遥感影像信息	全国TM图像遥感信息数据服务
2		全国SPOT5图像遥感信息数据服务
3		全国气象卫星遥感信息数据服务
4		全国资源卫星遥感信息数据服务
5		其他高分辨率遥感信息数据服务
6	基础地理信息	全国1：5万以上大比例尺矢量基础地理数据服务
7		全国1：5万DEM高程信息服务
8		全国1：5万行政区划矢量数据查询服务
9	行业专题地理信息	全国土地利用、地籍数据相关信息服务
10		森林植被信息查询和分析服务
11		农业用地数据查询和分析服务
12		林地、荒漠化和沙化土地气象信息查询和分析服务
13		湿地、荒漠化和沙化土地地区水文信息查询和分析服务
14		交通数据查询和分析服务

二是地理空间数据标准，包括数据定义、数据描述、数据处理等方面的标准。目前，我国地理空间信息标准主要参考国际标准。

（四）对信息共享协调与管理的需求分析。由于缺乏空间信息共享和协调机制，重复建设、信息孤岛现象仍然存在。应尽快出台信息共享政策，避免信息孤岛及信息贬值现象的出现。

四、“十二五”期间林业空间信息基础设施建设与应用的总体思路

（一）指导方针和主要原则。指导方针。以科学发展观为指导，按照现代林业建设总体部署，以全面实现林业地理空间信息管理现代化为目标，以地理空间信息资源开发利用为中心，以地理空间信息资源整合、数据共享为突破口，尽快形成布局科学、先进实用、稳定安全的全国林业空间信息服务格局。

主要原则。由国家林业局统一领导、统筹规划全国林业地理空间信息应用与信息系统建设工作，为资源整合和协同工作打下基础。

一是实行“统一管理，分级负责”的原则。凡基础性、公共性的项目，均由国家林业局统筹安排，为林业地理空间信息应用与信息系统资源整合、信息共享提供保障。实行“需求主导，面向应用”的原则。结合政府职能和管理体制，推动地理空间信息技术与林业工作相结合。

二是实行“整合资源，促进共享”的原则。基于林业空间信息基础设施基础平台，以资源共享为核心，促进互联互通，优化信息资源配置，实现共享。

三是实行“试点先行，稳步推进”的原则。选择条件比较成熟的地区和单位先行试点，取得经验后，逐步推广应用。

（二）发展目标。总体目标：按照《全国林业信息化建设纲要》及其《技术指南》有关要求，依托林业空间信息基础设施基础平台，建设重点应用系统，整合信息资源，建成上下贯通的林业空间信息应用体系，提高林业社会化服务水平，强化林业资源管理参与国家宏观决策的基本能力，为全面推进现代林业建设提供强有力的技术和信息支撑。

“十二五”发展目标：完善地理空间信息技术在林业资源监测、评价、规划、管理、保护与合理利用的各个环节的应用。完善国家级林业空间信息基础设施基础平台，完成大部分省级林业空间信息基础设施基础平台。

（三）主要任务。总体任务。健全标准和管理制度，规范林业地理空间信息应用与信息系统建设。加强林业空间信息基础设施建设，提高林业地理空间信息管理能力。整合信息资源，促进信息共享，对现有林业基础空间信息资源进行标准化整合，为林业各业务应用提供翔实、准确的基础信息。推进业务应用，力争重点领域实现突破。针对森林资源管理、森林培育、林业重点工程建设、生物多样性保护、森林防灾减灾等业务需求，建立全国重点业务应用系统，推动林业各级相关业务管理水平、管理效率的快速提升。

“十二五”任务。包括林业资源数据库建设，林业资源监管、综合营造林管理系统和林业灾害监控和应急管理系统等重点业务系统建设和相关基础建设。林业资源数据库建设内容包括林业基础数据库、林业专题数据库和公共基础数据库，数据覆盖林业主要业务领域。重点建设林业基础数据库，完成全国森林资源、湿地、荒漠化和沙化土地、野生动物植物资源现有调查监测成果的标准化整合和建库工作。开展林业专题数据库建设工作，围绕林业资源监

管、综合营造林、林业灾害监控和应急管理三大主线，建设林业资源监管、综合营造林、林业灾害监控和应急管理三大专题数据库。公共基础数据主要来源于其他部门提供的公共、基础信息。重点业务应用系统建设。业务系统建设内容包括林业资源监管系统、综合营造林管理系统、林业灾害监控和应急管理系统等三大重点业务应用系统。

五、“十二五”期间林业空间信息基础设施建设与应用建设重点

（一）发展重点。一是建设林业地理空间数据库。包括公共基础数据库、林业基础数据库、林业专题数据库、林业综合数据库、林业信息产品库。二是研究提升林业地理空间信息技术。采用国际先进、成熟、符合主流发展方向的空间信息技术作为核心技术，根据林业特点和需求开展相关技术的研究和开发，包括地理空间信息技术、数据管理技术、可视化技术、信息交换技术和模型模拟技术。三是建设林业地理空间信息应用服务系统。应用服务系统基于目录和交换体系，以地理空间信息资源共享服务、业务协同服务、辅助决策和公众应用服务等形式，通过内网和外网门户为用户提供地理空间信息共享服务。四是林业业务应用系统建设项目。林业地理空间信息应用系统包括林业资源监管系统、综合营造林管理系统、林业灾害监控与应急系统、林业重点工程监测与评价系统、国家林业卫星及卫星遥感数据应用平台建设等。林业资源监管系统，以统一的林业资源空间分布信息为基础，用于森林资源、荒漠化土地资源、湿地资源和生物多样性资源管理等业务。综合营造林管理系统，以实现营造林全过程信息化管理为主线，建立国家和地方营造林管理系统，实现对营造林建设现状和发展动态的信息化管理。林业灾害监控与应急系统，在国家和地方建设森林防火监控和应急指挥、有害生物防治、野生动物疫源疫病监测管理，沙尘暴防治等系统，为林业灾害监测、预警预报、应急处理、损失评估和灾后重建等提供支撑。林业重点工程监测与评价系统，通过对天保工程、退耕还林工程等林业重点工程进行监测与评价，实现对重大工程进行管理。国家林业卫星及遥感数据应用平台建设，该项目以林业遥感卫星及遥感卫星（含军用）数据为主要数据源，基于现有的卫星运行管理体系与林业资源监测业务运行体系，建设集业务运行管理、卫星遥感数据理、数据资源整合等为林业遥感应用的业务化和规范化提供重要的技术和系统支撑。

（二）发展布局。通过实施林业地理空间信息建设，将林地、湿地、沙地和生物多样性等基础林业资源数据落实到山头地块，解决好“资源分布在哪里”、“林子造在哪里”、“治沙治在哪里”等问题，形成对三大系统和一个多样性全面有效监管。通过上下联动的网络运行，实现国家对各级林业资源管理过程中的关键环节的有效监控，确保林业资源管理更加规范化、程序化。通过网络、信息交换等信息技术手段，实现国家和省级林业资源信息的同步，为全面了解林业资源分布及辅助决策打下基础。充分利用现代高新技术加强林业资源动态监测，形成上下联动、及时同步，确保每一个“山头地块”上的林业资源都能够做到可查、可测、可管。

林业地理空间信息建设与应用实行分工负责制。国家林业局负责国家林业地理空间信息建设，与各省林业地理空间信息进行数据交换与共享。各省区地理空间信息管理和系统应用，可根据地方实际情况，分为采用省级托管集中式管理和省、市、县分级管理。林业地理空间建设以骨干工程为主，采取分期建设，先行试点的方式进行。

第四章　战略研究

开展中国林业信息化发展战略研究的目的主要是为各级林业部门进行林业信息化建设决策提供科学依据，使全国林业系统形成一盘棋，减少盲目建设、重复建设等不良现象，发挥信息化建设的后发优势，尽快提高我国林业信息化建设和应用水平，为发展现代林业、建设生态文明、推动科学发展提供强大支撑和保障。

第一节　研究概况

一、研究内容

根据战略研究的一般要求，结合中国林业信息化发展实际，确定中国林业信息化发展战略研究主要包括以下几方面的内容。

（一）研究背景

从全球经济社会发展、我国现代林业建设任务、公众需求等层面分析我国林业信息化发展所处的宏观环境，明确开展中国林业信息化发展战略研究的必要性、紧迫性和重大意义。通过分析国内外相关研究资料，包含政策文件、领导讲话、学术论文、调研材料等，掌握林业信息化及其发展战略研究的最新成果和进展，为做好本项研究提供参考和借鉴。

（二）战略定位

明确"林业信息化"的概念，并对概念的内涵、外延、组成要素及各要素之间的逻辑关系进行分析，同时梳理总结我国林业信息化的发展历程，总结林业信息化的发展成效、成功经验和存在的主要困难与问题，由此研判我国林业信息化的发展态势。在此基础上，探讨林业信息化在生态建设、林业政务、社会公共服务与国家信息化等方面中的作用和地位。

（三）需求分析

需求分析是研究工作的重点和难点。一方面紧密结合林业工作实际，从国家生态建设、林业产业发展、繁荣生态文化、加强行业管理及提高林业社会服务能力五个方面入手，深入分析当前及今后较长时期内，林业现代化建设对林业信息化的需求，以便为战略目标的确定、战略路线的选择等提供科学依据。另一方面重点对我国林业信息化发展进行战略部署，提出发展目标，围绕目标研究阐述林业信息化的总体发展思路，对指导思想、基本原则、建设框架、策略选择、发展模式等进行重点剖析，明确不同部分之间的逻辑关系。最后对林业行业的数据中心、灾备中心、公共服务平台、应用系统等进行战略布局，明确实施步骤和规划设计。

（四）主要内容

参考《2006~2020年国家信息化发展战略》、《中国林业信息化建设纲要》等资料，紧密结合林业信息化发展实际，从综合信息基础实施建设、电子政务建设、产业发展信息化、生态文化建设、信息资源开发利用、人才队伍建设、信息安全保障等几个方面探讨林业信息化建设的主要内容。

（五）建设重点

基于对我国林业信息化发展主要内容的判断，按照轻重缓急原则，提出2030年之前林业信息化的建设重点和优先行动。林业信息化的建设重点围绕林业电子政务、信息资源开发利用、林业社会服务能力提高和人才队伍建设等方面展开，并结合建设重点提出林业信息化领域应优先建设的各体系，如林业内外网、办公系统、林业资源监管系统、灾害防控应急系统、保障系统、信息技术创新应用等。

（六）战略保障

从政策法规、体制机制、组织管理、资金保障、标准规范、人才技术、安全保障、合作交流等多个方面着手，研究提出林业信息化又好又快发展的战略保障措施。

二、研究方法

（一）资料分析法

占有资料是开展好研究工作的基础和前提。课题组人员通过查阅大量国内外信息化和林业信息化建设与应用方面的资料，分析信息化及林业信息化的发展现状，预测未来发展趋势，确定发展目标，研究发展战略，为本战略研究提供基本思路和重要参考。

（二）座谈讨论法

座谈讨论是直接获取研究信息的重要途径。在研究过程中，课题组人员开展了多次座谈交流，座谈对象包括国家有关部委、教学科研单位、林业系统单位以及IT公司的管理人员、技术人员等。在出国培训期间，还先后与英国、澳大利亚的同行进行了交流讨论。通过国内外的类比分析，为提出发展战略提供依据。

（三）问卷调查法

为系统收集林业信息化的专题信息，课题组人员设计了简明扼要的调查表，在国家林业局各司局、各直属单位，各省级林业部门及计划单列市林业部门范围内，开展了林业信息化建设现状、未来发展思路，对全国林业信息化工作的意见与建议等方面的调查，为做好研究工作提供重要的第一手资料。

（四）态势分析法

态势分析法又叫SWOT分析法，是由美国旧金山大学的管理学教授于20世纪80年代初提出来的。SWOT四个英文字母分别代表优势（Strength）、劣势（Weakness）、机会（Opportunity）、威胁（Threat）。运用这种方法，可以对研究对象所处的情景进行全面、系统、准确的研究，再根据研究结果制定相应的发展战略、计划以及对策等。本研究利用该方法客观分析中国林业信息化发展存在的优势、劣势、机遇和挑战，为制定战略对策提供重要依据。

（五）价值工程研讨法

该方法包括：一是信息采集阶段，提出必要的背景信息，让所有参与的人对关键问题和约束条件有全面的了解。二是分析阶段，回顾关键问题和约束条件，建立首要的和次要的战略功能，划分工作小组来确定更清楚的战略目标，确认用于评估的价值指标体系，确定价值指标权重。三是创新阶段，建立战略备选方案，划分工作小组，寻求更多的备选战略，产生尽可能多的想法。四是评估阶段，对每一种备选战略进行初步评估，排除不符合需求和约束条件的战略，保留下来的方案将通过使用价值标准和评分矩阵来评估，评估结果要对项目后续阶段进一步的林业信息化战略研究有明确的指导作用。

（六）国际案例比较分析法

通过国际案例与研究对象的比较分析，提出科学的林业信息化发展战略。在案例的选择和比较过程中，注意不同国家在社会经济背景、发展阶段、研究范围、指标统计口径等方面的差异。除了以国家整体的信息化发展状况进行比较之外，在不同的专题研究中，还选取代表性较强的国际案例进行比较研究。

第二节　研究初步成果

一、发展现状

（一）林业信息化的基本概念

林业信息化是指在林业各个领域应用信息技术，采集、开发和利用信息资源，促进生态建设、林业产业、生态文化和行政管理的科学发展，带动林业实现现代化的过程。它是国家信息化的重要组成部分，是现代林业建设的基本内容，也是衡量林业生产力发展水平的重要标志。

林业信息化的内涵主要体现在：从范围上看，林业信息化涉及到林业的各个领域；从手段上看，林业信息化是利用现代信息技术；从内容上看，林业信息化是采集、开发和利用信息资源；从目的上看，林业信息化是促进生态建设、林业产业、生态文化和行政管理的科学发展；从本质上看，林业信息化是带动林业实现现代化的过程。

（二）国外现状

从全球来看，信息化已成为当今世界经济社会发展的总趋势，人类社会正快步迈入信息化新时代。据《2009~2010年度全球信息技术报告》显示，美国、加拿大、瑞典、丹麦、新加坡等国都在强力推进电子政务、电子商务和电子社区建设，从而引起全球范围的网络文化大变革。2008年美国大选，政治类的网站成为用户量增长最快类别之一，其用户量增加了43%，达到1200万。55％的成年人会利用网络了解大选情况，在网上搜索政治新闻，查看竞选人的背景，获知竞选人的辩论题目等。欧盟推动电子政务一体化，实现政府部门之间信息系统的一体化及中央与地方政府之间信息系统的一体化。英国政府始终把向用户提供便捷、高质量的服务，使公众与政府方便沟通作为电子政务建设目标，提出“一站式”服务理念。英国从中央到地方政府共同协商建立了面向公众和企业的700项服务项目，到2006年年底，地方政府所有服务项目实现了100%在线服务。据英国社区与地方政府部提供的资料，目前电子服务的实现比例达98%，公众对政府服务的总体满意度为75%。澳大利亚信息化管理体系比较健全，联邦、州两级政府及各部门都有信息化专门机构。人均因特网连接世界排名第九，亚太地区排名第二。网上服务项目位于世界前列，与美国、新加坡等国一样处于世界领先水平。

（三）国内现状

自20世纪80年代以来，经过近30年的不懈努力，特别是近几年的大力推进，中国林业信息化建设取得了明显成效，主要表现在：

1. 信息化发展思路日益明确。国家林业局先后制定和发布了《全国林业信息化建设纲要》、《全国林业信息化建设技术指南》、《全国林业信息化发展“十二五”规划》，召开了两届全国林业信息化工作会议，明确了林业信息化发展思路，为科学推进林业信息化建设指明了方向。

2. 信息网络基础建设稳步推进。国家林业局先后启动实施了局中心机房改扩建工程、内外网物理隔离建设工程、林业专网扩建工程等基础设施建设工程，全国林业专网节点由37个增至72个，联通各省级林业部门和国家林业局京内外各单位。同时，辽宁等部分省区建成了省、市、县、乡四级联网的林业政务内网体系。这些为林业信息化进一步全面加快发展奠定了坚实基础。

3. 信息发布具备权威平台。经过整合改造，形成了中国林业统一的对外门户网站。局内网升级改造后，开启了国家林业局无纸化办公的新时代。辽宁、湖南、吉林等16个省级林业部门也实现了无纸化办公。综合办公系统建设起步较早的省份正在完善功能、强化应用，有的省已延伸到了乡镇林业工作站和国有林场。

4. 信息资源开发利用日益加强。林业信息化基础平台和国家林业局内外网各应用系统的建设，整合了内外网应用系统和信息资源，初步实现了信息资源的共建共享，使得网站在线办事服务和互动交流功能日益增强。

5. 信息化保障体系不断完善。组织机构建设取得重大突破，成立了全国林业信息化工作领导小组、国家林业局信息中心（信息办）、全国林业信息化专家咨询委员会。全国2/3的省级林业部门设立了独立的信息化机构，专职人员达295人。资金投入得到加强，经费保障长效机制正在逐步确立。制度和标准规范体系不断健全，梳理、制定了一批林业信息化管理制度和技术标准。

6. 信息安全保障能力不断提高。现有的信息化网络大多都配备了防火、防盗、防雷、防辐射、防泄密等硬件设施，提高了物理载体安全。新建了漏洞扫描、安全审计等一批软硬件安全设施，同时在内、外网配置了防火墙，在重要边界部署了安全网关，加强了防病毒、防入侵、防篡改等网络安全防御设施建设，使得林业信息安全防护水平明显提高。

（四）存在的主要问题

1. 信息化意识不强，发展动力不足。有些单位特别是领导同志对林业信息化工作的认识还不到位，重视程度还不够，思想上认为信息化工作可轻可重，行动上对信息化工作时抓时放，缺乏持续发展的内在动力。个别单位或同志大局意识不强、责任意识不高，工作上存在消极敷衍或抵触情绪。

2. 体制机制不完善，信息化发展缺乏活力。管理体制不顺问题比较突出，绝大部分信息中心都是事业单位，缺乏管理协调能力，导致很多工作比较被动。信息化机构不健全，缺位、缺人、缺资金，导致很多工作难以有效开展。信息化推进机制不完善，绩效考评制度、测评制度、会商制度、项目审查制度、激励机制、协调机制等，都还没有很好地建立，势必会影响到信息化工作的有效推进。

3. 建设应用水平低，信息化绩效不明显。在一些地方和单位，仍然存在着比较严重的重建设、轻应用，重硬件、轻软件，重投入、轻管理等不良现象。信息资源目录体系和信息化建设需求不清晰；缺乏统一规划，顶层设计缺失或不科学；各自为政，低水平重复建设；资源整合共享进展缓慢，关联业务协同度低；标准规范不健全或执行不力；信息化推广应用力度不够等，这些都影响到了林业信息化的实际建设绩效。

4. 资金投入不足，信息化推进乏力。一个是绝对不足，即信息化资金总量小，这是个普遍的现象。通常是经济越落后，问题就越突出，区域发展不平衡主要是由于资金投入问题而产生的。另外就是重建设、轻运维等认识上的缺位导致运行维护经费难以为继，影响了整个信息化工作的实效。另一个是相对不足，包括资金预算或分配不合理、资金使用过程中存在或这或那问题等。如第二期天保工程，国家投资很大，但其中的信息化资金预算却很少。资金使用不科学、挤占挪用资金等也是造成相对不足的重要原因。

二、发展趋势

（一）全球信息技术发展趋势

随着全球信息化浪潮的不断推进，信息技术正在经历一场新的革命，使社会经济生活各方面都发生着日新月异的变化。新技术的发展主要体现在虚拟化、通信、云存储、安全、数据中心、物联网技术等方面。

1. 虚拟化产品层出不穷。由于虚拟化技术能够通过服务器整合而显著降低投资成本，并通过构建内部云和外部云节省大量的运营成本，因此加速了虚拟化在全球范围的普及与应用。目前许多预测已经成为现实：存储虚拟化真正落地、高端应用程序虚拟化渐成主流、网络虚拟化逐渐普及、虚拟化数据中心朝着云计算的方向大步迈进、管理工具比以往更加关注虚拟数据中心。在虚拟化技术应用方面，企业桌面虚拟化、手机虚拟化、面向虚拟化的安全解决方案、虚拟化推动绿色中心发展等领域也取得了长足进步，发展势头比之前预想的还要迅猛。

2. 3G应用更加广泛。3G应用可以为用户提供丰富的互动实用型服务，包括邮件服务、实时通信、垂直搜索、网络游戏、电子商务、互动社区等，人们通过这些服务可以使自己的生活更加丰富多彩。同时，以手机杂志、手机视频、手机电视为代表的移动互联网新媒体也不甘落后，要在3G领域大显身手。专家预测，不久的将来通信与网络将逐步融合，在这个融合过程中，由于环境改变所带来的理念上的转变，将使用户能够明显地感到，原来“以自我为中心”的运营商们，开始实现向“以用户为中心”的转变。

3. 云存储愈受关注。当前，越来越多的企业开始为它们不断扩大的环境寻找提高存储效率和降低管理复杂性的方法，它们将考虑采用存储服务器和公共云提供商已经部署的存储架构设备。大多数企业将意识到，通用硬件基础架构和增值软件的结合将是向业务交付存储的最佳途径，企业在向云存储持续迁移的过程中，将会采用更加有效的数据管理工具和策略。

4. 物联网应用正在兴起。物联网指的是将各种信息传感设备，如射频识别（RFID）装置、红外感应器、全球定位系统、激光扫描器等种种装置与互联网结合起来而形成的一个巨大网络。在此基础上，利用全球统一标识系统编码技术给每一个实体对象一个唯一的代码，构造了一个实现全球物品信息实时共享的实物互联网——物联网。它有两层意思：第一，物联网的核心和基础仍然是互联网，是在互联网基础上延伸和扩展的网络；第二，其用户端延伸和扩展到了任何物品与物品之间，进行信息交换和通讯。

5. 信息安全呈现新态势。随着社交网站、云计算和智能手机的发展，网络犯罪分子也将把重点放在这些领域，目前黑客已经精通了蠕虫病毒、网络钓鱼、虚假杀毒软件销售等方法，预测他们将会针对新的目标发起新一轮攻击。国外媒体列举的IT安全趋势有：社交网站将面临更多安全问题，koobface蠕虫对社交网站用户形成很大困扰，这些恶意软件先感染用户电脑，再窃取信息；黑客也步入“云端”，他们效仿企业的做法使用基于云计算的工具，以便更有效部署远程攻击，扩大攻击范围；搜索引擎成为攻击传播的渠道，因为用户通常都非常信任搜索引擎，对于排在前几位的搜索结果更是没有任何怀疑，这就给了黑客可乘之机，从而对用户发动攻击。

6. 数据中心集成力度加大。目前，金融、电信和政府行业是数据中心建设较快的行业，通过数据大集中，银行、电信等行业已经实现了业务的集中管理，能够在全国范围内提供同等水平的业务服务，提高了客户满意度。同时，业务数据的集中存储与管理，也为高水平、安全的数据保障创造了条件，业务连续性可以达到新的高度。而随着数据中心的发展，数据中心已不单单是一个简单的服务器统一托管、维护的场所，已经衍变为一个集大数据量运算、存储为一体的高性能计算机集中地。未来，数据中心的发展方向将是以绿色、大规模虚拟化、高密度等为主，同时SaaS模式也会深受业界的欢迎。

（二）全球信息技术应用趋势

进入知识经济时代，信息化迎来了新一轮建设热潮，这股热潮的特点可以简单地用“更快、更高、更强”来形容，这意味着信息通信技术服务的速度将更快，普及、深化应用的要求将更高，提供的性能也将更强大。预计未来几年，全球信息技术应用将呈现以下趋势：

1. 物联网与智慧城市深入发展。目前，以云计算、物联网为代表的信息通信技术应用，为实现城市的智能化发展创造了条件。云计算市场发展速度非常快，预计2012年将达到1280亿美元，大量的数据、应用已经产生出来，大量的服务也被放上来。一个随时在线、随时连接的世界将应运而生，从根本上改变城市的工作、生活和娱乐方式。物联网会在城市监控、智能交通、环境保护、资源管理、公共安全、工业监测、社会服务、智能家居等各个领域发挥作用，促使人们生产、生活和消费方式的变革。与此同时，智慧城市的发展将不断引领出新业务、新领域，不断为新的生产和生活方式增添智慧灵性，为政府提供新的管理和服务手段，为企业呈现新的商机，为市民带来新的体验。总之，信息化让城市的经济社会发展产生了深刻变革，促进了城市经济、社会与环境的协调发展，使城市更加宜居，生活更加美好。

2. 信息技术重构社会发展方式。未来微电子、计算机、网络通信和软件等各种信息通信技术将加速创新，不断突破时间、空间的限制以及终端设备的束缚。信息通信技术创新的内涵将更加丰富，技术、网络、应用、服务深度融合，不断创新产业形态和商业模式。这些新兴产业形态的培育和发展，使得各产业之间的边界更加模糊、日益交融，其蕴藏的巨大能量既满足了人们越来越高的服务需求，反过来也给现代产业体系注入新的内涵，有生命力的新兴产业形态发展到一定阶段，将成为促进经济社会向网络化和数字化迈进的重要载体。信息通信技术的创新和扩散，正在重构经济社会发展的新方式。从生产方式转变来看，信息技术在工业生产研发设计、生产制造经营管理等领域的深化应用，正在引发社会生产方式的深刻变革，柔性制造、网络制造、绿色制造、智能制造、全球制造日益成为生产方式变革的方向。信息通信技术的深化应用，使得产品分工、产业分工和资源配置正在转向以信息和全球资源为基础，产品供应链和客户关系管理得到延伸，新兴的组织管理模式不断涌现。

3. 绿色信息产业推动循环经济发展。积极推进节能减排和循环经济是适应当前全球发展趋势的必然要求，信息技术应用和信息化对传统行业节能减排有很大帮助。随着信息技术产业自身的绿色化（Green of ICT），开发低能耗信息技术产品、实现制造服务过程绿色改造、加强信息技术产品的可回收利用等，将为整个国家（地区）的绿色经济做出积极贡献。此外，集团管理监控系统在大型企业环保方面也将发挥巨大作用，这已经得到很多专家、企业的一致肯定。能源是国民经济的基础，加强信息化建设是做好能源工作的重要条件，集团管理监控系统既可以实现对企业有效的管理，同时可以设定相关指标，监控企业的环境与能耗数据，在有效提升企业竞争力的同时，控制能源消耗和污染物排放，对国家能源的环保建设有着十分积极的作用，循环经济插上信息化的翅膀将如虎添翼。

4. 信息技术提高政府公共服务水平。随着信息化的发展，世界主要国家和地区政府本身的信息化能力不断提高，提供“人性化”的公共服务仍将是电子政务未来的改革和创新方向。一方面，政府将继续加强数据整合和互操作，提高政府信息资源的共享和利用程度，以提高公众和企业的办事效率，促进经济发展。另一方面，为建设更好的社会环境，增强社会的凝聚力和创造力，政府将努力提高电子政务的服务范围，确保所有公民，特别是亟须社会支持而自身直接使用信息技术存在障碍的群体（如老人、残疾人、移民、低收入者等），能够从电子政务服务中受益。

5. 电子设备趋于微型化与可移动。电子设备正在变得越来越小、越来越轻，并且大多数是无线和移动的，高性能计算机也从大型机器转向较小、较便宜的机器类型发展。从更广泛的意义而言，成群移动技术概念将被应用于网络和各种应用，计算机网络将会反映社会网络，社会一旦出现某种需求，各种各样的硬件和软件产品将随即进行改装以满足这种特殊需求。各种设备的微型化和移动性所产生的社会效应将促使当前趋势继续延续，意味着更多的信息获取机会，更多的信息交流和人与信息更加自由的流动。

（三）中国信息化发展趋势

信息化是当今世界经济和社会发展的大趋势，是推动经济发展和社会变革的重要力量，信息化发展水平已成为衡量国家综合国力与国际竞争力的重要标志。大力推进国民经济和社会信息化，是我国加快实现工业化和现代化的必然选择，是促进生产力快速发展、增强综合国力和国际竞争力、维护国家安全的关键环节，也是贯彻落实科学发展观、构建社会主义和谐社会、建设创新型国家的战略任务。

1. 信息产业从规模扩张转向创新驱动。在我国，信息产业已经成为基础性、先导性和支柱性产业。20多年来，我国信息产业以平均高于国民经济2~3倍的速度在发展，平均速度在20%以上，目前很多信息产品产量都达到了世界总产量的一半以上。但是，我国的信息产业依旧存在“大而不强”的问题。因此，在“十二五”期间，我国信息产业将进入从规模扩张转向创新驱动的时代，推动优势资源整合，突破一批关键技术。我国将着力完善相关体制机制，营造有利于自主创新的氛围，并将重点扶持有创新能力的企业。同时，还将鼓励重点企业掌握关键核心技术，支持国际合作。

2. 信息化应用领域呈现“多元多层”的格局。随着信息化步伐进一步加快，信息化对国民经济的先导和软化作用进一步增强，e时代的信息化应用领域呈现“多元多层”的格局。如在农业信息化进程中，国家实施的农村信息化为农业信息化奠定了坚实基础，成立了信息网络协会，目前正在积极探索“物流+信息流+技术流”的服务模式。在工业信息化进程中，政府将进一步加强对工业信息化的领导和引导，为企业提高信息化水平提供政策保障；同时，企业加快引进先进的信息技术和系统，重组业务流程，实现企业内部、企业与合作伙伴、客户等的信息共享，促进工业信息化。在军事信息化进程中，军队将完成从机械化半机械化向信息化的过渡，以信息技术为核心的军事高技术将广泛应用于军事领域，提升军队士兵的信息化能力和打赢信息化战争的能力。在医疗信息化进程中，医疗行业应进一步促进医疗信息的共享，以数据库为中心，实现病人信息的无纸化和无胶片化。

3. 信息技术朝着智能化、虚拟化、集成化和绿色化方向发展。信息技术的智能化是在柔性化和集成化基础上的进一步发展与延伸，未来它的研究重点将是具有自律、分布、智能、仿生、敏捷、分形等特点的新一代制造系统。虚拟化信息技术主要包括CPU、服务器、存储、操作系统、管理软件、虚拟产品开发、虚拟制造、虚拟企业等，目前虚拟化技术正在进入爆炸式发展期，整合项目仍然是虚拟服务器采购的强大驱动力，企业业务的延续性和实用性成为了虚拟化增长的两个重要原因。信息技术的集成化是基于一定标准，从部门内部的信息集成、功能集成发展到过程集成、部门间的集成和网络集成，主要是为了解决信息系统间的信息交流和共享问题。信息技术的绿色化是加大信息技术在促进节能减排降耗中的应用，随着国家对信息化可持续发展的更加关注以及虚拟化等诸多节能技术的逐渐深入应用，绿色信息技术将逐渐成为潮流。

4. “网络应用”安全将成为信息安全的核心。信息安全的核心在于“信息数据”的安全，而在数据处理中，应用才是关键。随着网络的快速发展，网络应用类别越来越多，应用复杂度也越来越高，人们逐渐发现，单纯解决数据的访问和传输的安全已经无法很好地保障信息安全，必须高度重视维护关键应用的安全，从数据的产生、计算和存储等多个角度来思考和解决。因此，对于“网络应用”安全的关注度也逐渐升温。

5. 电子政务发展日益深入，主要体现在：一是以“公共服务”为指导方针，不断深化应用。从电子政务发展的大环境来说，2004年我国政府正式提出要建设“服务型政府”，但目前我国的政府网站离“服务型政府”的目标还有较大差距。因此，要大力加强政府网站的服务功能，牢固树立网站的“服务”定位，在此基础上整合后台应用，统一对外服务平台，打造一个协同高效的“服务型政府网站”。从电子政务自身发展的特点来说，我国电子政务的大规模建设阶段已经结束，下一步的工作重心就是如何进一步深化应用，由“量”的扩张转变为“质”的提高。二是适应行政管理体制改革需要，不断完善电子政务的管理体制机制。一个健全、完善的电子政务管理体制可以分为“咨询、决策、协调、管理、执行、监督”六个环节，这六个环节必须环环相扣、缺一不可，成为一个相互联系的闭环，只有这样，才能建立起科学、有效的电子政务管理体制。总体来看，在电子政务管理机构的职能定位、编制安排等方面，需要中央作出一些统一的规划。而地方政府在统一的框架下又需保留一定的调整自由度，对电子政务建设的管理、执行和监督出台一些具体的制度规范。三是加强电子政务法制环境建设。自从电子政务在我国兴起以来，这一领域的法制化工作就一直没有停止过，其中2004年8月颁布施行的《中华人民共和国电子签名法》、《中华人民共和国行政许可法》，2008年5月施行的《中华人民共和国政府信息公开条例》都有涉及电子政务的部分。但是，与电子政务快速发展的实践相比，我国电子政务的法制化还明显滞后，尤其在2008年国家实行大部制改革、2009年地方政府也纷纷开展相应的政府机构调整的大背景下，有关电子政务的管理机构、管理职能，亟须出台相关的法律法规加以确认。

6. 信息环境发展趋势。信息化的发展环境包含政策、法律法规、制度、标准、人才、安全管理等几方面。未来，各地信息化管理部门应根据国家有关法律法规，结合当地实际情况，在信息化管理、信息市场规范、信息技术应用、知识产权保护等方面制定法规，为信息化建设营造良好的法制环境。同时，关注国际信息化标准的发展，宣传贯彻国家标准，制定行业标准，推广和普及现有各项标准，尽快形成信息化标准体系，促进互联互通和资源共享。还要积极培养和吸收计算机网络技术与行业专业知识兼备的高素质人才，开展对相关人员多层次的信息化培训，建立一支高素质的信息化技术工作队伍。要建立安全体系认证制度，加快CA认证建设，进一步加强计算机网络与信息安全监控体系建设。

三、战略定位

（一）信息化是现代化的基本特征

随着现代化理论的传播，现代化正影响到人们生产生活的各个方面，人们对现代化也有了不同的解读。从历史的角度看，现代化主要指近代以来，世界各国以西欧及北美地区等地国家许多近现代以来形成的价值为目标，寻求新的出路的过程，比如学术知识上的科学化、政治上的民主化、经济上的工业化、社会生活上的城市化、思想领域的自由化和民主化、文化上的人性化等等。从发展历程上看，现代化主要有两大阶段：第一次现代化是从农业社会向工业社会、农业经济向工业经济、农业文明向工业文明的转变；第二次现代化是从工业社会向知识社会、工业经济向知识经济、工业文明向知识文明、物质文明向生态文明的转变。

对西方发达国家而言，第一次现代化的大致时间是1763~1970年，第二次现代化的大致时间是1971~2100年。《中国现代化报告2007》指出，按照1980~2004年的发展速度估算，中国第一次现代化实现程度达到100%大约还需要 8 年，也就是说，可能在2015年前后完成第一次现代化。同时，该报告还指出，第一次现代化的典型特征是工业化和城市化，第二次现代化的典型特征是知识化和信息化，包括知识创新、知识传播、生活质量、经济质量、工业增加值比重、工业劳动力比重等一系列评价指标。

当今社会已经进入信息时代，信息化是时代的主要特征，也是现代化的基本特征。21世纪世界各国所追求的现代化目标，已经不是工业化时代的传统现代化目标，即不能只用所谓的工业化水平和城市化水平，以及与此相匹配的教育程度、生活质量、预期寿命等去加以度量，而是不失时机地加上信息化水平、生态化水平、全球化水平、竞争力水平、集约化水平、公平化水平等，作为从工业化时代向信息化时代过渡的基本衡量。林业现代化是国家现代化的有机组成部分和重要体现，因此，林业信息化是林业现代化的基本特征。

（二）林业信息化是实现林业现代化的重要手段

林业信息化是充分利用计算机、“3S”、多媒体、网络、通信、虚拟等现代信息技术，开发利用林业信息资源，促进林业信息交流和共享，提高林业发展质量，推动经济社会发展转型的历史进程，是改造传统林业，解放和发展林业生产力，实现林业现代化的必要途径。只有加快林业信息化，才能将全国林地、湿地、沙地和生物多样性等基础林业资源数据落实到山头地块，解决好“资源分布在哪里”、“林子造在哪里”、“治沙治在哪里”等问题，形成对三个系统和一个多样性的全面有效监管，建设完善的生态体系，维护国土生态安全；只有加快林业信息化，才能构建四通八达的市场网络信息体系，及时了解企业和市场，掌握行业发展情况，为政府科学决策提供支持，为社会公众提供优质服务，促进林业产业又好又快发展，建立起发达的林业产业体系，实现兴林富民的目标；只有加快林业信息化，才能建立强大的信息网络，把林业的声音更快更好地传达出去，构建全方位的宣传阵地，普及生态知识，培育生态意识，树立起牢固的生态文明观。

总之，在林业现代化建设进程中，林业信息化发挥着引领、优化、支撑等极为重要的作用。在精准林业建设、林业信息资源开发利用、林业信息产业等领域，林业信息化都发挥着引领、开拓的作用，极大地丰富了现代林业建设的内涵。信息化与种苗培育、资源调查监测、行政管理等林业业务的结合，能够优化业务流程、改造传统生产方式、提高经营管理水平。行政审批、宣传教育、社会服务等林业工作已经越来越离不开信息化的手段，信息化支撑、保障林业业务的功能日益凸显。

（三）林业现代化是林业信息化的根本目标

建设现代林业是全国林业工作的主题和方向。现代林业是坚持以人为本，全面、协调、可持续发展的林业，是大力构建林业三大体系，充分挖掘林业多种功能，努力提升林业三大效益，不断满足社会多样化需求的林业。发展现代林业，建设好三大体系，必须要用现代科学技术提升林业，用现代物质条件装备林业，用现代信息手段管理林业，实现林业发展的科学化、机械化和信息化。林业工作点多面广，涉及千山万水、千家万户，加快推进信息化对林业来说尤为迫切，已成为发展现代林业的当务之急。发展现代林业、建设生态文明、推动科学发展是推进林业信息化建设的出发点和落脚点，是林业信息化的根本目标。

四、战略构想

（一）发展框架

林业信息化由林业电子政务、电子商务、电子社区三部分构成，三者相辅相成、缺一不可。

（二）战略目标

第一阶段：数字林业建设阶段（2011~2015年）。本阶段以提高林业资源综合监管、营造林管理、林业灾害监控和应急响应能力为主线，通过加强移动采集终端、网络基础设施、基础数据库和应用系统建设等，实现林业各种信息的数字化采集、传输、存储、处理和应用。

第二阶段：智慧林业建设阶段（2016~2020年）。本阶段以提高信息资源共享、业务协同和公共服务能力为主线，不断拓展新一代移动通信网、下一代互联网、物联网、云计算等前沿信息技术在林业重点业务中的应用，通过感知化、物联化、智能化的方式，建设具有中国特色的“智慧林业”。主要体现在六个方面：智慧的流程、智慧的结构、智慧的感知、智慧的管理、智慧的应用、智慧的服务。

第三阶段：泛在林业建设阶段（2021~2030年）。本阶段以深化信息化与林业现代化的高度融合，全面提高林业的生态、经济、社会服务功能为主线，通过大力加强信息基础设施建设和信息技术应用，建设具有中国特色的“泛在林业”，让广大林区实现在任何时间、任何地点、任何人、任何物都能顺畅地通信，人们在林区可以高效地工作、自由地学习和快乐地生活。

（三）实施策略

1. 正确处理统与分的关系。要努力消除各自为政造成的“信息孤岛”、低水平重复建设等弊端，逐步向集中统一管理转变。要明确国家林业局与各级林业部门、林业信息化管理部门与其他业务部门的职责权限，使大家在“五个统一”的前提下，充分发挥各自的积极性和创造力，形成合力，共同推进林业信息化建设。

2. 正确处理建与用的关系。林业信息化，建设是基础，培训是手段，应用是目的。要努力消除长期存在的重建设轻应用的不良现象，通过持续有效的培训，加强对已建信息化成果的推广应用，切实提高资金产出效益。

3. 正确处理技术与业务的关系。林业信息化建设长期以IT技术为主导，建设成果与林业业务需求之间存在一定脱节，一定程度上影响了信息化建设和应用水平。为此，要进一步加强IT技术与林业业务的紧密融合。

4. 正确处理自身与公众的关系。林业信息化建设是一项宏大复杂的系统工程，单靠自身力量难以完成。同时，自我封闭、以自身为服务对象的理念已难以适应服务型政府建设的要求。因此，必须实现由偏重自我服务向以公众服务为中心转变，由政府自建自管向政府主导、社会力量广泛参与转变。

5. 正确处理应用与安全的关系。信息化的高效率与信息安全的低效率是一对不可调和的矛盾，必须找到一个合理的平衡点。要科学划分信息资源的安全保护等级，在此基础上，按照应保尽保、安全第一的原则，深化信息技术应用和信息资源开发利用，以安全保应用、以应用促发展。

6. 正确处理“硬技术”与“软环境”的关系。林业信息化的建设进程是硬技术与软环境相互融合、相互促进的过程。软环境是硬技术的外围保障，硬技术是软环境服务的主体。只有使两者相辅相成、协调推进，才能保证林业信息化持续稳定健康发展。为此，要实现从重“硬技术”轻软环境向软硬环境建设并重转变。

五、战略内容

（一）电子政务与生态领域信息化战略

发展内容包括三个方面：生态保护与建设信息获取的信息化、政府管理的信息化、政府服务的信息化。生态保护与建设信息获取的信息化是林业电子政务建设的基础，发展内容包括移动和智能采集终端、数据中心、共享交换平台、业务应用系统、标准规范建设等，以实现信息采集的现代化、信息管理的规范化、信息利用的快捷化。政府管理信息化的发展内容包括综合办公系统、行政审批系统、公文传输系统、监察审计系统、综合信息监管平台建设等，以实现办公自动化、管理信息化、决策科学化。政府服务信息化的发展内容主要是内外网网站建设，以方便政府部门与社会利用网络信息平台充分进行信息共享与服务、加强群众监督、提高办事效率、促进政务公开等。

（二）电子商务与产业领域信息化战略

发展内容包括三个方面：林农的信息化、林企的信息化、服务商的信息化。林农信息化的发展内容主要包括林产品生产过程的信息化、市场供求信息获取与发布的信息化等。林企信息化的发展内容主要包括企业产品设计的信息化、企业生产过程的信息化、企业产品销售的信息化、经营管理信息化、决策信息化以及信息化人才队伍的培养等多个方面。服务商信息化的发展内容主要是电子商务平台建设及规范运营，如林业网络博览会、各类林业商务网站等。

（三）网络文化与生态文化领域信息化战略

发展内容主要是围绕生态文化创作、传播、交流、服务等环节，开展信息化建设，为繁荣生态文化提供载体和手段。如建设林业网络博物馆、网络电视、网络博览会、网络植树、网络论坛、共享数据库以及开通网络微博等。

（四）电子社区与新林区建设领域信息化战略

发展内容包括：基于全要素数字地形图、数字正射影像（包括航空、卫星遥感影像）、数字地形模型（DEM）、林区三维景观模型等空间基本信息，结合地下管线、规划、土地、交通、绿化、道路、环境、旅游、人口、工业、商业、电力等与空间位置有关的信息，建立林区基础数据库。在此基础上，建立各种信息管理系统、综合办公系统、监控与决策系统、网站等，促进林区人流、物流、资金流、信息流、交通流的通畅、协调和高速发展。

（五）信息安全与支撑保障领域信息化战略

发展内容包括：完善林业信息获取基础设施，如利用遥感、导航、气象等卫星提高林业宏观感知能力，建立林区视频监控网络、多功能传感网络等提高中观和微观感知能力。优化林业信息传输基础设施，如加强新一代移动通信网、下一代互联网、数字广播电视网、卫星通信等设施建设，加强林区宽带网络建设等。建设林业数据中心、灾备中心，推动物联网在林业重点业务领域的应用，加强云计算服务平台建设。推进林业科技、教育、人力资源、后勤服务、装备信息化。

六、优先行动

（一）林业内外网及综合办公系统建设

加强外网网站改造和整合，打造中国林业统一的对外服务窗口。加强内网平台改造和整合，为行政办公、业务协同等提供强大支撑。在各级林业主管部门全面推广应用综合办公系统，并根据政府职能和业务管理需求的变化不断加以改进和完善。

（二）林业资源监管系统建设

包括森林资源监管系统、荒漠化土地资源监管系统、湿地资源监管系统、生物多样性资源监管系统的建设和完善等，以解决“林业资源分布在哪里”的问题，提高国家对林业资源开发利用的监管能力。

（三）营造林管理系统建设

以实现营造林全过程的信息化管理为主线，建立和完善国家及地方营造林管理系统，解决好“林子造在哪里”的问题。

（四）林业灾害防控与应急系统建设

以提高林业行业灾害应急管理水平为目的，在国家和地方建设森林防火监控与应急指挥系统、林业有害生物监测与防控管理系统、野生动物疫源疫病监测与防控管理系统，在国家和相关省级单位建设沙尘暴监测与防控管理系统。

（五）林权改革管理系统建设

包括集体林权制度改革管理系统、国有林场改革管理系统建设等。建设内容包括林权数据库、林权交易数据库、应用系统等。

（六）林业经济运行服务系统建设

建设内容包括林业单位数据库、林业从业人员数据库、林业产业数据库、林业经济运行监测数据库、林业统计年鉴数据库、林业产业信息交流平台、业务应用系统等。

（七）林业信息资源整合与开发利用

梳理林业信息资源，建立林业信息资源目录体系和交换体系。在此基础上，将各类信息资源有机整合在统一平台上，进行合理开发利用，最大限度地挖掘信息资源的价值。

（八）林业信息化标准规范体系建设

按照行业标准《林业信息化标准体系》的规定，建设内容包括总体标准、信息资源标准、应用标准、基础设施标准、管理标准等。

（九）林业信息安全保障体系建设

建设内容包括物理安全、网络安全、系统安全、应用安全、数据安全、制度保障等六个方面，其中物理安全、网络安全属于安全基础设施。

（十）林业信息化基础平台建设

建设国家级和省级林业信息化基础平台，建设内容为具有基础性、公共性意义的基础设施、数据库、应用支撑、应用系统等。

七、战略保障

（一）大力加强信息化机构和队伍建设

在国家、省、市、县四级林业主管部门均设立专门的信息化管理机构，负责本地区、本部门林业信息化建设的组织、协调、指导、监督、管理。全面推行政府首席信息官（CIO）制度，提高信息化管理机构在林业发展决策中的参政议政水平。为信息化管理机构配备强有力的工作人员，全部实行公务员制度管理。完善信息中心等信息化支撑体系建设，建立起决策、执行、监督分离又相互制约的运作机制。加强信息化培训，提高从业人员的信息化意识、业务素质和创新能力。充分利用网络、多媒体等技术，创新培训方式、丰富培训内容、扩大受众范围。按照分类培训、按需培训等原则，举办高级研修班、专题研修班、信息技术培训班等。选派优秀人员出国培训，造就一批具有国际视野的高级信息化人员。

（二）建立持续有效的信息化资金保障机制

研究建立林业信息化建设应用经费保障长效机制。科学制定发展规划，使林业信息化占有应有的一席之地。在各级政府财政预算中设立林业信息化建设专项，确保年度投入稳中有升。在育林基金、生态效益补偿金等长期性林业建设投资中，设立林业信息化建设专项，提取一定比例的资金专门用于信息化建设与应用。加强林业建设项目审查和预算管理，确保信息化建设内容和资金投入应有尽有。坚持项目带动原则，以重大林业信息化建设项目，带动各级林业部门加大对信息化的资金投入。加强林业信息化建设资金统一管理、统筹协调和审计监督，切实提高投资效益。充分发挥市场在资源配置中的基础性作用，在经济效益明显的领域，积极吸收社会投资。

（三）建立科学有效的信息化测评机制

以测评为抓手，大力完善林业信息化长效推进机制。研究建立林业信息化发展水平、电子政务发展水平、电子商务发展水平、网站建设水平、信息安全保障水平等测评指标体系和测评制度，通过综合测评与单项测评相结合，加强林业信息化发展监测和绩效评估工作，达到以评促建、以评促改、以评促管的目的。

中国林业信息化发展测评可从建设水平、应用水平、保障水平三个方面进行。林业信息化建设水平包括6项指标：林业专网覆盖情况；省厅机房建设情况；省厅电脑普及情况；省厅数据库建设情况；省厅应用系统建设情况；内外网网站建设情况。林业信息化应用水平包括6项指标：省厅已建成数据库的使用情况；省厅已建成应用系统的使用情况；省厅数据库应用系统支撑核心业务的情况；省厅OA系统使用情况；省厅外网使用情况；省厅外网互动情况。林业信息化保障水平包括5项指标：省厅信息化机构建设情况；省厅信息化队伍建设情况；省厅信息化投资情况；省厅信息化制度和标准建设情况；省厅信息安全保障情况。

（四）加强信息化交流与合作

完善信息化人员轮岗制度、借调制度、基层锻炼制度、对口支援制度等，促进林业系统内信息化部门和人员之间的交流与合作。完善信息化专家咨询制度，充分发挥专家的智囊团和桥梁纽带作用。通过举办沙龙、林业信息化论坛、专家讲座、调研座谈、合作研究、出国考察、服务外包等，深化与国家部委、先进行业、先进地区、教学科研单位、优秀IT企业、发达国家等之间的交流与合作，学习先进经验，促进互利共赢。

第五章　工程建设

2010年9月8日，国务院常务会议审议通过了《国务院关于加快培育和发展战略性新兴产业的决定》，确定了新一代信息技术等七个战略性新兴产业。党的十七届五中全会强调指出：“要全面提高信息化水平。推动信息化和工业化深度融合，加快经济社会各领域信息化。实现电信网、广播电视网、互联网‘三网融合’，构建宽带、融合、安全的下一代国家信息基础设施。推进物联网研发应用。以信息共享、互联互通为重点，大力推进国家电子政务网络建设，整合提升政府公共服务和管理能力。确保基础信息网络和重要信息系统安全。”在我国经济发展的关键时期，以互联网为代表的信息技术以其先导性、高渗透性和高关联性，对经济的发展产生了越来越大的推动作用，已成为优化经济结构、推动经济发展方式转变的助推器，标志着我国进入了以信息化带动工业化的新时期。

第一节　示范省建设

国家林业局大力开展全国林业信息化示范省建设，为全国林业信息化建设树立了样板。经过严格认真筛选，辽宁、福建、湖南、吉林森工被确定为首批全国林业信息化示范省，各示范省明确了示范主题，分别在外网基础平台建设、省市县乡四级联网协同办公、资源整合、“三网融合”等方面做了大量卓有成效的工作，树立了样板。

一、辽宁省林业厅门户网站全面改版，建设了政务商务一体门户网站群

网站以1511为主体架构（即1大门户、5个子门户、1个网络电视、1000个企业子网），以服务广大林农和林业企业为主旨，强化了服务理念，完善了政务公开，增加了商务功能，搭建起了全省林业企业与省内外企业信息交流、合作的平台，借助网络全方位、多视角展现辽宁林业形象。网站设立了政务公开、行政审批、办事机构、政策法规、林业动态等栏目，开设了辽宁林改、生态建设、森林防火、林业科技等专栏。建立了森林资源流转、林业产业信息交流平台。提供了网上表格下载，网上办事，公开了厅长信箱。重点

推出了网络电视、商务平台和“林信通”，实现了外网受理、内网办理、外网反馈的现代化办公模式，办理各种证件6万多份，专家回答网民咨询上万条。“林信通”信息平台的搭建，为林农提供了林产品价格和市场等相关的信息服务，对市场形成了有效的引导。通过创新网站模式、丰富网站内容、理顺体制机制等措施，避免将网站做成一张“报纸”，将门户网站群建成了全方位展示辽宁林业的重要窗口、林业部门与社会沟通的重要桥梁、促进林业产业平稳较快发展的重要平台，有效提升了林业部门的公共服务能力，在建设服务型政府中迈出了坚实的步伐。改版后网站浏览量大大增加，目前已超过百万人次，连续两年获得全国林业系统优秀网站和2010年度“中国政府网站优秀奖”。

基础平台（核心平台）进行升级改造。这个平台是辽宁省2006年完成规划后，2007年重点建设的基础支撑平台，该平台实现了省、市、县三级架构。建立了全省数字林业门户管理系统、单点登录系统、林业业务协同系统、数据共享与交换系统和数字林业信息即时通信系统，为各业务平台提供了个性化的功能界面，使各业务管理平台能够共享该层面的服务，实现了单点登陆、数据集成与共享。2010年对平台升级改造后，功能更加全面，智能化程度更高，成功入选2010年全国林业信息化十件大事。

二、湖南省林业信息资源整合和内网建设

测土配方平台影响深远。综合运用“3S”技术、计算机、网络技术及全省森林资源数据库，建成了全国首个林木测土配方信息系统，全省3000万林农因此享受到网络时代和技术创新带来的实惠和便利。对山地实行测土配方，是少数发达国家才有的做法。发展中国家或发展中省份建立测土配方平台必须首先突破信息化制约。2009年以来，省厅组织5000多名林业技术人员上山，从全省470万个森林小班采集整理土壤和气候等因子数据5000多万个，并对所有因子数据进行认真核查，率先在全国建成了测土配方网络服务平台。这一林业基础数据核查工作的规模之大，投入力量之巨，工作之细，史无前例。现在，林农只要点击湖南林业电子政务网上的电子地图，就能迅速查到自家的山头地块适宜种什么树、怎么种，彻底消除湖南有的地方一棵树长几十年也不成材的现象。这项工作得到了省委省政府的高度肯定，被媒体誉为真正实施民本行为的科技造林工程。林农说：“湖南林业把科学发展观贯彻到了山头地块上”。

无纸化办公深入推进。经过多年来持之以恒的努力，湖南省不但建成了省、市、县三级林业专网，并延伸到了重点乡镇林业站，而且林业办公无纸化也取得突破性进展。到2010年底，全省所有市（州、县）林业办公无纸化系统开发已全部到位，并联成一个有机的整体，86个市（州、县）林业局不同程度地实现办公无纸化。2010年湖南林业电子政务网访问人次达到900万。

基础数据库应用不断深化。按照全国林业信息化示范省建设的要求，引入当前最先进的SOA架构概念，建立了各类数据共享机制，完成了从森林资源、营造林、森林防火、有害生物防治到适地适树各个环节数据的整合。数据库的内容不断扩充，2007年增加了公益林的内容，2008年增加了石漠化的内容，2009年增加了土壤肥力和理化因子、气象气候资料、适生树种立地因子，以及全省有害生物野外监测数据等内容。数据库的属性因子从原来的70多项扩充到298项。利用已建成的基础地理数据库平台，应用也在不断深化。2006年开始，应用GIS技术分年度完成了自“十五”森林资源规划设计调查结束以来的森林资源档案数据更新，实现了对森林资源档案数据的动态管理。先后建成了全省营造林信息管理系统，森林防火信息管理系统及森林防火辅助决策系统。2010年又对森林资源数据更新系统进行了优化升级，由单机版过渡到网络版，率先在全国实现了森林资源数据实时更新，确保了林业资源数据的实时性、一致性、准确性，最大限度地减少了人为干预与数据的误差。

网站建设卓有成效。湖南省林业厅以把“湖南林业信息网”打造成一流政府网站为目标，在信息公开、网上服务、公众互动、特色栏目建设等方面开展了卓有成效的工作。2010年以来，湖南林业信息网站共发布各类信息近3.8万多条（件），涉及林业的方方面面，尤其是利用新型媒体的优势，在2010年首届湖南家具博览会期间，同步开通了网上家博会，全方位地向社会展示了家博会的宏大场面。该网站2010年访问人次达700万。被国家林业局评为全国林业系统十大优秀网站和湖南省政府“2010年度湖南省优秀政府网站”。

三、福建省林业信息化四级联网

福建省山多林多，素有“八山一水一分田”之称，森林覆盖率达63.1%，居全国首位。林业在福建省国民经济和社会发展中具有重要地位。福建省2003年全面推行集体林权制度改革，林业发展形势要求林业部门改进林业管理与服务方式。2006年时任省长黄小晶在全省深化集体林权制度改革工作会议上明确要求全省林业部门要从满足林农实际需要出发，寓管理于服务之中，进一步转变职能、改进服务，健全网络化的林业服务中心，为农民提供便捷的服务。2007年，福建在实现省、市、县三级林业部门网络连接的基础上，建设“福建金林网”，实现省、市、县、乡四级林业部门及国有林场、林业检查站等林业基层部门的网络互联互通，为行政审批等业务延伸到乡镇林业站办理创造了网络环境条件，实现了省、市、县、乡在线审批，协同办公。随着林改后林业发展的新形势和新需求，福建省先后开发了林政管理、资源监测、林权登记等管理应用系统，满足了林业生产管理需要，大大提高了工作效率，促进了林业管理服务模式的转变。

福建省是全国首批林业信息化管理四个示范省之一，根据国家林业局的部署，福建已完成信息化管理在业务系统的推广应用，把大量林业行政审批、行政许可、林业行业管理等项工作实行网上办理。目前，福建省在400多个乡镇林业站可以实现森林资源年度变化更新、森林经营方案编制、采伐限额编制、伐区规划设计、采伐审批、运输办证、经营加工管理、征占用林地审批、林权登记、林权流转、林权抵押等业务的网上办理、全过程跟踪，实现了“一站式”服务。建设了县级林业服务中心66个，乡镇林业站建立林业服务中心

400多个。2010年全省林业网上行政审批达56万多件。实现了把山地林权明晰到"户头"、采伐指标分配到"山头"、林业服务延伸到"村头"，增加了林业行政审批和政务公开透明度，大大提高了林业行政审批效率，促进高绩效服务型政府建设。福建林业信息化建设，彻底改变了林业的管理与服务方式。

四、吉林森工集团"三网融合"和电子商务

"三网融合"在吉林森工集团有些林业局已经初具规模，如临江林业局、松江河林业局、露水河林业局基本实现了本企业范围内融合。"三网融合"是实现物联网的基础，因此要实现全集团的"三网融合"还有很多工作要做。整合现有的资源，借推动长白山旅游经济开发区建设，携手第三方运营商实现长白山西坡、南坡、北坡的三区联网，积极有效地推动"三网融合"工作，打造一个融合广播、语音、长白山专用频道、新闻传输、内网办公的多媒体信息服务平台，强有力支持了长白山旅游经济开发区的信息化建设。松江河林业局作为样板工程，建立统一标准，各种交易系统之间信息要共享，交易系统与网站之间数据要对接，支付系统与网上银行要关联，数据交互通畅。目前，松江河地区出局光纤1200余芯，外围光缆交接箱5个，光缆总皮长约800千米，同轴电视、电话电缆、五类电缆及五类线材总皮长约1600千米，1个200平方米中心机房，2个50平方米地区分机房，12个20~40平方米林场机房，视频、语音、数据设备若干，网络已覆盖松江河及其周边区域，地下管道已覆盖主要地段，即使是现在也完全可以满足主要区域或主要客户光纤入户；基础网络建设使多业务承载成为了现实。

吉林森工集团电子商务平台系统建立后，将担负吉林森工集团对外物资网上采购和各类产品网上销售等关键业务。同时，作为吉林森工集团面向全国、面向市场的信息门户，电子商务系统的成功实施至关重要。因此，针对如此庞大的系统，确定了"整体规划、逐步建设、安全可靠、分步实施、滚动发展"的思想。强调在系统规划计划中，应包含各个方面的设想，在建立过程中，应秉承安全可靠、逐步实施的风格。以建立电子商务平台作为一个契机，最终目标是完成统一闭合的信息系统。在统一的企业信息平台上，连接吉林森工集团各企业的ERP系统等企业内部的信息化管理系统，将流转于不同系统的信息流统一起来。吉林森工集团电子商务平台系统设计方案是由4个部分构建：统一的信息化管理平台、电子商务应用系统、安全管理和系统管理、决策支持系统，分3个阶段完成平台建设工作。第一阶段，以金桥地板集团为切入点，建成一个企业级的电子商务平台。第二阶段，建成一个涵盖集团所有下属企业相关产品的综合性电子商务平台。第三阶段，建成一个成熟完善的中国林业电子商务平台。电子商务平台建设工作，把重点放在基础需求调研和平台模型设计上。金桥地板公司的需求调研工作基本完成，正在做梳理完善工作。网站模型也几易其稿，基本框架已经形成。平台建成后，可以将林业产业的各类产品和对外物资采购统一纳入电子商务平台，通过实现林业产业产品营销的电子化、网络化，增加林业产业的网

络影响力和市场覆盖面。

湖南省林业厅从2010年起，每年投入100万元，用于信息化试点示范建设；辽宁省林业厅从2010年开始，每年拿出200万元，开展林业信息化示范市创建活动；2010年吉林森工用于信息化建设投资达3000万元，福建省林业信息化示范建设投资突破500万元。在国家林业局党组的坚强领导下，全国林业系统大力推进林业信息化工作，整合起步、夯实基础，林业信息化建设取得实质性进展，全国林业信息化建设进入了全面发展的新阶段，已成为现代林业建设的一大亮点，在我国林业信息化发展史上具有里程碑意义。

第二节　基础平台扩容

2010年，建成了高标准的内网、外网、专网，形成了全国林业信息高速公路。建设完成了物理隔离的中国林业网（外网）和国家林业局办公网（内网），扩展了林业专网，实现了网络全覆盖。并改造建成了高标准的国家林业中心机房。通过开展“林业信息化”标识征集活动，确定了全国林业信息化标识。江西、湖南等省完善了省、市、县、乡四级联网的林业政务内网体系，福建、浙江、吉林森工已把网络铺设到林场和乡镇林业站。内蒙古等省（区）对原有的网络线路进行了带宽扩充和向下延伸。这些重要行动促进了林业信息化的快速发展。

2010年启动了林业业务系统建设，增加了国家和省级数据交换，在基础地理信息基础上，叠加多种格式数据信息，同时进一步扩展基础平台支撑能力，扩建信息交换与共享系统，搭建快速应用系统，建设多元数据转化与集成系统，实现基于空间数据的多种数据格式的叠加整合，为林业业务系统与政务系统的有效结合提供基础支撑。

基于林业信息化基础平台，林业资源综合监管服务体系试点建设项目建成了试点省林业资源监管数据库及监管系统，扩充了办公系统，建设了中国林业网络博物馆、中国林业网络博览会，建设了首批森林公园、国有林场、种苗基地、自然保护区等子站群等，这些应用系统都需要进行全程的IT运维服务管理，需要一个稳定、安全的信息系统运行支撑，为了实现统一建设、统一运维的目标，所有在基础平台之上运行的应用系

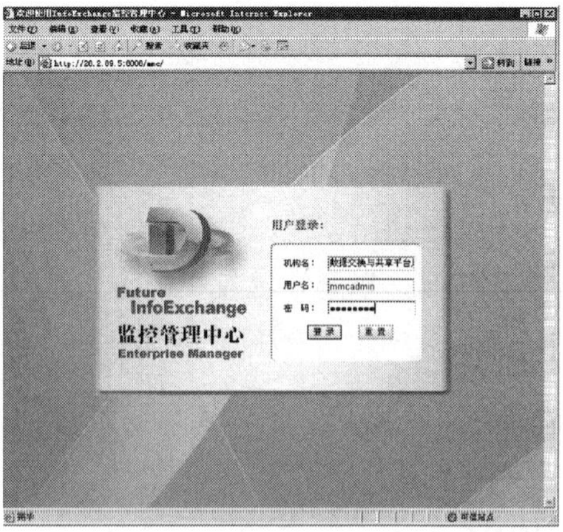

图5-1　多级交换中心—信息交换与共享

统，必须遵循基础平台的接口规范。

林业资源综合监管服务体系试点建设项目对基础平台进行全面扩容，通过应用支撑层建设，解决国家和试点省两级交换要求的多级数据交换平台（图5-1）；解决多格式数据无法共享的资源融合与共享平台（图5-2）；解决各个应用系统互联互通的林业应用服务架构平台（图5-3）。林业综合应用支撑由林业资源管理平台、林业资源综合查询平台、资源信息三维可视化查询平台等基础公共性应用平台组成。

图5-2 多元数据融合系统—林业资源融合与共享

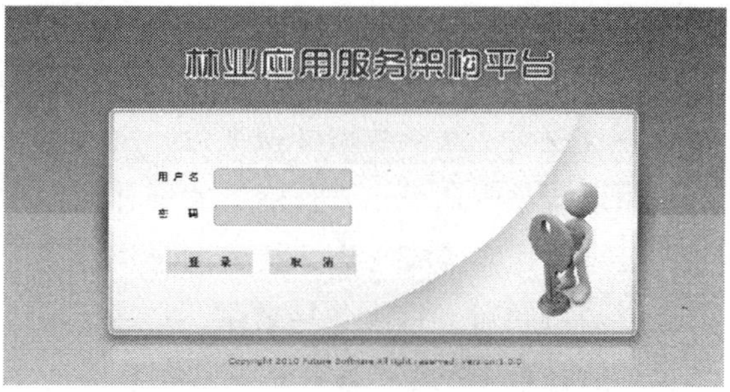

图5-3 林业应用服务架构平台

在国家级完成了国家数据中心的建设，完成了各省数据上报系统的建设，完成了国家中心数据库与各省数据库数据交换体系的建设，完成了森林资源基础数据库数据整理、湿地资源基础数据库数据整理、荒漠化资源基础数据库数据整理、多样性资源基础数据库数据整理，完成了森林资源监管系统、荒漠化资源监管系统、湿地资源监管系统、生物多样性资源监管系统、林业资源综合查询系统、林业资源综合查询系统、资源信息三维可视化查询系统、林业资源博物馆系统、网上林业博览会、在线植树系统的建设。

在辽宁试点省完成了辽宁省数据分中心的建设，完成了辽宁省森林资源数据的整理、辽宁省湿地资源数据的整理，辽宁省荒漠化、沙化数据的整理、辽宁省自然保护区数据的整理，完成了辽宁林业资源综合监管平台的建设。

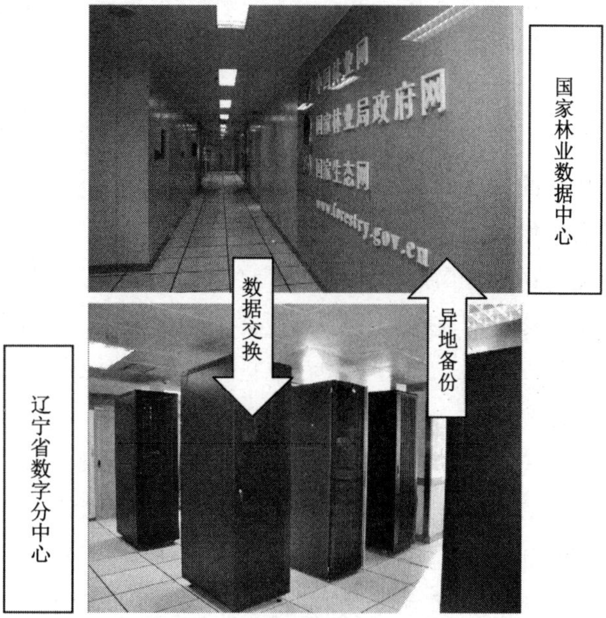

图5-4 林业数据中心示意图

完善了国家数据中心的完整性、规范性和安全性，最终实现了国家和省级数据的互动，国家可以实时监控省级二类调查数据的现状，可以准确地获取各类资源基本数据和统计数据，领导可以获取更为精确的宏观统计数据，为下一步的决策提供了有力支持（图5-4）。

第三节　数据库建设

强化了数据库和应用系统建设，信息资源共享实现了跨越。整合改造了近百个专题数据库，建设了基础数据交换平台、空间数据管理和发布等应用系统，将局内各个数据库和应用系统集中在统一平台上，实现林业信息资源的有效整合、统一管理和资源共享。北京、云南、广东等省（市）投入大量资金用于业务应用系统建设。江西、浙江等省开发了林权交易网和网上林权交易系统，打造了统一的电子商务平台。吉林森工集团自主研发的“经济运行系统”和“森林防火监控系统”进入国际先进行列。

一、专题数据

包括森林资源数据、荒漠化土地分布数据、湿地资源数据和生物多样性。

1. 森林资源数据。包括森林资源规划设计调查数据、森林作业设计调查数据、年度核（调）查和专业调查数据、森林资源管理数据（林地林权、资源利用等）、资源利用数据、其他标准、文档、技术规程等综合数据。

2. 荒漠化土地资源数据。是分析荒漠化、石漠化和沙化土地动态变化的重要基础数据，制定防沙治沙和防治荒漠化、石漠化规划的依据，也是评估防沙治沙工程和防治荒漠化工程治理成效的重要依据，为我国荒漠化、石漠化和沙化土地监测和治理提供数据服务，为荒漠化、石漠化和土地沙化治理工程规划、监测和管理提供信息支持，同时为相关的林业其他业务部门提供荒漠化、石漠化和沙化土地基础信息服务。全国荒漠化、石漠化和沙化三次监测成果包括全国荒漠化和沙化监测数据、敏感地区荒漠化和沙化监测数据、全国沙化典型地区定位监测数据、全国石漠化监测数据，具体数据内容包括：荒漠化、石漠化和沙化土地类型，荒漠化、石漠化气候类型，沙尘暴监测和灾情评估信息分布数据，荒漠化、石漠化和沙化动态变化数据，全国荒漠化、石漠化和沙化土地分布图等。

3. 湿地资源数据。包括湿地保护区物种信息、湿地物种信息、湿地保护区信息、湿地斑块信息、湿地鸟类信息、湿地鸟类分布信息、湿地湖泊库塘信息、湿地植物信息、湿地植物分布信息、重要湿地信息、湿地社会经济信息、湿地植被信息等内容。

4. 生物多样性数据。一是自然保护区数据。自然保护区面积、类型、级别、主要保护对象、主管部门等基本信息；单位性质、级别、内设机构、联系方式等自然保护区机构信息；编制、从业人员等人员信息；林地、林木、执法权、管理办法等管理信息；工程建设批复、投资额度、计划安排等基本建设信息；加入各级各类国际、国内组织或名录信息；生态旅游区面积、经营方式、收入、活动类型等旅游信息；野生动植物种类、数量等资源信息；案件、野生动物肇事等信息，自然保护小区主要保护对象、面积、数量、主管部门等信息。二是野生动物数据。收集和整理现有的全国野生动物资源数据，建立野生动物数据库。包括种群数量、分布、栖息地状况等全国重点陆生野生动物资源现状与动态变化信息；重点保护陆生野生动物种群和栖息地保护管理现状、受威胁状况与变化趋势信息；陆生野生动物物种的种群扩繁、饲养繁殖、贸易及其他利用状况等信息。大熊猫调查分布信息、大熊猫分布信息、大熊猫潜在栖息地信息、大熊猫保护区信息、大熊猫干扰信息、大熊猫食物信息、大熊猫饲养信息、物种分布信息、物种省级分布信息、大熊猫调查队员信息等内容。三是野生植物数据。收集和整理现有的全国野生植物资源数据，建立野生植物数据库。包括物种的分类地位、生态型、IUCN等级、国家重点保护等级等基本信息；空间分布、地理区位、地貌、土壤、植被等分布和自然环境信息；数量、面积信息；自然保护区、森林公园、人工培育、开发利用、国内外贸易等保护利用信息；分析评价信息。

二、基础数据

包括通过收集林业全国基础地理空间地理数据、遥感影像数据，形成共享数据库，能够形象直观反映出林业管理、生产经营状况。

林业空间信息资源包括各种类型的数字空间信息和空间参考信息，包括电子地图、数字遥感图像、三维空间图形和多媒体信息，空间地理数据属于基础数据，主要包括空间地理数据和遥感影像数据。基础地理数据，收集和整理现有应用于林业的全国基础地理数据集（主要包括1:400万，1:100万，1:25万等），建立统一的基础地理背景数据库。遥感影像数据，收集和整理现有的遥感数据资源，建立统一的遥感数据背景数据库。

三、综合数据库

包括综合办公业务数据、门户服务应用数据、林业社会经济数据等林业部门办公应用服务相关数据。

综合办公数据主要收集国家对林业监管及办公综合数据，包括往期项目建设的综合办公系统的公文信息、林业资源博物馆信息、林业博览会信息、行政审批系统、公文传输系统的信息、林业基本建设项目监管信息以及其他政务办公资源数据。

门户服务数据主要包括新闻信息、信息公开类信息、各类政府文件、在线服务信息、网站互动交流信息、图片信息、视频信息、森林公园站群和相关子站等的信息（图5-5）。

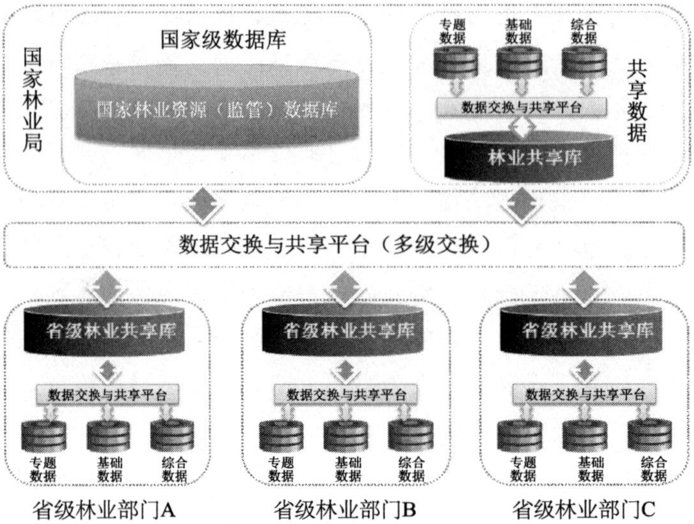

图5-5 林业资源数据库示意图

第四节 应用系统建设

一、综合办公系统

林业综合办公系统正式上线运行，全国林业系统进入无纸化办公时代。从2010年6月1日起，林业系统进入无纸化办公阶段。这是林业信息化建设的一件大事，在林业信息化发展史上具有里程碑意义。局大院内全体职工、院外直属单位及36个省级林业部门都可登录内网系统进行工作、学习和交流，标志着林业系统由数千年的纸与笔时代进入了光与电时代。国家林业局每份文件的运转周期，从原来的3个星期缩短为1个星期，工作效率大大提高。湖南、辽宁、浙江等综合办公系统建设起步较早的省份也在不断完善功能、强化应用（图5-6）。

在综合办公稳定运行的前提下，扩充办文类型，增加局办联合发文、森防指办公室发文、森防指发文、森防指联合发文，调整建议提案办理过程。方便领导文件签批，增加手写签批功能。加强司局之间的交流和沟通，增加内部函件、司局及处室意见征询、法律法规意见征询及国际合作。扩充司局服务功能，调整会议管理、假日带班、领导日程汇总、地址簿的功能。

二、移动办公系统上线运行

突破传统的公文办文方式，在保证网络安全的前提下，利用互联网实现公文的笔记本

图5-6 综合办公系统

移动办理，利用移动专线实现公文的手机移动办理。办公人员可在局机关外访问移动办公应用系统，随时随地进行文件的审阅办理，摆脱时间和空间对办公人员的约束，信息处理更自由，工作场所变得没有局限，在不降低安全防范标准的前提下，提高了办公效率（图5-7、图5-8）。

图5-7 移动办公系统

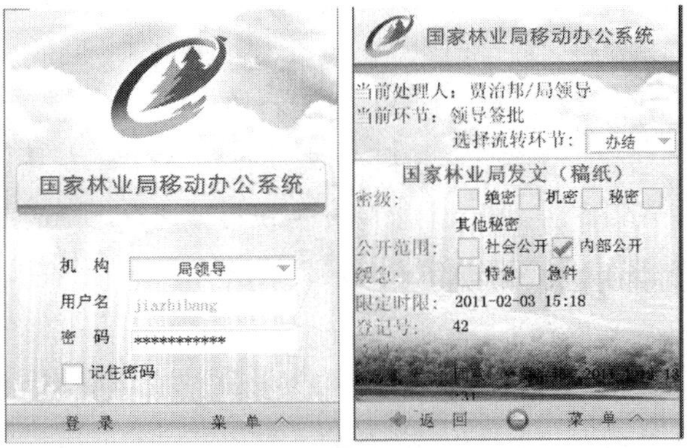

图5-8 手机办公系统

三、安全智能表单应用系统

安全智能表单系统是处于国内领先地位的一套完整的、以表单应用为核心特征的新一代智能表单平台产品。产品主要针对国家林业局大量的信息采集、申报、流转和监控需要，通过表单可视化的设计工具，所见即所得的设计方式，制作仿真纸面效果的电子表单，自定义表单处理流程，规划表单数据映射关系，通过服务器管理界面按照组织和应用特征来集中管理表单的存取、存储、版本、分发、权限、安全控制，应用系统通过调用服务接口来发布、解释、合并、接收、处理和验证表单模板及数据，驱动表单工作流程，完成处理和监控电子表单在组织内外运行的全过程管理和表单信息的入库管理。依托该平台，可以很方便地快速构建满足用户需求的信息系统，有效发挥信息资源管理给组织带来的效率提升和业务优化。平台具有高度仿真、智能、安全、柔性、离线、SOA架构支持、集中的表单中心管理七大特征（图5-9）。

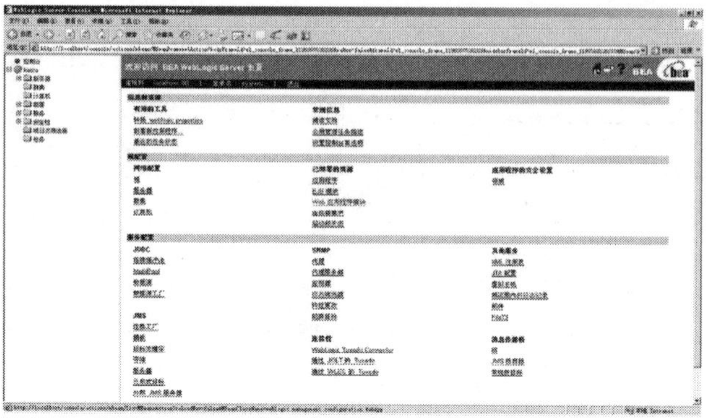

图5-9　智能表单平台

四、在线植树系统

为方便全民参与义务植树，改善国土生态环境，建设了在线植树系统。系统具有新闻、科普、植树、登录注册、会员中心等功能，同时后台具有用户管理、树木管理、捐种管理、报表模块、财务模块、文章模块和会员模块功能。用户能够选择系统所列出的树种进行在线捐款植树，获取植树科普知识，了解植树造林方面的新闻资讯。

用户访问在线植树系统，可选择植树的林场以及想种植的树种，提交植树申请，并通过在线支付手段支付实际植树所需要的费用完成在线植树。林场收到植树申请后，落实植树任务；种植完成后，林场把植树结果反馈给在线植树系统，用户则可以收到植树结果。

通过提供网站服务的形式，利用信息化技术手段，适应信息社会的发展形势。利用现代信息网络，将线上募集植树资金和线下实地植树造林结合起来，为全民义务植树提供一个新的参与途径。在线植树系统解决了广大用户想植树却没有场地的矛盾，满足了广大网民植树造林，绿化祖国的愿望。同时，用户通过在线植树平台还可以了解到植树的最新资讯，植树造林的科普信息，提高网民植树造林的认知（图5-10）。

图5-10　在线植树系统

五、多点触控系统

多点触控系统，以新型的触控交互形式展现林业发展历程，集交互展示与3D技

图5-11 多点触控界面

术于一身，使得展示更加直观炫酷。

林业大事记，以时间轴的形式展现林业发展和规划。大楼导航，展示林业局大楼布局和各办公室具体信息。林业数据展示、林业网络博物馆、林业博览会和主题展览，均采用3D加触控的形式，交互性更强。电子杂志展示系统，触控手翻书观看林业内部期刊。公告信息，在无人操作时以屏保的方式展示林业局公告（图5-11）。

六、林中漫步系统

图5-12 资源信息三维可视化查询系统

为配合国家林业资源信息化建设，提供统一的林业三维可视化管理平台，方便林业资源监管，使更多人足不出户便能感受自然之美，国家林业局、北京航空航天大学虚拟现实系统与技术国家重点实验室展开充分合作，依托该实验室在虚拟现实领域的学科优势，在其自主开发并荣获国家科技进步一等奖的三维图形引擎渲染平台BH_Graph上，利用计算机可视化技术实现在林业展示中的应用，通过地形自动半自动建模、并行渲染、大规模地形无缝衔接、大规模数据调度等技术将林区的自然景观在计算机上栩栩如生地再现出来，为林业管理部门决策提供了科学的依据。民众可以通过联网的计算机“漫步”于林区的山林古木、丛林野壑之中，在闲庭信步间，感受那份宁谧的自然之美、和谐之美。这项技术应用于沈阳棋盘山国家森林公园景区的展示之中，使棋盘山丰富的植物资源，独特的天然景观真实地呈现在人们眼前（图5-12）。

七、网络舆情监控系统

网络舆情监控系统融合了互联网数据挖掘技术、垂直搜索引擎技术、中文自然语言语义分析技术，根据国家林业局网络舆情工作的实际，总结林业行业语料与词典等进行了研发、定制、实施。

系统实现了"一站式，第一时间，稳、准、狠、快地将涉林的舆情信息读薄、读懂"，系统监测了境外中文、境外英文站点，监测了如新闻、论坛、搜索、博客、电子报等各种载体，能自动分析出是否与林业相关，是否属于林业行业的舆情，是否属于林业行业的负面舆情，是否属于林业行业的热点舆情等。系统提供自动分类的功能，将监测到的舆情信息，按林业行业进行自动分为十二个大类，每个分类有独立权限，可授权给其他部门来浏览。系统还提供在线办公的部分功能，实现舆情信息在舆情工作中的流转。

系统上线后，将进一步提升国家林业局对于网络舆情的监测与引导能力，使得全局的网络舆情工作更及时、更科学、更高效、更标准。通过信息化的手段辅助《今日网情》工作的开展（图5-13）。

图5-13　网络舆情监控系统

八、电子档案管理系统

2010年，国家林业局委托西信天元研制和开发了电子档案管理系统，该系统已于2010年6月1日并入内网运行，从而实现了真正意义上的档案管理应用的电子化。其最大的亮点就是，利用网络平台管理和利用档案，并提供全文检索功能，通过实时授权管理，机关工作人员不用到档案室就可在线进行归档和查阅利用档案。

电子档案管理系统的主要特点：一是与内网平台和综合办公系统实现了完全对接。二是公文办结后做到了实时归档。三是本系统嵌入了国家林业局的公文盖章打印功能。四是实现电子文件相关元数据归档。五是权限的多级可控。六是正文与底稿的分级利用。七是为林业工作以及相关业务工作带来了直接的便利。局机关工作人员今后出差，带上自己的数字证书（U-KEY），可在有林业专网的全国任何终端，进入本系统调阅电子档案，不用再背上一大堆文件资料出差了。八是通过电子档案管理系统更好地为林业基层服务。林业基层单位需要查阅档案，不用再坐火车乘飞机专程到局机关档案室查阅档案。通过林业专网的平台进入电子档案管理系统就可查阅经授权的电子档案，节省了人力、物力和时间，提高了工作效率。实现了档案信息资源共享，满足了各方面的多重需求（图5-14）。

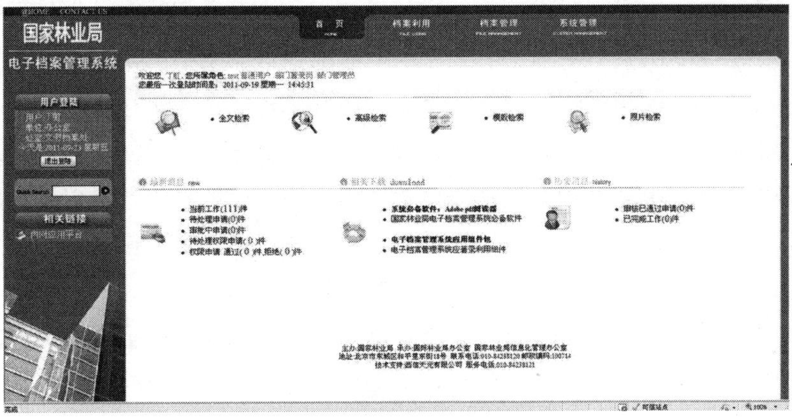

图5-14　电子档案管理系统

第五节　网络博物馆及网络博览会建设

一、中国林业网络博物馆

通过虚拟现实技术和网上展览技术融合，构造栩栩如生的三维网上博物馆，将逼真的现场效果，推送至每一位参观者，参观者可在展厅任意漫游，通过虚拟互动技术，与展品实时互动，通过展品模型、展板、展台以及主题橱窗展示林业各领域中权威、经典的展品。其中动物馆6000平方米，6个展厅分别为前厅、兽类野生动物展厅、鸟类野生动物展厅、昆虫类野生动物展厅、爬行类野生动物展厅以及动物与人展厅；湿地馆6000平方米，分为前厅、湿地文化展区、湿地与人类、中国湿地、湿地与中国可持续发

图5-15　林业网络博物馆

展、中国湿地保护行动6个展厅（图5-15）。

二、中国林业网络博览会

中国林业网络博览会是林业行业B2B电子商务平台和林业行业信息化应用服务的平台;中国林业网络博览会是以企业交流、产品展示、客户交流为核心的林业产品在线展示交易平台，实现了原材料、产品、供求信息的在线发布，为企业之间的交易提供了在线交易平台；中国林业网络博览会拥有海量的林业企业、产品及其供求信息，在这里可以发挥网络“货比千家”的优势及行业相关信息的无缝交流，达到了降低企业原材料采购成本，为最终用户提供质优价廉的林业产品的目的，增加林业产品交易量，促进林业行业健康发展；中国林业网络博览会以虚拟现实为表现手段，整合虚拟博览应用系统，构建厂家的网络品牌展示中心，将企业、产品展示网络化、三维化、虚拟化，用户只要操作鼠标即可在虚拟博览会中漫游，了解企业，详细查看产品细节，交互试用展品等；同时也可以将实体博览会移植到网络中三维再现，让实体博览会成果在网络上永久保存和展示，服务于实体博览会举办地以外的用户，同时也为新一届的实体博览会招展服务，实现林业行业提供24小时在线服务的永不落幕的网络博览会（图5-16）。

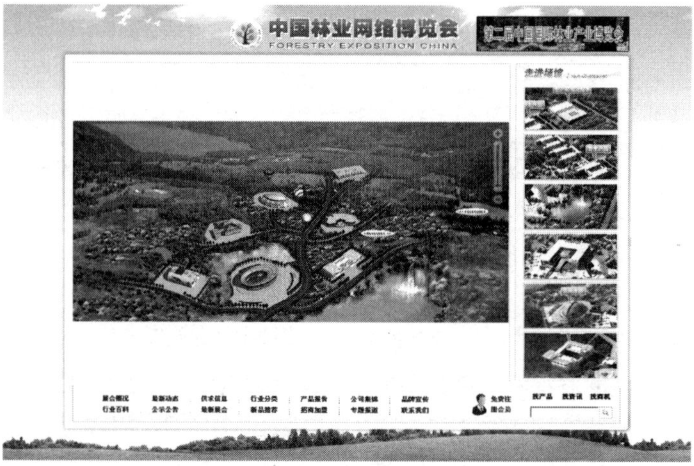

图5-16 中国林业网络博览会

第六节　森林公园等网站群建设

一、森林公园网站群

以中国林业网为中心，建设60个国家级森林公园、国有林场、国家级种苗基地的网站群。子站统一设定栏目，个性化定制页面效果，系统提供维护功能，各子站负责加载、维护各自站点信息内容。网站群核心应用一体化，使用统一的数据管理平台，形成主站与子站的整合，统一站群形象，通过文字、图片、视频等方式，展示各单位形象，宣传各单位产品，扩充中国林业网公众服务功能（图5-17）。

图5-17 森林公园站群

图5-18 国有林场站群

二、国有林场网站群

国有林场网站群采用核心应用一体化技术构建站群，通过林场简介、新闻动态、公示公告、下属机构、图文信息、地理信息等文字、图片全方位展示国有林场信息、宣传林场产品，扩充了林业网站中林场信息的公众服务能力。

国有林场网站群以统一的方式完全控制网站整体的形象，将所属子站统一在一个视觉体系中。站群庄重大方，以绿色为主基调，具有时代气息，体现了生态、和谐的理念（图5-18）。

三、种苗基地网站群

种苗基地网站群以信息栏目的方式发布基地的供求信息，将基地的供求信息全部展示在网站群上，方便公众对中国种苗基地的了解，提高基地的商业价值。

种苗基地网站群模板统一、风格一致，通过供求信息、良种介绍、资料共享等栏目展示各个基地的种苗特点，除此以外，通过资料共享中的信息展示，将种苗的优缺点、种苗的培育技术等提供给公众并支持在线下载。总体提高了中国林业网的服务能力（图5-19）。

图5-19　种苗基地站群

图5-20　自然保护区站群

四、自然保护区网站群

随着林业信息化深入推进，各自然保护区网站的建设需求愈加强烈，现有网站体系的封闭性制约了自然保护区网站进一步发展，网站间不能进行有效的信息共享，缺乏至上而下的统一的数据规范标准，形成了一个个孤立的"信息孤岛"。数据交换大都通过手工方式或第三方系统如FTP、邮件方式等进行，这不但增加了上报人员的工作量，而且经常导致信息报送不及时，造成网站信息不准确和数据丢失。

按照统一管理、统一部署、统一标准、统一规范的要求，通过采集开普互联网站群技术，实现保护区网站从单一网站向集群网站升级；可以快速搭建和管理子站，提升网站建设效率；实现站点间信息共享，网站更新更容易；大幅降低网站管理和维护成本（图5-20）。

可以预见，林业信息化将实现与林业业务的全面融合，今后每一棵树木都将带一个身份证，全国各地从采种、育苗、造林、抚育、采伐、运输、木材销售、加工利用及野生动植物、休闲旅游的每一个环节都会置于监控之下，主要业务全部实现网上办理。在不远的将来，信息化就会和空气、水、食物一样，成为人类生活生产的重要内容，国际数据资讯公司预测认为，云计算的增长速度将是传统IT行业增长率的6倍，未来5年云端服务的平均年增长率可望达到26%。网络已经成为社区生活、学习工作以及休闲娱乐必不可少的工具。云计算与物联网将会成为变革人们生活、生产方式的新技术，信息化将为建设更高效、透明、负责任的政府提供新的思路，为社会公众提供普遍和快捷服务。

第六章　运行维护

2010年，国家林业中心机房内的硬件及软件已经形成规模，为保障各类系统正常运转、巩固信息化建设成果，运行维护工作引进了先进的管理理念，制定了运行维护工作流程，加强通信网络设施、终端、后台及应用系统维护，为各系统的安全稳定运行奠定了基础。

第一节　内　网

一、综述

国家林业局办公网是国家林业局内部行政办公、信息发布、信息学习和互动交流的统一网络平台。包括办公平台、信息平台、学习平台、生活平台和交流平台等五大平台。可以满足国家林业局院内全体职工、院外直属单位及36个省级林业部门的用户按权限登录内网系统进行工作、学习和交流的需要。其中信息平台包括领导专区、内部要闻、内部文件、内部简报等16个栏目，几乎涵盖了国家林业局行政管理工作产生的所有适宜在内部公开的信息。学习平台包括政治理论、业务学习、经验交流、综合知识、电子大讲堂、电子图书馆、电子阅览室等12个栏目，各个栏目中都还有许多二级栏目，加载了很多有价值的学习资料、专家视点、专题研究报告等，学习内容极为丰富。生活平台包括时尚生活、生活情趣、理财之道、用餐信息、数字电影院、数字电视剧场、数字音乐厅等12个栏目。交流平台包括林业论坛和司局专区2个板块，为内部相互交流搭建了平台，每个人都可以随意表达自己的意见与建议。各个司局可以将本司局的总结、汇报、内部材料等放在司局专区中，供本司局人员交流学习。

在内网平台上，整合了OA综合办公、即时通讯、电子档案管理、电子公文传输等17个应用系统及其数据库。其中，OA综合办公系统构建了领导专区、公文办理、会议办理、事务办理、综合管理五大功能模块。自2010年4月1日起开始试运行，其间的文件流程与签批等实行纸质文件和电子文档双轨制。2个月后，于2010年6月1日起正式运行，开始进入无纸化办公时代。

总的来看，国家林业局内网门户和综合办公系统建设，解决了多年来制约林业信息化的瓶颈问题，规范了全局收发文管理流程和文件审批程序，加快了文件流转速度和归档步伐，基本能够满足全局行政办公电子化、文件传输网络化、办事办会便捷化、综合管理信息化的迫切需要，对促进林业信息化全面、快速和高效发展，具有重要意义。在内网运行的1年半时间内，网络线路布设、内网设备安装、文件流转加载等，得到了各司局、各单位的大力支持，特别是局办公室，从人员结构调整、岗位设置、个人电脑终端配备，到文件流转审批、政务信息上网发布等，都极大地支持了内网运行和综合办公系统使用等工作，各司局、各单位都能够严格按内网管理的制度要求办文、办事和办会，积极参加信息办组织的内网使用技术培训，并充分利用内网中的司局专区，实时交流工作与心得等。

二、内容更新

内网门户的五大平台，自2010年4月1日上线运行以来，共发布政务信息21 430条，内网访问共计249 150人次，树木百科、电子图书馆、电子阅览室等应用系统的访问人数均在2000人次以上。其中内网发布的领导讲话、林情通报、林业要情、调研报告、内参报告、网络民意动态等信息，得到了全局大多数人的称赞与认可，纷纷表示这些信息对他们起草文件、研读政策、掌握动态、丰富知识、开阔视野等工作和学习帮助很大，如同拥有一个电子图书馆和电子文献资料库，他们查阅文件和信息再也不用东翻西找了。这些数据和反馈意见表明，内网门户和综合办公系统，已经得到了全体职工的积极使用，以应用促发展的良好态势已经形成。实现无纸化办公后，局内文件传输平均运转周期由3周缩短为1周。辽宁、湖南、吉林等16个省级林业部门也实现了无纸化办公。据统计，辽宁林业系统省、市、县三级网上协同办公、行政审批、资源管理等，每年可节约支出8700万元。湖南省林业厅通过无纸化办公，每年可节约用纸800多万张，折合木材190立方米。全国林业系统如果都实现网上办公，每年可节约财政支出35亿元，节约用纸100亿张，折合木材24万立方米，相当于吸收44万吨CO_2，释放39万吨O_2，国家林业局因此荣获了“电子政务管理效能提升奖”。

第二节　外　网

一、综述

随着社会信息化的发展，政府门户网站已成为政府应用信息技术履行职能的重要形式。政府门户网站，是我国电子政务建设的重要组成部分，对促进政务公开，改进行政管理，提高行政效能具有重要意义。国家林业局政府网按照工信部政府网站群建设的技术规范和年度绩效评估指标体系，结合现代林业建设需要，坚持统一架构、突出重点、整合资源、促进共享的原则，实现了国家林业局网站资源的有效整合，突出了林业“三个系统一个多样性”的主体业务布局，推进了政府信息公开、在线服务和互动交流。2010年2月，国家林业局新版政府网站在广州全国林业厅局长会议上开通，新版网站在原有政府网站基础上，整合了50多个司局网站和直属单位网站，建立了国家林业局首个政府网站群，实现了中国林业网、国家林业局政府网和国家生态网一网三名，打造了林业系统第一门户和统一信息发布平台。在2010年全国政府网站绩效评估中取得历史最好成绩，位列73个参评部委级网站的第11名，较2009年名次前进3名，并分别获得“优秀政府网站”、“政府网站领先奖”、“政府网站品牌栏目奖”等奖项。

二、网站主要特点

（一）实现了政府网站四大功能

中国林业网在保持原有信息发布功能的基础上，强化了网站在线办事、互动交流功能，增设了网上林业展示功能，构成了“信息发布、在线办事、互动交流、网上展示”四大功能区，全面体现了政府网站建设的主体功能和目标定位。

（二）整合了国家林业信息资源

新版网站在国家林业局原网站的基础上，整合了自然保护、森林防火、森林公园等50多个司局网站和直属单位网站。整合了林业种苗、植树造林、森林采伐等37个林业行政审批事项的网上办理，对全部省厅级林业网站、地县级林业网站以及相关林业网站进行了友情链接。构建了互联网林业信息查询的统一信息平台。

（三）完善了林业信息公开

结合贯彻落实《中华人民共和国政府信息公开条例》，调整了信息公开栏目设置，丰富了信息公开内容，实现了政府公开信息目录的点击浏览和索引查询。增加了人事管理、规划计划、资金管理、预算执行、重大项目、机构设置等重点公开的栏目。强化了世界林业、国际合作、电子政务等信息发布，提高了社会各界对林业的关注度。

（四）突出了林业重点热点

网站首页开辟森林生态系统、荒漠生态系统、湿地生态系统、生物多样性、林业产业、生态文化等栏目，体现了林业三个系统一个多样性的业务布局，反映了国家林业局积极推进林业生态体系、林业产业体系和林业生态文化体系建设的重要举措。使浏览者进入首页就能了解林业的主体业务、工作布局及进展情况，发挥了政府网站主流媒体的作用。同时，网站结合社会热点和林业重大活动，开辟了全国林业厅局长会议、全国集体林权制度改革、集体林改百县经验交流会、玉树地震、全国爱鸟周、上海世博会等专题，着力报导林业重大活动和社会关注的热点，极大地调动了社会各界关注林业的积极性。

（五）增强了网站服务与互动性

开设了公众留言、征求意见、在线调查、局长信箱等栏目，改造了在线直播、在线访谈、网络电视等互动功能。能够针对留言和征集到的意见，及时回复网友提问和有关意见。近年来，林业在国家经济社会发展中的地位和作用日益凸显，林业热点焦点工作逐年增多，中国林业网自主选题，组织有关领导和专家学者进行林业政策解读，回答网友提出的问题，随时进行会议直播，使广大网友有机会发表意见，零距离接触领导或专家，第一时间获取政府信息，充分发挥了网络第一传媒的作用。

（六）增强了网站搜索和监控功能

新版网站升级改造了网站信息全文检索功能，可以方便地进行站内信息搜索。增加了网站智能分析监管系统，实时监控网站流量分析和运行情况监测，实施动态点击量或浏览量排名，进行子站、栏目或者某条信息的访问量统计，推动网站管理和监控能力进一步增强。

（七）丰富了网站信息表现形式

新版网站增加了网上展厅、林业地图等展示功能，加强了网站图片信息和网络视频信息的加载，提供了文字、图片和视频等多种展现形式，便于浏览者快速浏览和查询办事。同时，研建了林业专家数据库、林业标准数据库、林业科技成果数据库、野生动物博物馆、树木博览园、网络森林医院等，提高了网站的应用性，丰富了网站信息展现形式。

（八）增建了英文版和繁体版

新版网站具有简体版、繁体版、英文版3种文字形式，展现了现代林业建设的概貌，扩大了网站浏览群体，加载了100多个国外林业信息，全世界每天约有1万多境外人员访问中国林业网。增强了世界各国对中国在濒危物种保护、湿地保护、森林碳汇、防治荒漠化、应对气候变化等方面政策规定和履约行动的了解与支持，推动中国林业建设成就跨国界展示。

三、网站内容更新

按照《国务院办公厅关于做好中央政府门户网站内容保障工作的意见》（国办发〔2005〕31号，2005年6月2日）精神，政府网站建设的主要任务是网站内容保障，网上信息要及时更新，并体现权威性、准确性、全面性和严肃性。2010年，在网站建设工程的带动下，自中国林业网新版网站群开通以后，各地各单位对网站内容更新高度重视，加强了网站信息报送和互动交流工作。充分发挥了政府网站信息发布、在线办事、互动交流、林业展示的四大功能，树立了林业系统良好的社会形象。

（一）信息发布

一是加强了自我信息采编能力。基本上能够做到派人参加有关重要会议，自我采编信息并及时发布。特别是能够图文并茂地发布重要领导活动、重要会议和热点工作信息，处室人员的信息采编能力明显增强。二是加强了与各单位信息采编人员的联系和沟通。各单位向外网报送信息的积极性有所提高，报送信息质量明显提高，图片信息越来越多。2010年，网站共发布各类政务信息40 000余条，采编信息5000余万字，自我撰写有关会议新闻稿件30多篇，发布政府文件500多件。维护网站一级栏目68个，20个专题，

48个子站。坚持每天发布“国家历史上的今天”、“林业历史上的今天”、常见问题解答等信息，基本上做到了及时、准确和重要信息无遗漏上网发布。三是加强了人事任免、应急管理、资金使用等重要信息的发布。结合上述工作进展，共发布人事任免信息77条，资金使用信息40多条，应急管理信息500多条。四是随时建设林业热点和重要工作专题，全方位发布有关信息和专题资料，形成了集中展示、集中发布和广泛关注的良好氛围。全年共建设“2010年全国林业厅局长会议”、“新中国林业60年”、“小金库专项治理”、“2010年上海世博会”等9个专题。

（二）网上办事

加强了对全局各单位行政审批事项的梳理，建立了国家林业局在线审批系统，梳理了37项行政审批事项，并在网上公布了办事指南、在线审批、表格下载和办结事项的结果查询等，为广大网友提供了9项场景式服务和8项应用服务系统。在线审批系统中，至2010年底已经录入了27 226项行政许可事项的查询结果。另外，以本网站为平台，建立了林权交易服务平台，满足了社会公众的林业信息查询需求。包括中国林业产权交易所、南方林业产权交易所、华东林业产权交易所、福建永安林业要素市场、中国绿色融资担保网、贵州黔东南林业要素市场等。

（三）互动交流

利用各种机会，积极开展在线访谈和在线直播活动，全年共组织开展厅局长谈林业、百县书记县长谈林业、人大代表和林业专家谈林业、张建龙副局长解读《全国林地保护利用规划纲要（2010~2020年）》等系列访谈活动20多次，实施全国林业厅局长会议、林地保护利用规划新闻发布会等有关重要会议和新闻发布会在线直播12次；网络电视工作组共拍摄并发布重要会议照片300余组，共计1060幅，摄制并播出各类视频资讯节目322条（部）。为配合全国集体林权制度改革百县经验交流会的召开，组织摄制13集系列专题节目《林改的故事》和《百县书记/县长谈林改》系列访谈节目，该节目得到广泛关注，也受到局林改司的充分赞扬。为配合全国林业厅局长会议召开，组织实施了8期《林业厅局长访谈节目》。第一时间报道了共和国部长植树活动、全国林业厅局长座谈会、全国集体林改百县经验交流会、第二届中国绿色博览会等重要会议消息。

（四）林业展示

借助网站设计的林业展示平台，充实了林业展厅的内容，组织加载了综合厅、专题厅、地方厅和博览会的有关材料，共计约500余幅展示内容。加载了“中动协”、“国家种苗”等16个绿色标识及“森林之歌”等100多个形象展示内容，采集制作了美国、英国等100多个国家的林业展示资料。

网站建设取得的成绩，依赖于相对完善的管理机制和规章制度。一是信息采集、审核与发布机制。网站自建设开通初期，就设有专门的运行维护队伍，建立了网站信息报送、采集、审核和发布机制。各地各单位基本上能够做到重大林业信息和重要活动事项信息及时上报并发布。信息采集和编辑以局规划院为主，设有6~8人专门从事此项工作。普通信息由规划院信息管理处的处长承担，重要信息由信息中心网站处长负责审核与发布，热点和敏感信息由局办公室和信息中心的处长承担，重大信息由信息中心主任审核把关，特殊信息由局办公室副主任或主任审核把关。从事网站信息内容管理的为专职人员，保障了网站信息的时效性、信息质量和上网数量。每天加载信息数量在200条以上，设立各类专题栏目，基本上做到了林业重要信息的无遗漏上网发布。在部委网站绩效评估中，信息发布指标排在前5名。二是互动交流回复机制。网站运行十分重视互动交流的开展与意见问题的回复工作。几年来，每到关键时期或特殊时期，针对热点工作、重点工作和重大事项等，能够积极组织开展在线访谈和在线直播，最典型的是连续4年对全国林业厅局长会议进行现场直播，针对全国集体林改工作，邀请贾局长和张局长进行在线访谈，解读有关集体林改的政策问题等等，都收到了很好的效果。征求意见和公众留言的回复，简单的、说法单一的、没有争议的问题，由网站管理者实施。复杂的、敏感的、多种可能的问题，找业务司局或有关单位答复。各单位有指定的信息员，基本上都能够积极支持与配合。三是办事资源维护机制。网上办事是行政管理方式的重大转变与改革，是对传统管理方式的一种挑战，涉及许多方面。网站针对林业局的36项行政许可事项，在全面需求调研的基础上，列举了各个审批事项的办事指南，建立了国家林业局在线审批系统，设立了场景式服务、快速通道等。目前在线审批系统能够实现行政审批事项的结果查询。四是相对稳定的队伍体系。国家林业局信息中心（国家林业局信息办）成立后，对全国林业信息化工作的推动作用十分显著，发挥了总指挥部和总指挥官的作用。各地纷纷开始加强信息化机构建设，增加信息化工作人员，大约有2/3以上的省（区、市）成立了独立运行的信息化工作机构，各级领导对网站运行维护高度重视。特别是在网站升级改造和资源整合方面，加大了资金投入力度，加强了网站顶层设计和资源整合，支持了国家林业局网站整合和网站群建设。

第三节　专　网

2010年国家林业局专网扩建完成后，专网的覆盖节点由37个增加至72个，联通了全国各省林业部门和国家林业局境内外直属单位，建成了集传输文字、视频、语音等各类信息数据的高标准高速公路。通过与部分省所建专网的联通，国家林业局专网的触角已经延伸到县。

在此专网上，一是搭载了国家林业局全国林业视频会议系统，可以很方便地召开各类视频会议，2010年，通过视频会议系统，共召开全国性的视频会议16次，区域性会议30余次，仅此一项国家林业局就可节支1000多万元。二是搭载了国家林业局综合办公电子传输系统，通过该系统传输电子公文、信息、简报、值班信息以及会议报名等，节省了公文传递时间和纸张。

第四节　运维保障

一、综述

国家林业局信息化系统运行维护包括机房基础设施类运行维护、机房硬件设备类运行维护、电脑终端类运行维护、PC服务器类运行维护、小型机类运行维护、内外网存储备份类运行维护、内外网主机操作系统类运行维护、内外网数据库类运行维护、内外网中间件类运行维护、网站类基础设施运行维护、应用系统类运行维护、CA密匙制作类运行维护、会商室大屏幕及监控机运行维护、林业行业视频会议系统运行维护、专网SDH链路及各省厅接入设备运行维护、各单位托管设备运行维护、中心机房原有业务系统运行维护、硬件设备、中心机房安全保障、其他系统运行维护等。

通过实时监控和维护，提高业务连续性和系统可用性，建立运维的规范，规定日常监察内容、月度巡检、应急预案处置等受理和处理流程。强化日常维护管理，充分利用各种技术手段，保障网络、设备、业务系统的高效安全运行，做好平台的实时监控，减少故障发生次数和修复历时，提高运维效率。

2010年10月，国家林业局信息系统运维工作管理委员会成立，委员会通过建立、维护和改进ITSM以提高国家林业局的运维工作管理能力，主要职责是管理、组织、协调，保证业务系统的正常运行。在运维工作管理委员会之下的运维工作实体有：

（一）呼叫中心

负责呼叫中心业务受理、事件创建、派发及事件流程执行跟踪及回访，运维事件表单完整性及准确性监督；并负责运维人员纪律检查监督；负责月度事件汇总分析，知识库整理，运维文档管理，并协调各运维组关系。

（二）监控中心

对国家林业信息化系统实行7×24小时监控服务，通过服务台监控软件及现场检查等方式对系统进行不间断检查，主动发现网络、设备和业务应用运行过程中的故障或隐患，进行预处理、派单、时限管控，是维护服务的第一责任人。

（三）技术支持组

技术支持组驻现场服务，提供现场运行监控，日常技术支持，突发事件应急处理，定期设备安全巡检，重大事件与二三线技术联络与协调配合。

二、运维管理流程

通过流程管理以达到减小突发事件对国家林业局信息系统的影响，最优化支持资源，加强工作协同，提高工作效率，屏蔽错误事件和服务请求，保障信息系统高效运行，提升用户满意度，提供管理信息等目的。

（一）问题管理流程

通过问题管理流程达到消除引起事件的深层次根源，以防止事件再次发生的目的。

（二）变更管理流程

通过变更管理流程确保使用标准方法和过程，达到变更工作高效率、高质量、最小影响的目的。

（三）发布管理流程

使信息系统运维服务环境有一个更有效的应用系统软件的发布环境，为其他管理程序提供相关信息和支持，如变更管理程序、配置管理程序等，从而使 IT运维能够更有效、整个IT 基础设施及系统更稳定。

（四）配置管理流程

保证所有配置项及时正确地识别、记录、查询，达到为其他服务流程提供信息支持的目的。

（五）服务级别管理流程

定义、认可、记录和管理国家林业信息化服务提供商提供的服务及相应的服务级别，旨在通过对服务级别的监控和管理不断提高服务质量。

（六）财务管理流程

提供国家林业信息化主管部门为国家林业局各司局提供相关服务的成本预算与核算，加强成本管控，以实现成本效益战略。

（七）能力与可用性管理流程

规范国家林业信息化相关 IT 资源的可用性及能力，确保根据当前和未来的业务需求与可用性级别，在可接受的时间及成本下，适当充分地提供所需的IT资源与合理的IT服务以实现业务目标。

三、系统运行情况

（一）外网系统运行

访问量：总访问者为 1.5亿人。浏览量为2.9亿次，其中政务信息总浏览量为 1.13亿，占总浏览量的 39%（国外浏览量为 0. 3 亿次，国内浏览量为 0.83亿次）。

从访问中国林业网的人员分布来看，国内居首位，国外访问前十名为美国（833.4万次）、日本（59.1万次）、加拿大（29.8万次）、韩国（27.9万次）、澳大利亚（20.58万次）、德国（18.48万次）、英国（18.48万次）、新加坡（13.24万次）、马来西亚（12.13万次）、法国（10.89万次）。

信息加载：中图林业网网站群加载信息总量53 108条，其中主站34 932条，子站18 176条。

网络及信息安全：共计抵御27 850次攻击，其中网页篡改类为1300次，安全漏洞扫描攻击54次，防火墙攻击26 496 次，没有发生因恶意攻击发生的安全问题。

电子邮件：目前全局专有电子邮箱数用户数为1148个，年实际收信数为257万封，过滤垃圾邮件数为91万封，抵御病毒邮件 1. 02 万封。

（二）内网系统运行

访问量：总访问量为 24. 9万次。

信息发布：各司局发布信息共计9379 条。

综合办公系统：共进行了27. 9万次操作（数据保存、提交），17 561项文件的办理，其中发文2834件、收文11 345件、签报405件、其他2977件，数据量21G。

第七章　标准制度

信息化标准是解决“信息孤岛”的根本途径，也是不同信息管理系统之间数据交换和互操作的基础。当前，各级林业部门正在加快推进林业信息化标准制度工作，网络基础设施条件不断改善，各类数据库和应用系统不断涌现，但是行业标准建设工作却相对滞后，2010年国家林业局和省级林业部门在标准建设方面做出了更加积极的努力。

第一节　标　准

一、国家林业局标准建设

2010年国家林业局正式立项了18个林业信息化行业标准，具体名称及进度见表7-1。

表7-1　2010年立项的林业信息化行业标准一览表

序号	标 准 名 称	承担单位	进　度
1	林业工程管理信息分类与代码	国家林业局规划院	正在进行，已有初稿
2	林业数据库设计总体规范	国家林业局规划院	正在进行，已有初稿
3	林业数据图示表达规则和方法	国家林业局规划院	正在进行，已有初稿
4	林业信息Web Service应用规范	国家林业局规划院	正在进行，已有初稿
5	林业信息服务接口规范	国家林业局规划院	正在进行，已有初稿
6	林业信息交换体系技术规范	国家林业局规划院	正在进行，已有初稿
7	林业信息网络系统建设规范	国家林业局规划院	正在进行，已有初稿
8	森林信息产品类技术规范	国家林业局规划院	待专家评审
9	森林资源核心元数据规范	国家林业局规划院	待专家评审
10	森林资源数据编码类技术规范	国家林业局规划院	待专家评审
11	森林资源数据采集技术规范	国家林业局规划院	待专家评审
12	森林资源数据处理技术规范	国家林业局规划院	待专家评审
13	森林资源数据库术语定义	国家林业局规划院	待专家评审
14	林业信息目录体系技术规范	中国林业科学研究院	正在进行，已有初稿

（续）

序号	标 准 名 称	承担单位	进　度
15	野生动植物保护信息分类标准	中国林业科学研究院	正在进行，已有初稿
16	森林火灾信息分类与代码	中国林业科学研究院	正在进行，已有初稿
17	湿地资源管理信息分类与代码	中国林业科学研究院	正在进行，已有初稿
18	荒漠化信息分类与代码	中国林业科学研究院	正在进行，已有初稿

二、省级林业部门标准建设

省级林业部门结合本地区实际，也制定了一些信息化标准，为规范数据库建设、推进信息资源共享等发挥了积极作用。北京市园林绿化局研究编制了《园林绿化网格化管理系统建设规范》和《园林绿化网格化管理网格区划与编码》等标准规范。上海市绿化和市容管理局制定并颁布了《上海市绿化林业信息分类与代码标准》和《上海市绿化林业"3S"信息系统管理办法和技术规范》，其中《上海市绿化林业信息获取及分类编码标准》已作为地方标准颁布。

第二节　制　度

制度是国家法律、法令、政策的具体化，是人们行动的准则和依据。常言说，无规矩不成方圆。因此，制度建设是林业信息化持续协调健康发展的重要保证。2010年，各级林业部门以中央林业工作会议、全国林业厅局长会议、首届全国林业信息化工作会议精神为指导，大力加强林业信息化制度建设，为全面加快发展创造了有利的环境。

一、国家林业局信息化制度建设

为确保林业网络的正常运行，规范机房和应急管理，2010年7月8日，国家林业局以林办发〔2010〕185号文件，印发了《中国林业网管理办法》等5项信息管理制度，具体内容见专栏7-1至专栏7-5。

专栏7-1

中国林业网管理办法

第一章　总　则

第一条　为加强中国林业网的规范管理，构建长效运行机制，根据国家有关法律法规及规定，制定本办法。

第二条 本办法适用于国家林业局各司局、各直属单位，地方各级林业主管部门、各森工集团、新疆生产建设兵团林业主管部门（以下简称地方各单位）。

第三条 中国林业网与国家林业局政府网、国家生态网一网三名（域名：http:// www.forestry.gov.cn），为国家林业局唯一官方网站。

第四条 中国林业网采用网站群架构模式，由国家林业局主站和各司局、各直属单位、地方各单位子站和业务主题子站组成，具有信息发布、在线办事、互动交流和林业展示等功能。

第五条 中国林业网实行“统一建设、分级维护、资源共享、强化服务”的基本原则，努力塑造中国林业第一门户网站。

第二章 职责分工

第六条 国家林业局信息化管理办公室（信息中心）是中国林业网建设管理主管部门，负责中国林业网规划建设、内容保障、运行维护、升级改造和日常管理等工作，并指导和监督各子站内容维护与运行安全。

第七条 国家林业局各司局、各直属单位负责所属子站内容维护及主站相关栏目内容更新工作，负责提供主站场景式服务、留言回复、意见回复等在线咨询服务，负责提出子站及主站栏目建设需求。

第八条 地方各单位负责本单位子站建设和日常运行维护等工作，向主站报送本单位政务信息，参与主站在线办事、互动交流栏目的内容维护工作。

第三章 网站建设

第九条 中国林业网建设项目的立项、申报、建设、验收等工作应在国家林业局信息办的统筹协调下进行，并严格执行国家基本建设程序有关规定。

第十条 中国林业网建设项目的确定应符合《全国林业信息化建设纲要》和《全国林业信息化建设技术指南》要求，并基于林业信息化统一平台上建设。

第十一条 国家林业局各司局、各直属单位结合工作实际，提出子站建设和主站栏目增设需求，经国家林业局信息办审核并组合包装成建设项目，统一进行项目立项、申报并组织实施。

第十二条 地方各单位网站建设由所在单位自行规划、建设与管理，并作为主题子站链接至中国林业网主站。

第四章 信息发布

第十三条 凡确定为社会公开的国家林业局文件、国家林业局办公室文件等公文、信息，均应在文件、信息发送后的15个工作日内在中国林业网上发布。

第十四条 制定与公众利益密切相关的部门规章、政策，应通过中国林业网相关栏目广泛征求社会各界意见；出台或发布后，应同步在中国林业网上进行政策解读。

第十五条 发生突发重大公共事件时，相关单位应在中国林业网相关栏目及时发布权威信息，积极引导社会舆论。

第十六条 坚持“谁制作、谁审核、谁发布”的原则，对需在中国林业网上发布的公文、信息或事项，相关单位应对其真实性、准确性、权威性，是否涉密、能否公开负全责。

第十七条 中国林业网各子站必须发布的信息：

（一）本单位机构设置及职责分工。

（二）与本单位业务有关的法律、法规、部门规章及政策。

（三）本单位的行政审批事项，包括审批程序、具体事项、标准时限、办事机构、联系方式及电子服务方式等。

（四）本单位按规定需要向社会发布的公告、公示、通知、工作动态、业务数据等。

（五）本单位的公众信箱或联系方式。

第五章 在线办事与互动交流

第十八条 承办单位应及时发布行政许可依据、条件、数量、办理流程、期限、需提交的材料目录、申请示范文本及审批结果等信息，并按照规范格式及时发布未实现在线办理的可公开的行政许可决定或行政审批结果。有关其他公共服务事项，应及时发布服务指南。

第十九条 召开全国性重要会议、新闻发布会、听证会，会议主办单位应提前3日向国家林业局信息办提出网上直播申请，由信息办统一组织实时图文直播或网络视频播出。

第二十条 结合林业发展新形势，针对林业重点工作和社会公众关注的热点问题，信息办应及时会同相关单位，研究确定访谈主题和内容，积极组织策划在线访谈活动。

第二十一条 通过局长信箱、网上调查等互动栏目征集到的重要公众留言和公众意见，经国家林业局信息办统一整理后转相关单位提供答复内容，由信息办统一上网反馈。

第六章 运行维护与内容更新

第二十二条 内容维护按照《中国林业网内容维护职责分工》有关要求执行。

第二十三条 各司局、各直属单位及地方各单位应明确一名负责人分管中国林业网相关工作，指定一名网站信息员具体承办相关工作。网站信息员因工作等原因调离原岗位时，所在单位应提前重新确定信息员并报局信息办备案。网站信息员应具有较高的政治素质、文字功底和专业技能，并经系统培训后持证上岗。

第二十四条 中国林业网日常运行管理和内容维护经费从国家林业局财政专项经费中列支，执行财政专项经费使用有关规定。

第七章 信息安全

第二十五条 凡涉及国家秘密、工作秘密和商业秘密的文件、敏感信息严禁上网发布。任何人不得泄露网站后台密码。

第二十六条 根据公安部等《关于信息安全等级保护工作的实施意见》有关要求，中国林业网执行三级网站建设有关要求与技术规范。

第二十七条 中国林业网中心机房应实时备份网站系统和信息数据，实时监控系统和网页防篡改等安全系统，每周出具网站运行及内容更新等情况的监测报告。

第二十八条 一旦发生突发事件，立即启动《国家林业局网络信息安全应急处置预案》做好应急工作。

第八章 奖 惩

第二十九条 国家林业局信息办定期对中国林业网管理和运行维护工作进行考核，按季度通报各司局、各直属单位和地方各单位信息报送和采用情况，按年度评选优秀信息员。

第三十条 国家林业局信息办每年组织开展一次主站各栏目和各主题子站的绩效评估工作，对优秀子站和栏目给予表彰和奖励；对于信息内容长期得不到及时更新的子站或主站栏目，将进行通报或实施关闭处理。

第三十一条 未履行审核程序擅自在中国林业网上发布信息、上网内容出现虚假信息或存在较多错误等情况，给予通报批评；造成失泄密的，将依据国家有关法律法规和规定，追究有关领导和直接责任人的责任。

第九章 附 则

第三十二条 本办法由国家林业局信息办负责解释。

第三十三条 本办法自印发之日起实施，《国家林业局网站管理暂行办法》（办发字〔2005〕21号）同时作废。

专栏7-2

国家林业局办公网管理办法

第一章 总 则

第一条 为加强国家林业局办公网（以下简称为办公网）的规范管理，根据国家有关法律法规及规定，制定本办法。

第二条 本办法适用于国家林业局各司局、各直属单位，各省级林业主管部门、各森工集团、新疆生产建设兵团林业主管部门、各计划单列市林业主管部门（以下简称地方各单位）。

第三条 国家林业局信息化管理办公室（信息中心）是办公网的主管部门，负责办公网项目建设的立项审核、建设规划和日常维护等工作。

第四条 办公网域名为“http://www.sfa.gov.cn”，是国家林业局统一的办公平台和各应用系统的统一入口。办公网管理遵循“谁发布、谁负责，谁承诺、谁办理”的原则。

第五条 国家林业局京外直属单位和地方各单位可通过全国林业专网访问办公网。

第二章 管理职责

第六条 国家林业局信息办负责信息资源整合和更新维护协调工作，统筹考虑办公网门户、各应用系统建设需求，保障办公网信息全面、准确、及时、实用。

第七条 各司局、各单位负责向办公网提交机关文件、信息，并维护好各自专区。

第八条 新建办公网应用系统，必须在国家林业局信息办的统一协调下，统一规划，统一平台，统一标准，填写《国家林业局办公网应用系统注册申请表》，经国家林业局信息办审批并组织实施。

第三章 内容保障

第九条 国家林业局信息办负责办公网内容保障协调和更新维护的督促、检查工作。各司局、各直属单位按照《国家林业局办公网相关栏目内容保障职责分工》，负责办公网办公平台、信息平台、学习平台、生活平台相关栏目的内容保障，允许在办公网上发布公开范围属于内部公开的信息，确保信息更新或发布内容的及时性、准确性和权威性。涉及国家秘密、工作秘密和商业秘密的文件、信息不得上网。

第十条 各司局、各直属单位应当建立健全信息采集、审核和发布制度，做到分级管理，严格把关。明确1名司局级负责人分管办公网信息维护工作，指定1名处级负责人负责审核发布信息，指定1~2名工作人员负责日常信息维护工作。

第十一条 国家林业局信息办每年对各司局、各直属单位办公网信息维护工作组织1次考评，并定期通报各栏目维护情况，对成绩突出的单位和个人给予通报表扬。

第十二条 涉及国家林业局重要政策规章和统计数据等信息的发布工作，应当按发布程序报批。相关司局或直属单位可发布属于本单位业务范围内的一般信息。

第十三条 各应用系统的内容保障工作，由相关司局、单位按照本办法自行确定，并确保信息内容的准确与安全。

第四章 运行维护

第十四条 国家林业局信息办统一负责用户证书的签发与管理。各司局、各直属单位对证书申请（《国家林业局办公网数字身份证书申请表》、更新、停用、撤销、补发及使用负有审批和监管职责，对用户身份的真实性负责，并为系统提供用户身份信息支持。各地各单位办公室负责本单位范围内用户证书的签发与管理。

第十五条 国家林业局信息办配备超级管理员、系统管理员和密钥管理员负责系统的运行与管理。

（一）超级管理员，需由3人共同承担，负责系统的初始化与系统管理员的设定。超级管理员进行系统关键操作时，要做权限分割。进行超级管理员与系统管理员变更、系统或口令更新等重要操作时，至少需2名超级管理员同时在场操作。

（二）系统管理员，负责办公网日常运行管理，包括用户系统管理员、OA系统管理员、应用系统管理员、网络管理员等。系统管理员定期检查系统状态，确保系统正常运行。

（三）密钥管理员，负责密钥及密钥管理系统的日常运行管理，不承担证书受理工作。密钥管理员定期对日常操作进行安全审计，并向国家林业局信息办及时报告有关情况；作废的敏感文档与介质要及时销毁。

第十六条 国家林业局信息办应当配备证书申请录入员、证书申请审核员、证书制证员和注册管理员，负责证书受理工作。证书申请录入员和证书申请审核员不能由同一人兼任，证书制证员和注册管理员负责注册应用系统并提供相关技术支持。

第十七条 各岗位工作人员应当严格遵守各自职责和操作流程，妥善保管用户信息，未经允许不得以任何形式泄露用户信息，不得违规操作，未经许可不得越权。

第十八条 办公网计算机设备应当专机专用，不得进行与本系统无关的操作；严禁在系统内所有服务器主机上设置信息共享，实时采取漏洞扫描、入侵防护、用户身份验证、存取权限控制、数据保护和网络安全监控管理等措施；业务终端必须安装防病毒工具，并进行实时监控，及时为计算机系统安装补丁。

第十九条 办公网重要的信息和数据应当实时备份；办公网系统运行应当设置24小时值班制度，由专人负责监控，出现异常情况，应及时处理。系统软硬件升级应上报主管部门审批。

第五章 数字身份证书

第二十条 数字身份证书（以下简称密钥），是国家林业局身份认证系统对持有者信息经数字签名的密钥文件，根据在职用户按需发放，凡持有密钥的工作人员可访问办公网。经授权后方可进入相关应用系统。

第二十一条 密钥由国家林业局信息办指定专人统一制作，由申请者所在单位统一代领代发。

第二十二条 密钥介质管理实行“谁持有，谁负责”。领取密钥介质后，应当及时更改密钥介质保护口令，防止他人冒用。建议定期更改密钥介质保护口令。发现口令可能泄露，立即更改。

第二十三条 密钥使用完毕，持有者应当立即从计算机上取下并妥善保管，防止他人非法使用。未经批准不得将密钥转借他人使用。

第二十四条 密钥持有者如遇工作调整，应当及时填写《国家林业局办公网数字身份密钥撤销/停用、恢复、更新申请表》，经本单位审批后提交国家林业局信息办进行身份转换。密钥停用半年以上将自动失效，持有者应当按相关程序重新申请办理。

第二十五条 如密钥介质丢失或损坏，应当及时向国家林业局信息办申请撤销密钥，并按相关程序补发新密钥。

第六章 安全管理

第二十六条 办公网与中国林业网实行物理隔离，办公网不得连接国际互联网。

第二十七条 办公网计算机放置场所要符合防盗、防火要求。计算机数量多或信息化程度高的单位，应当安装防盗门窗和防盗报警装置，配备必要的防火器材。

第二十八条 办公网计算机要设置开机口令，每台计算机的使用和管理要落实到人。

第二十九条 办公网计算机原则上为台式机。确因特殊原因作为办公网计算机使用的笔记本电脑，不得擅自带离工作场所，防止信息被盗和泄露案件发生。

第三十条 办公网计算机与中国林业网计算机之间不得交叉使用优盘等移动存储介质。

第三十一条 办公网计算机维修应送到国家林业局信息办指定单位，并将硬盘拆除由专人保管。在确保办公网信息安全的前提下，可请厂家上门维修，并派人现场监修，登记维修时间、故障原因、维修单位和维修人员。对办公网计算机进行淘汰处理时，必须拆除内置硬盘送国家林业局保密办，并办理销毁手续。

第三十二条 办公网综合办公系统打印输出带有电子公章的正式公文，应按相应流程进行管理。

第三十三条 国家林业局信息办定期对办公网计算机及网络进行监督检查，有关单位和个人应积极配合检查。

第三十四条 用于连接办公网的电话号码、用户名、口令及联网方式、技术、网络系统等要严格保密。未经主管领导批准，不得向外提供办公网信息和资料。

第三十五条 国家林业局信息办（中心机房网络管理员）要检查各司局、各直属单位的办公网系统，及时发现并弥补漏洞。同时，实时检查网络内储存的信息，防止涉密文件和其他敏感信息进入网络。

第三十六条 一旦发生事故和案件，国家林业局中心机房网络管理员应当立即向国家林业局信息办报告，于第一时间处理，保护好现场并按有关规定向公安部门报案。

第三十七条 系统管理员要实时备份重要数据，防止因存储介质损坏造成数据丢失。备份介质可采用光盘、硬盘等方式，并妥善保管。

第三十八条 各司局、各直属单位办公网操作人员，要按照《国家林业局保密委员会关于组织开展保密承诺书签订工作的通知》（林密委发〔2009〕1号）有关规定签署保密承诺书。调离原单位时，需办理有关材料、软件的移交手续，对需保密的内容仍负有保密义务。接替人员要重新设置用户名、密码。

第三十九条 各司局、各直属单位应当指定专人负责保管本单位账号密码、电子公章、加密设备等，防止被人盗用。

第七章 罚 则

第四十条 泄露用户信息，私自借出、盗用他人密钥或恶意使用密钥等原因造成安全事故的，视其情节轻重，予以通报批评或行政处分，违反国家法律法规或有关规定的，由有关部门依法追究其法律责任。

第四十一条 使用办公网设备进行与业务无关的操作或在密钥处理中出现失误的，视其情节轻重，对责任人和责任单位予以通报批评或行政处分。

第四十二条 通过网上恶意攻击身份认证系统造成系统不能正常工作或敏感信息泄露的，视其情节轻重，给予当事人行政处分，构成违法行为的，移送司法机关处理。

第四十三条 办公网联入中国林业网的，除追究当事人责任外，对其所在单位负责人通报批评。

第四十四条 丢失或人为损坏密钥，需重新补办，每补办1个由责任人补交成本费500元。

第八章 附 则

第四十五条 本办法由国家林业局信息办负责解释。

第四十六条 本办法自印发之日起实施。

专栏7-3

全国林业专网管理办法

第一章 总 则

第一条 为加强全国林业专网（以下简称专网）的规范管理，保证网络系统正常、高效、安全运行，根据国家有关法律法规及规定，制定本办法。

第二条 本办法适用于国家林业局各司局、各直属单位，各省级林业主管部门、各森工集团、新疆生产建设兵团林业主管部门、各计划单列市林业主管部门等专网接入单位（以下简称各节点单位）。

第三条 国家林业局信息办（信息中心）是专网主管部门，负责专网建设的立项审核、内容建设和组织协调等工作。

第四条 专网与互联网实行物理隔离。

第二章 网络管理

第五条 国家林业局信息办负责专网运行维护和日常管理，主要工作包括：及时解决网络故障，保证网络畅通；做好数据备份工作，保障数据安全；提供网络安全服务，建立应急处置机制；承担国家林业局各司局、各直属单位专网计算机的维护管理工作；负责其他业务系统接入专网的技术审查等。

第六条 各节点单位接入专网的运行维护管理，要在国家林业局信息办的统一指导下，由各单位自行负责。

第七条 国家林业局专网中心机房和各节点单位机房建设应当符合国家有关技术标准，采取有效措施，为专网设备安全运行提供必要环境。

第八条 各节点单位应当指定专人负责机房日常运行、设备保管和故障报告，发现问题及时报告国家林业局信息办。

第九条 各节点单位有责任和义务保护专网线路和设备,发现网络线路故障应当立即采取有效措施,恢复线路畅通，保障网络正常运行。

第三章　电子公文传输系统

第十条 电子公文传输系统是部署在专网上用于国家林业局办公网与各节点单位之间传输电子文件的专用系统，每单位通过20个节点与国家林业局内网连通。

第十一条 各节点单位办公室按照系统命名规范，确定本单位公文发送、接收专门用户，并报国家林业局信息办备案。

第十二条 传输电子公文应当使用国家林业局信息办统一提供的密码设备及公文发送、接收管理系统、彩色激光打印机等设备和软件。

第十三条 电子公文传输系统所有密钥、IC卡等密码设备应当按照中央办公厅机要局有关要求实施管理。

国家林业局信息办统一制发“公章密钥库盘”、“系统管理卡”、“公章卡”和“用户卡”，这是系统重要的保密部件，必须指定专人管理，规范使用，确保安全。

电子公文传输系统密码设备及密钥应当定期更换、备案。

第十四条 通过电子公文传输系统将国家林业局办公网生成的电子文件发送至各节点单位，各节点单位也可通过该系统向国家林业局办公室或相关司局、直属单位报送相关电子文件。

第十五条 电子公文发送后，发送单位应当在24小时内对所发公文的接收情况进行核实；对接收单位退回的电子公文应当及时签收，发现问题应当及时与接收单位联系解决。

第十六条 接收电子公文的各节点单位应当对公文的发送单位、公文的完整性和体例格式等审核无误后方可接收。对紧急公文应当及时签收办理。对不能正常接收的电子公文，接受单位应当及时与发送单位联系解决。

第十七条 电子公文应当存放在指定的服务器，明确专人严格管理，未经文书处理部门同意，不得修改、删除和打印。

第十八条 电子公文归档执行国家档案管理部门有关规定。

第四章　全国林业视频会议系统

第十九条 全国林业视频会议系统（以下简称视频会议系统）是基于专网平台、连通国家林业局与各节点单位的会议系统。

第二十条 国家林业局信息办统一负责视频会议系统的管理，各节点单位办公室负责辖区内视频会议系统的日常管理。

第二十一条 视频会议系统平台由国家林业局信息办统一配置和管理，各节点单位的信息管理部门协助维护。

第二十二条 各节点单位要明确视频会议系统管理人员，并报国家林业局信息办备案。系统管理人员实行AB制，并保持相对稳定，确保视频会议系统连续、稳定、安全运行。

第二十三条 各节点单位办公室会同本单位相关部门（信息办或信息中心）技术人员定期检查视频会议系统的网络状况及视频终端运行状况，发现问题及时解决，或与国家林业局信息办协同解决。

第二十四条 视频会议系统终端在操作过程中如遇异常情况，操作人员应当及时与国家林业局信息办取得联系，发现问题，及时解决。

第二十五条 各节点单位视频终端设备必须专配专用，不得挪作他用；禁止他人随意开启或挪动设备；禁止私自更改视频设备设置；禁止私自拆机和连接线路，如有特殊情况须经专业人员同意，并在专业人员指导下进行操作。

第二十六条 利用视频会议系统可以举办以下会议：

全国性大会。由国家林业局主持召开，各省级林业主管部门、各森工集团、新疆生产建设兵团林业主管部门、各计划单列市林业主管部门及国家林业局各司局、各直属单位参加的会议。

区域性会议。由专网内2个以上单位参加的视频会议，可由国家林业局主办，也可由专网内的任何单位主办。

1＋1会议。专网内的任何两个单位之间的会议。

第二十七条 申办会议可按以下流程进行：主办单位填写《国家林业局视频会议申请表》报国家林业局信息办审批，经批准，于会前3天与国家林业局视频会议管理人员取得联系，由其提前组织系统调试，各参会单位视频系统管理人员要在同一时间参与调试工作。主办单位和各参会单位分别负责布置主会场和各单位分会场。

第二十八条 任何单位与个人不得擅自更改机器设备的设置参数。

第二十九条 各节点单位如需增添或更换视频会议系统设备，应当填写《国家林业局视频会议系统设备增加申请表》、《国家林业局视频会议系统设备更换申请表》报国家林业局信息办审批，经批准后按要求进行设备采购。

第三十条 国家林业局信息办对各节点单位视频会议系统的运行和使用情况进行监督、检查。各节点单位负责对辖区内的视频会议系统运行和使用情况进行监督、检查。

第五章 新增业务系统

第三十一条 需在国家林业局内网运行的业务应用系统，经国家林业局信息办审核批准后方可接入专网。

第三十二条 各节点单位业务应用系统由相关业务部门遵循公用平台建设相关标准和规范组织管理。

第六章 运行维护

第三十三条 专网实行全网统一网管，网管中心设在国家林业局信息办。网管中心对全网设备与线路状况进行监控、网络设备配置实施与调整。各节点单位在维护网络设备时，应当主动接受网管中心的指导，不得擅自更改专网设备的配置。

第三十四条 为保障专网全天候不间断运行，各节点单位应当建立值班制度，由专人负责专网设备的运行，确保专网设备正常运行。

第三十五条 各节点单位应当建立专网设备档案和运行工作日志。运行工作日志应当定期向国家林业局信息办报告。

第三十六条 各节点单位必须做到：

（一）24小时开机运行，不得随意关机或退出专网系统。

（二）认真记录专网设备运行工作日志，填写设备运行档案。

（三）及时处理各类告警和故障。

（四）按时交纳电信资费。

第七章 安全保密管理

第三十七条 接入专网的所有终端设备，不得与国际互联网或其他公共信息网络相连接。

第三十八条 凡要求接入专网的单位，应当向国家林业局信息办提出书面申请，经审批同意方可接入。

第三十九条 国家林业局信息办对专网实行统一监控和安全管理，各节点单位必须严格遵守专网安全策略，有责任和义务协助做好专网安全工作。

第四十条 各节点单位应当建立本单位安全保密管理制度，制定安全保密防范措施，并以书面形式报国家林业局信息办备案。

第四十一条 各节点单位应当严格执行安全保密制度，不得利用专网从事危害国家利益、泄露国家秘密等违法犯罪活动。

第八章 罚 则

第四十二条 对违反本办法的行为，国家林业局将给予相关单位通报批评。造成失泄密的，将依据国家有关法律法规和有关规定追究领导和相关人员的责任。

第九章 附 则

第四十三条 本办法由国家林业局信息办负责解释。

第四十四条 本办法自印发之日起实施，《国家林业局全国林业视频会议系统及网络管理办法》、《国家林业局林业综合办公电子传输系统管理办法》同时废止。

专栏7-4

国家林业局中心机房管理办法

第一章 总 则

第一条 为加强国家林业局中心机房（以下简称中心机房）管理，保证网络的安全运行，根据国家有关法律法规及规定，制定本办法。

第二条 中心机房是中国林业网、国家林业局办公网和全国林业专网的核心枢纽，安装和运行着服务器、网络设备和各种应用系统，中心机房管理应当严格遵守国家计算机网络有关法律法规和管理制度。

第二章　机房建设

第三条　中心机房建设项目的立项、申报、建设、验收等工作应严格执行国家基本建设程序有关规定，由国家林业局信息化管理办公室（信息中心）统一组织实施和管理。

第四条　中心机房建设与改造项目的确定应符合《全国林业信息化建设纲要》和《全国林业信息化建设技术指南》要求，并基于林业信息化统一平台上建设。

第三章　机房管理

第五条　外单位工作人员未经批准，不得进入中心机房。

第六条　严禁携带易燃易爆等危险品进入中心机房。机房内严禁吸烟，严禁带入各类液体和使用带强磁场、微波辐射等设备及与机房工作无关的电器。

第七条　严禁在中心机房乱接电源线或超负荷用电，不得使用电热器具及与系统网络无关的设备。

第八条　进入主机房前必须换拖鞋或穿鞋套，不得随地乱丢杂物，不得大声喧哗。

第九条　外单位相关管理技术人员进入中心机房，需要向技术值班人员提出申请并征得同意后方可进入，技术值班人员须做好工作内容记录。离开机房时，应当通知技术值班人员。

第十条　外单位人员进入中心机房时不得私自携带存储设备（小硬盘、U盘、光盘、软盘等）。

第十一条　需请外单位技术人员进入中心机房进行软件安装或维护时，需事先向国家林业局信息办提出申请，说明需带入的设备、安装的软件及需操作的机器、工作时间、陪同人员等。整个操作过程应当有国家林业局信息办工作人员全程陪同，并检查其申请内容的完成情况。外单位技术人员不得进行与申请内容无关的事情，严禁擅自使用与系统无关的软件。

第十二条　未经国家林业局信息办负责人同意，不得带领外单位人员到中心机房参观、拍照、录像。

第四章　设备管理

第十三条　中心机房管理人员有权对任何危害机房及其设备安全的行为进行制止和处理。

第十四条　机房内的设备、工具、资料（光盘、软盘、参考书、说明书等）未经国家林业局信息办负责人批准，不得私自带出机房。

第十五条　各类设备出入机房都必须填写书面申请，经主管领导同意，在相关人员监督下进行并做好登记，同时必须保证相应设备的安全和运行正常。

第十六条　设备的进出登记应由专人归档、保存。

第五章　安全管理

第十七条　中心机房技术值班人员应当按照值班工作制度对中心机房进行检查与管理。

第十八条　主机房实行分区管理，主要分内网区、外网区、政务外网区等，工作人员不得随意出入与自己无关的区域。

第十九条 要确保经主管领导核准的门禁卡持有人及其权限的正确性，认真做好门禁卡的实物管理，对门禁卡的发放、回收进行登记。

第二十条 机房监控系统为24小时实时监控，严禁擅自关闭监控系统和录像功能。严禁在未经允许的情况下，改动监控位置和系统设置。如发生异常情况应立即上报相关部门。

第二十一条 中心机房工作人员离开机房时，应当巡视机房电源，除规定需连续工作的设备外，应当切断其他设备和照明电源，并关闭门窗，做好安全防范工作。

第二十二条 发生火灾、失窃及其他事故时，中心机房工作人员须立即报告有关领导及有关部门并迅速采取妥善措施，注意保护现场。

第二十三条 服务器、网络设备、用户资料、系统资料、相关操作程序和密码实行专人管理，同时承担保密责任。

第二十四条 管理人员必须加强关键设备（核心路由器、交换机、防火墙、服务器等，下同）操作入口的安全保密工作，定期更改管理员口令，以确保安全。

第二十五条 技术值班人员按值班管理制度对网络的运行进行监控、检查、记录以及相关的工作，确保网络、系统及信息安全。严防计算机病毒破坏网络及信息系统。

第二十六条 中心机房内关键设备的数据应当定期备份，做好备份日志，并妥善保管备份介质。

第六章　机房管理员职责

第二十七条 中心机房管理员或技术值班人员应当定期对机房内设备及线路进行检查和维护。经常检查监控系统、供电电压、机房用电电流、UPS电流、停电应急灯、空调温度、加湿器等设备的工作状态，以及房屋门窗窗帘等重点部位的安全状态，认真填写工作日志。如发现异常情况，应当立即报告有关领导，并迅速采取措施妥善解决或协同有关技术人员解决。

第二十八条 中心机房工作人员必须熟练掌握防停电、防火、防盗、防静电、防雷击等基本应急程序。

（一）遇外部供电网停电，应当首先向有关部门了解停电时间，然后根据UPS电池组的逆变能量合理分配机房用电负荷，确保核心设备的正常运行。恢复供电后，应当及时开启机房空调，保持机房适合的温度和湿度。

（二）中心机房所有工作人员应当熟练掌握消防设备的使用方法。一旦发现火情隐患，应当立即采取措施加以消除。如遇火情，应当及时扑救，并立即上报。

（三）如发现中心机房设备被盗，应当立即报告主管领导和保卫部门，并保护好现场，积极配合现场取证与案件侦破。

（四）保证中心机房防静电地板和接地地线的良好状态，每年雷雨季节到来之前都要对其进行仔细检查。如遇雷击，应当立即关闭总电源，以免对机房设备造成更大危害。

（五）中心机房内部要保持恒温恒湿，确保温度在20±5℃，相对湿度45%~65%，避免因过分干燥产生静电而造成网络设备的意外损坏。

第二十九条 保持中心机房（包括供电房）及其设备的清洁卫生。除定期对中心机房内外环境进行整理外，还应当经常对设备电源的通风口、散热风扇等部位进行除尘。

第三十条 中心机房管理人员在办理调离手续时，必须交回所有账户、密码、机房钥匙、门禁卡及有关文档后，方可办理其他手续。

第七章 罚 则

第三十一条 对违反本办法的行为，国家林业局将给予相关单位和人员通报批评。造成失泄密或重大事故的，将依据国家有关法律法规和有关规定追究领导和相关人员的责任。

第八章 附 则

第三十二条 本办法由国家林业局信息办负责解释。

第三十三条 本办法自印发之日起实施。

专栏7-5

国家林业局网络信息安全应急处置预案

第一章 总 则

第一条 为加强国家林业局网络与信息系统的安全，确保其设备安全、运行安全和数据安全，根据国家有关法律法规及规定，制定本办法。

第二条 工作原则

（一）统一领导，协同配合。网络与信息安全突发事件应急工作由国家林业局信息办（信息中心）统一协调，相关单位按照“统一领导、归口负责、综合协调、各司其职”的原则协同配合，具体实施。

（二）明确责任，依法规范。各单位按照“属地管理、分级响应、及时发现、及时报告、及时处置、及时控制”的要求，依法对信息安全突发事件进行防范、监测、预警、报告、响应、协调和控制。按照“谁主管、谁负责，谁运营、谁负责”的原则，实行责任分工制和责任追究制。

（三）条块结合，整合资源。充分利用现有信息安全应急支援服务设施，充分依靠网络与信息安全工作力量，进一步完善应急响应服务体系，形成网络与信息安全保障工作合力。

（四）防范为主，加强监控。普及信息安全防范知识，牢固树立“预防为主、常抓不懈”的意识，经常性地做好应对信息安全突发事件的思想准备、预案准备、机制准备和工作准备，提高公共防范意识以及基础网络和重要信息系统的信息安全综合保障水平。加强对信息安全隐患的日常监测，发现和防范重大信息安全突发事件，及时采取有效的可控措施，迅速控制事件影响范围，力争将损失降到最低程度。

第三条 计算机网络与信息系统遭受不可预知的外力破坏、毁损或故障，造成系统中断、设备损坏、数据丢失等，对工作造成严重危害的网络与信息安全事件，适用本预案。

第四条 聘请专业机构或专家，成立网络与信息安全专家组，负责提供网络与信息安全技术咨询，参与重要信息研判，参与事件调查和总结评估，并在必要时直接参与网络与信息安全事件应急处置。

第二章 事件分级

第五条 Ⅰ级（一般）事件：中心机房计算机网络与信息系统受到一定程度的损坏，但不影响中心机房业务正常进行的事件。

第六条 Ⅱ级（较大）事件：中心机房某一区域网络与信息系统受破坏、毁损，对中心机房业务造成较大影响的事件。

第七条 Ⅲ级（重大）事件：中心机房计算机网络与信息系统遭受大规模破坏、毁损，系统出现严重故障，中心机房业务无法进行的事件。

第三章 预防预警

第八条 网络信息监测。坚持预防为主的方针，加强网络与信息安全监测，及时收集、分析、研判监测信息，发现网络与信息安全事件倾向或苗头，迅速采取有效措施加以防范，及早消除安全隐患。

第九条 预警处理与发布

（一）发现可能发生网络与信息安全事件的单位要及时发出预警，并在2小时内向国家林业局信息办报告。

（二）国家林业局信息办接到报警后应当迅速组织有关人员进行技术分析，根据问题性质和危害程度，提出安全警报级别及处置意见，及时向各部门和相关单位发布预警信息。

（三）国家林业局信息办发布预警信息后，应当根据紧急情况做好相应的网络与信息安全应急处置准备工作。

第十条 事件报告。当发生网络与信息安全事件时，事发单位要及时向国家林业局信息办报告。初次报告最迟不超过2小时，报告内容包括信息来源、影响范围、事件性质、事件趋势和拟采取的措施等。

第四章 应急响应

第十一条 应急处置。当发生网络与信息安全事件时，首先应当区分事件性质为自然灾害事件或人为破坏事件，根据两种情况分别采用不同处置流程。

流程一：当事件为自然灾害事件时，应当根据实际情况，在保障人身安全的前提下，首先保障数据安全，然后保障设备安全。具体方法有：数据保存，设备断电与拆卸、搬迁等。

流程二：当事件为人为或病毒破坏事件时，首先判断破坏来源与性质，如属网络入侵或病毒破坏，应断开影响安全的网络设备，断开与破坏来源的网络连接，跟踪并锁定破坏来源IP地址或其他用户信息，修复被破坏的信息，恢复信息系统；如遇人为暴力破坏，立即制止并报警。

第十二条 具体处置方法。

（一）有害信息处置。确定专人全时监控网站、网页及邮件信息，对有害信息采取屏蔽、删除等措施；清理有害信息，并做好相关记录；采取技术手段追查有害信息来源；发现涉及国家安全、稳定的重大有害信息，及时向公安部门网络监察机构报告。

（二）黑客攻击处置。当发现网页内容被篡改或通过入侵检测系统发现黑客攻击时，首先将被攻击服务器等设备从网络中隔离；采取技术手段追查非法攻击来源；召开信息安全评估会，评估破坏程度；恢复或重建被破坏的系统。

（三）病毒侵入处置。当发现计算机服务器系统感染病毒后，立即将该计算机从网络上物理隔离，同时备份硬盘数据；启用防病毒软件进行杀毒处理，并使用病毒检测软件对其他计算机服务器进行病毒扫描和清除；一时无法查杀的新病毒，迅速与相关防病毒软件供应商联系解决。

（四）软件遭受破坏性攻击处置。重要软件系统必须存有备份，与软件系统相对应的数据必须有多日备份，并将它们保存于安全处；一旦软件遭受破坏性攻击，应当立即报告，并将系统停止运行；检查日志等资料，确认攻击来源；采取有效措施，恢复软件系统和数据。

（五）数据库安全防范处置。各数据库系统至少要准备两个以上数据库备份，一份放在机房，一份放在其他地点；一旦数据库崩溃，立即通知有关单位暂缓上传、上报数据；组织对主机系统进行维修，如遇无法解决的问题，立即请求软硬件供应商协助解决；系统修复启动后，将第一个数据库备份取出，按照要求将其恢复到主机系统中；如因第一个备份损坏，导致数据库无法恢复，则取出第二个数据库备份予以恢复。

（六）全国林业专网外部线路中断处置。专网线路中断后，应当迅速判断故障节点，查明故障原因；如属中心机房内部线路故障，立即组织恢复；如属通信部门管辖的线路，立即与通信维护部门联系，及时进行修复。

（七）局域网中断处置。局域网中断后，应当立即判断故障节点，查明故障原因；如属线路故障，迅速组织修复；如属路由器、交换机等网络设备故障，立即与设备供应商联系修复；如属路由器、交换机配置文件破坏，迅速按照要求重新配置；如遇无法解决的技术问题，立即向国家林业局信息办主管负责人或有关厂商请求支援。

（八）设备安全处置。发现服务器等关键设备损坏，应当立即查明设备故障原因；能自行恢复的，立即用备件替换受损部件；难以自行恢复的，立即与设备供应商联系，请求派维修人员前来维修；如设备一时不能修复，应当及时采取必要措施，并告知有关单位暂缓上传、上报数据。

（九）机房火灾处置。一旦机房发生火灾，首先切断所有电源，按响火警警报；检查自动气体灭火系统是否启动，并及时通过119电话向公安消防部门请求支援。

（十）外电中断处置。外电中断后，立即切换到备用电源；迅速查明断电原因，如因内部线路故障，马上组织恢复；如因供电部门原因，立即与供电单位联系，尽快恢复供电；如被告知将长时间停电，应当做好以下工作：预计停电1小时以内，由UPS供电；预计停电6小时以内，关掉非关键设备，确保各主机、路由器、交换机供电；预计停电超过6小时的，做好数据备份工作，及时关闭有关设备。

其他没有列出的不确定因素造成的灾害，可根据总的安全原则，结合具体情况做出相应处理；不能处理的可咨询相关专业人员。

第十三条 应急支援。发生Ⅱ级以上（含Ⅱ级）网络与信息安全事件，应当立即成立由国家林业局信息办主要负责人带队的应急处置小组，督促、指导、协调应急处置工作；发生Ⅱ级以下级别网络与信息安全事件，应当立即成立由国家林业局信息办分管负责人带队的应急处置小组，督促、指导、协调应急处置工作。应急处置小组根据事态发展和处置工作需要，及时联系专家小组和应急支援单位，并有权临时调动系统内必要的物资、设备，开展应急支援。

第十四条 善后处理。应急处置工作结束后，要迅速组织抢修受损设施，减少损失，尽快恢复正常工作；对事件造成的损失和影响进行分析评估；调查事故原因，制定恢复重建计划并组织实施。

第五章 保障措施

第十五条 应急队伍保障。国家林业局信息办要组建网络与信息安全应急处置队伍（包括安全分析员、应急响应人员、灾难恢复人员等），制定相应培训和演练计划，提高应对网络与信息安全事件的能力。

第十六条 设备保障。根据工作需要，及时采购应急处置工作必需的设备或工具软件；加强应急处置工具及设备维护调试，保证其随时处于可用状态；跟踪最新技术发展动态，及时收集、整理文件完整性检测工具、木马/后门检测工具等；及时更新病毒库、脆弱性评估系统插件库等。

第十七条 数据保障。重要信息系统应当建立备份系统和相关工作机制，保证重要数据受到破坏后可紧急恢复。各容灾备份系统应当具有一定兼容性，在特殊情况下各系统之间互为备份。

第十八条 技术资料保障。全面的技术资料是高效应急处置的前提和基础。网络拓扑结构、重要系统或设备的型号及配置、主要设备厂商信息等技术资料，应当建立专门技术档案，并及时更新，保证与实际系统相一致。

第六章 罚 则

第十九条 对违反本办法的行为，国家林业局将给予相关单位或人员通报批评。造成失泄密或重大事故的，将依据国家有关法律法规和有关规定追究有关领导和人员的责任。

第七章 附 则

第二十条 本预案由国家林业局信息办负责解释。

第二十一条 本预案自印发之日起实施。

2010年7月9日，国家林业局以林办发〔2010〕187号文件，印发《全国林业信息化工作管理办法》，具体内容见专栏7-6。

专栏7-6

全国林业信息化工作管理办法

第一条 为进一步规范全国林业信息化工作，确保林业信息化工作健康有序协调发展，为现代林业科学发展提供强力支撑，依据有关法律法规及规定，结合林业工作实际，制定本办法。

第二条 全国林业信息化工作遵循统一领导、分级管理，统筹规划、分步实施，统一标准、资源共享，互联互通、安全可靠的管理原则。

第三条 全国林业信息化工作领导小组，是全国林业信息化工作的领导决策机构，负责决策部署全国林业信息化工作的发展战略、重大举措。

第四条 国家林业局信息化与电子政务工作领导小组，是国家林业局信息化工作的领导决策机构，负责确定国家林业局信息化工作的发展战略和重大举措。

第五条 全国林业信息化工作领导小组办公室和国家林业局信息化与电子政务工作领导小组办公室为领导小组日常办事机构，设在国家林业局信息化管理办公室（信息中心，以下简称国家林业局信息办），负责组织、协调、管理、指导、监督、实施全国林业信息化工作，承办领导小组日常工作及领导小组交办的其他工作。

各省级林业主管部门负责综合协调、指导监督并具体实施本地林业信息化工作。

第六条 国家林业局信息办根据国家信息化发展方针、政策、规划和现代林业发展要求，组织编制全国林业信息化建设发展规划，并按照国家林业局规定进行论证和审批。

各省级林业主管部门组织编制本地林业信息化建设发展规划，并报国家林业局备案。

第七条 国家林业局各司局、各直属单位组织编制的其他行业性发展规划、计划，如涉及林业信息化建设内容，应当事先送国家林业局信息办审核同意。相关规划、计划经批准后抄送国家林业局信息办备案。

各省级林业主管部门组织编制的其他行业性发展规划、计划，如涉及林业信息化建设内容，应当事先征求本单位相关部门的意见。相关规划、计划经批准后抄送本单位相关部门备案。

第八条 林业信息化建设项目的申请、审批、建设、验收等严格执行国家基本建设程序有关规定。

关系全局的重大林业信息化建设项目，立项前须将项目建设方案报全国林业信息化工作领导小组批准。未经领导小组批准的建设项目，不得开展相关前期工作，不得自行筹集经费建设。

第九条 国家林业局信息办根据全国林业信息化建设发展规划有关要求，负责组织起草重大林业信息化项目的立项申请、可行性研究报告等相关文件，经专家评审后，按基本建设程序报国家林业局或者国家有关部委批准后组织实施。

各省级林业主管部门按照全国林业信息化建设发展规划有关要求，结合当地工作实际，组织开展当地重大林业信息化项目立项申请工作。相关项目，按基本建设程序报有关部门批准后组织实施。

第十条 林业信息化建设项目的确定应当符合《全国林业信息化建设纲要》、《全国林业信息化建设技术指南》和首届全国林业信息化工作会议精神，并基于林业信息化统一平台上建设。

项目建设主要内容：包括林业网站、应用系统、应用支撑、数据库、信息化基础设施、标准规范体系、安全与综合管理体系、林业信息资源开发利用项目的建设、运维、升级改造等。

第十一条 国家林业局各司局、各直属单位提出的信息化拟建项目，以及各省级林业主管部门向国家申请立项的信息化拟建项目，应当于每年2月底前，提出下一年度本单位、本地区林业信息化建设需求，经国家林业局信息办初审后，按基本建设程序向国家林业局或者国家有关部委申请立项并组织实施。

第十二条 林业信息化建设的安全保护等级工作执行国家有关规范和标准。

第十三条 涉及国家秘密的林业信息化建设项目，需同步制定保密方案，报国家林业局保密管理部门或者当地保密局审批同意后申报立项。

涉密信息系统应当由具有国家保密局认可的具有相应涉密资质的机构设计开发，建设必须选用国家保密局、国家密码管理局认定的产品，建成后应当由国家保密局或者其认定的测评机构进行测评。未经测评或者测评未通过的，不得交付使用。

第十四条 除涉及国家秘密或者法律法规另有规定的外，建成后的国家林业局信息化应用系统、基础数据库和网站必须统一集成于国家林业局内网或外网，在一个平台上经授权后管理使用。各省级林业主管部门信息化项目应当与国家林业局内网或者外网实现资源共享。

第十五条 国家林业局网络系统的运行维护工作，按照《中国林业网管理办法》、《国家林业局办公网管理办法》、《全国林业专网管理办法》、《国家林业局中心机房管理办法》和《国家林业局网络信息安全应急处置预案》有关要求实行分工负责制。

针对运行保障情况，国家林业局信息办应当进行适时评比，对于信息内容长期得不到及时更新的国家林业局子站或者栏目，将进行通报或者实施关闭处理。网络系统运行管理和维护所需费用按财政经费渠道列入林业信息化工作经费预算。

各省级林业主管部门信息网络和信息系统的维护和管理，所需费用列入当地单位同级财政预算。

第十六条 本办法由国家林业局负责解释。

第十七条 本办法自印发之日起施行。

为确保国家林业局办公网及中国林业网的信息及网络安全，规范上网行为、运行维护和应急管理，2010年11月8日，国家林业局信息办印发《办公计算机安全管理办法》等8项信息安全管理办法（林信函〔2010〕27号），具体内容见专栏7-7至专栏7-14。

专栏7-7

办公计算机安全管理办法

第一章　总　则

第一条　为加强国家林业局办公计算机的使用管理，保证个人计算机规范、安全的使用，特制定本使用办法。

第二条　本办法所定义的办公计算机包括工作所用的台式计算机及笔记本计算机。

第二章　总体规定

第三条　使用者在使用计算机的过程中应进行妥善保管，不得对其硬件进行破坏，计算机如发生故障时，必要时由服务提供商系统维护人员提供技术支持。

第四条　严禁在国家林业局网络环境中的个人计算机上安装各种游戏及其他与工作无关的软件。

第五条　当使用公用计算机时，使用者不应将敏感信息保留在该计算机上。

第六条　国家林业局有进行定期和随机审核个人计算机的权力以保证本办法的执行。

第三章　保密规定

第七条　计算机中资料的信息安全以"谁使用，谁负责"为原则，使用者负责计算机内相关资料的信息安全工作。

第八条　非涉密计算机严禁处理及存储涉密信息。

第四章　安全防护

第九条　计算机在领用后，应保证操作系统已安装最新的补丁，并对系统更新设置为自动提示更新。在使用的过程中，应按照系统提示积极完成自动更新工作。

第十条　计算机必须安装国家林业局派发的防病毒软件及个人防火墙；必须经常对防病毒软件病毒库进行更新。

第十一条　在操作系统启动的同时启动防病毒软件的防火墙或实时监控程序，以达到动态监控及防护的目的。

第十二条　操作系统必须设定密码，密码的组成及长度应符合《账号与口令管理办法》中的相关要求。

第十三条　使用者要保护操作系统密码的保密性，不得将密码告诉他人。

第十四条　使用者在短时间离开计算机时，必要时对计算机的屏幕进行锁屏；如果长时间不使用，应对计算机进行关机操作。

第十五条　计算机须设置屏幕保护，并在恢复屏幕保护时需要提供密码。

第十六条　禁止使用个人计算机制造任何形式的恶意代码。

第十七条　除非属于工作职责范围，禁止使用个人计算机扫描网络，进行网络嗅探。

第十八条　使用者应禁止未经授权访问个人计算机；未经部门领导和个人计算机使用者的

同意，禁止使用他人计算机。

第五章 笔记本计算机使用管理

第十九条 需要携带笔记本外出工作的职工，应确保笔记本接入网络是安全的。对于存有机密信息的笔记本计算机，严禁接入非涉密网络。

第二十条 使用者使用完笔记本计算机后，应及时对相关文件资料和信息进行备份、转存和删除；因个人原因导致笔记本计算机中文件丢失、损坏和泄露的，相关责任人应承担相应责任。

第二十一条 笔记本计算机使用者有责任保管好自己使用的笔记本计算机，未经允许不得将笔记本计算机转借他人使用。

第二十二条 在公路上携带笔记本计算机行走时，应握紧笔记本计算机包的背带，并且将笔记本包背在离机动车道较远的一侧，防止笔记本计算机被恶意人员抢走。

第二十三条 在行走过程中，如有特殊情况需要将笔记本计算机临时放在路面时，必须用双脚将笔记本计算机夹住以防止有恶意人员进行抢劫。

第二十四条 当携带笔记本计算机乘坐公交车时，应保证笔记本计算机在自己的可控制范围之内，不应将笔记本单独放在公交车的任何地方，必须将笔记本背在身上或者抱在怀中，不应将笔记本背在身后。

第二十五条 乘坐出租车时，笔记本计算机应随身携带，不应将笔记本计算机放入后备箱，在下车前应习惯性地检查是否已经带好了笔记本计算机。

第二十六条 对于自己开车的人员，在任何停车离开的时间段内，不应将笔记本计算机放入到后备箱中，也不应放在车内的座位上，应随身携带笔记本计算机以避免被盗。

第二十七条 将笔记本计算机带回家的人员，应保证笔记本计算机已被妥善的安放，出门前应关好门窗以防被盗，必要时可将笔记本计算机锁进抽屉。

第二十八条 出差需要携带笔记本计算机的人员，在旅途的过程中应保管好笔记本计算机，应尽量减少在公共场合操作笔记本计算机，以降低被盗的风险。

第二十九条 坐火车或者长途汽车时，可以考虑将笔记本计算机放入较大的行李箱或者旅行包中，以防被盗。

第三十条 在陌生的工作场所，应保持个人和笔记本计算机形影不离，如果不便随时携带，应使用计算机锁将笔记本计算机锁在固定的位置。

第三十一条 在公共场所（如餐厅、候车室、地铁、卫生间）携带笔记本计算机时，应保持笔记本计算机随身携带，不得将笔记本计算机单独放置在公共场所的座位等地方，以防止笔记本计算机被偷或者丢失。

第六章 附 则

第三十二条 本办法由国家林业局信息办负责解释。

第三十三条 本办法自发布之日起执行。

专栏7-8

账号与口令管理办法

第一章　总　则

第一条　为规范国家林业局信息系统用户账号和口令管理，建立健全账号和口令安全防范和安全保障机制，确保信息系统的安全有效运行，制订本规定。

第二条　本管理规范适用于中心机房硬件平台、应用系统的账号的建立以及权限的审批、账号和权限的评审、权限撤销和账号移除等。

第二章　定　义

第三条　用户账号是计算机信息系统通过一定的身份验证机制识别各类操作人员在系统中身份的一种标识。

第四条　特权账号是指对系统/网络/数据库等拥有超级权限的人员账号，包含但不限于系统管理员、网络管理员、数据库服务器管理员及数据库管理员等。

第五条　权限是指系统对用户能够执行的功能操作所设立的额外限制，用于进一步约束用户能操作的系统功能和内容访问范围，是指某个特定的用户具有特定的系统资源使用的权力。

第三章　账号权限申请

第六条　所有用户账号的开通应通过正式的账号申请审批过程，账号使用者提出并填写《国家林业局办公网数字身份证书申请表》，根据《访问控制安全管理规范》中的访问控制方针进行审批。

第七条　在对系统账号进行申请的过程中，应做到系统账号与责任人一一对应，确保每个账号都有人负责。

第八条　系统运行维护管理人员在开通账号前，应依据《国家林业局办公网数字身份证书申请表》内容检查申请人是否在该系统中拥有其他账号，若没有，方可为用户创建账号并分配相应的权限。原则上每个用户只能拥有唯一的账号，不得重复申请账号。

第九条　系统运行维护管理员应当保存用户账号分配申请记录。

第四章　账号使用规则

第十条　用户在获得账号后，应当立即修改账号默认口令。

第十一条　用户账号口令的选择和使用应当与口令保护策略相符合。

第十二条　用户账号是用户的唯一标识，只能由本人使用，不得交由他人使用。

第十三条　不得多人共用一个账号（特殊系统账号除外）。

第十四条　服务器本地管理员账号由系统管理员保管，禁用匿名账号（Guest账号）。

第五章　账号权限变更

第十五条　在应用系统账号使用过程中，如果账号权限发生变化，应进行重新申请并填写《国家林业局办公网数字身份证书撤销/停用、恢复、更新申请表》。如需要增加系统权限，在申请的过程中，应对增加权限的原因进行详细描述。

第十六条 在进行系统权限的变更时，系统管理人员应依据《国家林业局办公网数字身份证书撤销/停用、恢复、更新申请表》内容检查申请人是否存有不再需要的其他账号或权限，如果存有不需要的账号或权限，应及时进行撤销。

第十七条 在系统账号权限变更授权过程中，权限变更内容以及变更原因应进行详细记录，以备以后查看。

第六章 账号权限消除

第十八条 当账号使用人员由于离职、调职等原因不需要使用原有的账号或者权限时，应对其系统账号或权限进行消除。

第十九条 系统管理人员应定期进行系统账号权限的复查（每半年一次），检查是否存在应该被消除而没有消除的系统账号或权限，并负责对应消除的账号或权限进行消除。

第七章 口令保护策略

第二十条 密码必须由数字、字符和特殊字符组成

第二十一条 普通涉密设备设置的密码长度不能少于8个字符，密码更换周期不得多于60天；

第二十二条 重要涉密设备设置的密码长度不得少于10个字符，密码更换周期不得超过30天；

第二十三条 涉密计算机需要分别设置BIOS、开机、操作系统登录三个密码。

第二十四条 涉密设备设置的用户密码（开机、操作系统）由使用人自行保存，BIOS密码由信息中心保密员统一设置保管，严禁将自用密码转告他人；若工作需要必须转告，应请示本部门负责人认可。

第二十五条 所有账号不得使用系统默认口令，不得使用账号创建时的初始口令，用户首次使用账号时，应当立即更改默认口令。

第二十六条 用户不能将口令包含在任何自动登录程序上，不得将写有口令的纸条贴在显示器或者座位上。

第二十七条 用户要保护口令的保密性，不得多人共用口令；不允许在计算机系统上以无保护的形式存储口令。

第二十八条 系统管理员应对特权账号的口令进行适当的保护，如为方便记忆将口令存储于电子文件中，应对文件进行加密操作，如以纸质形式存在，则需要密封。

第二十九条 用户只要发现任何表明口令或系统遭到滥用的迹象，应立即更改口令。

第八章 附 则

第三十条 本办法由国家林业局信息办负责解释。

第三十一条 本办法自发布之日起执行。

专栏7-9

病毒防御管理办法

第一章　总　则

第一条　为统一和规范国家林业局的计算机病毒防范策略，落实国家林业局计算机防病毒管理工作，提高人员防范意识，保障国家林业局信息系统安全稳定运行，制订本规定。

第二条　对计算机病毒的防范应采取以预防为主，事后处理为辅的原则，建立病毒防御机制，实行病毒检测及报告制度。

第二章　病毒防护

第三条　电子邮件服务器需部署邮件过滤规则以防范垃圾邮件。

第四条　内部对因特网网站进行访问时应采取病毒防范措施，国家林业局内部人员应根据工作需要访问必要的因特网网站，以防止由于访问不合法的网站从而引起病毒事件。

第五条　在采用存储设备进行文件交换时，须对存储设备进行病毒检查。存储设备包括软盘、光盘、U盘和国家林业局外部人员的便携机。

第六条　对需要从因特网上下载的文件，下载后须对下载的文件进行病毒检查。

第三章　病毒检测

第七条　网络系统维护人员应定期对邮件服务器、web网站服务器进行病毒扫描，扫描周期为30天。

第八条　个人计算机使用者应定期对所分配使用的计算机进行病毒扫描。

第九条　所有个人计算机统一安装瑞星网络版防病毒软件。

第四章　补丁管理

第十条　在不影响正常使用的前提下，服务器操作系统、中间件、数据库系统及应用系统应安装最新版本补丁，系统补丁的部署过程应遵守变更管理流程的规定。

第十一条　个人计算机的操作系统应设置为自动升级，及时更新操作系统补丁，必要时由系统维护人员提供技术支持。

第五章　病毒响应

第十二条　当个人计算机和服务器在病毒检查过程中发现病毒时，应断开与网络的连接，同时采取必要的措施对病毒进行清除，必要时由系统维护人员提供技术支持。

第六章　附　则

第十三条　本办法由国家林业局信息办负责解释。

第十四条　本办法自发布之日起执行。

专栏7-10

电子邮件安全管理办法

第一章 总 则

第一条 为加强国家林业局电子邮件的安全管理与使用，保障信息系统安全，制定本细则。

第二条 本办法适用于所有管理和使用国家林业局电子邮件服务的人员。

第二章 电子邮件系统的安全策略

第三条 国家林业局电子邮件系统的管理者为网络安全与运维处的网络系统维护人员，使用者为国家林业局所有使用电子邮件服务的人员。

第四条 网络安全与运维处的网络系统维护人员负责国家林业局电子邮件系统的日常运行与管理工作，并履行以下职责：

1．负责国家林业局电子邮件系统的容量规划和日常运行维护工作，保证电子邮件服务的可用性；

2．部署电子邮件系统病毒防范措施，及时检测、清除电子邮件中所含的恶意代码；

3．制定并部署电子邮件过滤策略，防范垃圾邮件和内部人员通过电子邮件泄密；

4．根据电子邮件系统的处理能力，制定电子邮件容量策略，规定用户邮箱的总容量和每封邮件的最大容量；

5．遵守有关法律法规，维护国家林业局电子邮件系统的信息安全。

第三章 电子邮件账号管理

第五条 国家林业局电子邮件账号的使用者享有对所分配的电子邮件账号的使用权，同时必须承担使用该电子邮件账号所产生的相关责任与后果。

第六条 国家林业局电子邮件账号的管理应遵循《账号与口令管理办法》的规定。

第七条 当邮件系统管理员确认某个电子邮件账号的活动可能会威胁到国家林业局信息安全时，要立即暂停该账号的使用，并通知相关用户。

第四章 电子邮件使用规定

第八条 使用国家林业局电子邮件的人员禁止利用电子邮件从事以下活动：

1．利用电子邮件传输任何骚扰性的、中伤他人的、恐吓性的、庸俗的、淫秽的以及其他违反法律法规和国家林业局规定的内容；

2．利用电子邮件发送与工作无关的邮件；

3．利用电子邮件散布电脑病毒、木马软件、间谍软件等恶意软件，干扰他人或破坏网络系统的正常运行。

第九条 电子邮件操作安全规定如下：

1．未经授权，任何人不得尝试以他人账号和口令登录电子邮件系统，不得阅读、下载、保存、编辑、公开或透露他人的电子邮件；

2．用户必须严格保密其登录电子邮件系统的密码，不得泄露，如将其借与他人使用，由此造成的一切后果由电子邮件账号所有人承担；

3．用户若发现任何电子邮件系统的漏洞，或任何非法使用电子邮件系统的情况，须及时报告网络安全与运维处；

4．用户不要阅读和传播来历不明的电子邮件及其附件，提高对电子邮件病毒的防范意识，避免传播电子邮件病毒；

5．如因工作需要，必须通过电子邮件系统发送保密信息的，应采取加密等有效安全保护措施。

第五章　电子邮件归档

第十条　所有的电子邮件都需要进行保存和归档，存放在服务器端的电子邮件由网络安全与运维处通过数据备份形式统一进行保存归档，下载到本地的电子邮件由使用者个人进行保存和归档；电子邮件至少离线保留1年。

第六章　附　则

第十一条　本办法由国家林业局信息办负责解释。

第十二条　本办法自发布之日起施行。

专栏7-11

访问控制安全管理规范

第一章　总　则

第一条　为规范国家林业局信息中心对局信息系统访问控制的有效安全管理，制订本规定。

第二条　本规定适用于林业局中心机房所有信息系统的访问控制管理，包括但不限于如下方面：

1．根据业务和安全需求控制对信息的访问；

2．防止擅自访问网络、计算机和信息系统中保存的信息；

3．防止未授权的用户访问；

4．保护网络服务；

5．查找未授权的活动。

第二章　访问控制的业务要求

第三条　访问控制是对访问中心机房内资源的用户赋予使用权限并监督其使用。关于访问控制方针定义如下：

1．最小授权原则：仅授予运维用户开展业务活动所必需的最小访问权限，对除明确规定允许之外的所有权限必须禁止。

2．需要时获取：所有运维用户由于开展业务活动涉及资源的使用时，应遵循需要时获取的原则，即不获取和自己工作无关的任何资源。

第四条 本着信息中心需要建立和不断完善主机、网络设备和安全设备等的访问控制策略，访问控制策略应至少考虑下列内容：

1．应用系统所运行业务的重要性；

2．各个业务应用系统的安全要求；

3．不同系统和网络的访问控制策略和信息价值之间的一致性；

4．访问请求的正式授权和取消；

5．定期评审访问控制。

第三章 用户访问管理

第五条 信息系统用户账号的创建、变更和取消由主机、应用系统、安全设备和网络设备的主管部门管理。具体参见《账号与口令管理办法》执行。

第六条 所有系统特权均应采取控制措施来限制特殊权限的分配及使用。任何信息系统只能由其所有者或授权管理者控制该系统的特权账号的密码，包括关键主机、网络设备和安全设备等所用的密码。

第七条 所有申请特权用户账号的行为必须通过系统主管部门，特权账号和密码在使用过程中应遵循以下规定：

1．原则上不得将特权用户密码交给运维提供商或本单位以外的其他人；

2．必要时，密码不得直接交给承包方的工程师，承包方工程师需要使用特权用户工作时，由持有特权账号的本信息中心内部人员登陆系统；

3．在运维提供商借用特权用户密码进行的工作完成后，应及时修改该密码。

第八条 用户密码管理具体参见《账号与口令管理办法》执行。

第九条 信息办负责对所有信息系统定期（每半年一次）进行用户访问权限检查，定期检查并清理多余的用户账号和权限。

第十条 特权用户权限也要纳入定期检查，包括：重要应用系统管理员账号、有管理员权限的WINDOWS账号、Linux的root账号、所有路由器、交换机或专用设备的管理员账号、防火墙管理员账号、有专门特权（取决于系统）的其他系统的账号等。

第四章 用户职责

第十一条 任何用户均需对其使用本人用户账号和密码产生的相关活动承担责任或可能的纪律和/或法律责任。同样，用户也禁止使用其他用户的ID从事活动。

第五章 网络访问控制

第十二条 在中心机房网络环境下，使用内网网络服务和外网网络服务时，均应遵守访问控制方针，同时还应遵守以下规定：

1. 在进行网络服务的使用时，所有人员应遵守国家的法律、法规，不得在信息中心网络环境下从事非法活动。

2. 所有用户应只能访问自己获得的授权的网络服务，严禁对网络服务进行非授权访问。

3. 严禁通过使用网络服务将信息中心管理数据、业务资料、技术资料等信息私自泄露给任何第三方。

4. 除非是职责范围之内，禁止在Internet上发布任何有关信息中心的信息。

5. 禁止非法侵入计算机信息系统或者破坏计算机信息系统功能、数据和应用程序。

第十三条 逻辑上通过使用MAC地址与IP地址绑定等方式对网络上的设备进行标识，物理上使用信息资产标签的方式进行设备标识，在进行网络运行维护时应特别注意这些标识，以免造成误操作。

第十四条 原则上禁止对信息处理设施和网络设备的远程诊断，必要时，必须采取身份验证和加密机制。

第十五条 中心机房保持严格的分离控制措施，保证跨边界的访问安全。边界使用防火墙规则、VLAN或路由器访问控制列表，阻止未授权IP地址的访问。

第十六条 防火墙策略的设计要遵守“缺省全部拒绝”原则，只允许必需的信息流通过网络。信息中心防火墙中要根据业务要求确定访问规则。

第六章 操作系统访问控制

第十七条 所有操作系统的登录应进行必要的控制，防止操作系统的非授权访问，在系统安全登录控制中可以考虑如下措施：

1. 用户在操作系统的登录过程中泄露最少系统相关信息，避免给未授权用户提供任何不必要的帮助。

2. 通过记录不成功的尝试、达到登录的最大尝试次数锁定等手段，达到对非授权访问登录的控制。

3. 在成功登录完成后，显示前一次成功登录的日期和时间等信息。

4. 不在网络中传输明文口令。

第十八条 所有系统应确保该系统中所有用户应有唯一的、专供其个人使用的标识符，应选择一种适当的鉴别技术证实用户的身份。这一控制策略适用于所有类型的用户。

第十九条 在中心机房所有的操作系统中，所有安装的软件及工具均应符合信息中心的管理规定，任何人不得私自安装非法软件，非工作需要任何人严禁安装以下类型的工具：

1. 网络系统管理与监控工具；

2. 漏洞扫描、渗透测试等工具；

3. 网络嗅探、口令破解等工具。

第二十条 所有系统应设定超时不活动时限，超时后应清空会话屏幕，且尽可能在超时达到一定期限时，关闭应用和网络会话。超过一定时间用户没有操作，自动注销该用户登录。

第七章　应用和信息访问控制

第二十一条　应用系统的访问控制应基于用户的工作角色、业务要求或工作需要。

第二十二条　只有获得授权的信息技术人员才具有访问和管理数据库和中间件的权限，其他人员需要经过系统维护部门的批准后才可以获得数据库、中间件的访问权限。

第八章　移动计算和远程工作

第二十三条　中心机房对使用移动计算设备（包括笔记本计算机和PDA等）必须严格控制，包括但不限于以下方面：

1. 公用移动计算设备中贮存的数据应作为临时资料处理，使用者在用后要删除；
2. 用户必须设置操作系统登录密码或屏幕保护程序密码；
3. 用户要确保移动计算设备处于安全的物理环境中，不得无人看守；
4. 安装信息中心许可的软件，及时更新防病毒软件的病毒库，安装最新操作系统补丁等。

第二十四条　运程登录用户应通过口令或者其他验证手段验证用户的合法身份，并采取加密方式进行数据传输。

第九章　附　则

第二十五条　本办法由国家林业局信息办负责解释。

第二十六条　本办法自发布之日起施行。

专栏7-12

通信与操作安全管理规范

第一章　总　则

第一条　为确保正确、安全地操作信息处理设施，建立信息处理设施的管理与操作的职责和流程，实施责任分割，减少误用系统的风险,制订本规定。

第二条　在中心机房内业务开展过程中的所有信息系统的通信与操作管理，均应按照本规范来执行。

第二章　操作流程和责任

第三条　与通信和操作相关的信息安全活动应形成固定流程，重要的流程应该形成文件，例如应用系统运行维护、网络系统管理、数据备份、计算机病毒防治、备份介质管理、移动介质管理、计算机机房管理、电子邮件管理等。

第四条　通信与操作相关的管理制度应包括每项工作的管理职责、工作流程等内容，信息中心所有相关人员应要求能够获得并遵循相关的管理制度。对信息中心所有与通信操作有关的变更应进行管理控制，产品部在进行内部IT管理的变更策略定义如下：根据变更的性质，系统维护过程中的变更可分为标准变更、常规变更、重大变更、紧急变更四种类型，对这四种类型的定义遵照《变更管理策略》执行：

1．标准变更与预授权变更，处理变更时不需要单独进行申请，其他类型变更在进行前均需要提出并填写《变更申请单》，紧急变更为口头申请，常规变更和重大变更书面申请。

2．在进行变更申请时，变更申请人员应制定详细的变更计划，变更计划中应包含变更时间、变更人员、变更详细实施步骤、变更风险及影响、变更回退步骤等内容。

3．变更执行前应进行必要的测试，以保证变更实施时对系统产生影响降到最小。

4．变更实施时应严格按照变更计划执行，在变更执行以后，需要判断变更后服务是否工作正常，如果工作不正常则根据变更回退计划的内容执行回退步骤。

5．除标准变更外其他所有变更的内容与过程都应详细记录，并存档。

第五条 信息中心在进行运维服务过程中的变更管理流程，参见IT服务管理《变更管理流程》。

第六条 在进行界定信息处理设施和系统的安全管理职责时，应考虑进行必要的职责分离，以降低非授权或无意识的修改或者不当使用对信息处理设施和系统造成的危害。

第七条 生产环境内不得进行开发或测试活动，除非得到生产环境主管部门及生产环境维护部门特别授权。

第八条 如因特殊原因必须在生产环境下进行测试时，应遵守以下策略：

1．测试方、运维方和需求方讨论潜在的安全风险并制订防范和处置措施；

2．测试人员全权负责开发测试系统的管理，运维人员未经授权不得参与应用系统的软件开发、开发测试工作；

3．运维人员全权负责生产系统的运维管理，测试人员未经授权不得参与生产系统的有关工作；

4．运维人员要密切监控生产系统，以保证开发测试工作不会对生产系统造成服务影响或安全事故；

5．在测试完成后，原则上需要立即从生产环境卸载开发测试内容。

第三章　第三方服务交付管理

第九条 第三方服务是指信息中心为满足自身发展的需要，聘用行业内单位或外部机构提供系列的专业性服务过程。

第十条 与第三方的服务交付协议应考虑包括商定的安全措施、服务定义和交付质量，还应考察第三方的服务能力，及在系统故障或灾难发生后持续提供技术服务的能力。

第十一条 应对第三方的服务及相关的报告、记录、交付件等进行评审，对第三方服务的监督和评审应按照商定的合同或协议执行，监督和评审应涉及如下内容：

1．监督服务执行效率并检查对协议的符合程度；

2．评审由第三方产生的服务报告、记录、交付件，定期安排项目进展会议；

3．第三方应提供如下信息内容供信息中心评估：服务过程中所应用到的软硬件产品、所使用的协议、系统部署及使用指南、知识产权、安全使用许可销售证明等；

4. 对服务交付过程中出现的所有问题进行识别和管理。

第十二条 信息中心在第三方服务发生变更时，应对服务变更所带来的风险进行分析，尽量将服务变更给业务带来的影响降到最低，在进行服务变更时应考虑如下内容：

1. 变更使信息中心面临风险的影响，即：是否会带来新的信息安全风险；

2. 变更过程中的服务资料、信息资产、服务内容的交接等事项；

3. 变更过程中合同内容以及保密协议中内容条款的限制。

第四章　系统规划与验收

第十三条 在进行系统建设与维护的过程中，应对系统未来的容量、功能和性能等要求进行预测，尽量避免可能对系统安全或应用服务提供构成隐患的潜在瓶颈，在进行容量规划中主要依据以下内容进行判断：

1. 预测时要考虑信息中心、各相关单位对信息系统当前状况的要求和未来的发展趋势；

2. 基于采购成本和使用年限的考虑，应当对主要应用系统资源的使用情况进行监视，包括处理器、内存、储存系统、网络系统等。

第十四条 应用系统新建或者升级完成后，应根据相应的技术标准文档或合同进行技术性验收，要保证所采用的升级、补丁和新的版本不会影响正常的操作过程。验收的过程中需要注意以下内容：

1. 系统的性能、容量等是否满足建设要求；

2. 是否与原有信息系统能够良好的进行兼容；

3. 是否拥有完备的系统操作、实施、维护文档；

4. 是否对应用新系统进行相关培训；

5. 是否具有后续的技术支持服务等。

第五章　防止恶意和移动代码

第十五条 为防止恶意代码的破坏，各司局干部需遵守《病毒防御管理办法》中有关防范恶意代码和移动代码的管理规定。

第十六条 移动代码是指通过一定的途径，例如通过网络传输，可在软件系统之间转移，并在没有明确的安装提示下在代码接收人本地系统上执行的代码。移动代码的例子包括脚本（JavaScript中的VBScript）、Java小程序、ActiveX控件等。

第十七条 非业务需要严禁使用移动代码，如工作需要必须要执行移动代码，应考虑使用如下控制手段：

1. 在逻辑上隔离的环境中执行移动代码；

2. 使技术测量措施在一个特定系统中可用，以确保移动代码的有效管理；

3. 控制移动代码的资源访问；

4. 使用密码控制，以唯一地对移动代码进行认证。

第六章　备　份

第十八条　信息中心重要的网络设备、安全设备、服务器、操作系统、中间件、数据库和应用系统，均应建立正式的备份策略，备份策略记录在《数据备份恢复策略》表单中，并且按照指定的备份策略进行备份并检查。

第十九条　所有的备份数据存储介质应进行妥善保管，避免由于管理不善造成数据损坏、信息泄露等事故，并对备份数据进行定期的恢复测试，以验证备份的效果，并对恢复测试进行记录，记录形式参见《备份恢复测试记录表》。

第二十条　备份数据的恢复能力应满足业务持续计划的要求。

第七章　网络安全管理

第二十一条　中心机房网络环境应进行充分的控制和管理，以确保网络上非授权访问的风险，具体网络控制策略参见《访问控制安全管理规范》网络访问控制策略。

第二十二条　为进行网络服务的管理，网络管理人员应使用网管系统监测网络设备和链路的运行情况，并且考虑以下措施来保障网络服务的安全性：

1．所有允许互联网用户访问的内部系统，必须置于防火墙后，防火墙策略默认为禁止；

2．使用VLAN划分开不同安全级别的内部信息系统，需要时候使用访问控制列表；

3．网络设备及主机中的网管关键字要取消“Public”、“Private”的默认设置，网管关键字的字符长度应当在8位以上。

第八章　介质处置

第二十三条　国家林业局办公网范围内的所有移动介质必须进行严格的控制，所有的移动介质的使用必须进行审批、登记，具体管理办法参见《移动介质管理办法》。

第二十四条　为保证信息安全，介质报废前必须擦除有关的敏感信息，包括如下内容：

1．磁带、磁盘和光学贮存介质必须在报废前进行数据安全清除。

2．不能进行数据清除的存储介质应交保密办进行物理销毁。

第二十五条　主机、网络设备、安全设施和个人办公计算机等的系统文件应进行相应的逻辑访问控制，防止未授权访问。系统文件只能由授权的人员通过本信息中心网络用户验证后进行访问。

第九章　信息的交换

第二十六条　各司局干部收发的所有电子文件都必须经过病毒扫描。对电子邮件的使用、管理和归档的有关要求请参见《电子邮件安全管理办法》。

第二十七条　各司局干部和其他授权人员仅限于为工作目的接入业务信息系统，在进行授权的过程中依据访问控制方针进行。

第二十八条　所有对外服务的网站应置于防火墙后，除非必要，否则应只容许HTTP/HTTPS服务。

第十章　监　控

第二十九条　关键网络安全事件和关键服务器安全事件应记录在事件日志中，其内容包括以下信息：

1．用户验证用的用户账号；

2．网络地址；

3．系统登录成败（验证结果）；

4．事件的日期和事件。

第三十条　必要时须进行查看分析系统操作系统、故障日志等内容，所有日志均应得到适当保护，任何人在没有相关负责人的授权下，严禁私自删除或更改系统日志。

第三十一条　所有相关信息处理设施的时钟应使用运维服务中心配置的时钟同步服务器进行同步。运维服务中心应保证时钟同步服务器时间的准确性。

第十一章　附　则

第三十二条　本办法由国家林业局信息办负责解释。

第三十三条　本办法自发布之日起施行。

专栏7-13

系统监控管理办法

第一章　总　则

第一条　有效保障关键信息系统运行安全，及早发现事故隐患并处理，规范信息系统监控管理，特制定本办法。

第二条　监控点是指各系统有可能出现故障的隐患点包括硬件、软件以及支持系统运行的基础环境。

第三条　本办法适用于对硬件设备、应用程序，还包括机房环境、网络线路等的日常监控管理。

第二章　监控分类

第四条　根据关键系统的监控对象可进行如下监控对象分类：

1．机房环境监控：包括机房温度、机房湿度、监控视频、门禁、市电输入等。

2．设备硬件监控：包括CPU利用率、内存使用率、硬盘使用率，各硬件之间的I/O吞吐情况、空调运行情况、UPS运行情况等。

3．程序及进程监控：包括前端运行程序，后台服务程序或进程、数据库系统以及中间件程序等。

第五条 根据监控系统所发挥的监控作用可进行如下监控作用分类：

1．状态监控：指对监控点是否处在运行状态的监控；

2．容量监控：指对监控点的性能和容量是否满足设定指标要求的监控。

第三章　监控策略原则

第六条 系统监控应遵循以下原则：

1．有效性原则，即应根据系统的特点和在所关注的信息系统整体所发挥的作用制定监控策略，确保监控功能能发挥应有的作用；

2．可靠性原则，即监控策略，尤其是关键功能点的监控策略应尽可能采用软件与硬件相结合、自动与人工相结合等方式，以使监控能对影响或可能影响服务的事件准确及时响应；

3．可行性原则，即制定的监控策略应能通过工具、巡查有效执行；

4．开放性原则，即监控策略应具有较好的兼容性和可扩充性，可根据系统的增减和变化不断完善。

第七条 监控策略制定时，应充分考虑被监控系统的对象分类，根据其系统特点和在信息系统中发挥的作用，来确定相应的监控点和监控策略。

第八条 监控策略制定时，应对监控点分别考虑监控作用分类，即单一状态监控、单一容量监控或两者同时监控。

第九条 监控策略制定时，应充分考虑完成监控功能所需的条件，在技术条件许可的前提下，应尽量采用自动监控策略，如没有技术监控条件，应进行人工监控。

第四章　机房环境监控策略

第十条 根据机房环境的监控要求，对机房的温湿度进行有效监控，要求对主机房的温湿度监控作出如下要求：

1．监控时间：每日应24小时对机房的温湿度进行探测监控。

2．监控要求：要求监控超出规定范围时能够通过报警声和短信相结合的方式进行预警，如不能自动报警需要有人员24小时值守。具体监控范围参见下表。

监控项目	机房温湿度	
	夏季	冬季
温度	22±4℃	20±4℃
相对湿度	45%～65%	
温度变化率	<5℃/h 并不得结露	

第十一条 根据机房环境的监控要求，对机房的人员进出进行有效管理，具体要求如下：

1．监控时间：每日应24小时对机房进行门禁管理、录像监控、保安值班和人员物品出入登记。

2．监控记录频次：实时记录。

3．监控要求：在机房各关键位置设置视频监控系统，在机房各出入口，应当配备门禁系统，只有经过授权的人员才能通过门禁系统进出机房，门禁监控系统应当能够详细记录人员的进出情况。

第十二条 根据机房环境的监控要求，对机房的火灾隐患进行有效监控，要求对机房采用烟感监控，具体要求如下：

1．监控时间：每日应24小时对机房进行烟感探测，每次探测监控时间间隔不小于20秒。

2．监控记录频次：实时记录。

3．监控要求：机房内应当在每20平方米配备至少一个烟感探测设备，烟感探测设备应与机房环境监控系统相连，并能够通过报警声及短信方式进行预警。

4．视频监控数据要求至少保留20天。

第十三条 根据机房环境的监控要求，对机房的市电输入情况进行有效监控，要求对机房采用专用设备进行监控，具体要求如下：

1．监控时间：每日应24小时对机房市电输入进行监控，应采用持续探测监控。

2．监控记录频次：实时记录。

3．监控要求：应对市电输入交流电压监测（按三相考虑）、负载分配。

4．交流电流监测（按三相考虑）、直流电压输出配电监测。

项目	A	B	C
稳态电压偏移范围（%）	±2	±5	+7~-13
稳态频率偏移范围（Hz）	±0.2	±0.5	±1
电压波形畸变率（%）	3~5	5~8	8~10
允许断电持续时间（ms）	0~4	4~200	200~1500

第五章　设备硬件监控策略

第十四条 根据设备硬件的监控要求，按照关键业务的优先级别，对支持关键业务运行的设备进行有效监控。

1．应通过技术手段对设备的CPU利用率进行监控，如有多个CPU或多内核CPU的，应当对所有CPU或内核进行监控。CPU利用率设定的监控阈值应不超过75%。

2．应通过技术手段对设备的内存使用率进行监控，应监控物理内存的总量、已用量、余量以及虚拟内存的使用情况。内存使用率设定的监控阈值应不超过80%。

3．应通过技术手段对设备的硬盘使用率进行监控，应监控硬盘存储空间的总量、已用量、余量的使用情况。硬盘使用率设定的监控阈值应不超过80%。

4．应通过技术手段对诸如采用磁盘阵列技术、磁盘柜以及各板卡间的I/O吞吐情况进行监控。

5．以上监控内容的监控间隔应控制在30秒以内，并通过技术手段对其进行24小时不间断监控，其监控报警应至少包含有声音和短信方式。

第十五条 机房的空调系统作为重要的硬件设备，应当对其进行重点监控，对其监控的要求如下：

1．监控时间：每日应24小时对机房空调的运行情况进行监控。对于机房每次探测监控时间间隔不小于60分钟。

2．监控要求：要求监控超出规定范围时能够通过报警声和短信相结合的方式进行预警，具体监控范围包括机房空调制冷量、送风量、空调异常故障、空调断电自启动情况等。

3．如无自动监控条件可采用人工巡查方式实现空调系统监控。

第十六条 机房的UPS后备电源系统，作为重要的硬件设备，应当对其进行重点监控，对其监控的要求如下：

1．监控时间：每日应24小时对机房UPS的运行情况进行监控。机房每次探测监控时间间隔不小于60分钟。

2．监控要求：要求监控超出规定范围时能够通过报警声和短信相结合的方式进行预警，具体监控范围包括市电输入端电压电流变化情况、UPS负载情况、UPS输出电压电流变化情况、UPS电池供电情况、UPS旁路工作状态以及UPS的异常故障及报警状态等。

3．如无自动监控条件可采用人工巡查方式实现UPS后备电源系统监控。

第六章　程序及进程监控策略

第十七条 应当根据关键业务系统的优先级别，对支持关键业务系统运行的程序、进程、后台数据库、队列等运行情况采用技术手段进行重点监控。

第十八条 对程序和进程的监控应当对程序或进程的运行个数、窗体的运行个数进行有效监控。对于与重要应用系统密切相关的程序，应当进行重点监控，目的是防止重要程序或进程意外关闭或终止。

第十九条 对程序和进程的监控还应当包括对支持程序和进程运行的系统服务的监控，其运行状态也会影响到程序和进程的运行状态。

第二十条 对后台数据库的监控，重点是对数据库死锁现象进行监控。对数据库的监控应当每天24小时进行监控，目的是防止数据库死锁对业务的影响。

第七章　网络及线路监控策略

第二十一条 网络及线路作为信息系统关键的支持部分，信息技术人员应当对其进行重点监控。对网络及线路的监控应当包括如下内容：

1．关键网络及安全设备的运行日志；

2．关键网络及安全设备的性能监控和阈值预警；

3．关键广域网通信线路主备线路的通断；

4．局域网关键上行链路通断状态的监控；

5．关键通信线路实时网络流量的监控和阈值预警；

6．网络安全设备的网络异常行为监控；

7．对核心广域网和局域网关键通信链路的流量进行连续采样、记录、阈值预警和趋势分析；

8．对关键网络及安全设备的性能数据进行连续采样、记录、阈值预警和趋势分析。

第二十二条 对网络及安全设备的性能监控，应当包括信息机房和各分信息中心关键防火墙设备、核心路由器设备、核心交换机设备的CPU利用率监控，各设备的CPU利用率监控阈值应当小于80%。

第二十三条 对广域网通信线路的监控应当包括对外部广域网、内部广域网、互联网连接质量、流量、中断情况的监控。

第二十四条 对局域网的监控应当包括对各链路通断状态、各端口运行情况、网络异常行为的监控。

以上监控内容应当对其采用技术手段进行监控，并在发现异常情况时能够及时通过报警声或短信、电话等方式及时报警。

第八章 附 则

第二十五条 本办法由国家林业局信息办负责解释。

第二十六条 本办法自发布之日起施行。

专栏7-14

信息安全事件管理规范

第一章 总 则

第一条 为规范国家林业局信息中心信息安全事件管理，确保信息安全事件得到及时的跟踪、控制和处理，力求使信息安全事件的影响最小化，特制定本规范。

第二条 信息安全事件就是可能导致信息中心及各信息系统用户信息资产保密性、完整性和可用性受到损害的任何事件，例如大规模病毒爆发事件，或者是违反组织安全策略的行为。

第三条 信息安全事故处理的过程中，应遵守以下原则：

1．快速报告原则：所有事故都应立即报告，先报告后处理，对于级别不清晰的事故，按照高级别报告；

2．快速处理原则：所有事故在报告后，决策应优先恢复业务，把对业务的干扰降低到最低，对事故原因的分析后续进行；

3．追本溯源原则：所有事故在得到初步处理后，必须组织人员对事故的追本溯源，找出事故发生的真正原因；

4．完整记录原则：所有事故都应完整记录以备后续处理，记录可以在突发事故处理结束后补登；

5．证据收集原则：当信息安全事件涉及司法诉讼时，应配合并协助司法部门保留和呈递证据，以使证据符合相关诉讼取证要求。

第二章　范围

第四条　本文件中所定义的信息安全事件处理过程，主要适用于信息办在进行内部IT基础设施及应用系统维护过程中的事件管理，信息办在进行内部IT事件处理时应遵守本文件所规定的信息安全事件处理原则。

第三章　角色与职责

第五条　信息安全事件第一发现人在得到或发现内部IT运行维护方面的信息安全事件时，应及时向网络系统维护人员进行报告。

第六条　网络系统维护人员负责发现和接收事故报告，根据实际情况对事件进行处理，并记录事故信息。

第七条　信息办在组织信息安全事件处理的过程中，负责向网络维护人员提供必要支持。

第八条　网络系统维护人员参照《信息安全事件报告处理单》负责对事件的进行记录参照《年度信息安全事件总结分析》汇总、总结和报告。

第四章　事件分类与分级

第九条　为便于对事件的处理、记录、总结和改进，应对事件进行适当的分类与分级。

第十条　根据信息安全事件发生的原因、表现形式等，把信息安全事件分为病毒、设备故障、系统故障、中间件故障、网络攻击、非授权访问、误操作、温湿度、火灾、水患和其他共10类。

第十一条　根据信息安全事件的影响范围与程度，根据其严重程度从高到低分为重大、一般、轻微三个级别，三个级别的定义与说明如下：

1．重大：影响了信息中心比较大的范围内的业务正常开展，造成了现实的或潜在的非常严重的经济损失。如信息中心整体网络大规模病毒爆发、多台重要服务器发生故障。

2．一般：影响了信息中心个别部门范围内的业务开展，对信息中心核心业务的开展有一定影响，但不明显。如局部范围内病毒爆发、某非核心设备出现故障。

3．轻微：没有影响信息中心业务的正常开展，只是对个别员工的正常工作造成影响。如客户端出现病毒或系统故障等。轻微的安全事件又称为安全事态。

第五章　事件报告与处置

第十二条　国家林业局所有干部均有义务及时上报信息安全事件。事件发现人在将事件、故障、薄弱点上报并处理之前，尽量不要改变事件的现状。

第十三条 对于观察到的或怀疑的任何系统或服务的信息安全弱点，本单位所有干部或第三方人员要及时报告相关系统管理人员。

第十四条 如遇到重大或紧急信息安全事件，事件发现报告人可直接向信息办任何一个工作人员进行报告。

第十五条 如果重大的信息安全事件是人为原因造成的，并造成极大的社会危害或严重损害信息中心利益。必要时，信息办要通报上级机关，联系相关法律机构进行取证等工作，并移交相关政府职能机构协商解决。

第十六条 对于轻微或者一般的信息安全事件，由网络系统管理人员负责进行处理，处理过程中可向信息办寻求支援。

第十七条 重大的信息安全事件由信息办组织协调进行解决，在处理重大事件的过程中，各部门相关人员应服从安排，听从指挥。

第十八条 如发生重大灾难性事故，由信息办决定是否启用业务连续性计划。

第十九条 信息安全事件在完成下列步骤后，可视为已经解决：

1．导致信息安全事件的主要信息安全弱点和漏洞已受到控制；

2．已制定改进或加强现有安全控制措施的计划，并实施完成；

3．由于信息安全事件导致中断的业务已经正常运行。

在信息安全事件调查处理的过程中，需要收集必要的证据，作为查找原因、追究责任的依据。如果可能导致法律诉讼，信息办必要时可与外部执法机构取得联系，并协助其进行调查取证工作。

第七章　事件记录与总结

第二十条 对所有信息安全事件，信息安全事件处理人员都应该对其分级保存并统计分析。如果发现某类事件发生比较频繁，应该考虑召开专题会议提出处理措施，避免此类情况的频繁发生。

对于严重的或重大的信息安全事件，信息办应对整个事件进行详细分析讨论，包括对事件发生的原因的追溯、当前损失以及潜在影响的估算，对责任人岗位职责及动机等进行分析，对讨论结果制定相关预防措施，并归入信息中心档案。

第八章　附　则

第二十一条 本办法由国家林业局信息办负责解释。

第二十二条 本办法自发布之日起施行。

为全面推进林业政务公开和信息发布，积极拓展林业在线服务和网上办事，有效整合林业信息资源，不断提升林业网站的建设和运维水平，国家林业局依据《国务院办公厅关于加强政府网站建设和管理工作的意见》（国办发〔2006〕104号）和《中国林业网管理办法》（林办发〔2010〕185号），组织制定了《全国林业网站绩效评估标准（试行）》和

《全国林业网站绩效评估办法（试行）》，于2010年12月15日下发执行（办信字〔2010〕187号），具体内容见专栏7-15、专栏7-16。

专栏7-15

全国林业网站绩效评估标准（试行）

一、各司局、各直属单位网站评估指标体系及评分标准

一级指标	二级指标	三级指标	指标说明	分值
信息公开（50分）	机构设置	领导简介	考察网站是否发布本单位主要领导姓名、工作简历、工作分工、工作照等信息	2.0
		组织机构	考察网站是否发布本单位机构设置情况，包括内设机构和下属单位名称、职能、联系方式等信息	2.0
	动态信息	通知公告	考察网站是否及时发布本单位发出的各种通知公告信息	3.0
		工作动态	考察网站对本单位工作动态信息的发布数量与信息质量	5.0
		业务信息	考察网站信息加载的总体情况。包括加载信息数量、信息质量、图片数量、信息全面性、更新频率等	20.0
	热点专题	专题建设	考察网站围绕会议、活动、部门职责等建立的专题栏目的丰富度，专题内容及质量	5.0
		专题更新	考察热点专题栏目的内容更新情况	2.0
	法规政策	法规政策	考察网站是否发布有关法律法规和本单位的政策文件	2.0
		政策解读	考察网站对有关政策制度的解读情况	3.0
	规划计划	发展规划	考察网站对本单位制定的相关规划的公开情况	2.0
		工作计划	查看本单位年度、专项工作计划及执行情况的公开程度	2.0
	项目成果	成果展示	考察网站对单位业务成果的展示情况	2.0
在线办事（10分）	办事内容	业务办理	考察网站是否提供单位业务在线办理功能，如办事指南、表格下载、在线申报等	5.0
		办理查询	考察网站是否提供单位业务在线查询功能，如业务办理状态查询、业务办理结果查询等	5.0
公众参与（10分）	业务咨询	交流渠道	考察网站是否提供公众业务咨询的渠道即咨询交流平台	2.0
		互动效果	考察业务咨询交流平台的易用性、在线交流形式、意见回复等情况	3.0
	民意征集	征集渠道	考察网站是否提供民意征集的渠道	2.0
		征集效果	考察网站征集渠道易用性、征集形式、意见反馈等情况	3.0
网站管理（20分）	组织领导	领导小组	考察是否有网站管理领导小组，是否由本单位主要领导担任组长	3.0
		工作机制	信息采集报送及发布是否有明确流程	2.0

（续）

一级指标	二级指标	三级指标	指标说明	分值
网站管理（20分）	人员保障	管理人员	考察网站是否设立或指定网站管理、内容保障、运行维护的工作岗位，配备专职或兼职管理人员	3.0
		内部配合	内部职责分工及对网站管理的响应度	2.0
	对主站信息的贡献	信息报送	考察对国家林业局主站内容的信息报送情况，对主站设立的相关栏目的信息更新情况	5.0
		职责配合	考察对主站在线服务和访谈直播活动的支持情况，领导活动的配合情况	5.0
网站设计（10分）	页面展示	页面效果	考察网站首页布局、个性化设计、栏目安排的合理性与相对全面性	5.0
	功能服务	搜索功能	考察网站搜索引擎功能的实用性和易用性	2.0
		导航链接	考察网站是否提供网站地图，是否设置站内导航，是否可轻松返回上级页面，以及与国家林业局主站、其他省级林业网站等的链接情况	2.0
		联系方式	考察网站是否提供网站维护单位及联系方式	1.0

二、各省级林业网站评估指标体系及评分标准

一级指标		二级指标		三级指标		
指标名称	分值	指标名称	分值	指标名称	分值	评分细则
信息公开	45	信息公开规范化	6	公开指南	1	本部门信息公开指南及制定情况，分值1
				公开目录	4	是否按照《政府信息公开目录系统实施指引》（试行）中的有关要求建设，分值2
						是否通过目录能访问到相关内容，分值2
				公开年度报告	1	是否发布本年度信息公开报告，分值1
		主动公开	35	机构职能	2	领导信息公开情况，分值1
						部门职责与内设机构及分工公开情况，分值1
				政府文件	5	本部门发布的公文的公开情况，分值5
				通知公告	3	本单位发出的通知公告公开情况，分值3
				人事任免	3	干部任免信息公开情况，分值1
						公务员考录信息公开情况，分值1
						工作人员招考信息公开情况，分值1

（续）

一级指标		二级指标		三级指标		
指标名称	分值	指标名称	分值	指标名称	分值	评分细则
信息公开	45	主动公开	35	财政公开	3	政府采购与招标信息公开情况，分值1
						部门预算信息公开情况，分值2
				动态信息	6	本省区市各级林业主管部门工作动态的发布情况，分值6
				计划规划	3	本省区市各级林业规划或专项规划公开情况，分值2
						本省区市年度计划信息公开情况，分值1
				林业统计	2	本省区市林业统计信息公开情况，分值2
				林业标准	3	林业行业标准公开情况，分值2
						地方林业标准公开情况，分值1
				专题建设	5	反映本地当前林业重点工作的专题专栏建设情况，分值5
		依申请公开	4	指南类信息	2	依申请公开指南、程序、办理时限和收费标准等公开情况，分值2
				渠道建设	2	开设在线依申请公开的渠道，分值2
在线服务	20	下载服务	5	资料下载	5	提供各种资料下载（包括表格、文本、图片、软件等）的数量和质量，分值5
		网上办事	15	办事指南	3	提供办事指南的行政许可事项占本部门所承担全部行政许可事项的百分比，分值3
				表格下载	3	提供表格下载的行政许可事项占需提供表格下载的本部门所承担全部行政许可事项的百分比，分值3
				在线申报	3	实现在线申报功能的行政许可事项占本部门所承担全部行政许可事项的百分比，分值3
				状态查询	2	实现办事状态查询的行政许可事项占本部门所承担全部行政许可事项的百分比，分值2
				结果反馈	2	实现办事结果查询和反馈的行政许可事项占本部门所承担全部行政许可事项的百分比，分值2
				服务一体化	2	是否将网上办事全流程应覆盖的五项服务，即办事指南、表格下载、在线申报、状态查询、结果反馈等进行全面整合，分值2

（续）

一级指标		二级指标		三级指标		
指标名称	分值	指标名称	分值	指标名称	分值	评分细则
公众参与	20	互动交流	12	领导信箱	4	信件处理与反馈的质量，分值2
						信件处理与反馈的更新情况，分值2
				投诉举报	4	投诉内容、投诉处理结果公开反馈的质量，分值2
						投诉内容、投诉处理结果公开反馈的更新情况，分值2
				在线咨询	4	在线咨询的处理与反馈质量，分值2
						在线咨询的处理与反馈更新情况，分值2
		征集意见	4	网上调查	4	是否设有网上调查栏目，分值2
						调查主题是否与当前的政务相关，分值2
		访谈直播	4	访谈直播	4	访谈直播的质量，分值2
						访谈直播的更新情况，分值2
网站设计与管理	10	页面设计	3	首页布局	1	网站首页布局的合理性，是否能够少于3次点击即可定位查询内容，分值1
				个性设计	1	页面简洁、美观、大方，特色突出，分值1
				栏目设置	1	栏目设置是否方便用户查询和浏览，分值1
		功能服务	4	搜索功能	2	是否提供全文和关键字检索，分值1
						是否提供高级检索，分值1
				导航链接	1	站点地图、栏目导航的质量，林业系统上下级单位网站的链接数量和质量，分值1
				联系方式	1	是否提供网站维护单位及联系方式，分值1
		制度建设	3	网站管理制度	2	网站管理制度的制定情况，分值2
				网站内容保障制度	1	网站内容保障制度的制定情况，分值1
特色服务	5	—	—	—	—	上述指标之外的，有特色的功能建设、技术应用情况等

专栏7-16

全国林业网站绩效评估办法（试行）

一、目的意义

开展全国林业网站绩效评估是全面了解和掌握林业主管部门网站现状的重要工具和手段，也是推动林业主管部门网站体系建设的有力抓手。对于持续改进与优化网站功能与服务，促进均衡发展，规范全国林业系统网站建设与管理全面发展具有重要意义。

二、评估目标

围绕建设透明、服务型政府的要求，深化政府网站“信息公开、在线服务、公众参与”三大功能定位，逐步实现以评促建和以评促用的目的，引导和推动全国林业网站不断科学发展，树立林业网站良好窗口形象，为全面推进现代林业建设营造良好舆论氛围。

三、评估范围

国家林业局各司局、各直属单位子站；各省、自治区、直辖市林业厅（局），内蒙古、吉林、龙江、大兴安岭森工（林业）集团公司，新疆生产建设兵团林业局，各计划单列市林业局网站。

四、评估依据

以中国林业网智能监管系统提供的各网站日访问量、信息加载量、向主站信息报送量等日常监测数据为主要依据，按照《全国林业网站绩效评估标准》（试行）的指标体系和评估分值，结合各网站的信息质量、网站功能、网站设计与管理、运行维护等有关情况，进行综合打分与绩效评估。

五、评估方式

运用科学的评估手段和客观的评估指标，根据政府网站建设的有关要求，采取人工访问、人工核查和专家评审委员会考评相结合的方式，对网站的功能定位、结构设计、运行维护、展示效果等进行检验和评价。

（一）人工访问：由不少于20名的信息技术专家、林业专家和网站管理专家等，登录国家林业局各司局、各直属单位子站和各省、自治区、直辖市林业厅（局），内蒙古、吉林、龙江、大兴安岭森工（林业）集团公司，新疆生产建设兵团林业局，各计划单列市林业局网站，对照《全国林业网站绩效评估标准》（试行）进行评分。

（二）人工核查：由不少于2名的信息技术专家，登录各单位网站逐项进行核查评分，必要时根据需要进行模拟用户访问。

（三）专家评审委员会考评：聘请不少于5名具有高级职称/职务的专家组成专家评审委员会，在专家考评会上进行综合评议。

六、评估时间

每年12月5~20日进行网站评估，12月25~30日发布评估结果。

七、评估步骤

（一）采集各网站评估数据并整理分析。

（二）统计评估数据并撰写评估报告。

（三）组织召开评估结果专家评审会。

（四）发布评估结果。

八、评估组织

全国林业网站绩效评估工作由国家林业局信息办统一组织，聘请有关技术人员和专家采集数据并实施评估工作。必要时聘请第三方网站绩效评估或评测专业技术队伍，进行第三方评估。

二、省级林业主管部门信息化制度建设

2010年，各省级林业主管部门也十分重视林业信息化制度建设。各地信息化管理机构通过健全网络、计算机、应用系统管理和安全使用的工作规范，建立工作考核机制，从而提升行业的信息化管理水平（表7-2）。

表7-2　2010年部分省（区、市）信息化制度建设一览表

单位	制度名称	作　用
吉林省林业厅	按照《政务信息公开条例》要求，编制了各职能处室政务信息公开条目，并以制度形式规范其定期在厅网站公开	制定了厅政务信息网信息发布审核制度、信息报送奖惩制度、网上信访制度等一系列规章制度，使网上信息发布科学、规范、有章可循
上海市林业局	《关于进一步加强上海绿化市容门户网站政务信息采编发布的若干意见》	为局政务信息采编与发布的权威性、时效性和准确性提供了制度保证
浙江省林业厅	《浙江省林业信息化管理办法》	初步形成了一套在项目建设管理、网络管理、应用推广、运维和激励等方面较完整齐全的林业信息化制度体系
	《浙江省林业数据库建设指导意见》	
	《浙江省森林灾害远程视频预警监控系统建设实施意见（试行）》	
	《浙江省公益林地籍管理信息系统建设指导意见》	
	《浙江省林权信息化建设验收标准（试行）》	
山东省林业局	《山东林业信息网管理制度》	通过建章立制和检查监督，保证了局机关网络正常运转
	《山东省林业局信息系统安全管理办法》	
	《山东省林业局网络信息工作考评办法》	
	《山东省林业局计算机机房管理规定》	

（续）

单位	制度名称	作　用
湖南省林业厅	收集整理了国家、省及省林业厅各级保密委关于网络安全保密的各项规章制度，制作了保密技术防范常识小手册，供职工学习交流	切实提高信息安全保密水平
广西壮族自治区林业厅	《广西林业信息化建设管理办法》	保障信息网络系统的正常运转
	《广西林业数据库建设指导意见》	
陕西省林业厅	《陕西林业信息网管理办法》	规范和完善了厅信息网络的管理工作，规范了工作人员的操作流程
	《陕西省林业视频会议系统管理办法》	
	《陕西省林业厅办公网管理办法》	
	《陕西省林业厅网络信息安全应急处置预案》	
新疆维吾尔自治区林业厅	《新疆林业厅国际互联网机、工作机（内网）及周边设备的采购、维修、调拨和报废管理办法（试行）》	进一步规范计算机、网络行为
	《新疆林业厅国际互联网接入管理办法（试行）》	
	《新疆林业厅无线网络设备、移动存储设备及便携式计算机使用和管理办法（试行）》	
	《新疆林业厅网络信息安全应急处置预案》	

第八章　机构人员

2010年，经中央机构编制委员会办公室批复，国家林业局信息中心正式成立，作为一支专职管理林业信息化的队伍，信息中心对全国林业信息化工作履行行业管理等职能。各省级林业部门也补充了领导小组成员，充实了信息化管理机构人员，强化了技术队伍建设。

第一节　机构建设

2010年，全国林业信息化组织机构取得突破，国家林业局信息中心负责组织、协调、指导、监督、管理全国林业信息化建设和电子政务工作，约2/3的省级林业部门设立了独立信息化机构，全国林业信息化管理工作得到全面加强

一、中央机构编制委员会办公室关于国家林业局信息中心机构编制的批复

2010年3月10日，中央机构编制委员会办公室以中央编办复字〔2010〕55号批复成立国家林业局信息中心（专栏8-1）。

专栏8-1

关于国家林业局信息中心机构编制的批复

中央编办复字〔2010〕55号

国家林业局：

你局《关于申请成立国家林业局信息中心的函》（林函人字〔2009〕228号）收悉。经研究，现批复如下：

一、成立国家林业局信息中心，核定财政补助事业编制30名。该中心主要职责是：负责林业信息重点数据库、应用系统和网站的建设及维护工作；承担林业系统信息资源的共享、使用和发布；负责林业信息化重点项目的设计、实施、技术培训；承担国家林业局交办的其他事项。

二、撤销国家林业局文印室，其20名财政补助事业编制划转国家林业局信息中心。将中国林业科学研究院亚热带林业实验中心10名财政补助事业编制划转国家林业局信息中心。调整后，中国林业科学研究院亚热带林业实验中心财政补助事业编制由1030名减为1020名。

此复。

中央机构编制委员会办公室

2011年3月10日

二、国家林业局关于成立国家林业局信息中心的通知

2010年6月17日，国家林业局印发《国家林业局关于成立国家林业局信息中心的通知》（专栏8-2）。

专栏8-2

国家林业局关于成立国家林业局信息中心的通知

林人发〔2010〕56号

各省、自治区、直辖市林业厅（局），内蒙古、吉林、龙江、大兴安岭森工（林业）集团公司，新疆生产建设兵团林业局，各计划单列市林业局，国家林业局各司局、各直属单位：

根据中央机构编制委员会办公室《关于国家林业局信息中心机构编制的批复》（中央编办复字〔2010〕55号），决定成立国家林业局信息中心。现就有关问题通知如下：

一、国家林业局信息中心受国家林业局委托，承担组织、协调、指导、监督、管理全国林业信息化建设和电子政务工作，主要职责是：组织拟定全国林业信息化与电子政务建设的政策措施、规章制度、技术规定、行业标准、总体规划和年度计划，并监督执行；负责林业基础数据和重点数据库、应用系统、网站、网络的组织协调、建设维护和监督管理工作以及国家林业局中心机房的建设管理；承担林业系统信息资源的共享、使用和发布，负责与其他部委、单位和国际组织开展信息化方面的合作交流；负责林业信息化重点项目的设计、组织实施、检查验收、技术培训；承担自然资源和地理空间基础信息库等国家重点信息库林业分中心和全国林业信息数据标准化技术委员会秘书处工作；承担国家林业局机关文印和信息咨询服务；承担国家林业局交办的其他事项。

二、国家林业局信息中心为国家林业局直属正司局级单位，事业编制30名，中心领导职数一正三副。根据工作需要，在国家林业局信息中心加挂"国家林业局信息化管理办公室"的牌子，承担全国林业信息化工作领导小组办公室、国家林业局信息化与电子政务工作领导小组

办公室的工作。

特此通知。

国家林业局

2011年6月17日

三、国家林业局办公室关于核定国家林业局信息中心内设机构和处级干部职数的通知

2010年8月24日，国家林业局办公室印发《国家林业局办公室关于核定国家林业局信息中心内设机构和处级干部职数的通知》（专栏8-3）。

专栏8-3

国家林业局办公室关于核定国家林业局信息中心内设机构和处级干部职数的通知

办人字〔2010〕34号

国家林业局信息中心：

根据你中心工作需要，经局党组研究决定，同意你中心关于内设机构设立的意见，现就有关事项通知如下：

一、核定你中心设立综合规划处、电子政务与网站管理处、网络安全与运维管理处、数据与应用项目管理处、技术合作管理处、办公自动化管理处6个处。

二、核定综合规划处、电子政务与网站管理处编制各5名，网络安全与运维管理处、数据与应用项目管理处、技术合作管理处、办公自动化管理处各4名。每个处按1正1副配备处级领导职数，核定你中心处级领导职数12名。

三、同意你中心关于各处职能配置的意见。

特此通知。

国家林业局办公室

2011年8月24日

第二节　人员培训

林业信息化工作建设是基础，应用是核心，培训是纽带。大力加强培训工作，提高从业人员的业务素质，对林业信息化建设至关重要，也是当前一项艰巨的战略任务。在国家林业局党组的统一领导下，2010年全国林业信息化培训工作得到了明显加强，取得了良好效果，为全面加快发展奠定了坚实基础。

一、国家林业局培训

（一）国内培训

为深入贯彻落实中央林业工作会议、全国林业厅局长会议、首届全国林业信息化工作会议精神，大力加强林业信息化教育培训，不断提高林业信息化建设和应用水平，国家林业局信息办经过紧张筹备，于2010年1月26日至3月12日，在国家林业局管理干部学院连续举办了5期中国林业网和国家林业局办公网应用培训班。

此次培训班的培训内容主要有四个方面：一是外网应用，包括网站架构、各应用系统的使用、信息发布方法等；二是内网应用，包括网站架构、内网登录、各应用系统的使用、信息发布方法等；三是综合办公系统应用，包括领导专区、公文办理、会议办理、事务办理、综合管理等功能模块的操作方法；四是电子公文传输系统应用，包括公文模板修改，公文接收与发送，公文脱密与查询，信息报送，简报系统、会议系统和查询系统等的使用方法。

培训对象包括国家林业局各司局、有关直属单位的全体人员及各省（区、市）林业厅（局），内蒙古、吉林、龙江、大兴安岭森工（林业）集团公司，新疆生产建设兵团林业局，各计划单列市林业局公文管理及技术保障人员。5期培训班总计培训人员536人，其中司局级干部118人，处级及以下干部418人。此外，3月17~26日，先后对局领导秘书、重点单位、关键岗位人员进行了补充培训和集中答疑，参加人员185人。

此次培训班采用教师集中讲解和学员上机练习相结合的形式进行。有关教师事前都做了充分准备，精心制作了PPT课件，印制了操作手册，并安排多名技术人员全程进行技术辅导。针对内外网信息加载、内网系统设置、综合办公系统应用、电子公文传输系统应用等重点和难点内容，安排了较多的上机练习时间。采用5人一组的角色定位及轮换方式，使学员能够贴近实际，了解综合办公系统的全部操作流程。培训结束后统一进行了结业考试，并颁发了结业证书。

在各方的共同努力下，此次培训工作圆满完成，参加培训人员考试全部合格，其中优秀率达到95%，实现了预期目标。一是统一了思想，提高了认识。局党组对此次培训工作高度重视，贾治邦局长给予亲切关怀，祝列克副局长在百忙中抽出时间，出席司局长培训班开班式并作重要讲话。通过培训，提高了大家对林业信息化工作重要性的认识，增进了对林业信息化总体发展思路和建设重点的了解，对局内外网整合改造工作及网站结构与功能等有了整体认识，为进一步推动全国林业信息化工作打下了良好的思想基础。二是学会了操作方法，提高了办公技能。在综合办公系统应用培训中，通过角色定位和轮换，不仅使大家掌握了本职工作的办公技能，而且熟悉了国家林业局整个办公流程的应用技能。通过紧张有序的培训和结业考试，学员们基本上都掌握了相关操作技能，大家普遍反映这次培训的内容、形式和效果都很好。三是加深了业务理解，提出了改进建议。通过培训，大家对内外网栏目设置、信息发布、子站建设、运行维护、信息安全以及办公流程等有了深入和全新的理解，很多同志紧密结合本单位业务实际，提出了丰富、完善的意见和建议，其中一些意见和建议已经被采纳并完成修改。

除了国家林业局信息办组织的培训外，局资源司、造林司、保护司、计财司、场圃总站、湿地办等部门结合自身业务工作，也开展了相关信息化操作技能、信息采集技能、数据处理等方面的培训。此外，国家林业局信息办也积极派人外出学习，接受工信部组织的"中央国家机关电子政务干部培训班"等培训，参加国家行政学院信息化讲座或电子政务论坛等。

（二）出国培训

根据外专核计字〔2009〕0322-01号和（2010）商外出字第0036号文件精神，国家林业局信息办组织有关省（区）林业厅局信息化和电子政务负责同志及技术骨干共20人，于2010年7月7~27日，赴英国开展了电子政务管理与应用培训，收到了良好的学习效果。这也是信息办自2009年初成立以来，首次组织系统内人员出国开展信息化培训考察。培训团培训考察报告见专栏8-4。

专栏8-4

赴英国电子政务培训考察报告

国家林业局赴英国电子政务培训团

（2010年8月6日）

为借鉴国外电子政务建设的先进经验，经国家外专局批准，2010年7月7~27日，国家林业局办公室、信息办组织有关省区林业厅局信息化和电子政务负责同志及技术骨干共20人，赴英国进行电子政务管理与应用培训。通过培训考察，学到了经验，拓宽了视野，取得了预期成果。

一、培训考察概况

按照培训计划，我们首先就英国政府电子政务建设进展、主要经验等进行了系统学习，其次，对林业信息化管理及应用进行了全面调研，最后，对英国国有林区进行了实地考察。具体活动包括：一是全面了解政府机构电子政务建设情况。听取了英国议会科学技术办公室主任戴维·科普（David Cope）教授，关于英国电子政务建设进展及作用的报告，全面了解英国政府电子政务建设的经验教训。拜访了英国林业最高行政管理机构——林业委员会，其国际部负责人迈克·德利（Mike Delly）和信息化主管官员托尼·法登（Tony Farndon）、史蒂夫·安堤金斯（Steve Atkins）分别介绍了英国林业委员会的职能、GIS在林业经营管理中的应用、林业电子商务平台等，并就我国林业信息化建设所关心的问题，开展了热烈讨论。二是认真学习著名高校及科研院所电子政务建设的新理念。我们先后到剑桥大学、西敏寺大学、英国林科院进行了考察学习，分别就英国电子政务发展战略、电子政务规划及发展历程、森林可持续发展、林业管理体制、人类活动对生态的影响、信息化与电子政务建设政策和法律保障进行了广泛而深入的交流。三是实地考察信息化及电子政务建设取得的新成效。深入到英国国有林区、基层森林站和国家自然保护区，分别就林区自然保护、森林采伐、经营管理等方面采用的信息手段进行了实地考察学习。

二、英国电子政务建设进展和主要经验

（一）英国电子政务建设进展和主要特点。英国从1994年开始电子政务建设，到2005年，就已实现政府事务全面在线服务和全民上网两大目标，电子政务建设10年成效显著，极大地提高了政府的工作效率，改进了服务方式。近年来，联合国对全球191个成员国的电子政务建设进行考评，英国的“电子政务准备指数”连续位列前5，标志着英国电子政务建设进入国际先进行列。英国电子政务建设的主要特点体现在四个方面：

1. 大力整合门户网站。英国中央政府门户网站创建于2000年12月，经历了三个发展阶段。第一阶段命名为直接政府（Government Direct），相当于一个公共部门网站的目录列表。第二阶段命名为英国在线（UK Online），将有关部门的服务按照公众的“生命周期”整合后提供服务。第三阶段命名为政府直通车（directgov.uk），建立了相对集中的中央政府门户网站，将3000多个政府网站按公众需求进行整合，使公民无需了解政府复杂的组织机构与职责分工，就可以方便地获得政府的服务，改变了原来用链接方式将用户指向别的网站的做法，直接解决用户的问题。目前，英国政府门户网站深受公众青睐，月访问量超过1600万人次。

2. 重点突出公共服务。英国制定实施了2001~2006年“地方电子政务国家项目”，确立了医疗、教育、福利和个人税收4个优先发展领域和22个项目，提出了面向公众和企业的700项服务项目。到2005年12月，地方政府所有服务项目实现了100%在线服务，真正实现了全民上网。“英国在线”提供政府互动式服务居世界领先地位。欧盟公布的《公共服务在线可接入性》显示，英国“在线成熟度”指数为89，“完全在线比例”指数为71，在被调查的28个欧洲国家中均位居第6。

3. 注重网络安全平台建设。1998年4月，政府安全内网（GSI）正式开通，为政府部门间的数据传输提供安全保障。2000年建成知识管理网络（KN），作为政府部门间的电子交流工具，提供部门间知识共享、政府部门在线合作的环境。2001年2月，政府网关

（Government Gateway）投入使用，它是一个安全认证和服务传输引擎，用于整合跨部门的电子政务服务。该平台分为企业、公众、机构3个入口，通过对用户发放数字证书或用户识别号的形式提供注册认证服务。2004年2月，GSI进行了升级，对用户实行分级接入，改善服务，降低成本。

4. 充分开发利用信息资源。英国政府十分重视对政务信息资源的综合管理和有序利用，先后开发了《泛政府词典》、《政务信息资源分类列表》、《公共部门综合词汇表》以及信息资产登记系统，前三者主要是规范政府已公开的信息资源，后者主要针对政府未公开信息资源的登记管理。为实现政务信息资源的价值最大化，加强对政务信息资源再利用的管理，英国政府按照欧盟《信息资源再利用指令（2003/98）》的要求， 2005年5月，成立了公共部门信息办公室，负责协调公共部门信息再利用的推进工作。2005年7月，《信息资源再利用条例》正式生效，为英国政务信息资源再利用提供了法律保障。

（二）英国林业信息化建设进展

1. 林业信息化管理机构。英国林业委员会是英国林业最高行政管理机构，在全国7个地区设有林业管理局，辖65个林业局，工作目标是确保英国林业资源可持续发展，满足国家的各种需要。按照英国《政府现代化》白皮书要求，林业委员会任命一名首席信息官（CIO），赋予其强有力的综合协调职权，专门负责林业部门信息化工作，协调各类业务与信息化应用的关系。英国林业委员会设6个职能司局，公务员约300人，其中信息办公务员达40多人，下属的林业管理局、林业局也都明确了相应的首席信息官和信息化工作机构。

2. 林业电子政务。林业电子政务(e-Forestry)是政府直通车的组成部分，横向与其他行业电子政务紧密关联，纵向与地方林业电子政务关联，在业务流程整合、政务服务整合等方面做了大量的梳理和开发。提供各类林业数据和数据接口，包括GIS空间数据、各类表格、统计数据、森林资产、森林规划设计、森林资源调查、采伐许可、森林游憩等实时数据，数据落实到小班和山头地块，最小比例尺1：2000。提供各类数据检索、查询功能，并为公众提供各类政务服务。

3. 林业电子商务。林业电子商务(e-Business in Forestry)是政府电子商务系统的组成部分，包括数据交换、电子销售、客户及供应商门户3部分。数据交换为整个供应链开发了电子交易数据标准和数据接口，利用XML技术，提供各类数据获取与服务基础平台，使数据提取和处理自动进行，为应用系统开发、扩展奠定了基础。电子销售利用林业地理信息系统和其他有关标准接口获取各类最新数据，便于交易各方的分析和决策。客户及供应商门户为交易各方提供个性化应用界面，不仅可在有线网络系统运行，还可以利用无线网络和手机等多种方式进入电子商务系统，进行信息查询、电子交易等活动。

4. 林业业务应用系统。林业地理信息系统（Forester GIS）是贯穿整个林业管理过程的业务应用系统，覆盖林业各类经营活动，包括森林规划、作业设计、木材生产、森林保护、林业公众参与等，落实到林地小班。一方面，为林业委员会、林业管理局、林业局纵向和横向业务管理用户和林业工作人员提供各类应用工具，实现林业数据采集、信息管理、预测分析和统计报表等功能。另一方面，作为林业电子政务和电子商务的支撑应用系统，为其及时、准确地提供各类数据，为电子交易、政务公众服务提供支撑。

5. 林业数据库及数据更新。英国林业数据库建设体现以应用和服务为中心，按照公众服务、林业经营管理、社区参与式经营的需求进行数据库建设，包括森林资产、林地普查、农田林网、行政边界和基础地理信息等共22层数据，实现不同业务部门应用的数据共享，避免了数据库重复建设，并对林业业务应用流程进行了梳理、再造和优化。基层林业部门每天将林业管理业务、林地交易业务的数据向上级系统传输，最后汇集到林业委员会统一平台，基本达到了林业数据的实时更新。

（三）英国电子政务及林业信息化建设的主要经验

1. 将电子政务作为“执政为民”的突破口予以高度重视。20世纪90年代英国工党布莱尔政府上台执政以来，英国政府把信息化作为技术创新和提升政府服务能力的突破口，以信息化手段提高政府工作效率和改进服务方式，强调建立“以公众为中心”的政府，在行政管理的各个领域推广应用信息技术，推行电子政务，努力建设高效、灵敏、透明的政府，从“电子政府”到“网络政府”再到“转型政府”，电子政务扮演着十分重要的角色。“电子政府”着重利用计算机技术，实现政府工作的计算机处理，加强政务管理，提高工作效率。“网络政府”利用互联网技术，加强部门协作，开展协同办公，资源共享。近年来，“转型政府”概念的提出和实施，再次凸显了电子政务在其中的核心地位，通过积极跟踪运用先进的网络技术、数据交互技术，不断实现政府管理体制机制的优化。

2. 大力加强电子政务机构建设和经费投入。为在全国范围内统一领导和推进电子政务发展，1999年英国政府在内阁成立了电子专员办公室，任命了政府电子专员（e-Envoy）和电子大臣（e-Minister），负责全国的信息化工作，协调政府各部门，直接向首相汇报有关信息化的事务。2004年5月，成立了电子政务小组，政府首席信息官担任行政首长。2006年至今，电子政务小组改为转型政府组，继续负责电子政务方面的事务。各级地方政府也有专门的电子政务建设小组。英国电子政务建设已经形成了一套比较完善的组织机构和首席信息官（CIO）制度，各级政府、各大部门均设立了权威的首席信息官，统筹协调本地区、本部门的信息化建设。同时，政府对信息化建设提供充足的资金支持。例如，以建立电子病历为主要目标的国民健康系统（NHS），预算投资50亿英镑，后来追加70亿英镑，共投资120亿英镑。

3. 统一政策和规划，系统推进电子政务建设。英国政府相继颁布一系列促进电子政务发展的法律法规和政策，包括《数据保护法》、《信息自由法》、《电信法》、《电子签名条例》、《通信法》和《公共部门信息再利用条例》等。同时，在电子政务建设各个阶段都制定了明确的战略规划和实施计划。1999年3月，英国出台了《政府现代化》白皮书，提出“到2008年，政府所有服务项目实现在线提供，所有公共服务实现全天候24小时在线提供和实现全民使用互联网”的总目标。该目标2005年提前实现后，2005年11月，英国政府又颁布了《以技术推动政府变革》战略，2006年4月，颁布了《〈以技术推动政府变革〉实施计划》，把信息化建设作为一项系统工程进行持续推进，并在网络的互联互通、数据集成、信息访问以及内容管理上，实行跨部门协同。

4. 电子政务建设与政府业务重组紧密结合。实现政府业务流程网上再造是英国电子政务建设的一大亮点。通过不断升级的信息化机构——“电子政务小组”、“信息总管委员会”、“转型政府组”，推动政府各部门加强协调，打破界限，组织建立全新的合作模式，促进电子政务建设的全面合作。在电子政务建设过程中，从总体上优化政府业务流程，推动部门之间互联互通，合作共享，实现了《政府现代化》白皮书按照“生活事件”来组织政府服务的目标，首批开通的学车、出行、生育、搬家、死亡、犯罪6个主题，可以解决公众关心的重点问题。林业信息化建设也充分与业务重组相结合，通过林业GIS应用系统，整合优化了采伐、运输、野生动植物、休闲旅游及木材销售等业务流程，实现了网上在线办理。

5. 以提升公众对政府网上办事的满意度为目的。通过网络提升公众服务，是英国电子政务建设的又一个亮点。英国政府始终把向用户提供便捷、高质量的服务，使公众与政府方便沟通作为电子政务建设目标，并不断探索满足用户需求的方法与途径。英国政府提出“一站式”服务模式，门户网站按照公众需求进行设计和改版，努力减少用户获取信息的点击次数，使用户在3次点击之内就能获得最新的政府信息和服务。

三、启示与建议

通过20天的学习培训，大家普遍感到，尽管我国与英国的国情不同，在经济社会基础、行政管理体制、国民综合素质等方面存在着很大差异，但电子政务建设中遇到的一些问题是相似的。英国电子政务建设模式、发展历程和经验教训，给了我们很多有益的启示。

（一）深入推进林业信息化机构队伍建设。强有力的组织机构是推进电子政务的关键，英国通过CIO制度全面管理电子政务建设，取得了良好的成效。我国林业信息化机构建设取得了明显进展，但仍不适应现代林业快速发展的需要。国家林业局迫切需要尽快充实信息化机构工作人员，增强林业信息化机构的协调能力，确保林业信息资源的有效整合，消除和预防重复投资、重复建设造成新的信息孤岛和资源浪费。地方林业部门没有成立信息化管理机构的，应抓紧成立；已经成立的，应进一步充实机构和人员，完善林业信息化管理机制，赋予对业务应用信息化的协调权力，从侧重技术支撑服务向行政管理创新转变。

（二）深入推进林业信息化规划和战略部署。借鉴英国电子政务建设经验，结合我国林业实际，应在《全国林业信息化建设纲要》的基础上，完善出台国家、各省（区、市）“十二五”林业信息化建设规划，全面贯彻落实“以林业信息化带动林业现代化”的总体思路。吸纳英国电子政务长远发展的战略思想，进一步学习借鉴信息化发达国家的建设经验，在前一阶段工作的基础上，深入研究我国林业信息化发展战略，顺应并驾驭信息化，改变传统的林业管理模式和生产方式，发挥后发优势，充分发挥信息化建设在发展现代林业、建设生态文明、促进科学发展中的重要作用。

（三）深入推进林业信息资源整合。各种业务的需求梳理、流程整合与再造、信息资源的共享是信息化建设的一个重点和难点。英国中央政府仅保留电子政务和电子商务两个网站，每个部委也只有一个网站。我们一定要树立开放合作、共享共赢的理念，打破部门间、条块间的界限和封锁，进一步梳理好国家林业局内部及其与省、地、县林业主管部门的业务层次，以业务应用为导向，以全国林业业务应用信息化建设为主线，将各类林业数据库、应用系统、网站分别整合到国家林业局办公网（内网）和中国林业网（外网）两大平台上，实现网络互通、信息共享，提高政府服务质量和服务水平。

（四）深入推进林业信息化资金保障机制建立。林业信息化建设是一项长期的系统工程，但目前仍没有稳定的资金来源渠道。借鉴英国的经验，迫切需要研究制定林业信息化建设经费投入和使用机制。一是积极争取在国家发改委设立林业信息化建设专项，开辟信息化建设长期稳定的渠道；二是在国家现有林业建设项目总投资中，用于信息化建设的经费统一管理使用；三是与国家发改委、财政部协商，争取从现有的林业建设项目中，提取1%的经费，集中投入信息化建设；四是国家林业局本级计财部门，进一步协调资金，每年启动3~5个信息化重点项目，加快林业信息化建设。五是在市场效益明显的领域，积极吸收社会投资，争取形成长效机制，为信息化建设及其成果的长期稳定运行提供资金保障。

（五）深入推进林业信息化标准建设和科技支撑。英国政府先后出台了一系列技术标准，规范所有跨部门的电子政务互操作，在全世界第一个实现了所有政府部门内部、部门与部门之间在同一个交互系统上进行协同工作、知识共享，改变了政府传统的事务流程，提高了管理效率，推进了政府职能转变。当前，林业信息化建设迫切需要在信息公开与交换、基础设施、应用系统、数据库、数据接口等方面，加快标准建设步伐，把统一标准作为林业信息化项目立项、建设和验收的重要依据。林业信息化涉及应用梳理、流程整合、再造优化等知识创新，需要强有力的科技支撑，科研机构应面向林业需要开展技术研究，不仅要解决当前林业信息化建设中的问题，还要为将来林业信息化储备技术。

二、地方林业部门培训

地方各级林业部门也高度重视信息化培训工作，结合建设项目和实际应用需求，开展了多形式、多层次的培训工作。江西省林业厅配合全省网上育林基金征收系统的上线，举办了2期合计200多人的网上征收系统操作培训班，提高了工作人员的操作水平，并现场指导育林基金征收工作人员提高操作技能；配合全省木材运输管理系统的启用，在11月30日至12月4日举办了两期合计200多人的系统操作培训班，为全面实施新版本运输证办理奠定了基础。海南省林业局配合生态公益林管理信息系统的上线启用，8~10月聘请中国林科院公益林管理信息系统专家，分5期对全省62个生态公益林实施单位进行了全面系统的培训，参加培训人数达258人，其中分管领导和管理人员124人，技术人员134人。陕西省林业厅在通用办公系统部署结束后，分别在4月和6月举行了2期培训班，培训各部门的业务骨干60余人次，使大家熟练掌握了通用办公系统的操作和使用办法，为实现无纸化办公打下坚实的基础。上海市绿化和市容管理局为进一步加强信息员队伍的建设与管理，改进网站信息稿件质量，组织开展了全行业信息员"摄影技术"、"信息写作"等系列培训；为完善网络管理机制，确保世博会期间网络畅通，及时为各区县及直属单位的网管员进行了AB角方式的培训，确保了世博期间全行业信息系统及网络的安全畅通。这些培训工作有力地推动了信息技术的应用，提高了工作效能和公共服务水平。

第三节　合作交流

加强对外合作交流，充分借鉴先进国家、先进行业、先进单位的成功经验与做法，是推动林业信息化工作的重要手段。2010年国家林业局和各省林业部门都做出了积极努力。

一、国家林业局对外合作交流

国家林业局信息办高度重视信息化对外合作交流工作，通过与有关部委、高校、科研单位以及知名IT企业的交流合作，引进先进理念，学习成功经验，了解技术前沿，为科学推进全国林业信息化工作提供了有力支持。

（一）积极与国家部委间开展交流学习

一年来，局信息办先后到国家质检总局、国家测绘局、国土资源部等部委，就信息化建设管理进行了调研学习，内容涵盖门户网站建设、信息化组织机构建设、系统运行维护、信息化项目立项、信息资源整合共享等多个方面。同时，林业信息化建设取得的成效也引起了其他部委的关注，国家知识产权局（专利局）、国家测绘局、空军司令部信息化主管部门先后到国家林业局调研交流信息化建设经验，这在林业信息化发展历史上还是第一次，既是对已有成绩的肯定，也是对未来工作的勉励。同时，局信息办还主动邀请工信部、国家保密局等部门的领导，到国家林业局指导林业信息化建设。

（二）积极与教学科研单位和知名IT企业开展交流合作

局信息办先后到清华大学网络工程研究中心、北京林业大学信息学院、中国科学院信息安全共性技术国家工程研究中心、中国电子信息产业发展研究院以及信城通、天融信、神州数码、超图软件、东方道尔、微软、中国软件测评中心、开普互联、联想集团、中国移动、中国联通、中国电信等公司进行了调研交流，部分单位与国家林业局建立了项目合作关系或成为技术支撑单位。北京开普互联科技有限公司与国家林业局信息办、中国林科院资源信息研究所联合向工信部申报了题为"基于国产基础软件的国家林业资源监管基础数据平台建设及产业化推广”项目。清华大学网络工程研究中心、中国林科院资源信息研究所、神州数码网络（北京）有限公司和国家林业局信息办联合向科技部申请了“森林防火物联网关键技术研究”科技攻关项目。国家林业局与中国电信集团的战略合作框架协议洽谈进展顺利，有望在2011年初正式签署合作协议。2010年12月，国家林业局信息办李世东主任被聘请为新一届国家行政学院电子政务专家委员会委员，进一步扩大了林业信息化交流合作的平台。

（三）积极申请出国学习交流

为学习西方发达国家在信息化建设方面的先进理念和成功经验，国家林业局信息办于2010年7月7~27日组团赴英国开展了电子政务管理与应用培训，期间与英国同行进行了充分的交流。赴澳大利亚林业信息化建设管理技术培训团完成了组团及出国手续的办理工作，将于2011年第一季度开展出国培训交流工作。

二、地方林业部门对外合作交流

国家林业局信息办积极推动地方林业部门之间的相互交流。湖南、辽宁、福建、江西、浙江等林业信息化发展较好的省份，都接待了多批次其他省级林业主管部门的信息化考察团。同时，各省级林业主管部门也积极开展对外合作交流。辽宁省林业厅与中国移动辽宁分公司建立了战略合作关系。北京市园林绿化局积极开展跨部门信息资源的共建共享，先后与市农委、市发改委在线服务平台、市协同办公平台、市信息资源管理中心等部门实现了产业数据库、古树名木、山区生态林管护员、政务专业图层信息等8类专题业务信息的共享。浙江省林业厅与中国移动合作，在林业广域网、护林员智能管理系统、短信平台和森林安全监控等方面开展信息化合作试点。总体来看，地方各级林业部门的信息化交流合作正日趋活跃，这对林业系统转变落后观念、提高信息化意识、改善信息化决策等大有裨益。

Annual Report on Forestry Informatization Development in China

地方篇

第九章 华北地区林业信息化

第一节 北京市

2010年，北京市园林绿化局信息化工作紧紧围绕建设“三个北京”、“人文园林、科技园林、生态园林”的战略目标，坚持深入贯彻落实科学发展观和“全局建信息、全局办信息、全局用信息”的指导思想，按照《全国林业信息化建设纲要》和《全国林业信息化建设技术指南》以及北京市信息化工作领导小组《关于2010年全市电子政务工作任务的通知》（京信发〔2010〕2号）的要求和局年度工作计划，突出特色，加强政务网站建设，以业务应用为依托，以园林绿化网格化管理为主抓手，转变管理方式，稳步推进园林绿化业务精细化管理，规范信息化项目建设，认真做好系统应用与运维工作，加强安全保障管理，全面提升园林绿化公共服务水平。

2010年，为进一步强化信息化管理，经北京市编办批准将信息中心编制从8名增至13名。

一、首都园林绿化政务网建设

2010年，园林绿化局对首都园林绿化政务网技术架构进行了升级改造，重点加强了政府信息公开、提高公共服务能力、提高网站安全运行水平等方面的建设。

（一）加大政府信息公开力度，促进依法行政

全面、实时公开园林绿化局政务信息，加大信息公开力度。年内，实现了政府信息公开系统与网站政府信息公开内容的数据对接，使网站的政府信息公开更加规范，公开的信息更加准确、完整、无歧义，时效性明显增强。截至2010年底，政务网站共发布各类信息84 700余条（图9-1）。

（二）建特色精品服务，信息惠民

北京市园林绿化局紧密结合市民关注热点，提供了19项便民服务，其中自建服务12项，与首都之窗、北京网共建7项。新增了“坚持科学发展 建设绿色北京——聚焦《北京市绿化条例》”、“消除碳足迹，传承健康生活”、“林木绿地认建认养服务”、“北京市公园风景区电子地图查询”等园林绿化特色专题服务（图9-2），有效地促进了全市信息资源的共建共享，是信息惠民的新举措。其中的北京市公园风景区游览信息查询服务，可提供全市16区（县）的180家公园、22个森林公园、26个风景名胜区、30个郊野公园、280个观光果园的有关游览、休闲、果品采摘信息，页面累计点击量达296万，受到市民的普遍关注和欢迎。

图9-1 首都园林绿化政务网

图9-2 园林绿化特色专题服务

（三）完善在线服务平台，提升公共服务能力

2010年3月1日《北京市绿化条例》正式实施，该条例规范、梳理、发布了网上办事流程与办事指南，并将“服务分类”与“服务场景化”相结合，创新导航方式，设计了快速查询导航及多个网上办事入口，使服务更加人性化；完善整合“在线服务平台”功能，实现了四个集中:行政事项办理服务的集中、办事结果查询服务的集中、办理结果公示一体化服务的集中和行政许可事项下载服务的集中。升级优化后的在线服务平台查询更加便捷、办理更加人性化。年内，在线服务平台提供了首都园林绿化6类、75项行政事项的办事指南，全部事项的办理指南年访问量达16万余人次，表格下载总量达10万余人次，年网上申请总量达6600余件，网上结果反馈总量达8000余件。

首都园林绿化政务网站被评为全国林业系统十大优秀网站、北京市政府优秀网站。网站的“林木绿地认建认养服务”专题被评为2010年度北京市优秀网上服务项目。

二、园林绿化网格化管理

（一）创新公园风景区业务数据管理机制，提升公园业务精细化管理能力

一是完成了全市313个公园登记注册，做到了底数清、情况明，为全面提升公园业务精细化管理水平提供了技术支持。二是建设北京市园林绿化局公园风景区业务管理系统，实现市、区县二级公园业务数据的协同管理。系统可以根据业务需求灵活派发任务，实现对上报数据及其任务的便捷管理。系统建立了绩效考核机制，可根据各单位上报数据情况自动评分、排名，实施绩效考核管理；建立了资源共享机制。系统依据关键字、主题词可自动形成资源目录直接转入知识库，实现对公园信息资源的有效利用和管理。三是依托网格化管理信息系统对全市27个风景名胜区进行了标注，完成了2个国家级和8个市级风景名胜区，5类基础数据与9类规划数据的梳理、分类、入库，通过航空影像数据对风景区内历年变化图斑的监测，实现了对市级以上风景名胜区的统一规划和监管。

（二）病虫害及野生动物监测网格化管理

实现了14个市级监测站、45个市级监测测报点、32种常发性林业有害生物的实时监测和精细化管理。系统平台能准确地定位国家、市、区县级监测点，并能快捷地查看监测站点的基础信息、监测站的环境信息（林种等）、监测站的历年监测信息及实时监测信息。系统将接收到的有害生物监测信息进行自动汇总和分析，生成直观的统计报表和趋势图，指导有害生物防治，满足各部门数据采集、管理、应用的需要，构成全系统完整的信息精准采集、实时传输、高效整合的协同工作模式。截至2010年底，共收集各类监测信息26 086条。

2010年，综合林业资源数据、地形数据、坡度坡向数据生成了全市野生动物栖息地分布，全面反应野生动物生境情况及分布概况，实现对野生动物的大尺度上全范围管理。并通过监测数据的长期积累，实现对单个公园内小尺度上的精细化管理，以点带面为业务决策提供科学依据与支持。截至2010年底，共收集各类监测信息5921条（图9-3）。

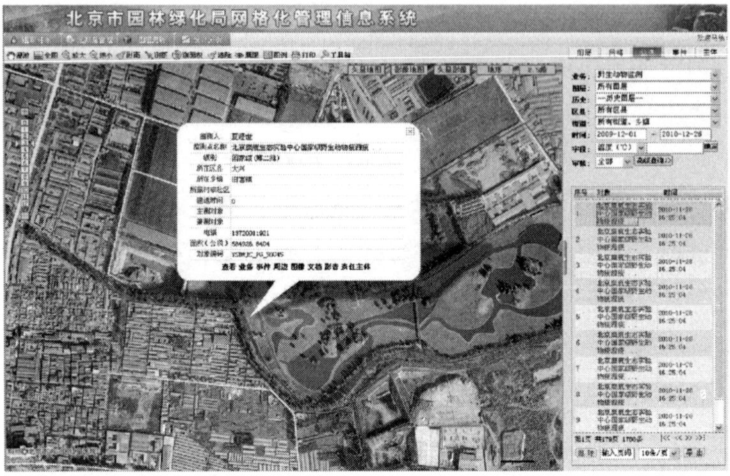

图9-3　北京市园林绿化局网格化管理信息系统

（三）网格化管理标准

完成了《园林绿化网格化管理系统建设规范》、《园林绿化网格化管理区划与网格编码》两项地方标准的制订，并通过北京市质监局的审核，为北京园林绿化行业的科学化、规范化、精细化管理提供了依据。

截至2010年底，北京市园林绿化局网格管理信息系统建立了包括城市绿地管理、公园建设、有害生物防治、野生动物救护等15类专题数据库、对象140类，划分网格118 969个；形成了240个专业图层，采集对象数目达到302 845个。共享全市公共基础图层近900个，同时为北京市委市政府及其他委办局提供50多个共享图层的数据。

三、无纸化办公

北京市园林绿化局网上办公系统整合了短信平台、电子邮件系统和即时通讯系统等现有信息资源，为各应用系统提供短信、邮件、网上即时消息等协同办公功能，有效地共享和利用信息资源及设施，进一步提高了网上办公系统的实用性和易用性。2010年，升级改造了公文流转的全流程办理功能，截至2010年底，利用系统共发通知3581件，登记来文14 186件，预定会议室4395次，发布信息刊物15种、442期，有效地推进园林绿化行业无纸化办公，提高了办事效率（图9-4）。

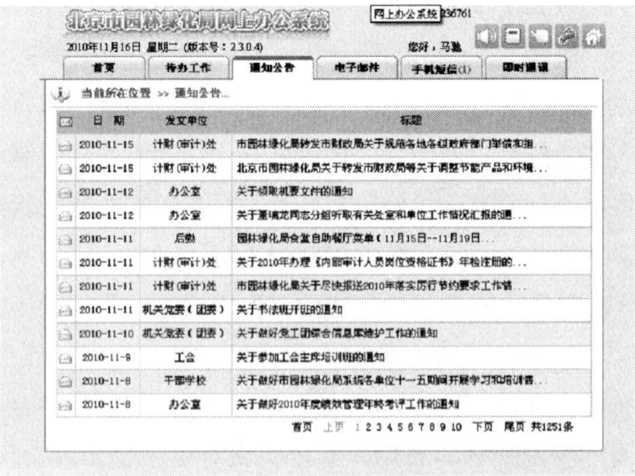

图9-4　北京市园林绿化局网上办公系统

四、《北京市园林绿化局“十二五”信息化规划》编制

北京市园林绿化局在全面完成林业信息化“十五”规划的基础上，年内组织编写了《北京市园林绿化局“十二五”信息化规划》。规划编制工作于2010年9月15日正式启动，11月5日召开了区县园林绿化部门及直属单位主管领导参加的座谈会，进行征求意见和广泛深入的调研，年底形成征求意见稿，征求相关专家意见。规划明确了园林绿化信息化建设指导思想、建设原则、总体布局、主要任务和保障措施，具有较强的科学性、指导性和可操作性，符合国家林业局“四横两纵”和“五个统一”的框架和建设要求。

五、网络视频会议推广应用

一是根据北京市人民政府办公厅要求，积极组织保障“两会”网络视频询问和咨询活动。按照北京市“两会”统一部署，北京市园林绿化局开设“首都园林绿化建设”等7个咨询室，局长董瑞龙、副局长史贵升、王振江、强健等领导通过网络视频接受人大代表、政协委员询问咨询20人次，就代表委员们提出的首都园林绿化建设、生态安全、林业产业发展等方面问题，当场答复18人次，圆满完成了市“两会”网络视频询问咨询活动。二是针对日益严峻的森林防火形势，全面开通森林防火视频会议系统，利用该系统成功召开全市森林防火视频会议。分别在14个区县、5个直属林场、1个市直属扑火大队共20个防火单位开通了森林防火视频会议系统，主会场设在局森林公安局。召集17个远郊防火单位使用系统召开了防火会议13次，不仅实现了各有关部门之间或区县之间实时的业务联系、信息沟通和交流，还在应急现场指挥会议中，实现了可视互动、同步指挥效果，提高了工作效率。

六、综合数据库升级改造

一是创新数据组织模式。“以数据为中心”为原则建立统一的数据存储模型，以面向对象的管理思路组织数据，对各个独立的信息系统数据进行整合和集约化管理，同时建立动态和静态的关联模型，实现了有效灵活的数据管理。二是创新数据共享、交换机制。升级改造的综合数据库可实现自动、定制和多形式的数据采集和分发，通过统一标准和规范，实现行业综合信息的精准采集、实时传输、高效处理、安全交换以及数据的应用服务，促进数据的共享、交换与利用。截至目前，综合数据库已采集存储管理主体数据1786条；采集存储对象数据5493条；采集存储业务数据2076条；采集存储业务资源数据89 827条；已采集存储其他数据资源638条。

七、基础设施建设和网络安全保障

（一）基础设施建设

2010年，北京市园林绿化局因特网带宽由原来单线路2M带宽升级为双线路10M带宽。中心机房温控湿控设备、不间断电源、环境监控、防火应急等设备齐全。应用智能网络交换管理设备，实现内部网络分区防护、隔离专管、准入控制；数据存储能力、安全保障能力不

断提高，存储设备容量由2005年的2TB提升到10TB，存储数据量已达到2TB近100万条。

年内，实施了直属单位办公网络升级改造项目。对14个局属基层单位进行办公网络设施升级改造，增强直属单位网络基础应用和安全保障能力，进一步提高园林绿化行业整体信息化建设水平。

（二）网络管理

按照京信委对政务外网要求对我局的网络资源进行了VLAN划分，根据不同的安全级别，整个网络系统划分为用户区、管理员区、服务器区等不同的区域和不同的安全级别。最大限度地保证了数据的安全性、网络的可靠性。

（三）机房管理

中心机房充分利用技术防范手段，强化监管，确保安全。在中心机房等重点部位，设立了24小时视频监控系统和温度自动报警装置，出现异常情况，相关责任人和外协单位能即时接收到报警信息,做到快速联动响应。出入口设立监控探头，24小时监控记录，同时建立机房进出登记的管理办法，做到有据可查。

（四）数据存储备份

为保障数据的安全性，实现重要数据的容灾备份，对政务网、综合信息平台、综合数据库、网上办公、网格化等重要系统的数据库根据数据更新频率制定相应的备份策略，进行日常的备份。2010年，实现了在异地机房设置NAS存储备份，采用先进的VERYTAS备份软件对重要数据进行保护，设置备份和灾难恢复机制，确保重要数据安全。

第二节　天津市

2010年，天津市林业局按照国家林业局和市政府的统一规划部署，本着安全可靠、公开高效、信息共享、注重应用的原则，不断推进信息化建设，实现体制创新、技术创新、管理创新。

一、网站建设

为全面推进网上政务信息公开工作，提升网络的应用效能，以提供信息浏览和公共服务为出发点，建成市、区县协调一致的网站系统，市林业局对门户网站（www.tjly.gov.cn）进行升级，制定林业信息的各类板块；及时发布林业相关的新闻、政策法规、工作动态与信息、实用技术、科研推广信息，建设林木病虫害防治技术、花卉与果树管理、林业种子与苗木专家咨询等，并引进开发了相关专业软件和应用系统，这些软件的应用对各业务处室的工作起到了很大的帮助，大大提高了工作效率和管理水平，加快了各种政务信息及数据的处理速度，对实现电子政务与林业数据化管理奠定了基础。

二、基础设施建设

2010年市林业局投入资金40多万元对计算机房和视频会议系统进行全面升级；提高了专线带宽；更换了部分落后设备并购置了网络安全管理设备，大大提高了局内各类网络、数据、信息等传输及运行速度，并对信息网络安全起到保障作用，防止发生病毒入侵和安全泄密事故。

三、数字林业建设规划

天津市数字林业系统的建设将分近、中、远三期进行。

（一）近期

目标主要对路网绿色通道建设和防沙治沙工程、沿海防护林建设三大林业重点工程进行动态监测和管理，优化动态监测技术，制定数字林业各种特征信息的采集和处理的标准与规范，建立起国家和林业重点市份的数字林业基础信息管理网络系统，为宏观决策部门提供基础数据。

（二）中期

目标是继续对三大林业重点工程进行全面检测，并开展国家级和市级其他林业重点工程的动态监测。同时，应用现代信息技术实现对林业静态特征和森林、荒漠化、自然保护区、湿地等资源的分布特征、经营特征、决策特征的数字化描述，构建起数字林业基础信息管理网络，为国家级及市级的宏观决策部门提供各种基础数据。

（三）远期

目标是继续进行区县数字林业基础信息管理网络系统的建设，对林业生产、管理、科研等主要活动进行全面信息化采集、处理、统计、分析、评价和管理，实现林业各种信息特征的全面检测、更新和维护，为各级部门宏观决策及全社会提供各种基础数据。

四、保障体系建设

（一）加强领导

为切实转变天津林业信息化工作落后的局面，解决存在的问题，局党委专门召开会议，提出了加快天津林业信息化工作的具体意见。按照首届全国林业信息化工作会议精神和天津市有关要求，进一步加强对信息工作的领导，成立信息化工作领导小组，由局党委书记陶润立同志任组长，各相关处室、单位负责人为成员，加强对信息化工作的领导，从加快林业发展、服务社会的角度出发，提高对信息化建设重要性的认识，增强信息化管理意识，全力推进信息化建设工作。

（二）加强机构队伍建设

切实加强信息化建设工作，进一步加强机构建设，充实人员，筹备成立局信息中心，充实专业技术人员，选拔出懂技术、工作能力强的人员两名到岗工作。目前正在和市编委协调，争取机构、人员编制。为加快林业局的信息化建设，提高网络管理人员和网站专业技术人员的技术水平，市林业局多次组织各区县林业局及直属单位部分技术人员对网络管理、应用系统使用和网页制作等进行技术培训，为今后信息系统的使用与管理奠定扎实的基础。

（三）加强管理

依据信息化管理技术性、系统性强的要求，进一步规范各项管理制度、工作程序和标准，建立沟通、管理、服务等全面的信息化管理平台；提高广大干部职工自觉参与信息化管理的积极性，不断改善信息化管理的发展环境，继续把信息化工作中的各项基础项目做好，不断强化信息化工作制度和责任制度的落实，完善政务网站内容，规范管理内部局域网，加强软、硬件应用管理，注重电子信息保密工作，使信息化建设推动林业发展的作用得到更充分的发挥。

天津市林业局不断加强信息化建设步伐，局信息化建设取得了一些进展，各项工作正在积极有序地开展，但是还存在一些不容忽视的问题：起步慢，与国家林业局的要求差距还很大，缺乏稳定的资金来源；硬件水平还远远不到位，应用水平也不高，亟待改善；信息化建设专业技术人员缺乏，没有网络和信息技术专业人员，没有建立起相应的业务培训机制等，市林业局将针对管理体制、管理方式及人员素质等方面存在的问题，逐步建立约束和激励机制，健全规章制度，不断加强信息化工作，争取早日跨入林业信息化建设先进行列。

第三节　河北省

2010年，河北省加强林业信息化建设力度，重点开展了门户网站改版、网络安全体系建设、全国木材运输管理系统试点建设、森林资源地理信息系统试点建设等工作，在网络基础设施建设、安全保障体系建设、应用系统建设等方面成效显著。

一、河北林业网站完成全新改版

2010年6月，河北林业网站全新改版，荣获全国林业十大优秀网站称号。新版网站着重在栏目设置、内容展示、管理技术和保障机制等四个方面进行了改进。一是栏目设置方面。专栏数量由原来的60个增加到80多个，重点建设了政务公开、林业要闻、重要文件、视频点播、科技服务、互动论坛等栏目，涵盖了四大类24个专题，体现了政府网站信息的丰富性、完整性、及时性和权威性。二是内容展示方面。首页由原来的2屏增加到5屏，整体设计简洁庄重、创意独特，网站专栏设置与业务职能划分既相互统一又相互补充，增强了内容的延展性。三是管理技术方面。后台管理进一步规范化，网站管理系统以日志形式记录每个用户的登录行为，既保护了用户权益又方便了责任追究；同时安全性、实用性并重，采取防攻击、防篡改等措施，保障了网站的稳定运行。四是保障机制方面。制定并实施了《河北林业门户网站专栏信息更新维护考核办法》，将信息发布数量和专栏信息更新维护情况列入各处室、各单位年终考核目标，扭转了信息收集难、信息更新慢的局面。改版后网站信息量较改版前增加了 4倍以上，日均访问量达4000多人次。

二、基础数据库应用试点建设

建设森林资源基础数据库是推进全省林业信息化建设的重要环节。2010年，以御道口林场、千松坝林场资源数据为基础，研究建立了全省森林资源数据库模型并展开试点应用。一是从林业工程项目管理信息化入手，着力开发“再造三个塞罕坝林场”工程管理信息子系统，攻克了图文、图表一体化的技术难题，实现了图形与属性的无缝连接，突破了建立全省森林资源管理基础数据库模型的技术障碍；二是在调研分析的基础上，理清了林权管理、征占用林地管理、采伐限额管理、营造林工程管理等业务之间的横向联系和数据关系，为开发综合应用系统奠定了基础；三是研究探索了数据库更新管理机制，以保障资源数据的动态更新；四是确定以“再造三个塞罕坝林场”项目区、木兰林管局为首批试点单位，完成了营造林管理数据库平台的测试运行。目前通过网络就能够准确查询该区域森林资源空间分布信息，掌握林业资源历史、现状和动态信息，显著提高了对森林资源的监管能力。

三、网络与信息安全管理

严格执行《河北省林业局网络和信息安全应急预案》、《河北省林业局保密工作制度》等管理制度，网络维护管理流程更加规范。一是积极应对网络安全的严峻形势，严格执行中心机房值班、日志制度，定期检查网络设备和安全设施，排查安全隐患，确保了局域网、政务内外网和应用系统安全。二是加强信息系统的性能监控，定期监测各项运行指标，适时优化配置，保障数据库和信息系统的稳定运行。三是继续采取对所有客户端统一策略和集中升级管理的方式，推广使用网络杀毒软件，提高了局域网内单机用户的防病毒能力，建立了良好的网络环境。四是对涉密计算机和局域网终端机进行了三次保密安全检查，重点指导保密机采取了病毒查杀、密码重置等保护措施，实现了计算机信息系统无泄密。五是世博会及亚运会期间，不定期地进行网站涉密信息排查和网络安全检查，实现了网络信息安全运行无事故。同时，调查了全省林业系统网站的基本情况，为进一步加强管理，建设全省林业网站群做了必要准备。

四、智能化网络管理中心建设

一是加强基础设施建设。制订了科学合理的网络安全解决方案，多方筹集资金，更新服务器、交换机等网络设备6台件，逐步添加网页防篡改系统、数据备份设备，提高了网络运行性能和安全指标。二是综合考虑网络信息安全体系建设和网络基础设施建设两个重点，着重做好内网、外网、国家林业专网、局域网线路整理和电磁隔离，建成了标准化的后备电源监控系统、服务器及网络运行状态监测系统，改建后的中心机房在安全、高效、智能化方面有了较大提升。

五、林权管理等综合信息系统优化完善

一是全国首家网络版林权管理系统安全稳定运行4年来，已存储林权信息51万条，取得良好的社会效益和经济效益，引起国家林业局领导及林业专家的普遍关注。5月初国家林业局在河北省召开全国林权管理办法研讨会，专题讨论了河北省林权管理软件，一致认为该软件“能验证用户合法性、能保持数据完整性、能保证数据传输存储安全、能追溯历史记录，能提高管理效率，可在全国推广”。该系统历史查询模块的设计研发即将完成。二是省林业局内部文件流转系统流程进一步优化。从建立内外网隔离的长远发展出发，调整和改进了功能设置，逐渐形成了统一、共享、高效的网络办公平台。系统创建工作流3200个，文件流转、网络硬盘、通知公告、电子存档、内部短信、IM即时通信等功能得到广泛应用。三是视频会议系统管理、维护和应用成效明显。严格执行《河北省林业视频会议系统管理办法》，定期检查、监测中控机房，严密监控设备运行情况；更换了国家林业局专网视频终端，与国家林业局视频中心顺利对接，保障了音频、视频传输效果；随时关注全省林业视频会议系统各分支节点的运行情况，有针对性地进行技术培训；提前组会、专人联络、精心调校、会后备忘，年内召开视频会议10多次，节省会议支出近50万元。

第四节　山西省

2010年，山西省紧扣现代林业建设这个中心，以在林业各级业务管理中全面实现信息化应用和服务为核心目标，以林业信息资源整合改造和开发利用为重点，以森林资源信息共享利用为突破口，着力提高应用水平，推动林业管理方式转变取得了显著成效，为全面推进山西现代林业建设提供了重要支撑。

一、林权信息采集管理系统在林改中的推广应用

2010年，为加快集体林权制度改革，解决勘界工作中的农民真正参与难、林地调绘难、档案管理难等难题，全省借鉴中德林业技术合作“在使用土地和森林中发展和贯彻参与式方法”（PAAF）项目的经验，依托林业科研队伍，投资500万元，建成了林权信息采集管理系统。系统的建成，不仅提高了勘界精度，而且提高了工作效率，加快了林改进程。该系统以数字化航片为基础数据，以常用的Supermap（超图）为基础操作平台，应用1∶1万基础地理数据（数字线划图DLG、数字影像图DOM、数字高程模型DEM三类数据），加载二类资源调查数据，具有村界修正、小班修正、宗地采集、林权管理、图纸打印、基础数据管理等六个功能。不仅可以准确记录各类林地或宗地，自动求算地块面积，直接将空间数据与属性数据相连，而且实现了宗地属性数据与宗地图的互查和森林资源管理、林权管理的动态化。村民通过航片、地形图和实地进行对照，可以直接看到分给自己的山林，确保了农民的知情权、参与权，使林改走上了"参与式改革、数字化确权、信息化应用"的道路。集体林改全面铺开后，该系统在全省115个县集体林改中得到普遍应用。国家林业局林改司在山西省检查工作时，给予了充分的肯定。

二、森林防火电子政务系统开发

山西森林防火电子政务系统是山西省森林防火政府部门信息发布和集中对外提供服务的总平台，该平台能够为森林防火部门提供电子邮件、信息检索等服务；能通过导航程序在技术、功能等方面实现网站间的有机衔接；能对森林防火部门的应用项目、网页风格、电子邮箱、连接方式、数据结构等进行统一规划、管理；能起到森林防火部门对外宣传的作用；能为广大公众在网上浏览咨询直接办事提供服务。其内容包括：

内部建设：公文电子化；网上协同办公；行政管理网络化。

外部建设：信息发布；单、双向网络互动；在线事务处理。

内部建设是对外服务的基础和支撑，而对外服务的深入开展又促进了内部业务管理的整合。

系统的功能特点：操作简单、界面友好；即时可见；功能完善；方便移植；OA系统完成全省森林防火系统内部的全范围的远程办公流程。

森林防火电子政务系统的成功研发，打破了行政机关的组织界限，重组了公共管理，实现了森林防火协同办公、业务流程信息化，为公众和单位提供广泛、高效和个性化服务。

三、森林资源管理信息系统建成

该系统是在前几年建立林业资源数据库的基础上，利用二类森林资源调查成果和数字生态规划成果，研发的一项管理技术平台。该系统以C/S和B/S为混合架构，以ArcEngine和ArcGIS Server为二次开发平台，支持多源、多时相、多比例尺的空间属性数据，以Oracle数据库为核心，采用ArcSDE空间数据引擎，实现了对空间相关信息的集成管理。系统由逻检统计、分析规划、专题制图、查询浏览四大模块组成。主要功能：一是可及时更新、维护林业调查现状数据，实时进行逻检修正和统计分析；二是可及时修改规划，进行作业设计；三是可进行动态监测和分析；四是可编制、输出各种通用图、专题图，实时进行更新。五是可方便快捷地进行数据查询。通过该系统，可以全面掌握各类土地利用现状，真实反映、评价林业建设成就，科学规划未来林业发展，适时监测分析生态环境变化动态和发展趋势，指导微观林业生产实践。目前，已在全省森林火灾扑救与监控、公益林界定、森林经营方案编制、林业规划设计等方面得到应用。

四、行政审批软件系统开发

为提高工作效率、方便群众办事，按照“突出重点、注重实效、分步推进、创新便民”的原则，全省从2009年开始研发林业行政审批系统，到2010年底，系统已经开发完成，目前正在进行测试。该系统对木材运输证、木材采伐证、苗木生产许可证、经营许可证、苗木检疫证、动物运输许可证等12个经常性的审批项目，从录入、审核审批、打印等，严格按照审批流程，都可实现网上办理。这一系统的成功开发和应用，为进一步规范行为，简化程序，实现行政审批的电子化、规范化、准确化和自动化奠定了基础。

五、山西省网络森林医院建成

按照国家林业局的要求，参照全国网络森林医院的模式，2010年，全省投资10万元，开发研制出一项面向社会的林业有害生物防治服务系统。该系统是以服务林农为宗旨，以现代信息技术为手段，以互联网为载体，以专业数据库和专家队伍为支撑，集省、市、县三级林业有害生物防治机构和专家队伍于一体，为用户提供自下而上、由近及远、虚拟与现实相结合的开放式服务。主要功能包括自助查询、专家答疑、信息发布、灾情报告、意见建议、知识普及、行业管理等。“自助诊治”通过“向导式”和“输入式”两种方式，获得某种有害生物的分布情况、发生特点、防治措施等信息；“专家答疑”通过文字、视频、预约等，获得专家的文字答疑、视频交流、现场出诊等服务。在运行模式上，实行共建共享、一网覆盖，多域表现、特色发展，自下而上、分级负责，即时更新、持续补充，全面监督、层层考评。在服务形式上，由省、市、县三级林业有害生物防治机构和专业技术人员通过在线服务来完成。该系统已于2011年3月7日正式开通运行。目前，省网络医院专家共有168名，既有省森林病虫害防治、林科院的专家，也有高校的专家，还有市县从事林业有害生物防治的专家。这项系统为农民足不出户获得信息，自助诊治、专家咨询等提供了便捷服务。

山西林业信息化工作虽然取得了一定成绩，但与兄弟省市相比还有很大差距，一是机构队伍建设明显不足，省级人员编制少，技术力量薄弱；市级专门机构编制不全，人员素质不高。二是资金不足、管理分散。投入渠道不畅、额度小；依托造林、管护工程，分散管理，难以发挥最大作用。今后，我们将积极开展工作，理顺管理体制，夯实队伍基础，争取更多资金，把林业信息化的事情做好。

第五节　内蒙古自治区

2010年，是我国林业信息化建设强劲发展的一年，可以说，林业行业信息化建设是在全国各行业中继续呈现出一个备受关注、朝气蓬勃的“发展年”。在国家林业局的大力推动和支持下，内蒙古林业信息化建设也呈现出快速发展的势头。

一、示范省建设

按照国家林业局的要求，努力创造条件，特别是在信息化机构设置、人员配备、经费保障等方面，做了大量努力。在专业管理方面，认真对比分析，取长补短，积极完善，力争通过林业信息化示范省建设活动，把当前的工作推向一个新阶段，为全国树立典型作出榜样，为现代林业建设作贡献。

二、网站建设

（一）外网

不断改进林业门户网站格式和风貌，平时一小改，适时一大改。逐步向林业门户网站群建设发展，实现林业“一站式”服务功能，树立林业对外形象，不断完善外网信息发布、政务公开、网上办事、民政互动等功能,访问量比2009年度提高了25%，在网上及时发布林业政务信息公开内容，按时做好政务信息公开工作。

（二）内网

按照国家林业局的要求，自筹资金80多万元，全面改造升级了与国家林业局连接专网（可视会议和公文传输系统），扩大了会议室面积，提升了视频音频效果，安装了液晶电子墙，由原来的标清升为高清，技术新、质量高，为今后国家林业局与内蒙古召开视频会议和公文传输提供了保障，为下一步专网延伸到地市打下了基础，创造了条件。

三、信息资源管理开发利用

完成了自治区森林资源管理信息系统建设工作，并开始试运行。鄂尔多斯市森林草原防火远程监控系统一期工程主系统调试成功，并投入使用，该系统的建成标志着鄂尔多斯市在实施森林草原防火远程监控的道路上迈出了坚实的一步，完成了全市8.7万平方千米的数字地图拍摄，对鄂尔多斯“数字林业”建设具有重要意义。

四、信息联络员制度建设

各单位确定专门分管林业信息化的领导和信息联络员各1名，建立了相对稳定的信息联络员管理和运维制度。进一步明确了林业信息化管理负责人和具体协调人员的职责，为林业信息化工作的开展指定了具体的抓手，从组织和分工上明确了信息联络员的工作职责、任务和范围，使盟市和直属单位及各处室的信息化工作有人抓，责任落实到人头，通过组织和开展一系列活动，调动了信息联络员的积极性。全区50多名信息联络员在林业信息化建设中发挥了积极的作用。

五、《内蒙古林业信息化发展“十二五”规划》编制

组织各方力量，按照国家林业局《全国林业信息化建设“十二五”规划》总体思路，和“统一规划，统一标准，统一制式，统一平台，统一管理”的建设原则，完成了《内蒙古林业信息化发展“十二五”规划》的编制工作，使林业信息化建设能够沿着科学发展的轨道前

进，做到林业信息化管理科学化、规范化、程序化。

六、信息报送通报制度完善

2010年采集了3850多条林业文字和图片信息，90%以上的信息通过编辑后在林业厅门户网站上发布，为各部门提供了信息资源，在林业信息报送数量和质量上有了较大的提高。建立了林业信息报送定期通报制度，每天一登记，每月一统计，半年一通报，年底全通报的制度，进一步探索林业信息报送表彰、奖励、督促和检查制度。

七、管理制度建设

建立了《内蒙古林业信息安全保密管理规定（试行）》、《内蒙古林业信息化工作管理办法（试行）》、《内蒙古林业网站管理暂行办法》、《内蒙古林业厅视频会议系统管理暂行办法》、《内蒙古林业厅机房管理规定》。进一步加强法律法规和行标行规的贯彻落实和督促检查。

八、保障体系建设

（一）提高认识，统一思想

2010年全区认真组织学习了中央林业工作会议、全国林业厅局长会议和国家林业局"首届全国林业信息化工作会议"精神。通过召开会议、举办座谈会和利用网络，进行广泛宣传、深入讨论，制定学习计划，要求全区林业系统进一步深化学习，认真贯彻落中央和国家林业局会议精神和领导指示。结合内蒙古林业实际，进行深入探讨和研究，进一步提高认识、统一思想，深刻认识当前信息化建设在现代林业建设中的重要意义。

（二）加强领导，强化组织机构建设

2010年的工作重点是继续加强各级对信息化工作的领导，具体做法是加强林业信息化领导小组的工作，林业厅下发了《关于调整内蒙古林业信息化领导小组成员的通知》，及时调整了信息化领导小组成员，组成了由"一把手"任组长，有关单位主要负责同志参加的信息化工作领导小组，实行对全区林业信息化工作强有力的领导。要求各盟市都要及时调整相应的信息化领导小组成员，统一加强对本地区信息化工作的领导。定时召开会议，分析形势、研究对策、解决当前信息化发展中存在的问题，建立信息化推进工作机制，对分管部门和岗位，明确职责，建立工作制度，把各项工作真正落到实处。全区70%以上的盟市成立了林业信息化工作领导小组，60%以上的盟市建立了各项工作制度。

林业厅积极协调自治区编委，筹备成立"内蒙古林业信息化管理办公室"，新成立的机构为自治区林业厅直属事业单位，定编5人，与原有的信息化管理办公室内设机构合署办公，实现"一套人马，两块牌子"运作。要求各盟市和直属单位成立信息化管理机构，配备工作人员，统一担负起林业信息化建设管理职责，开展林业信息化归口管理。全区有30%的盟市建有专门的管理机构，有95%以上的盟市和直属单位设有专门的岗位，配备了专职管理人员。机构的建立和人员的配备，为林业信息化工作的开展提供了组织保障。

（三）拓展资金渠道，加大建设投入力度

积极协调自治区发改委、财政厅和有关部门，在国家林业局《全国林业信息化建设纲要》和《全国林业信息化建设技术指南》的指导下，按照全区总体规划和年度实施计划，开展了一些信息化建设项目，据初步统计2010年信息化建设经费在3千万元以上。

（四）加大教育培训力度，发挥专家作用

2010年底在呼和浩特市举办了“全区第三期林业信息联络员培训班”，各盟市、厅机关处室和直属单位分管林业信息化工作的领导和信息联络员100多人重点在林业信息化应用方面进行了培训。通过培训，开展信息化知识交流，提高了广大干部职工信息化认识水平和应用能力，普及了信息化知识，培养了一批能掌握先进林业科学技术的管理人才，并造就了一支运用信息化技术服务于林业的职工队伍。

积极发挥林业信息化专家技术咨询小组的作用。2010年召开6次信息化专家咨询小组会议，开展信息化学术交流，研究内蒙古林业信息化发展战略，对开展的项目进行评审和咨询，对当年的林业信息化业绩和发展成就进行评估，对未来的发展计划和信息化技术进行深入的探讨，对《内蒙古林业信息化发展“十二五”'规划》进行认真的修改和完善。专家咨询小组为全区林业信息化建设提供了大量的技术支持，为信息化建设发挥了积极的作用。下一步还要对“信息化技术在林业主体业务管理中的应用”进行认真研究，提出合理化建议。

内蒙古地大物博，是全国林业重要省份，加快林业信息化建设具有特殊意义，从全区整体上看，存在的问题是：一是大部分地区基础设施建设较差，网络建设和应用不成体系，设施设备落后或缺失，有些地区还未建成统一的平台；二是信息化建设投入严重不足，没有专项建设经费保障；三是有些地区还没有信息化专门管理机构；四是一些地区和单位领导对林业信息化认识还不到位，重视程度不够，因此出现地区间发展水平差别较大。

第六节　内蒙古森工

2010年，内蒙古大兴安岭林管局（森工集团）按照全国林业信息化建设总体部署，以全面实现林业信息化为目标，以电子政务建设为重点，坚持实施信息化带动战略，大力提升信息化在林业职工生活及林区各领域的应用水平，进一步加快了内网、外网等网络基础平台建设，信息化建设各项工作取得了一定的进展。

一、网络基础平台建设

2010年，内蒙古森工领导班子结合林区自身发展的实际，充分考虑到林区的经营管理状况、工作人员对网络的认识程度和计算机应用的普及程度等因素，结合林区长远发展规划，多方面进行深入探讨、分析、论证，批准实施了林直机关南北楼网络综合布线改造工程。改造后的森工集团机关局域网建设集中于南北两座办公楼内，中心机房设在南楼六楼中央大厅，两楼各设1个配线间，共有4个机柜，1080个节点，内、外网严格执行物理隔离。其中，楼宇间采用单模光缆光纤连接，中心机房外网组建主要选用支持第三层交换功能的思科Catalyst2948-L3千兆以太网路由交换机和思科2800路由器作为核心设备，南北两楼接入层的交换机为思科Catalyst3500 ，每个楼层采用两台神州数码DCS-3600-26C以太网接入交换机实现楼层交换。

内网建设目前主要以全国林业信息专网建设为基础，采用一台思科2600路由器和一台思科Catalyst3550交换机作为核心设备，为逐步在内蒙古森工各企事业单位接入视频会议系统和实现无纸化办公做好前期准备工作。

二、网站建设

经过2008年和2009年两次全面改版、扩容，内蒙古森工门户网站已经成为集宣传、信息发布、服务林区为主的综合性网站。新改版的网站主要突出以下内容：

一是采取“文字—图片—视频”立体结合，提升门户网站呈现效果。“文字、图片、视频”是视觉语言中的基本元素，通过对这些基本元素互相穿插、衬托和补充，从而构成最佳的页面效果。其中视频元素主要是《林区新闻联播》、《在线视频访谈》等专栏在门户网站的首次开设。二是突出了每日要闻的重要性，设置了《今日头条》栏目；三是在挖掘具有林区特色的、有深度的独家新闻上下工夫，加强编辑力量，围绕重大事件设置《树立生态文明新形象 建设社会主义新林区》、《做林业生态建设脊梁》、《走林海看民生》、《千里兴安筑屏障 万顷林海塑党魂》、《直击棚改工程现场》等专栏展开报道。同时还增大了图片新闻的篇幅，增设了《党建工作》栏目；四是侧重关注民生和区域合作，突出地方特色，增强服务功能。设置《在线访谈》、《网络媒体看林区》等栏目，全方位报道林区社会生活中发生的重大事件，增加了网站与民生的贴近性和吸引力，最终实现政务信息公开。

网站内容覆盖广泛、条理清晰、重点突出、含义完整，并呈现动静结合、图文并茂、影音兼备的多维表现形式，有力地提升了内蒙古森工政务信息公开工作的实际效果。目前，网站总点击量累计超过122万人次，日访问量最高达4000人次。

三、应用系统建设

内蒙古森工在应用系统建设上始终坚持“以应用促发展”的基本思想，虽然各系统的规模较小，但都是从实际工作需要出发，围绕着重点工作开发的。在应用方面较为成功的软件系统，除20世纪开发的几个管理系统外，目前在全林区应用最广泛、最成功的是财务管理系统。基层单位应用系统建设较好的是根河林业局、阿里河林业局自行开发的贮木场计量系统和木材生产数码判读系统。这两种实用性、可操作性较强的应用系统在工作中的成功实践，也为林区下一步的信息化建设积累了十分宝贵的经验。

四、保障体系建设

随着信息技术和网络通信技术的不断深化和发展，内蒙古森工制定的信息化建设目标是：区别对待、分步实施，将林区网络建设成一个设备先进、扩展性强，能够连接林管局机关和各成员单位的宽带广域网。并逐步创建和开发以电子政务系统为基础的各类应用系统，以实现整个林区的信息共享和无纸化办公，满足现代企业信息化管理的需要，主要做法有：

（一）加强领导，明确责任

为认真贯彻落实“首届全国林业信息化工作会议”精神，加快推进林区企业信息化建设步伐，成立了以主要领导为组长的信息化工作领导小组，小组成员包括各相关处室的负责人。领导小组下设办公室，负责全面指导和协调林区信息化建设工作，制定林区信息化发展规划并指导实施。各基层单位根据工作实际也都成立了相应的信息化建设组织协调机构。领导机构的建立为内蒙古国有林区信息化建设提供了强有力的组织保障。

（二）健全队伍建设，强化机构职能

为加快推进林区信息化建设工作进程，统一领导林区信息化建设工作，在机关机构改革中，将原信息中心职能划归林管局办公室，设立了电子政务科。电子政务科主要业务职能是：指导林区信息化建设工作，组织制定林区信息化建设长远规划及年度工作计划；负责机关网络设备的管理、维护以及机关网络设备的安全设置和安全监护，制定机关网络管理制度等工作。

（三）统一规划，统一标准

统一规划是推进林业信息化建设的重要基础。内蒙古森工以“统一规划、统一标准、统一建设、统一管理”为原则，全面研究阅读《全国林业信息化建设纲要》、《全国林业信息化建设技术指南》和《内蒙古自治区信息化促进办法》等纲领性文件，组织专业人员在充分调研林区信息化工作实际情况的基础上，编制完成了《内蒙古大兴安岭林管局（森工集团）信息化建设规划方案》，为林区信息化建设指明了建设目标和发展方向。

（四）整章建制，规范管理

建立健全科学合理的配套制度是促进林业信息化健康发展的重要保障。为保证林区信息化建设的统一性、规范性，以强化林区网络管理为重点，制定下发了《内蒙古大兴安岭林管局（森工集团）计算机信息网络安全管理制度》和《内蒙古大兴安岭林管局（森工集团）计算机信息网络安全管理保护规范》等制度性文件，确保林区信息化建设工作规范有序进行。

内蒙古森工信息化建设还刚刚起步，也可以说是刚刚进入科学化、信息化管理的阶段，用于林区发展、改善民生的资金短缺，用于信息化建设的资金投入更显不足；技术力量相对薄弱；信息资源整合和共享的困难较大，信息化建设可以优化企业各种资源的合理配置，减少管理成本，实现信息资源共享，不断提高企业的开发创新能力和企业的核心竞争力，也有利于培养出一支能适应激烈竞争和现代化管理所需要的管理和技术人才队伍。

第十章　东北地区林业信息化

第一节　辽宁省

2010年，辽宁省林业信息化建设工作坚持“统筹规划、分层建设、需求推动、应用主导、顶层设计、集中管理、重点突破、整体推进”的原则，围绕“管理、服务、创新”的理念，以示范省建设为突破口，全力推进林业信息化建设，取得了明显成效。

一、示范省建设

2010年，辽宁省成为首批全国林业信息化示范省，示范主题是外网建设和基础平台建设。为全面、按时完成示范项目，省林业厅成立了以厅长为组长的领导小组，制订了实施方案，召开了工作会议，协调了建设资金，使信息化示范省工作全面展开。

（一）政务商务一体门户网站群建设

2010年6月辽宁省林业政务商务一体门户网站群建成，并投入试运行。网站以打造1511网站群为主体架构（即1大门户、5个子门户、1个网络电视、1000个企业子网），强化了服务理念，实行了政务公开，增加了商务功能，搭建了企业信息交流与合作的平台，全方位、多视角地展现辽宁林业形象。目前门户网站点击率已突破100万人次，与2009年相比提高了34%，并先后荣获中国政府优秀网站奖和全国林业系统十大优秀网站称号。

（二）基础应用支撑平台（核心平台）建设

对核心平台的单点登陆、Portal、数据交换、即时通讯等方面进行功能完善和提升，充分发挥基础平台的重要技术支撑作用，为应用系统的开发提供了强有力的保障。该平台获得省政府科技进步二等奖，入选2010年度全国信息化十件大事之一。

（三）省、市、县、乡四级林业专网建设

省到市线路由原来的4兆拓宽到155兆，市到县由2兆拓宽到10兆，新增县到重点林区2兆数字线路，全省总数量达到140余条，为“十二五”全面推进网络应用打下了基础。

（四）资金投入

为促使信息化示范省建设快速推进，省林业厅千方百计筹措资金2500万元，用于示范项目建设、全省航测高清遥感影像数据购买、林改档案软件开发、软硬件设备维护网络改造等。据不完全统计，全省14个市相继投入近2000万元用于信息化建设，其中沈阳市投入600万元加大应用系统的研究，本溪市投入200万元对全市木材检查站、护林员和防火车实现远程监管。

（五）全省信息化工作会议召开

2010年6月1日，辽宁省第二次林业信息化工作会议召开。厅数字林业领导小组成员单位主要负责同志及全省各市、县（市、区）林业局局长等近百人在中心会场参加会议，会议在全省14个市设立了分会场。会议体现了高规格、大范围、新形式，取得了良好的效果，展示了"十一五"以来信息化建设的成就，显示了信息化在现代林业建设中的技术支撑作用，回答了什么是信息化和如何做好信息化工作等问题，引起了强烈的震动，起到了以点带面的推动作用，为"十二五"信息化建设打下了良好的基础。

（六）信息化示范市创建活动

为全面推进基层信息化建设，在全省开展了林业信息化示范市创建活动。为此，下发了《关于申报全省林业信息化示范市的通知》，制定了详细的评审标准，目前已有8个市申报了创建示范市材料。为不使这一活动走过场，省厅多次到沈阳、抚顺、阜新、本溪、朝阳等市检查示范市创建活动，进一步推进了各市林业信息化示范市建设向纵深发展；在厅门户网站上设置创建示范市宣传专栏；开展信息化建设年活动，营造良好的氛围。2010年12月17日，本溪市政府召开了本溪市争创全省林业信息化示范市启动大会，信息化示范市创建工作进入高潮。

（七）制度建设

林业信息化建设被纳入全厅目标绩效考核，实行一票否决制；建立了信息化建设情况通报制度；在厅门户网站上对各子网维护情况进行自动排名。制度建设的不断加强，对基层林业信息化建设起到了重要的促进作用。

二、信息化应用领域拓展

2010年在狠抓示范项目建设的同时，注重抓好信息化成果的转化：实现了3个100%，省厅40个行政事业单位和14个市林业局100%实现了网上公文流转，文件短信到达通知和手机移动办公，全省累计网上行文1万余份；档案管理系统省市两级50余个单位100%投入使用，实现了文件及时归档、网上文件借阅，全省累计网上归档各类文件13万余份，这两个系统的有机结合，得到省档案局的充分肯定，被列为全省推广试点；网上审批系统100%投入使用，2010年取消了单机版办证系统，网络版采伐证、运输证、林权证在230余个终端上使用，全省累计网上办理各种证件15万余份。

省、市、县三级林业部门普遍将全省森林资源管理系统运用在造林规划设计、森林采伐管理、森林经营管理等方面。特别是在省级大型项目上更显示出系统的优越性。在辽西北造林规划、五点一线绿化规划、"三北"防护林五期规划、辽宁省林业"十二五"规划和辽宁省荒山绿化规划等很多大型规划的编制过程中都应用了森林资源信息管理系统。

全省森林资源变档软件、全省森林资源三维仿真软件完成开发投入使用，实现了全省森林资源连续5年年度变档和全省森林资源三维立体显示。

全省造林作业设计系统、全省统计分析系统和全省生态公益林管理系统经过反复调试均达到了设计标准，全面投入使用。

省、市、县三级视频会议系统的投入使用，形成了开会用视频，检查落实到基层的现代化办公模式。

三、信息化工作新突破

（一）林业互联网建设

全省建立了点、线、面结合的林业资源管护体系。利用信息技术，开发了护林员定位监管系统，护林员利用手机照相和短信及时将各种突发事件发回指挥中心，通过实时定位及历史轨迹查询，可随时掌握护林员在管护区域的位置和行动轨迹，初步实现了对护林员的远程监管。在森林防火车上安装了远程监控系统，视频监控设备可实现360度旋转，有效监视距离可达1000米，利用该系统可实时将森林火灾现场视频传回省指挥中心。视频监控车是对固定监控点的有效补充，更加快速、机动、灵活，为指挥决策提供了第一手的现场资料。在木材检查站，重要的路口安装电子眼，盯住这条线，震慑不法分子。利用中国移动基站多处于村边路旁的特点，在基站上安装了远程监控系统、传感系统与通讯系统，实现了对火灾易发地段实时监管，对当地温度、湿度、风向的实时报送和远程指挥调度。这种点、线、面相结合的立体化管护模式，为建设平安林业创造了条件。

（二）跨行业协作

与中国移动辽宁公司签订战略合作协议，将移动公司的先进技术和设备与林业建设紧密结合，实现战略互赢，林业信息化建设开始走向跨行业联合建设。

（三）公众服务能力提升

强化了门户网站的商务功能，增添了林业种苗网、森林旅游网、产业和技术推广网等子模块，尤其是“林信通”这一互动模式，每年发布各类供求信息9000条，网上展示各类林产品740余项，及时为林农和企业提供市场信息，在市场引导和服务中发挥了重要作用。在加速集体林权制度综合配套改革中，进一步加快了林信通平台建设，为林农和企业提供技术讲解、专家热线、政策咨询、市场信息等快捷服务，林农点击查询达到10余万次，解决广大林农信息不灵、缺乏技术、大发展难的问题。2010年，全省林业总产值达到938亿元，比2009年增长34.4%，是2005年的3.5倍。全省涉林农民人均林业收入达到1824元，占全省农民人均收入的27%以上，东部山区已达60%。实践证明，信息化建设在林业改革和发展中大有作为、大有可为。

（四）队伍建设

全省开展了“一市两专家，一县一能手”的信息化技术培训工作，培训人数达3000人次，创历年培训人数之最，为基层打造了一支能力强、过得硬的信息化建设队伍。同时，不断加强专业队伍建设，通过系统学习、专家辅导、现场教学等方式，使年轻人成为专家能手，解决了日常工作中遇到的如网络瘫痪、流程调整、数据库调整等疑难问题，确保业务不间断。

2010年，辽宁省坚持“加快林业信息化，推动林业现代化”的发展理念，采取“搞协作、拓领域、抓创新、促应用”等措施，使辽宁林业信息化示范省建设步入快速发展的轨道，走出了一条“内整合、外联合、搭平台、建队伍、高标准、多功能”的林业信息化发展模式，开创了林业信息化建设的新局面。

辽宁省林业信息化建设虽然取得了可喜成效，但是还存在较大的差距和不足，突出体现在：一是信息化的基础设施建设还相对滞后；二是地区间的发展不够平衡，各市之间差距较大；三是建设和维护的资金来源不够稳定，没有充分的资金保障；四是应用系统普及、开发还不够。这些问题都有待于在今后的工作中认真加以解决。

第二节　吉林省

2010年是吉林省林业信息化进入全面建设的第一年。吉林省林业厅新一届领导班子从全省林业战略高度统筹规划，整合现有资源，按照国家林业局信息化建设总体规划要求，本着“学习先进经验，少走弯路，向高标准看齐”的理念，会同有关专业人员，在对吉林省林业信息化建设基本情况调研的同时，先后考察学习了省内外有关厅局信息化建设的先进经验，并且结合本省实际情况、依托前期建设的软硬件平台，按照“适度超前设计”的理念和“打基础，重应用”的原则，全面推进了林业信息化进程。

一、重点项目建设

2010年林业信息化建设总投资预算为2000多万元，吉林省林业厅在财政预算资金短缺的情况下，本着与运营商互利互惠的原则，采取了吸引运营商投资的战略，融资1550万元用于全省林业信息化建设，最大限度地提高吉林省的林业信息化建设步伐，大大缩短了吉林省林业信息化基础设施建设的周期，提前2年完成了吉林省林业厅规划的建设任务。

（一）省、市、县三级林业专网平台

吉林省林业专网建设按省、市、县三级架构进行构建，采取与吉林省广电公司合作的方式，充分利用吉林省各级吉视传媒数据传输专网，建立了吉林省林业专网。项目的建设覆盖全省的省、市、县（含森工局、保护区、厅属各单位）三级共103个网点，在省林业厅部署核心路由器、核心交换机；各市、州林业局部署汇聚路由器、汇聚交换机；各区县级单位部署接入路由器、接入交换机，同时从数据专网的安全性进行考虑，部署防火墙、IPS网路安全设备，以达到防护各级单位信息安全的目的。最终形成以省林业厅为中心，连通厅直属各单位和各市、县林业主管部门的传输主干网，实现了省林业厅至各地市（州）林

业局8M带宽专线、各市级林业局至各县林业局4M带宽专线（图10-1）。

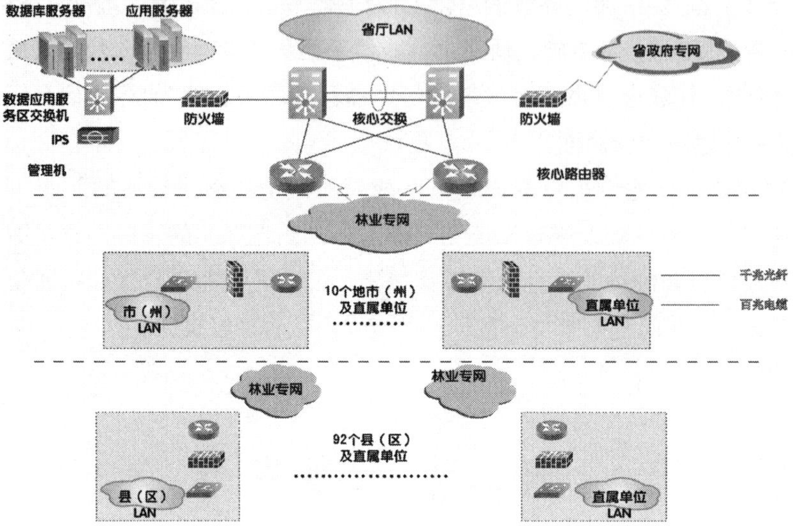

图10-1　吉林省林业专网拓扑图

（二）省级数据中心建成

2010年7月吉林省林业厅对原有机房进行了改扩建，机房建设严格按照GB/T9361－1988、GB/T2877－1989、GB50174－1993标准进行设计。建成后实现了功能完善、符合国家安全保密要求的面积136平方米的独立机房和面积21平方米的UPS配电室。中心机房划分有电源区、空调区、主机存储区、网络区、数据操作区、数据备份区、综合网管区、安全监控区等区域，作为信息系统运维、管理平台的机房已颇具规模。同时，还购置了一批小型机、PC服务器和存储设备以及网络附属设备等，作为各类应用系统的运行平台（图10-2）。

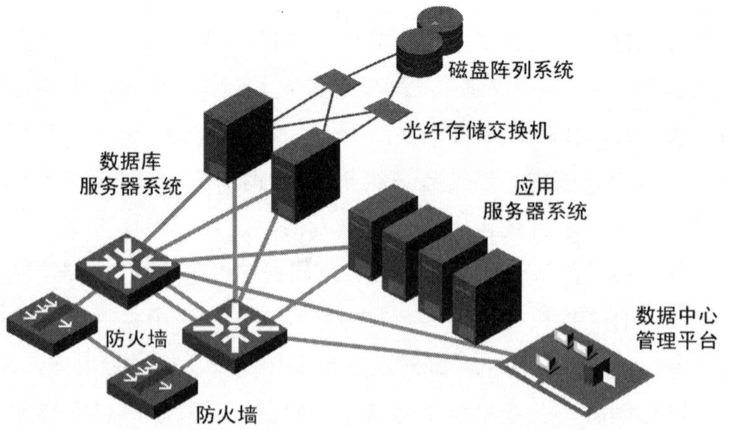

图10-2　吉林省林业数据中心拓扑图

（三）核心支撑平台开发建设

“核心平台”是全省信息化建设总体框架中的应用支撑层，是信息化建设中的业务运行平台和门户展示的基础，是系统建设的核心层。为搞好“核心平台”建设，林业厅组织省内信息化建设优势力量，超前规划、认真研发，现已基本搭建完成，投入使用后可以实现现有各项应用系统的快速整合，将大大缩短林业信息化建设周期。并可通过统一的标准规范实现不同业务系统间的对接，支撑跨部门业务管理系统间的协同作业，有效避免应用系统开发过程中可能出现的低水平重复和“信息孤岛”问题，切实达到业务一体化、技术一体化、数据一体化、服务一体化、决策支撑一体化目标。

吉林省林业“核心应用支撑平台”采用了多层体系架构设计的方法，将数据服务、业务逻辑、展现逻辑、用户界面、工作流程有效的分离，各个层次之间的数据交互通过开放的XML总线技术实现，保证了层次之间的松散耦合，同时，提供了面向构件的应用机制，在每个层次上基于可视化的构件组装方式来搭建应用系统，实现的系统业务逻辑与代码完全分离。应用支撑体系通过组织机构建模、流程建模、业务建模等方式，利用可视化工具进行配置，支持包括办公自动化、网上审批、领导决策支持、门户网站等综合办公应用系统的快速开发、组装和部署（图10-3、图10-4）。

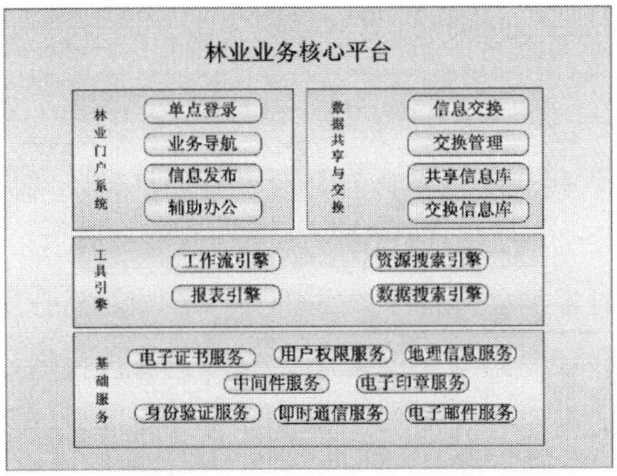

图10-3 核心平台结构框架图

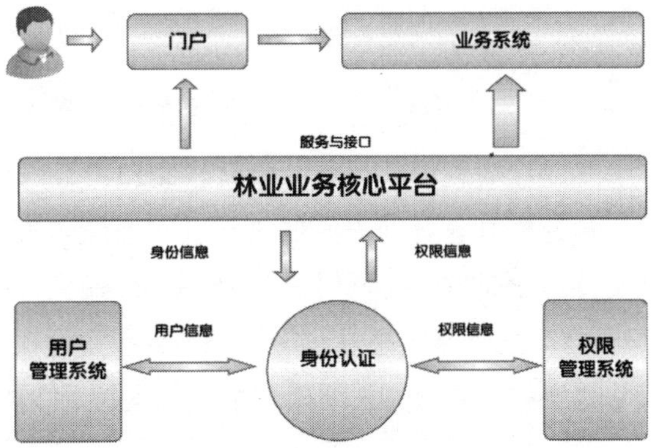

图10-4 核心平台逻辑框架图

（四）应用系统开发建设

一是综合办公系统开发建设。综合办公系统的总体采取“统一平台，门户访问，信息共享”的建设策略，内容主要包括信息服务、公文流转、个人事务处理、信访管理、督察督办、机关综合服务、文档管理、领导办公管理、数字证书认证等九大功能。

2010年底完成了办公自动化系统应用程序开发，并在省厅开展了试点应用。通过该系统可实现公文流转、督办管理、档案管理、个人办公等，既提高了工作效率，又为业务信息化打下了良好的基础。试点成功后，将通过吉林省林业专网在全省推广应用，实现全省林业公文流转、督办管理、档案管理、办公系统的自动化，同时使吉林省林业工作人员适应网络办公环境，便于今后各种业务系统的信息化建设与应用。

综合办公系统是为省林业专网范围内更好、更快地实现内部各级部门之间以及内外部之间办公信息收集与处理、流转与共享、实现科学决策、具有战略意义的信息系统。通过综合办公系统的全面应用，可以有效地组织和管理大量的政务信息，沟通、协调和便捷地联络各部门，方便领导及时掌握全省林业工作，快捷传达计划和决定，广泛传播林业知识，为远程办公、移动办公、家庭办公提供平台，通过不断地优化业务流程，提高工作效率和工作质量，降低办公成本（图10-5）。

图10-5　吉林省林业厅办公网首页

二是全省视频会议系统建设。2010年9月吉林省林业厅以吉林省林业专网为基础，同步进行构建吉林省林业系统的视讯会议系统，在省中心和每个地市中心配置1台高清MCU，共支持混合带宽，可同时支持768K-4M带宽，同时根据实际需求，为地（市）林业局分配4M带宽、区（县）林业局分配2Kbps带宽为视频会议专用带宽；采用的媒体交换机可通过模块叠加，扩展到更大规模容量，并支持至少4M的高清终端接入。MCU支持16画面分屏显示，并可提供语音激励模式、导演模式、主席模式、连续出席模式等多种会议模式，从而为用户在会议的调度和控制管理上提供极大的方便。

省、市以及区县的会议室中均配置一台先进的高清视讯终端，支持H．263、H．264编码，最高支持4M会议带宽，为用户提供1080P画面清晰的图像。此终端支持电话接入，可以为视频会议的召开提供一个良好的网络备份机制，支持双流功能，实现多功能的会议系统。

视频会议系统以省林业厅为中心，支持高清终端接入、16画面分屏显示、电话接入和双流等功能，可提供语音激励、导演、主席、连续出席等多种会议模式的会议调度和控制管理方式。为召开全省林业视频、协商、调度等会议和应急指挥提供了必备的基础环境（图10-6）。

三是吉林省林业门户网站建设。吉林省林业厅在充分调研的基础上，于2010年3月向

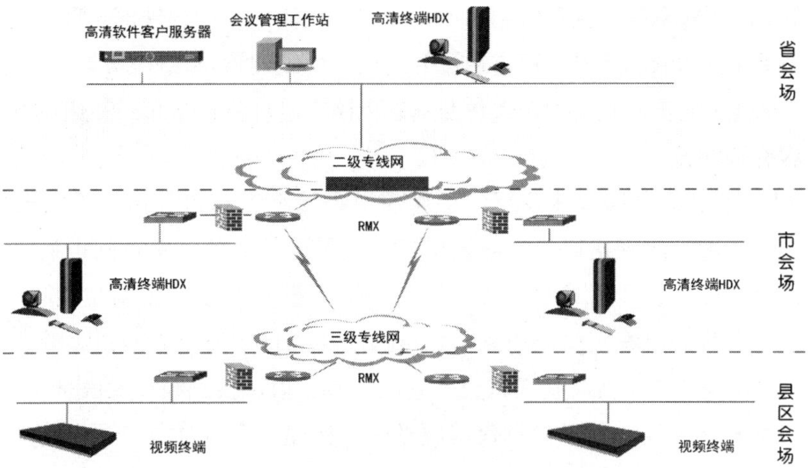

图10-6 吉林省林业视频会议系统结构图

吉林省政府网站管理办公室提交了改版请示，提出了全省林业子站群模式官方网站架构。经过7个月的调试完善，成功实现了吉林林业网（吉林省林业厅门户网站）新版网站上线运行。新版网站具备信息发布、在线办事、互动交流三大功能，实现了50多个子站的信息整合与共享，日点击率超过2万人次，当年被评为省政府先进网站。同时，按照《政务信息公开条例》要求，印发了一系列规范性文件，强化网上宣传工作；开发了"吉林省林业信息报送系统"；组建了全省林业信息联络员队伍，通过群管理方式有效整合了全省122个林业企事业单位信息资源；加强了信息联络员培训，极大地提高了信息时效性和采编质量，有效提升了吉林林业网宣传工作质量和水平。

2010年11月8日，吉林省林业厅门户网站新版的发布仪式在吉林省宾馆举行，采用现场直播方式进行实时发布，在吉林省政府信息办和吉大正元公司的大力支持下，全省各级单位都同时在吉林林业网看到了这一实况，取得最大的效果，受到各级领导一致好评。

二、《吉林省林业信息化建设规划（2010~2020年）》的制定

依据国家林业局《全国林业信息化建设技术指南》和《全国林业信息化建设纲要》，以及《国家电子政务标准化指南》等与信息化建设有关的国家文件与相关标准编制了《吉林省林业信息化建设规划（2010~2020年）》（以下简称《规划》）。其指导思想是以全面实现林业信息化为目标，以信息资源开发利用为中心，以电子政务建设为重点，以"3S"技术应用为创新点，以资源整合和信息共享为突破口，以完善体制机制为保障，统一规划、统一内容、统一标准，分步实施，尽快形成布局科学、高效便捷、先进实用、稳定安全的吉林省林业信息化格局。

2010年3月，省林业厅邀请了省内外专家以及厅相关处室对《规划》进行了评审，各位专家一致认为《规划》采用先进设备与软件，充分体现以信息为主的设计原则，系统架构合

理，体系完备，能够对全国林业系统起到示范作用；投资估算符合规范，资金使用结构基本合理，能够保障项目的顺利实施，评审通过并提出了修改建议。在此基础上，《规划》经过修改，进一步得到了完善，从而为全省林业信息化确立了总体科学布局和建设方向。

三、组织机构建设

2010年初，成立了吉林省林业厅信息化建设领导小组，组长由厅长张德新担任，副组长由主管信息化建设的副巡视员尚静敏担任，成员由相关处室负责同志组成，领导小组下设办公室，由吉林省林业信息中心负责具体工作。各级林业部门也高度重视，积极做好整体信息化建设实施的组织工作，成立了各级信息化工作领导小组，由主要负责同志任组长，成员由所属相关单位主要负责人组成，建成了省、市、县三级林业信息化组织体系。

2010年吉林省林业厅完善了信息化基础设施，构建了全省林业专网，建立了省级数据应用中心，搭建了核心支撑平台，实现了全省林业视频会议的召开和厅机关综合办公系统的应用，完成了门户网站的改版，实现了报送系统的应用，建立了信息员队伍，为下一步业务系统的全面建设做好了准备工作。

第三节　黑龙江省

2010年，全省林业信息化建设工作步入了快速发展的轨道。厅党组对信息化建设给予特别的支持和关注，成立了厅信息化建设领导小组，蔡炳华厅长任组长，常务副厅长杨克杰任副组长，下设信息化建设办公室，积极协调省有关部门，解决了机构和编制问题。在厅办公室信息科的基础上组建了厅信息中心，调整充实了人员。厅信息中心成立以来，厅林业信息化建设从存在的薄弱环节入手，立即着手开展工作，并取得积极成效。

一、网站建设

（一）外网

省林业厅经过大量的调研工作，2010年正式推出了林业厅现行网站（第三版）。按照国家林业局《全国林业网站绩效评估标准（试行）》和《全国林业网站绩效评估办法（试行）》，本着"信息公开、在线服务、公众参与"三大功能定位，将重新设计并完成省林业厅网站（第四版）的改版工作。

（二）内网

完成互联网、省政府政务专网、国家林业局视频会议网的接入和维护，"黑龙江省木材运输管理系统"服务器搭建完成并投入使用。完成全省林业大财务平台建设工作，已投入运行，提供了全面的多组织财务管控体系。

二、基础设施建设

按照标准化机房建设的要求，把机房进行了装修改造。更新了主功能服务器，配置了一些必要的设备，基本达到了标准化机房的要求；对局域网进行了科学规划。聘请网络方面的专业技术人员，帮助分析和解决网络方面存在的问题，2010年5月12日网络更新改造完成运行正常。

三、制度建设

根据全省实际编制了《黑龙江省林业厅信息化建设规划方案》，建立健全了规章制度，制定了《省林业厅局域网管理制度》、《省林业厅计算机保密管理规定》、《计算机机房管理制度》等规章。

四、政务公开和政务信息推动

以信息化建设为有效载体，利用网站、网络、电子显示屏等手段及时发布省厅重要工作信息、重要工作动态；将省厅权力运行制度及其流程图实行了网上公开，办事结果网上公示，群众意见网上反馈。切实加强信息工作管理，推进信息报送工作开展。2010年上报各类信息近500多条次，被国家林业局、黑龙江省委省政府信息主管部门采用300多条次，并分别获得黑龙江省委、省政府政务信息报送标兵单位。

全省林业信息化建设步入了一个快速发展的新时期，各项工作都在积极有序开展。但也存在一些不容忽视的问题。一是资源整合的任务十分繁重，一些部门和单位拥有自己的系统和网络，但稳定性和安全性低，应用水平不高，亟待整合；二是信息化建设还需有足够的基金作保障。缺乏稳定的资金投入，没有纳入财政预算及相关业务的专项资金，长远规划不能有效实施。 三是信息化建设专业技术人员缺乏。网络和信息技术更新很快，缺乏既懂技术又熟悉政务工作的专业技术人员。

第四节　吉林森工

2010年，吉林森工集团信息化工作紧紧围绕国家林业局信息化建设的总体部署，以《全国林业信息化建设纲要》、《全国林业信息化建设技术指南》为指导，以信息技术开发利用为中心，以全国林业信息化示范省建设为重点，以信息资源整合和信息共享为突破口，把加强信息化建设作为深化企业改革、优化资源配置、提升经营水平、推动科学发展的一项战略性、基础性工作来抓，有力地促进了传统森工企业经营方式、管理模式、经济发展方式的转变。

一、示范省建设

（一）三网融合取得新进展

按照国家林业局的要求，吉林森工信息化示范省建设主题为三网融合、电子商务。围绕示范主题，吉林森工整合现有资源，在临江林业局、松江河林业局、露水河林业局基本实现了本企业范围内融合。借推动长白山旅游经济开发区建设契机，携手第三方运营商实现长白山西坡、南坡、北坡的三区联网，打造了一个融合广播、语音、长白山专用频道、新闻传输、内网办公的多媒体信息服务平台。目前，松江河地区局外光纤1200余芯，光缆总皮长约800千米，电缆总皮长约1600千米，设有1个中心机房、2个地区分机房和12个林场机房，网络已覆盖松江河局及其周边区域，基础网络建设使多业务承载成为现实。

（二）电子商务平台建设

吉林森工电子商务平台由统一的信息化管理系统、电子商务应用系统、安全管理和系统管理、决策支持系统构成，主要承担对外物资网上采购和各类产品网上销售等关键业务，是吉林森工面向全国、面向市场的信息门户。集团电子商务平台系统建设以金桥地板集团为切入点，建成一个涵盖集团所属企业相关产品的综合性电子商务平台，实现林业产业产品营销的电子化、网络化，增加林业产业的网络影响力和市场覆盖面。在电子商务平台建设工作中，吉林森工把重点放在基础需求调研和平台模型设计上，金桥地板公司的需求调研工作基本完成，框架已经形成。

二、四大企业管理信息系统平台建成

（一）财务管理信息系统

吉林森工信息化建设是从财务管理入手的，财务管理信息系统涵盖了从财务总账、应收应付、报表、工资、固定资产、财务分析、资金管理、存货核算、合并报表、预算管理系统等。该系统的应用，实现了高效核算、实时查询，优化了业务流程，统一了数据口径，提高了集团财务信息质量。

（二）综合办公自动化系统

综合办公系统主要包括文件办理、会议办理和事务办理等系统。该系统在很大程度上改变了传统工作方式，通过工作流转自动化，初步实现了无纸化办公、远程办公和移动办公，提高了工作效率；通过记录每项工作的全程办理状态信息，实现了工作、任务的有效监督与催办。

（三）企业门户网站规范化运作

吉林森工及各子公司都在互联网上注册了网络域名，同时在网上发布产品信息，宣传企业形象。集团门户网站设有吉林森工、信息动态、六大产业、名牌产品、视频点播、专家论坛、服务社区、董事长信箱、在线咨询、企业邮局等一级栏目，下设30余个二级栏目，实现了信息发布、在线办公、互动交流三大功能。设专人适时更新信息、解答问题，集团领导亲自回复员工、用户及网民提出的问题，保证信息反馈快捷及时全面。

（四）木材电子标签系统有序推进

木材电子标签项目是利用RFID技术，实现从木材生产、运输到销售等各个环节信息的可追溯管理。在此基础上，建成全行业统一的、综合性溯源管理的物联网基础技术平台、数据资源平台和呼叫服务平台。目前应用木材电子标签的相关业务流程已经梳理完毕，代码编写、用户培训、文档编写、数据库设计、硬件选型和试用品生产已经完成，正在所属松江河林业局进行现场测试。

三、运用信息产业化推进产业信息化

（一）公司化运作

为适应新时期林业信息化建设要求，吉林森工确立了信息化建设实行产业化运作的思路，围绕实现“信息产业化、产业信息化”目标，一是成立了“吉林林业信息科技有限责任公司”，总股本1000万，集团出资350万元，专注于林业企业信息化的软件开发和硬件集成。公司现有各类专业技术人员56人，成立两年来，有3个新产品获著作权，1项获专利权。二是入股“长春卓尔信息安全产业有限公司”，壮大信息产业。三是与第三方运营商合作，利用我们的需求优势，由运营商带资建设。“三网融合”项目基本都是采用公司化运营建设的，集团将公司产生的利润用于信息化建设再投入，提升了信息产业自身造血机能，已累计形成资产近2亿元。

（二）高端新产品的自主研发

吉林森工自主研发的经济运行管理系统和森林防火监控预警指挥系统均达到国际先进水平。经济运行管理系统是在深入研究森工企业木材生产管理实际需求基础上，以松江河林业局原有的木材运输管理系统、木材贮存管理系统和木材销售管理系统3个独立系统为业务原型，自主研发的集团化信息管理软件系统。该系统以木材营销管理系统为核心，利用视频、音频技术，实现林业企业经济运行全过程的实时监控管理。

森林防火监控预警指挥系统集林火预防、监控、报警、指挥于一体，实施全方位数字一体化联动操作，体现了林业防火监控未来的发展趋势和方向。2010年6月通过了项目可研论证，产品技术架构、设计思路和技术已达到国际领先水平。经吉林省林业厅批复，自2010年下半年开始在松江河林业局进行试点，该局原有19个防火监控塔，通过人工对森林防火区域进行监控，仍存在死角。系统应用后，监控塔点减为7个，实现了对辖区林场全方位监控，既节省了基础设施投入成本，又提高了监控监测水平。

四、保障体系建设

（一）组织领导机构健全

成立了以主要领导为组长的信息化建设工作领导小组，统一组织领导吉林森工信息化建设工作；组建了信息化建设委员会，统筹规划集团信息化建设；专门成立了集团信息中心，负责综合协调和指导各项信息化工作的落实；所属企业也相应组建了信息化管理机构，明确了职能，落实了编制和经费，为信息化建设提供了有力的组织保障。

（二）信息化发展战略制定

吉林森工坚持把信息化建设摆在集团发展的战略地位来抓，作为一个重要产业纳入集团总体规划优先发展。研究制定了《吉林森工集团中长期信息技术开发利用规划》，确立了统一规划、统一标准、统一设计、统一建设、统一管理的原则，规划了覆盖全集团的信息化建设体系目标和任务。

（三）队伍建设

一是依托吉林林业信息科技有限责任公司参与集团公司信息化项目的研发和实施，有效地解决了吉林森工信息化建设中的人才瓶颈。二是不断加大信息化应用培训力度，将应用培训和技术培训相结合，专业公司培训和企业内部培训相结合。为提高培训质量，采用竞赛和岗位证书的方式推进，各企业累计培训上万人次，仅松江河林业局2010年培训1000人次。

（四）制度建设

陆续出台了《吉林森工集团机房管理办法》、《吉林森工集团上网行为管理办法》、《吉林森工集团网络安全管理办法》、《吉林森工集团信息化建设管理办法》等，为加强门户网站管理，制定了《吉林森工集团门户网站管理办法》。按照"建、管、用"并重的原则，在立项阶段，明确项目责任人，成立由建设单位、计划、纪委监察、审计等部门组成的项目小组，负责项目可行性研究报告、初步设计和投资概算等审批把关；在建设阶段，严格执行招标投标、工程监理和合同管理等制度，缺少要件的项目，一律不验收结款。

（五）资金投入

一是运用企业自有资金。2010年吉林森工总部投资600万元，在办公大楼五楼建设了200平方米经济运行指挥中心，该中心是三网融合的数据显示终端，是企业的"管理驾驶舱"。试点企业松江河林业局也投资2500万元用于木材营销系统、防火监控预警指挥系统等试点项目建设。二是产业化方式运作。吉林林业信息科技有限责任公司、长春卓尔信息安全产业有限公司产生的利润主要用于企业的信息化建设再投入。

第五节　龙江森工

2010年在省委、省政府和国家林业局的正确领导下，黑龙江省森林工业总局的信息化建设取得了一些成绩。开创了森工信息化发展的新局面。

一、网络和基础设施建设

龙江森工的信息化建设工作取得显著成效，各部门计算机的普及率大大提高，在日常工作中的应用也极大地增强，实现了办公自动化。各部门工作人员改变过去复杂、低效的手工办公方式，方便快捷地共享信息，高效协同工作，实现迅速、全方位的信息采集、信息处理。办公自动化不仅兼顾个人办公效率的提高，更重要的是可以实现群体协同工作，由于网络的存在，这种交流与协调几乎可以在瞬间完成，显著提高了工作效率。网络版业务软件的投入使用，使得一些日常报送工作更加方便快捷。

二、网站建设

2010年龙江森工网站进行了改版，增加了政务公开等栏目，提高了森工的整体形象，对外提供了一个更好地了解森工、认识森工的平台，一个宣传自己的阵地，向全国全球发布信息。为了提高网站的访问速度，达到安全、可靠、稳定、高效运行的目的，服务器采用了托管的方式。门户网站经过不断改版更新，现已成为集电子政务、文件交换、动态信息、企业博览、名优产品、供求信息、林业新闻、木材信息等多种功能多种类型的数据库，具有多种检索方式和灵活的检索服务功能。尤其是名优产品、供求信息这方面的宣传介绍让更多的人了解森工的资源，让森工的资源优势真正转化为经济优势。

网站采用了目前国际上比较先进的信息系统技术、数据库全文检索技术，通过网络系统实现统一的企业宣传、产品推介，并且成为查询森工林业信息的专业网站。龙江森工下属的林管局和林业局大多数都已经建立了自己的外部网站。

为了把政务公开工作推向深入，实现政务工作的信息化，2010年上半年完成了所有23个林业局的政务公开平台的建设工作，进行了相关技术人员的培训和政务公开网站后期的维护和完善工作。开发的“棚户区专栏”，及时报道棚户区改造的信息、进展，相关棚户区的计划、规划以及所取得的成绩、遇到的困难等等，这是老百姓特别关注、关心的事情，也是实实在在的民心工程！“森工视频新闻专栏”，有直观性，形象性和连续性，在提高网络新闻质量的同时，更加充分地利用了网站的优势。

正在开发建设的“总局野生药材保护管理站的网站”，可以让更多的人来关注中药材资源的保护，并且认识到资源的有限性、危机性及合理开发资源的重要性，如果继续对资源采取掠夺式开发，必将导致更多野生中药资源的枯竭。确保中药资源流转的动态平衡与可持续发展。

三、网上办公应用

2010年根据办公自动化需求的不断提升，对内网进行了大幅度的改版和建设，目前已经完善并投入使用的模块包括：前台新闻和新闻发布、前台通知通告发布，可以包含附件下载、前台文章的全文检索，后台办公系统无限级部门分类、后台办公系统精确权限控制、功能完善的内部邮件系统、内部文件传递与共享、全机关通知通告、部门内部通知通告发布与管理、实时短消息传递、个人记事、人员联系方式查询等。龙江森工47个局（处）都已建成了内部主页，系统拥有900多人的用户库，进入内部办公系统的不同使用者在自己的权限范围内，可以进行信息的查询、发布、交流。

四、信息资源开发和利用

2010年对现有的林业信息产品库加快了建设步伐：GIS系统、信息服务产品（例如木材检索）、木材生产销售数据库、森林培育、林业科技数据库，灾害监测数据库（防火，抗洪，防病虫害）、林业资源数据库、基础地理数据库、遥感图像数据库、气象数据库等已基本完善。目前正在使用的应用系统有：木材生产销售管理系统、营林应用系统、办公平台综合系统、防火地理信息系统、保险、财务系统、林业科技网上申报科技项目等。

五、保障体系建设

（一）机构建设

龙江森工已成立了黑龙江森工信息化建设领导小组与电子和政务工作领导小组，信息化建设领导小组与电子政务工作领导小组全面负责贯彻落实中央和省关于推进信息化与电子政务工作的方针和各项部署，确定林业信息化与电子政务工作的重大举措、发展战略，指导协调全省林业系统信息化与电子政务工作。

（二）业务培训

龙江森工信息中心下设网络科、办公自动化科、信息开发科等科室负责相关方面的工作。人员配备较为齐全，并拥有一定的技术力量。龙江森工下属各林管局、林业局均已成立了信息中心，负责信息化的相关工作。为保证系统正常运转，提升效率，大力加强培训工作，从而提高了从业人员的业务素质，改善了林业信息化的队伍结构，取得了较好的成效。

（三）制度建设

制定了《上网行为管理条例》和《病毒防治管理办法》，《关于在总局林业局建立信息报送制度》，《黑龙江省森工总局网站管理办法》等。

第六节　大兴安岭

2010年，大兴安岭林业集团公司高度重视林业信息化建设，不断加强对林业信息化网络平台基础设施建设，加大对计算机网络技术及应用工程的投入，从转变职能、提高效率、改进服务的角度出发，不断推进林业信息化进程，使集团公司行政效能和企业管理水平有了明显提高。

一、行政服务中心信息化建设

大兴安岭地区行政服务中心2010年2月3日开始试运行。行政服务中心将电子信息技术与行政效能监察有机结合，通过先进的网络平台和现代化的硬件设备实现对审批事项和窗口人员的监督管理。在绩效监察系统中，借助于高配置的200余台计算机、机房服务器、排队叫号系统、触摸查询系统、指纹考勤机、信息公示屏、实时监控系统等，实现对窗口工作人员的考勤、考核、评比、效能监督和电子监察。通过网上查询系统，办事群众可以通过网站、触摸屏了解审批事项的办事流程、法律依据、收费标准、所需材料、办结时限、流转状态和办理结果等"十公开"的全部内容。

二、政务信息化网络系统改造工程

2010年9月大兴安岭林业集团公司投入330余万元启动了大兴安岭政务信息化网络系统改造工程，对原有的网络系统和网络资源进行改造、整合，使之更好地为大兴安岭林区经济建设服务。本着适度超前、安全保密、运营可靠、经济适用、标准统一的建设原则，在保证现有网络平台结构不变的情况下，政务网平台连接各林业局带宽由原来的6M增至12M，满足了网内各项应用对当前和今后一段时期对带宽的需求。在CISCO4503与H3C 9508E-V核心交换机上新增加一条纵向VPN（VPN号待定）供森林防火专用，从而将森林防火专网整体并入大兴安岭电子政务网络；采用QOS技术，确保地区到各林业局防火办有2M带宽，以满足森林防火的需要。网络升级改造后，网络的稳定性、畅通性、安全性有了很大的提升。

三、公文传输系统升级

大兴安岭地区无纸化公文传输系统到2010年10月已经全面普及，发至地林直机关及县、区、林业局的纸制公文基本取消。无纸化公文传输设备选用国务院、国家林业局和黑龙江省政府认证并已正式投入应用的书生公文传输系统。与国家林业局、黑龙江省政府及全区行政机关和各县、区、局之间均使用公文无纸化传输系统接收、发送和处理公文。各县、区、局以及地林直机关各单位均可以在政务内网上进行电子公文的双向收发，实现了红头文件在网上的流转，大大提高了文件传输的效率。

四、公文传输系统技术培训

为配合公文无纸化传输系统升级，推进政务系统公文无纸化传输工作，进一步提高公文运转效率，2010年11月20日，举办了全区电子公文传输系统应用培训班。此次培训共分3期进行，历时9天，共培训600余人。培训内容主要是电子公文传输系统和OA办公系统的使用，网络系统及视频会议系统操作维护等方面的专业技术知识。

五、门户网站升级

结合大兴安岭地区实际，根据2009年地市级门户网站绩效评估指标体系，我们制定了《大兴安岭门户网站升级改版方案》，目前大兴安岭门户网站最新的栏目规划在紧张的设计中，大兴安岭门户网站改版工作将在2011年全面展开。

六、《大兴安岭地区林业信息化建设总体规划（2010～2020年）》编制

依据《全国林业信息化建设纲要》和《全国林业信息化建设技术指南》，立足于大兴安岭林区实际，从林业经济健康、持续发展的大局出发，2010年编制完成了《大兴安岭地区林业信息化建设总体规划（2010~2020年）》。

七、网站制度建设及保密管理

2010年重新修订了《大兴安岭政府网站信息提供、更新、发布及管理暂行规定》，所有的信息在发布之前必须要填写《大兴安岭政府网站信息公开保密审查单》，按照"谁公开、谁审查，谁审查、谁负责，先审查、后公开"的原则，确保涉密信息不公开，公开信息不涉密。

八、“火场前指信息化指挥系统”演练

为认真贯彻落实全国森林公安森林防火工作会议精神，切实做好秋防工作，2010年9月28日，国家森防指在大兴安岭地区举行了“火场前指信息化指挥系统”演练。这次演练分别进行了火场视频图像实时传输、空中林火标绘系统标绘火场态势图传输、火场综合信息卫星传输、机载红外探火演练。“火场前指信息化指挥系统”使国家森防指能够在第一时间掌握火场一线态势和火场变化等信息，为领导科学决策提供第一手资料，为进一步做好防火工作打下坚实的基础。

九、中小企业信息化产品演示会

2010年12月3日，中国移动通信集团黑龙江有限公司大兴安岭分公司举办了全区中小企业信息化产品演示会，行署中小企业局相关领导以及全区70名中小型企业代表参加了此次演示会。随着全区中小企业信息化进程的不断加快，对信息基础设施、信息产品以及信息技术与服务的需求急剧增长。此次演示会标志着中国移动将充分整合已有的众多中小企业集团客户业务，面向中小企业的综合信息化应用提供更广泛更深层次的服务，并助力中小企业客户加快信息化进程。该公司将通过实施中小企业信息化推进工程，搭建行业平台，为中小企业信息化提供软硬件工具，引导中小企业不断提高市场营销、管理和核心竞争能力。同时，移动公司将充分发挥自身的资源整合能力和专业的信息化服务，帮助中小企业应对信息时代的发展，提升中小企业信息化实力。演示会上，该公司针对中小企业的信息化应用提供了信息集成、应用托管等综合解决方案，并与众多中小企业客户建立合作，推出了移动办公、建站、邮箱服务等一系列集团客户产品及业务应用。

十、视频会议系统升级改造

2010年对视频会议系统进行了升级改造，可以利用这套系统在分布全区各地的34个视频会议室随时召开全区性不同层次的远程视频会议，主会场和分会场可以达到音频视频的实时转播；主要领导通过桌面视频系统可以随时与基层面对面的沟通，了解所需情况。2010年利用视频会议室共召开各种类型会议178次，其中网通电视电话会议23次，全区视频会议49次，国家林业局视频会议4次，其他普通会议102次，大大提高了办公效率和节省了经费支出，收到了良好的效果。

十一、OA系统应用

全区行政OA系统于2003年开始规划、设计、开发，2004年在办公室内部初步进行了试运行。2004年，又完成了地委党委系统办公自动化应用软件开发工作。2006年，全区地级党政两套OA系统在几经修改完善后已全面投入应用。通过党政OA系统和电子邮件系统，初步实现了由传统的手工操作、纸制办公到自动化、无纸化办公的科学转变。OA系统的应用，打破了地域障碍和时间限制，做到了零距离、全天候办公。2008年以来，根据实际使用中出现的问题，又升级了OA系统软件，增加了督办流程、领导查看流程，进一步调试和修改书生系统，加快了OA系统与书生公文传输系统的对接和整合进程。

第十一章 华东地区林业信息化

第一节 上海市

2010年是上海世博会的举办年，是全面实现“十一五”规划目标、编制“十二五”规划的关键年。在这一年中，上海市林业局作为保障世博、服务世博的重要部门，全面完成了上海市绿化林业行业世博保障任务和全年工作计划，为上海市绿化林业行业信息化发展“十二五”规划的实施奠定了基础。

一、网站建设

（一）外网

上海市林业局按卓越网站标准，逐步开展门户网站建设与维护完善工作。根据国务院办公厅《关于加强政府网站建设和管理工作的意见》和中国上海门户网站25项94个测评指标要求，上海市林业局针对林业信息化建设中门户网站的建设要求，紧紧围绕“信息发布、在线办事、互动交流”等三大主题功能，不断地对门户网站进行完善。通过全行业市—区县—基层单位三层次信息员管理队伍的建设，不断扩展门户网站的信息来源渠道，实现门户网站信息量的不断充实和丰富；通过对网上办事栏目进行了功能提升和优化，实现了36项行政审批事项在线直接办理；通过网站BBS、微博的开通，增强网站与访问者之间直接的互动交流。

与此同时，在健全政府信息工作机制方面，上海市林业局网站编辑部按照上级的要求，在大量调研的基础上，及时颁布了《关于进一步加强上海绿化市容门户网站政务信息采编发布的若干意见》，保证了全局政务信息采编与发布的权威性、时效性和准确性。

（二）内网

上海市林业局已建成以上海市政务外网为传输渠道，通过专线光缆连接上海市林业系统的“林业虚拟专网”。全市林业行业的各类信息化应用系统均运行在该网络上。

上海市林业局办公自动化系统可以实现各类公文撰写、公文收发、公文审阅等的网上流转；实现会议通知、培训通知、简报等的网上发送，并关联行业内部短信平台，进行短信提醒；实现了公文管理、档案管理的电子化，为公文网上检索提供便捷；实现了日程安排、车辆管理、会议管理等辅助办公功能在全行业的普及应用；建立了全行业工作人员的通讯平台，每位工作人员可根据自身需求设置通讯录，实现短信、传真的网上发送。与此同时，上海市林业局建设的多媒体信息共享平台集成文字、照片和视频于一体，为提高上海市林业的行政效能，实现信息共享发挥了作用。办公自动化系统以及多媒体信息共享平台具有先进的应用技术、稳定的后台结构以及优良的人性化功能，系统操作便捷，运行稳定、可靠（图11-1）。

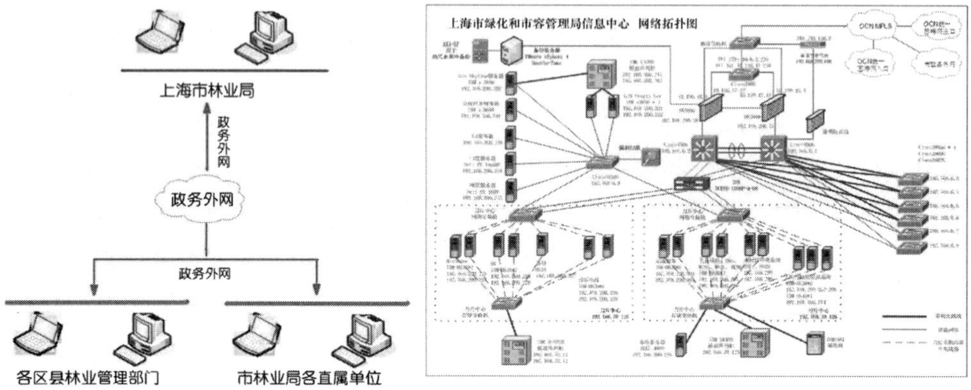

图11-1 上海市林业局网络拓扑图

（三）专网

上海市林业局设有与国家林业局连接的专网，用以接收国家林业局下发文件以及召开视频会议等。独立的、功能完善的机房符合国家安全保密要求，能够实现政务外网与因特网的逻辑隔离，政务外网连接市局与各个直属单位以及区县林业站。

（四）应用系统

1. 上海市森林资源管理系统。上海市林业局运用遥感、卫星定位技术、地理信息系统技术，对林业资源特征的识别技术、信息的快速获取和分析等方法进行了研究，在全国二类资源清查的基础上，通过对覆盖全市的林业信息进行核查，建立了集遥感数据处理、GPS数据采集处理和数据综合空间分析于一体的“上海市森林资源管理系统”。该系统采用ArcGIS Server作为系统平台，采用B/S与C/S相结合的架构，集系统管理与数据更新为一体。该系统覆盖全市林业管理部门，上海市林业局、各直属单位和10个区县林业部门均使用该系统进行本工作领域和本辖区林业资源的管理工作。借助该系统各级林业管理部门能够对本辖区域的林业信息进行空间和数量变化的分析，为林业规划、病虫害防治和生态分析提供辅助依据。从而为有效提高林业养护管理水平，实现林业的科学化、精细化管理提供了技术手段。

2. 林业病虫害监测管理系统。通过监测员定期巡查、定点检测以及对病虫害突发事件的监测，提供对全市病虫害的监测管理以及预警功能，为全市病虫害分布等研究提供技术支撑，在及时发现、预警和突发事件的高效处置中发挥了重要作用。

3. 林业专业网格化系统。网格化管理是城市管理与社会需求和谐发展的创新管理模式和机制，通过创造性地采用自顶而下的整体构架，以市级平台建设为主线，以区级系统平台建设为重点，市区两级平台联动的技术路线，构建了林业行业全覆盖、全过程、全时段的行业网格化管理系统。在国内率先实现了市、区两级数字化城市管理模式，使城市管理效果明显改善，消除管理空档，实现对具体问题的动态化管理，从而大幅度提升城市管理水平。

4. 实现“一门式”的行政许可受理。针对上海市林业局系统36项行政许可受理内容而开发的行政许可受理信息管理系统，在市林业局和各个区县的受理窗口实现了“一门式”的受理。申请单位可通过互联网实时查询申请项目的办理过程和办理结果。同时公众可通过网络对任何一个审批结果予以查询和监督，从而提高了行政许可的办理效率和办事公开的透明度。

5. 行政事务受理系统。“一线式”的行政事务受理系统集受理信息处理、督办、分析于一体，将各类林业投诉内容根据职责分工，分送各有关职能部门处理后，反馈投诉者进行意见反馈。同时，为林业管理部门提供了投诉内容的统计分析功能，为及时处理公众投诉、了解投诉热点、改进管理工作发挥了重要作用。

6. 崇明东滩视频监控管理系统。上海市林业局崇明东滩建设完成了视频监控管理系统。该系统形成了一套由多个道口和滩涂上的摄像机组成的覆盖保护区全部核心区和重要道口的视频监控体系，弥补了人工巡视的局限性，拓展巡视范围，促进崇明东滩湿地保护管理工作更加规范和高效。

7. 野生动植物资源管理系统。用网格化的先进理念，对全市野生动植物资源进行全方位的监管。该系统已经正式运行一年多，在全市野生动植物资源的观测和保护方面发挥了良好的作用。

8. 全国木材运输管理系统。在全市各区县林业站完成木材运输管理系统的培训与应用。该系统自2010年年初正式运行以来，已有9个区县20 000多个木材运输证通过该系统予以认证发放。

（五）数据库

上海市林业局数据库建设遵循如下原则：①空间对象采用GeoDatebase的空间特征类来构造，并遵从Open GIS的简单空间特征规范；②利用GeoDatabase版本管理或其他方法解决空间实体历史数据的保存问题；③空间数据库的设计要进行规范化处理，减少数据冗余和确保数据的一致性；④建立绿化林业元数据以及相关的数据字典；⑤采用标准的软件平台和统一的数据格式，建立相应的数据和技术规范，以满足全市林业系统以及其他相关管理部门的数据交换和信息共享的要求。

二、规划编制

根据《全国林业信息化建设纲要》和《全国林业信息化建设技术指南》，上海市林业局编制了《上海“十二五”林业信息化建设规划》，“十二五”期间将重点建设林业数据资源中心以及林业“三防”体系信息化系统等项目。《上海市林业三防体系规划》已上报市发改委。

三、科技支撑

上海市林业局为保证全市林业信息化建设切实有效地进行，每年均安排一定的资金研究先进信息技术。通过确立科研项目、组织信息人员技术培训等方式，邀请信息化专家与林业业务专家一同对林业信息化建设中遇到的重大技术问题等进行决策咨询，为林业信息化工作提供技术支撑。

四、制度建设

上海市林业局建立有一套完整的林业信息化制度体系，包括项目的建设管理、网络管理规定、系统运行管理办法、系统运行管理技术规范、系统数据更新管理办法等各项规章制度。

一是为确保政务信息采编与发布的权威性、时效性和准确性，上海市林业局制定并颁布了《关于进一步加强上海绿化市容门户网站政务信息采编发布的若干意见》。

二是为确保全市林业系统网络安全与通畅，2010年，上海市林业局建立了本行业各项网络和信息保障制度，使网络管理延伸至底层，落实到人，为各级网络安全和应用系统正常运行提供了保障。

三是为确保"上海市绿化林业遥感与地理信息系统"的长效运行，为规范绿化林业信息更新操作流程，制定了《上海市绿化林业"3S"信息管理系统运行管理办法》与《上海市绿化林业"3S"信息管理系统运行管理技术规范》。上述管理办法与技术规范从系统建设运行、数据信息更新维护、信息更新的发布与审核、保密管理以及奖励与责任等方面，对系统的运行进行了详细的规定。

四是为了巩固上海市绿化信息核查和林业调查工作成果，进一步推进绿化林业行业信息化数据动态更新的时效性，上海市林业局颁布了《上海市绿化林业信息长效管理机制建设推进工作的若干意见》，从推进绿化林业数据动态更新工作、建立健全工作机制等方面保障系统的长效运行。

五、组织机构建设

为确保上海市林业信息化建设工作的开展，上海市林业局成立了从分管局长、主要业务科室负责人、主要信息化管理部门负责人以及信息化实施部门负责人等全方位的林业信息化建设管理机构，切实承担起上海市林业信息化建设的具体职责。上海市林业局配备有28名专职人员的信息中心具体承担上海市林业信息化建设任务，同时，各区县林业站也相应配备1~2名专职人员配合市级层面进行林业信息化建设工作。

第二节　江苏省

2010年，全省林业系统积极贯彻落实国家林业局和省委、省政府关于林业信息化建设的要求，以《全国林业信息化建设纲要》为指针，大力开展政府信息公开、行政权力网上公开透明运行、办公自动化等信息化建设，努力提升信息服务水平，林业信息化工作取得明显成效。

一、行政权力网上公开透明运行系统建设

2010年，江苏省林业局行政权力网上公开透明运行系统全面建成并投入运行。该系统以省政务公开领导小组办公室具体实施方案为指导，以林业局政务外网为平台，规范权力运行流程，实施过程监控，实现行政权力阳光运行的工作机制。该系统中的法制监督系统通过行政权力库对全局的处罚、许可、强制、征收等权力进行数字化定义，并设置自由裁量基准，实现对行政权力的更新、修改、挂起、废止，对其基本信息、法律依据、自由裁量、内部流程、风险点信息等进行定义；电子监察系统实现行政权力网上运行实时监察、动态监管和预警纠错，对行政权力运行情况进行统计分析和绩效评估，促进林业行政管理工作的规范、高效，为林业勤政廉政建设提供技术保障。系统构建了完善的信息交换机制与交换平台，完成与省政府行政权力平台及行政监察监控系统平台的数据交换，实现了“网上办公、阳光操作；内部运作、流程监控；承诺办理、超时查处；统一标准、执法规范”的目标，强化了对各职能部门履行行政职能情况的监督和管理，实现政府行政的公开、公平、公正，同时为领导者决策提供大量的综合信息。制定了《局行政权力网上公开透明运行工作管理规定》，区分了职责，明确了任务。针对系统建设不同环节、不同对象开展不同层次的培训，在系统需求分析、权力梳理、流程图编制、权力库建立等环节组织开展了4次培训，总计培训136人次。2010年11月顺利通过省政务公开办对省林业局行政权力网上公开透明运行系统的考核验收。江苏林业网的子网站“网上政务大厅”已开通，可以受理社会公众的各项行政权力申请，并及时反馈各项行政权力办理情况，实现“外网受理、内网办理、外网反馈”功能，并与局OA办公系统进行了整合。2010年度，已在网上运行权力事项共计220余件。通过行政权力网上公开透明运行工作的开展，一方面使全局行政执法人员思想观念发生转变，进一步提升工作人员的执法理念，推动职能转变和作风转变，另一方面也带来工作方式的变革，通过行政权力网上公开透明运行，不仅规范了我局行政执法流程，提升了林业工作效率和行政服务效能，更重要的是促进了权力行使的公开透明，杜绝暗箱操作，接受公众监督，有助于从源头上防止和控制腐败的滋生。

二、全省林业信息工作座谈会和林业政务网站测评

2010年3月，召开了由各市林业局林业信息工作部门负责人及林业信息化工作人员参加的全省林业信息工作座谈会，座谈交流2009年林业信息工作，表彰2009年度林业信息工作先进集体和先进个人，通报2009年度江苏林业网内容保障考核及各市林业网站测评结果，部署2010年工作。会议促进了全省林业信息报送质量和林业网站管理建设水平的提升，有力地推动了林业信息化工作。2010年11月，开展了2010年度省辖市林业政务网站测评活动，按照《省辖市林业主管部门网站测评标准》和《江苏林业网内容保障工作考核办法》，对各市林业政务网站逐项打分并进行排名，对2010年度江苏林业网内容保障考核结果进行通报。通过测评活动，进一步加强了林业政务网站建设和内容保障工作，加大了政府信息公开力度，增强了林业网站公共服务功能，提高了互动交流水平，推动了林业电子政务建设与发展。

三、网站建设

"江苏林业网"按照省政府和国家林业局对门户网站建设的要求，坚持以公众为中心，加大政府信息公开力度，提高在线办事能力，拓展服务功能，增强互动交流。网站目前已有政务信息1.9万条，年点击率达100万次。根据《江苏林业网内容保障工作考核办法》，每个季度对局各处室（单位）及各市林业部门采用的信息进行通报，并作为年终考核的重要指标，形成了上下联动，各地林业部门积极参与、及时提供信息的良好局面。努力抓好政务信息报送和网站维护工作，准确及时地向省政府门户网站和国家林业局报送政务信息。2010年度更新政务信息6000多条，省政府门户网站采用60条、国家林业局网站采用1500条，回复领导信箱、问题解答等栏目的信息 90多条。以《政府信息公开条例》为指针，进一步加大政务公开工作力度，依托江苏林业网"政府信息公开"专栏，及时发布全省林业工作情况和重要文件，全面展现全省林业政务工作，接受群众监督，截至2010年底主动公开政府信息800余件。江苏林业网已经成为江苏省林业局对外宣传、公开政务、接受监督、展示形象的重要平台。

四、应用系统建设

继续深化应用全省林业综合办公系统。该系统集成了公文处理、行政管理、电子邮件、公文流转短信提醒等功能，搭建了短信平台，实现了文件到达通知、会议通知等短信通知及短信群发业务，可以满足省、市两级林业主管部门自动化办公的需求。该系统现已在局内部全面运行，实现了网上公文流转和无纸化办公。2010年度网上流转公文400多件。拓展升级全省森林防火远程监控系统。江苏省森林防火指挥和远程监控系统连通了全省13个地级市林业主管部门和重点森林防火单位，2010年在此基础上继续扩建，连通了2家省级森林防火重点单位，通过森林防火远程监控系统，可实时掌握森林防火的第一手资料。现已完成和省政府应急指挥平台的对接，在省政府办公厅的应急指挥大屏上能实时显示各地的森林防火动态图像，为领导的科学决策和应急处置提供了技术支撑。全省已建成林火远程数码监控系统7套，系统选用了国际先进水平的三维数字化GIS平台进行针对性开发，直观地展现了重点林区的地形情况，以三维空间显示和数字属性的方式对森林防火的有关信息做到随取随用，并能进行修改、统计、分析、查询。系统具备了信息储存、管理、显示、查询、检索以及解决、火场沙盘模拟、火源定位分析、灾后分析等功能，方便了森林防火工作的日常管理。一旦发生森林火灾，可以快速提供火源点周边各类信息以及扑救的相关信息，使指挥部及时了解翔实的火场及其周围的环境因素，制定合理的扑火方案，实现扑火力量的最优配置，提高扑火效率和森林防火工作的管理水平。另外，根据森林资源管理需要，利用GPS、航空遥感技术构建了基于GIS的森林资源地理信息系统，“森林资源监测管理系统”、“江苏省营造林信息管理软件”、“江苏省一类调查数据逻辑检查及汇总软件”及“江苏省二类调查数据逻辑检查及汇总软件”等林业专用软件已投入应用和完善升级，通过掌上电脑及GPS技术的应用，在野外就可完成核查小班矢量化及求算面积、数据录入工作，初步实现野外调查记录无纸化。利用上述软件，全省森林资源一类清查和二类调查全面完成，调查小班105万个，调查数据1.5亿组，实现全省森林资源信息的数字化，真正实现了全省森林资源一张图、一个库、一套数。

五、网络和信息安全建设

认真做好计算机及网络信息安全保密工作，确保网络信息安全。深入开展信息安全教育和培训，进一步提高全局干部职工的保密意识和能力。一是建立健全保密工作机制。依据信息技术发展趋势和有关制度要求，结合实际，将以往建立的各种信息安全保密制度进行了整合，规范了信息系统保密管理，为杜绝信息系统失泄密事件的发生提供了有力保障。二是深入开展保密宣传教育，不断提高干部群众的保密意识。配合省保密局开展了新《保密法》宣传活动，张贴宣传材料16份，提高了全局人员的保密意识。2010年7月份，局保密委员会办公室对各处室负责人、涉密重要部门、涉密重点人员所使用计算机信息系统的涉密文件处理存储、涉密计算机互联网连接记录、恶意程序感染等情况进行了全面检查，并采取有效措施及时整改。按照“谁公开、谁负责”的原则，在政府信息公开过程中，根据保密法律法规和有关规定严格实行保密审查制度，防止泄密事件发生。在网站服务器上安装网页防篡改保护系统，完善网站的安全保障措施，防止网络病毒及网页篡改等非法的网络攻击对网站可能造成的一切不良影响；按照《全国林业信息化建设技术指南》要求，对机房进行了改造，将网络基础设施的外网、内网及国际互联网这三个机房功能区严格划分开，在局内网配置了内网安全管理系统软件，可实时检测内部网络是否与Internet联通，对违规者可以强制报警和响应，并加强了对移动存储设备的管理。配置了安全隔离和信息交换设备，确保信任网络和非信任网络之间任何连接的断开，彻底阻断TCP/IP协议及其他网络协议。

第三节　浙江省

2010年，浙江省继续深入推广现有的软件系统，充分发挥其作用，并结合《全国林业信息化建设纲要》和全省实际，信息化工作有了新的突破。

一、网站建设

（一）外网

2010年，“浙江林业网”继续做好各项工作，全面推进全省林业政务公开和信息发布，积极拓展林业在线服务和网上办事，有效整合林业信息资源，不断提升网站的建设和运维水平。2010年年底，浙江省林业厅在国家林业局对全国林业网站绩效评估中取得了第四名的好成绩，获得优秀网站称号。

（二）内网

2009年底，以厅机关现有OA系统的升级改造为契机，省厅重新设计了全省林业应用系统软件架构，逐步整合了全省林业电子政务信息数据库及应用软件，建设了统一用户管理平台和林业电子政务综合平台。新版系统具有以下几个显著的优点。

1. 实现了资源整合、信息共享。①将OA系统与“浙江林业网”内外网间的数据内容进行了整合，使得OA上的公共资料库信息和上报信息可直接推送至门户网站的相应栏目，门户网站信息也可直接拉取到OA系统。同时，在一个OA平台上实现了对浙江林业网、审批系统和邮件系统的数据共享、操作管理，厅领导可即时查询各项行政审批事项的办事进程；②提供了各处室业务软件的数据整合接口，为建立统一林业业务数据库打下了基础；③提供了开放式接口，为各市县林业局OA系统、网站的接入创造了条件。一旦接入，厅里的文件就可在线下发，各市县的文件也可及时发送到省厅，为真正实现无纸化办公，建立省、市、县三级联动的全省林业信息化体系奠定基础。

2. 拓展了系统功能、管理高效。①在公文管理上，实现了公文的全流程管理和办理流程的灵活定制，增加了公文的取回和催办功能，发文可退回至任意节点，不用级级退回。附件最多可上传10个，可修改和删除。需公开的发文归档后可同步在林业网上予以公开，增强了政务公开的及时性。同时还增添了收文管理、公文登记、拟办、批阅、办理、归档、打印等功能；②在公务管理中，实现了厅内部会议的数字化管理，可通过办公网进行会议通知、会议室预订、会议纪要管理等，并增加值班人员安排、值班情况记录等功能，同时实现群众来信的在线管理，便于厅领导直接了解和掌握来自老百姓的诉求；③在个人事务上，增加了个人待办事宜的日程安排、统一提醒、通讯录等功能。

3. 优化了系统传递、查询便捷。①在文档传递上，除传阅文件、文档、搜集信息外，还整合了其他功能模块。实现了催办、关联文档传递等功能，并加入痕迹保留功能，同时信息可通过系统短信、手机短信进行回复或转交；②在档案管理中，实现了公文自动立卷，档案快速归档、借阅、查询等功能。提供对所有公文的统计和打印功能，并可按关键词、发文时间、公文种类等多种方式进行检索。

（三）专网

通过浙江省政府电子政务专网，在省到市的网络基础上，对市到县专网进行统一规划和分步实施，解决了全省林业信息化的"路"的问题，完成了省、市、县三级的浙江省林业专网建设。

二、应用系统建设

（一）林权信息管理系统

根据国务院深化集体林权制度改革的相关文件精神要求，以明晰产权为目的，建设浙江省林权信息管理系统，该系统采用WEBGIS（网络地理信息系统）实现了林权地块边界及其属性信息的动态管理与监测及林权信息的图、档、表的一体化管理与交互查询。该系统对森林资源权属的管理落实到山头地块，明晰每个山头地块的产权及其边界，为进一步深化集体林权制度改革，实施森林资源流转，促进林农增收打下了良好的技术与数据基础。该系统于2008年6月起，在全省15个县（市、区）进行试点，并于2008年8月开始在全省所有县市推广使用，目前全省已有20余个县（市、区）启动此项工作。并以林权信息化管理系统为基础，建设涵盖流转申请、审批、信息发布、资产评估、作业设计等环节的森林资源流转平台，将森林资源流转过程的网络化办理与流转信息网络化发布结合起来，实现森林资源流转的网络化、规范化管理，提高森林资源流转的效率与水平。

（二）行政许可管理系统及电子监察系统

2010年1月20日，省政府网上办事大厅正式开通。根据省政府"加快行政审批系统与省政府网上办事大厅的联结，面向公众的行政许可事项要统一纳入到网上办事大厅"的要求，以网上办事大厅的开通为契机，省林业厅逐步将3项行政许可项目纳入了省政府网上办事大厅，26项行政许可项目纳入省级电子监察系统，总体纳入率占所有行政许可项目的93%。实现了省、市、县三级林业部门间的行政许可业务流转和网上监察过程。省政府、省监察厅通过电子监察系统对厅一级审批流程和数据可进行实时监控。

（三）营造林管理系统

以实现营造林全过程管理为主线，建立营造林管理系统，对各级政府实施的重点工程等营造林的规划、计划、作业设计、进度控制、绩效检查验收和统计上报等环节实行一体化管理，实现营造林部门对营造林建设现状和发展动态的信息化管理。

（四）行政处罚管理等系统

浙江省林业厅为了将行政处罚的执法过程、执法尺度、处罚档案建设等业务进行信息化管理，已经完成了浙江省林业厅行政处罚管理系统的建设。

三、基础信息平台建设

省级基础信息平台是信息整合的基础，今后各类应用系统都将在该平台上开发和应用，通过该平台的建设，解决当前信息整合和信息应用等一系列问题，因此其作用非常重要。全省林业专网建成后，可实现基础信息平台的市、县共享，各市、县级林业局可通过网络直接访问省级数据。

四、数据库建设

（一）基础地理信息数据库的数据采集

省林业厅通过测绘局已经获得了1/25万电子地图、1/5万电子地图、SPOT5卫片等基础地理信息数据，各县结合森林资源二类调查、生态公益林管理系统建设等项目购买了1/1万电子地图，部分县还购买了1/1万的航片和1/1万数字高程模型。

（二）林业专题数据库建设

随着森林资源二类调查项目的开展，调查县都建立了县森林资源数据库，为今后的森林资源信息共享创造了条件。全省县级生态公益林地籍管理系统将尽快完成。此外，为满足林业管理需要和各类项目要求，在县级还建立了森林病虫害测报数据库、森林火灾数据库、营造林数据库等。

五、管理制度建设

（一）信息化试点探索

选择丽水市开展林业信息化试点探索工作，做到点面结合，逐步解决系统、数据、功能、平台等不一致问题，实现资源、数据、信息的共享与联动。

（二）信息化服务能力提升

一是优化林业厅信息中心的人员配置，充实技术人才力量，提高管理、技术水平，更好地为省林业厅和全省林业信息化工作提供服务；二是加强和完善制度建设，使建设和管理有章可循，更趋规范。

第四节　安徽省

2010年，安徽省先后启动实施了国家林业局电子公文传输系统客户端升级、国家地理空间信息基础设施安徽省级试点建设和应急短信平台系统的扩容。

一、电子公文传输系统升级与全面应用

2010年3月，国家林业局举办电子公文传输系统培训班，培训的内容主要包括网上公

文传输等应用系统，培训班结束后，省林业厅立即按照国家林业局的部署，对现有的电子公文传输系统进行升级，目前省林业厅收发文件、信息报送、重要会议报名已基本通过公文传输系统来完成，同时连通了国家林业局内网，并按要求分配了20个密钥，以方便厅领导、办公室及业务处室负责人安全快捷地访问国家林业局内网查询信息和资料。

二、应用系统建设

按照统一的标准和规范体系，启用全国木材运输证和木材运输管理系统，在新开发的木材运输管理系统软件的应用基础上，以省级网络平台为中心，将省、市、县、木竹检查站和办证点连接起来，并和国家林业局系统相对接，构成安徽省木材运输管理系统，系统经过安装调试已正式启用。该系统可为各级林业部门提供数据服务和信息服务，提高木材运输管理水平，实现运输发证、木材检查、木材运输信息的查询、统计和分析，为木材运输管理提供强有力的技术保障。

三、数据库建设

组织实施国家自然资源和地理空间信息库建设试点工作。安徽省作为国家自然资源和地理空间信息库建设试点省，省发改委为全省项目建设牵头单位，已明确以试点为契机，结合“数字安徽”建设规划，正式向省政府申请立项“国家地理空间信息基础设施建设安徽省级试点”项目，在测绘、国土、林业、水利、气象、地震6个部门开展自然资源和地理空间基础信息库项目建设试点和应用示范。筹备成立安徽省地理空间信息管理中心，由1个数据主中心（设在省发改委），1个基础地理数据分中心（测绘）和5个数据分中心（国土、林业、水利、气象、地震）构成。项目建设期为2010~2012年，项目规划投资2.5亿元，其中直接用于系统建设资金将达到1亿元左右，投资渠道主要来自于省级财政经费。

据此，安徽省林业厅由厅办公室牵头，省林业调查规划院具体实施此项工作，编制了林业分中心建设规划，并已获得批准，纳入总体试点规划之中。林业分中心初步设在省林业调查规划院，8月，分中心机房改造已完工，软硬件设施也已到位，分中心正抓紧数据录入工作。同时，省林业厅承担的《森林资源信息管理与服务系统工程》被列入《“数字安徽”建设规划纲要》项目库，规划总投资8174万元。该工程规划内容，是安徽省林业厅规划的林业分中心项目的延伸和应用。

安徽林业分中心已将现有的信息数据进行整合改造，形成适合本项目要求的标准化数据，以便能够资源共享，同时实现林业信息数据的数字化、规范化和标准化。按照统一部署，全部数据整合将于2011年6月前完成。

四、应急短信平台系统推广应用

2009年8月，安徽省林业厅应用中国移动网络平台，在省厅机房安装了应急短信平台系统，该系统已成功使用，系统运行初期只能初步应用于会议通知，2010年，随着系统数据库的扩容，现已广泛应用在森林防火、雪灾、地质灾害应急预报等方面工作，为全省林业生产、自救提供及时的信息。

第五节　福建省

2010年，根据国家林业局和福建省委、省政府关于林业信息化工作精神及全省林业局局长会议精神,省林业厅进一步健全信息化网络，加强应用系统、网络设施、信息服务、安全管理建设，实现省、市、县、乡的网络互联互通、协同办公，有效推动林业部门转变政府职能，提高服务水平。

一、示范省建设

启动全国林业信息化示范省建设，探索网上审批和协同办公新经验。根据《国家林业局关于组织开展全国林业信息化示范省建设工作的通知》（林信字〔2009〕284号）精神，福建省被确定为首批林业信息化示范省之一，示范主题为网上审批和省、市、县、乡协同办公。为全面推进全省林业信息化示范省工作，省林业厅向国家林业局报送了全国林业信息化示范省建设工作方案，并获国家林业局批准。

二、网站建设

进行了厅门户网站改版，不断提高网站质量。根据《福建省人民政府办公厅关于2009年度全省政府网站绩效考核情况的通报》（闽政办〔2010〕114号）结果，省林业厅于6月29日召开了厅专题会议，研究厅门户网站建设整改工作。一是为了便于公众查找信息，政府信息公开栏目细化了政府信息公开目录；补充完善了信息公开内容，增加了各处室局站及直属事业单位的联系方式；按规定时间进行了主动公开信息发布及依申请公开信息的受理。二是改进了网上办事栏目，进行了更加人性化设计，办理事项与省政府网站做到了同步，在省政府网站上补充完善了表格下载链接。三是公众参与栏目中，在线咨询新增了“常见问题科技咨询百问”，便于公众了解常见的实用技术问题，避免重复留言；民意征集栏目发布了森林防火实施办法、木材界定及凭证运输经营加工等方面的征求意见稿；厅长信箱、公众留言及监督投诉栏目做到件件有回复；开展了几期厅领导及设区市林业局局长的专题访谈。四是网站性能设计方面，简化了过去3级页面设计，提高了浏览速度。在首页提供网站导航、访问量统计、文章点击率排行，提供上下级单位及其他重要相关单位的网站链接。五是省政府网站内容保障与协同。根据《福建省人民政府办公厅关于印发中国福建政府门户网站内容保障方案（暂行）的通知》（闽政办〔2007〕204 号）等文件规定的内容保障情况，及时向省政府门户网站报送网上办事变动材料，积极配合省政府网站开展厅领导访谈直播，录制了“加快油茶产业健康发展 推进城乡绿化一体化‘四绿’工程”专题。

三、应用系统建设

（一）营造林管理系统开发

为了提升全省营造林管理水平，促进"森林福建"的建设，启动了福建省营造林管理系统开发工作，系统包括营造林规划、年度计划、作业设计、造林进度、检查验收以及造林资金补助等功能模块，系统应用将实现营造林全过程的信息化管理，可以方便地为各级政府有关部门领导和林业各业务部门提供实时、准确、可靠的营造林信息。

（二）森林资源监测管理应用系统开发

组织做好全省森林资源监测管理应用系统的开发完善工作，保证全省森林资源年度变化数据的及时更新，努力实现资源共享。制定了资源共享平台建设方案，组织全省各市县（区）林业局人员集中进行了森林资源调查数字化小班区划图数据汇总拼接工作，建立了全省范围内不重不漏森林资源地理信息数据，为森林资源地理信息共享平台的建设奠定了基础。

（三）森林资源基础地理公共服务平台建设

在林业信息化建设中，各种比例尺基础地理数据库和多源、多时相、多分辨率海量遥感数据是最重要的基础信息，以往林业部门需要从测绘部门获取这些数据，并组织大量技术力量进行数据处理和数据组织，建立供林业部门应用的基础地理信息系统，同时还要不定期地进行数据更新，以确保基础地理信息准确，需要投入相当大的人力财力，是林业信息化建设的一大瓶颈。为了解决这一问题，省林业厅抓住测绘部门建立福建省地理信息公共服务平台的有利时机，与福建省基础地理信息中心合作，以基础地理信息公共服务平台为基础，以在线共享测绘部门掌握的基础地理信息和遥感信息的方式，开展了建设森林资源基础地理信息公共服务平台工作。建立这种模式的森林资源地理信息系统后，林业部门只需专心维护更新林业专业数据，基础地理信息的更新由测绘部门负责，而且通过这一平台还可以方便共享交通、水利、建设、国土等其他部门的专业数据，林业部门也可以将自己数据提供给其他政府部门共享。这种模式的林业地理信息平台建设可以解决林业部门基础地理信息获取困难、数据更新难、建立维护难的问题。

（四）林权登记管理系统的开发

为了完善和改进已开发的系统功能模块，在部分县进行试运行的基础上，对系统进行了修改，结合林改回头看对联户发证的新要求，对系统功能模块提出了扩展要求，同时，对原来单机版的林权登记发证的数据改造和转入新系统，提出了数据转化的方案，推进了全省林权登记管理系统的开发，提高了林权登记发证管理水平。

四、网络和信息安全建设

全省积极做好应用系统及其网络维护和管理及新大楼中心机房、公共应急指挥值班室（党组会议室）、多媒体会议室深化设计工作，确保网络和信息安全建设。一是加强网络防病毒体系建设，在全厅范围内更新了防病毒软件，可以根据操作行为及病毒特征来防范病毒传播，加强了网络安全。二是对省级网络中心建设、全省林业数据存储备份系统、全省各设区市数据分中心建设、安全系统建设等分别进行了系统集成方案征集工作。三是下发了《福建省林业厅关于做好涉密载体定点维修和销毁工作的通知》（闽林息〔2010〕4号）。《福建省林业厅网络与信息安全事件应急预案》（闽林息〔2010〕10号），加强了涉密载体的管理和网络与信息安全工作。四是通过公开招标形式，确定了中心机房和两个会议室设计单位，组织配合进行了深化设计工作。

福建省林业信息化工作虽然取得了一定成绩，但是与林业快速发展的形势和“森林福建”建设的要求，与兄弟省市相比，与其他行业相比，还有很大差距，应进一步加大林业信息化建设工作力度。一是编制好林业信息化建设“十二五”规划。以国家林业局的《全国林业信息化发展“十二五”规划》以及《全国林业信息化建设纲要》和《全国林业信息化建设技术指南》为指导，结合实际情况，进一步理清全省新一轮林业信息化建设思路，完善顶层设计工作，编制《福建省林业信息化建设“十二五”规划》。二是加快应用系统开发步伐。做好全省林政管理业务应用系统与省级网上行政审批系统、国家林业局有关系统的衔接和数据接口工作，避免行政审批件的重复操作；加快林权管理、营造林管理、公共服务平台等业务应用系统的开发。三是完善林业信息化基础设施建设。做好新办公大楼300平方米机房建设工作，完善林业厅机关林业信息化基础设施设备，建设标准统一、功能完善、安全可靠的政务信息网络平台和全省林业数据中心。四是进一步加强门户网站建设。认真查找差距，强化责任，狠抓落实，努力创新，加强厅门户网站的建设和管理，提高网站的绩效水平。

第六节　江西省

2010年是江西省鄱阳湖生态经济区建设的开局年，也是深化林业改革、推动林业科学发展的关键年。全省林业信息化紧紧围绕省厅中心工作，以“加快林业信息化，带动林业现代化”为目标，围绕“一套网络、六个应用系统”的建设目标，突出抓好了育林基金网上征收审批系统和林权交易电子商务系统的开发与应用，开展了全省林业信息化发展“十二五”规划前期调研、网络安全建设等工作，取得了显著成效。

一、育林基金网上征收系统

为逐步实现网上办证的全覆盖，并通过网上办证与育林基金征收实现无缝结合，省林业厅启动了育林基金网上征收系统，与采伐证及运输证网上审批环节实现对接，基本实现了全省育林基金征收的网上办理。

一是开展试点工作。年初，在遂川县、铜鼓县启动试点工作，对流程进行测试和试运行，发现系统存在的问题，及时修改和完善。

二是出台了《全省网上育林基金征收系统实施方案》，明确了全省启用育林基金征收系统的时间和步骤。

三是举办了两期合计200多人的网上征收系统操作培训班，提高了工作人员的操作水平。

四是现场指导育林基金征收工作人员提高操作技能。目前，全省10个设区市、81个县（区）已正式使用育林基金网上征收系统。

二、电子商务平台建设

为建设林权交易的电子商务平台，统一全省林权交易体系，辐射南方周边省（市），开发完成了南方林业产权交易所门户网站、远程网上交易系统和网上商城等电子商务平台，开启林权交易的电子商务时代。

一是组织开发完成了全省统一的林权交易平台和信息披露平台，实现了网上挂牌申请、竞价报名、网上挂牌、保证金收付和拍卖竞价等流程。

二是建成了南方林业产权交易所门户网站，并搭建了湖南、福建等南方15个省林业产权交易子网站。现已经实现全国各类涉及产权交易资讯类信息、相关挂牌类项目的及时披露，社会会员注册、登录、挂牌申请、竞价报名和网上交易，交易会员单位在线审核申请和组织网上交易等功能。

三、全国木材运输管理系统启动

省林业厅启动了“全国木材运输管理系统”全面统一使用工作。一是11月12日出台了《“全国木材运输管理系统”江西省实施方案》，明确了全省启动全国木材运输管理系统的时间和步骤。

二是在11月30日至12月4日举办两期合计200多人的系统操作培训班，提高了工作人员的操作水平。

三是在12月开展了试运行，由经过培训的办证工作人员，根据赋予本地系统管理员的权限，登录木材运输管理系统内外网试用版，进行办证系统操作流程练习，掌握操作规程。为2011年1月1日正式启动“全国木材运输管理系统”，停止旧版本运输证件办理，全面实施新版本运输证办理奠定基础。

四、《江西省林业信息化建设“十二五”规划》调研

根据国家林业局关于林业信息化建设的总体要求，实现“加快林业信息化，带动林业现代化”的目标，省林业厅加强了与国家林业局信息办、GIS开发公司及相关专家的沟通。

一是草拟了《江西省数字林业实施方案》初稿，明确了建设的总体目标、原则、思路、步骤和资金预算。召开了《江西省数字林业实施方案》讨论会，完善开展数字林业建议的方案。

二是开展了全省林业信息化建设"十二五"规划调研。由北京超图公司和厅信息中心组成3个调研组，分别对省厅机关处室及直属单位和抚州、吉安、赣州、九江、宜春、上饶等6个设区市及5个县林业局的信息化应用进行了调研，提出全省林业信息化建设的调研报告和全省数字林业的建设规划，对全省林业信息化提出整合建设思路，为下一步全面实现江西林业的数字化奠定基础。

五、网络和信息安全建设

为确保全省网络平台及业务系统高效安全的运行，省林业厅加强了与网络安全厂商的沟通，建设林业信息化安全体系，制订了网络安全建设解决方案，确保林业网络和数据安全。

一是通过部署网管、入侵防御系统、VPN和内网安全管理系统，分别对全省林业政务内网、外网进行了安全加固。

二是对省林业政务外网进行了架构优化，提高网络的安全等级。

三是筹划实行专网管理。针对目前林业信息化业务应用的功能，拟分别建设办公专网和电子商务专网，实现两网的物理隔离，避免两网之间的交叉、干扰。

第七节　山东省

2010年，山东省林业局认真贯彻落实国家林业局和省委、省政府关于加强信息化建设的一系列方针政策和工作部署，全面加强全省林业信息化建设工作，搭建林业信息化服务平台，提升建设和管理水平。特别是首届全国林业信息化工作会议召开后，山东省林业局把林业信息化工作摆在重要位置，进一步加强了林业信息化建设工作。

一、基础设施建设

修订了《山东省林业局机房建设实施方案》，增加了数据库服务器、应用服务器、磁盘阵列等基础设备。对机房进行了新风、视频监控、场地等方面的改造，并对机房弱电布线、防水、防火、防尘设施等进行了重新设计、施工。核心设备运行环境得到了改善，系统的整体性能得到了全面的提升。与国家林业局实现了网上公文传输、信息报送等，省林业局内部基本实现了办公自动化、网络化，提高了办公效率，增强了为社会公众、广大林农、林业企业服务的能力。

二、应用软件开发和数据库建设

一是省林业局综合办公网（局域网），现有终端计算机400多台，基本实现了在职工作人员每人一个登录账号，使用率100%，该系统年文件运转量达4600多件；二是省林业邮件系统，具备500个用户的容量，设立电子邮箱400余个，其中包括局机关各处室、直属事业单位、17个市林业局和部分县（市、区）林业局，为省、市、县三级林业部门信息报送和相关文件图表的上传下达开辟了便捷通道；三是林政资源管理信息系统。该系统实现了林地管理、林木采伐、木材运输、案件管理等功能，提高了服务质量；四是基本建设投资项目动态跟踪管理系统的建成使用，有效实施了对林业基本建设投资项目的跟踪管理，强化了项目资金的科学合理合法使用，保证了项目的顺利进展；五是研究开发了山东省林权登记管理信息系统，建立了全省林权状况数据库，完善了林权管理、流转系统，初步实现集体林权制度改革管理工作的数字化、网络化和信息化。六是探索开展了相关林业数据库的建设工作。建设完成了沙化荒漠化资源监测数据库、公益林动态资源管理数据库和林业产业基础数据库。

三、林火视频监控系统开发应用

山东省林火视频监控系统由三大部分组成：一是远程林火视频监控点；二是监控中心；三是市、县级森林防火监控中心。监控点主要有铁塔、云台、摄像机、编解码器、有线/无线传输设备等组成。林区监控中心主要有操作间、显示屏、矩阵、计算机等组成。市、县级森林防火监控中心与森林防火指挥中心合为一体，主要有信息采集显示、通讯、指挥调度、计算机辅助决策、地理信息、电视电话会议等系统组成。各市、县级森林防火监控中心、林区监控中心和远程林火视频监控点通过有线/无线（光缆和微波）链路组成网络，具备了计算机联网功能、IP电话功能、林火信息采集传输功能、数据信息采集传输功能和林火自动报警功能，市、县之间实现了电视电话会议功能。按照授权，上一级指挥中心可以直接调看辖区内任何一个远程林火视频监控点的监控图像，可直接控制其摄像镜头上下摆动、左右旋转，并能将远程林火视频监控点的图像直接传送至省森林防火指挥中心。

目前，全省大林区和重点部位安装远程林火视频监控点412个，建林火监控室36个，市级森林防火指挥中心14处，有效监控林地面积达67万公顷，为全省森林防火工作发挥了重要的作用。

四、“山东林业系统电子政务综合服务平台建设”项目验收

11月12日，山东省经济和信息化委员会邀请省科学院、省农科院和山东师范大学等单位的专家教授，在济南市主持召开了“山东林业系统电子政务综合服务平台建设”项目验收会。

与会专家听取了项目的有关报告，审查了验收材料，考察了现场，观看了系统演示，经质询与讨论，一致认为：项目验收资料齐全、完整，符合验收要求。项目根据山东省林业局信息化建设的发展规划，依据国家林业局有关文件精神和省信息化建设的要求，按照项目任务书规定的内容，改造提升了省林业局内外网络系统。系统采用先进的网络设备和国产安全技术及设备，技术路线先进，功能齐全实用，具有良好的可靠性和可扩充性，达到了设计的要求。系统投入使用后，显著提升了省林业局信息化管理水平，取得了良好的经济效益和社会效益，达到了预期目标。验收委员会一致同意通过验收。

五、基层信息化建设

在加快省林业局信息化建设的同时，积极推进各市以及基层林业信息化建设。到2010年底，山东省1个7市林业局都连通了互联网，并且都能与当地政府网络办公系统连通，14个市林业局建设了门户网站。济南、青岛建成了局域网络办公系统，济南市林业局与县区间全部互联互通，并开了通视频会议系统与IP电话系统。全省所有县级林业局全部开通了互联网络系统，通过互联网或者全省林业邮件系统进行有关信息、材料和图表的报送。部分国有林场（国家级或者省级森林公园）开通了互联网络系统。

六、制度建设与技术合作

先后制订并实施了《山东省林业局计算机信息网络安全管理暂行办法》、《山东省林业局计算机信息网络安全管理办法》、《山东省林业局网络和信息安全应急预案》、《山东省林业局计算机中心机房管理办法》、《山东省林业局视频会议系统安全管理办法》等信息化管理制度。规范完善了中心机房日志制度；对《山东省林业局保密工作制度》中计算机系统及互联网保密部分作出了修订，从制度上、措施上加强了计算机信息系统的管理工作，基本实现了网络的物理安全、数据安全、系统安全、应用安全。

为保证信息化建设有强大的科技支撑，山东省林业局与山东大学计算机科学与技术学院、山东地纬计算机软件有限公司、山东政通科技发展有限公司等单位建立了长期技术支持和合作关系。

第十二章 中南地区林业信息化

第一节 河南省

2010年，河南省林业厅深入贯彻国家林业局“加快林业信息化，带动林业现代化”的决策部署，认真按照发展现代林业、建设生态文明、推动科学发展的总体要求，全力推进林业信息化建设。林业信息化呈现出持续快速发展、全面健康推进的良好态势，取得了突破性进展。

一、网站建设

河南省加强门户网站建设，打造河南林业统一的对外服务窗口。省林业厅网站进行了多次大规模改版，并于2010年建成了以省厅主站为龙头，各省辖市林业局、厅直各单位共31个子站为主体，分级管理，上下联动，与林业系统现行业务垂直管理体系相应的网站群，解决了各级林业政府网站过去存在的各自为政、重复建设、更新滞后等突出问题。目前信息量达到4万余条，平均日访问量达到3000次。在省直机关门户网站绩效评估中多次名列前茅。2010年再次入选全国农业网站百强榜，在全国林业系统网站评估中列前十名，并获中央部委颁发的“中国政府网站优秀奖”。

二、基础建设

加强基础建设，构建基本框架，省林业厅专网网络已覆盖至所有厅直属单位、18个省辖市和124个县（市、区）林业局。联通了省、市、县三级林业部门和厅直属单位，建成了集传输文字、视频、语音等各类信息数据的高标准信息高速公路，建设规模位居省直部门前列。

三、河南林业信息化“十二五”规划编制

在《河南林业信息化中长期规划（2010~2020年）》基础上，制定了《河南林业信息化“十二五”规划》，为河南林业信息化长远发展和近期建设奠定了坚实基础。规划拟定“十二五”期间全省林业信息化建设将紧紧围绕实现跨越式发展、推进林业生态省建设的战略目标，坚持“统筹规划，突出重点；技术先进，务求实效；面向应用，资源共享”的方针和“以需求为导向，以应用促发展”的工作思路，以网络建设为基础，以政务信息化为突破口，以信息安全为保障，统一规划，统一管理，统一标准，统一平台，分步实施，全面推进，加速建立以“三网一库”为基本架构、行业上下信息贯通、适应各项林业工作需要的网络信息平台，不断拓展信息化技术的应用领域，提高全省林业行业的信息化应用能力和管

理水平，推进林业管理现代化，为促进林业快速持续健康发展提供强有力的支撑和保障。

四、政务应用强化，行政效能提高

林业视频会议系统和电子公文传输系统运行稳定，可以随时召开省、市、县三级视频会议、传输电子公文信息，并与国家林业局专网对接，实现国家林业局会议的市、县级同步转播。省林业厅下发了会议审批制度，大幅度降低了召开见面会的数量，提高了视频会议系统的使用效率。OA协同办公系统完成升级改造并投入使用。

五、森林资源数据库及管理平台开发

已开发完成的全省森林资源数据库系统始终按照《全国林业信息化建设纲要》、《全国林业信息化建设技术指南》进行标准化和规范化建设，可方便实现与国家森林资源监管系统的数据共享。能够实现全省林业资源不同级别、不同部门、不同地区的数据“一张图”的管理。具备二、三维林业资源数据发布功能。系统采用高可靠的安全性控制，在采用所有应用系统单点登陆同时，通过一段记录用户真实数字身份信息的证书，实现身份验证、信息加密、数字签名及防抵赖性等功能，这在全国各省当中是唯一的。

六、森林公安信息化建设

河南森林公安局全省公安专网接入已达60%，在全国率先开发使用网络执法与监督系统和案件管理系统，是全国森林公安系统推广使用警务通的唯一试点省。2010年正在进行被装管理系统、警务信息综合查询平台、嫌疑人标准化信息采集等系统的建设，河南森林公安信息化水平在全国处于前列。

七、网络和信息安全管理

2010年，省厅把改善信息安全环境、保障网络信息安全工作作为电子政务工作的重中之重。一是规范应用系统用户管理。一手抓对工作人员网络信息安全教育，增强机关人员信息安全意识，一手抓政务用户注册。对访问政务专网用户，使用数字证书实现用户身份信息验证和单点登陆，规范了专网用户管理。二是完善信息系统安全保护工作。在各应用系统的服务器端更新安装了新的卡巴斯基网络版杀毒软件，防范计算机病毒，更新千兆防火墙和IDS的技术措施，防范网络入侵和攻击破坏。接入网络的终端机器上全部安装杀毒软件。一年来未发生泄密和信息系统受到非法入侵现象。三是加大投入，改善信息安全环境。仅2010年省林业厅就投入50多万元经费，改造厅机关机房UPS电源、气体灭火系统和信息安全设备设施，全面改善了信息安全环境，提高了厅机关信息保障水平和安全效能。

省林业厅高度重视计算机信息系统等级保护工作，专门制定计算机信息系统等级保护建设方案，提升信息系统保护等级，改善信息安全保护环境，提高信息系统安全防护水平，有效防止信息泄密和系统受到非法入侵。

八、保障体系建设

逐步完善保障体系，形成了林业信息化良好的运行机制。省林业厅对河南林业信息化专家咨询组成员进行了调整，由省信息办、省政府电子政务办公室、省信息中心、解放军信息工程大学以及林业系统内部森林资源监测、林业和信息化工程、森林资源经营和管理、遥感、地理信息、数据库、网络等方面的专家组成的系统建设专家咨询组，为2010年新建的各类信息化应用系统建设提供全面的技术支持。

信息化规章制度逐步健全，出台了《机房管理制度》、《机房值班制度》、《河南林业信息网信息发布管理制度》、《河南省林业信息化建设项目管理办法》、《河南省林业信息化建设规范》、《河南省林业厅信息化建设项目验收办法》、《河南林业视频会议系统管理办法》、《河南林业综合办公电子传输系统管理办法》、《河南省林业厅电子公文收发管理制度》等相关制度20余项。

第二节　湖北省

2010年，湖北省林业厅坚持把贯彻落实全国林业信息化工作会议精神作为重要抓手，抓落实，打基础，重建设，加强林业信息化建设，推动了湖北林业信息化建设创新发展。

一、项目建设

（一）湖北林业门户网站群建成

通过整合全省林业网站，建设了统一对外的“湖北林业”门户网站群。作为全省林业信息发布的平台，已成为宣传林业建设、倡导生态文明、促进和谐社会发展的重要媒介，社会各界了解林业、关心林业、监督和促进现代林业发展的重要窗口，尤其是在宣传中央、省委林业工作会议精神和全国林业厅局长会议和全国林业信息化工作会议精神中发挥了重要作用。与荆楚网合作，在该网首页建立了“生态立省，科学发展”链接，扩大了湖北林业网的影响力和辐射面。先后开设了“发展现代林业，建设生态文明”、“信息化建设论坛”、“厅机关干部业务培训”、“全省林业局局长会议”、“湖北省林业厅‘四项活动’”、“全省林业民主评议政风行风”、“廉政文化学习园地”等专栏，形成强大宣传声势，有力地推动了相关工作的开展。强化网站网上办事功能，实现了省林业行政许可和非行政许可事项在线网上办理，并对许可事项办理过程实现了网上电子监察，信息公开能在线申请，林业公开数据信息可在线查询、下载。加强网站公众互动功能，在线沟通实现了与公众实时网上交流，厅长信箱、公众诉求系统和网上信访系统为公众开辟了网上诉求渠道，网上调查、民意征集方便了公众参与林业重大事项决策，在线访谈成为林业宣传和与网民互动的平台。2010年，门户网站文字、图片和视频信息等数据信息量达1.3万余条。目前，网站累计发布信息3万余条，累计访问量226万次，年均访问量达70多万次，“湖北林业”连续3年在湖北省政府门户网站绩效考评中评为优秀政府门户网站。

（二）综合办公系统建设

省林业厅O/A办公系统2010年底已完成测试，2011年投入使用后，省厅机关基本实现无纸化办公。全省林业系统办公协作平台2010年下半年启动建设，2011年完成建设任务后，实现全省各级林业主管部门在一共同的平台上协同办公，全面实现全省林业部门的无纸化办公。

（三）林业系统“信息高速公路”建设

在2008年已完成省级到市级网络平台建设的基础上，2010年启动了市级到县级网络平台建设。为全省林业系统提供一条集视频（开视频会议）、数据（传递信息和公文等）、语音（行业内部打IP电话）为一体的“网络高速公路”和一个高效、安全、通畅、价廉的通讯及信息交换的综合业务宽带网络平台。省级数据中心建设和省级中心机房的改扩建已启动，方案制订和建设资金筹措工作已完成，2011年完成建设任务。

（四）各类林业业务系统的建设与应用

全省森林公安警务信息工作平台和林政管理系统、森林防火信息系统、森林资源地理信息系统和“湖北森林防火地理信息数据库”、“湖北森林资源管理信息数据库”建成投入使用。“林政管理系统”在集体林权制度改革中发挥重要作用，林改确权发证工作均在网上通过系统来实现，截至2010年底，768.1万公顷林改确权信息数据已进入林业资源数据库，系统办理林权证270万份，共计637.32万公顷。加强全省林业视频会议系统建设，省林业厅、各地（市）林业局和各国家级自然保护区视频会议系统已建成，通过广域网络平台，实现了国家林业局—省林业厅—市（州）林区林业局的综合视频通信，全年累计召开视频会议35次。2011年计划进行二期工程建设，建成后全面实现林业系统内国家—省—市—县的综合视频通信。

（五）信息资源整合

2010年开始启动了信息资源的整合工作。信息资源整合主要基于林业信息化基础平台开展建设，以资源共享为核心，打破资源分散、封闭和垄断状况，充分利用和整合已有的信息资源，加速基础林业专题数据的标准化改造，有效调控增量资源，优化信息资源配置，实现信息共享，提高信息资源效益。整合完成后，纵向上可实现与国家林业局信息系统的数据信息无碍交互，横向上可实现与湖北省电子政务系统无缝对接，形成有机整体，消除信息孤岛。

二、《湖北林业信息化建设“十二五”规划》编制

为保证湖北林业信息化建设的整体性、系统性，湖北林业厅党组高度重视，深入研究，认真组织，以《全国林业信息化建设纲要》和《全国林业信息化建设技术指南》（以下简称《纲要》、《指南》）为依据，结合省情林情，组织编制了《湖北林业信息化建设

"十二五"规划》（以下简称《规划》），夯实湖北林业信息化建设基础。按照"统一规划、注重实效、突出重点"的编制原则，组成多单位协作形式的修订编制组，对指导当前和今后一个时期全国林业信息化工作的纲领性文件——《纲要》、《指南》进行了深入研究学习，明确总体要求，形成了全局一盘棋思路；通过多种形式，对全省105个市（州）、县（市、区）林业局，5个国家级、11个省级保护区及省厅各业务单位进行全面深入调研，了解林业工作对信息化建设的各项功能需求和全省各地林业信息化建设的现状；广泛征求领导、专家的意见，经多方讨论，多方比较，确定了设计方案；编制《规划》（征求意见稿），在全省林业系统广泛征求意见。2010年底完成了《规划》编制工作。

三、保障体系建设

（一）建设资金筹措

省林业厅成立林业信息化资金筹措专班，通过申报重点项目、获得国家财政专项支持和争取各级政府支持等方式，多方位拓展融资渠道；做好林业信息化建设详细规划，合理计划资金，合理使用资金，专款专用，确保信息化重点项目建设；做好系统建设的成本管理，对资金投入进行有效的经济分析，及时评估项目建设，总结经验，促使资金合理利用。全省林业信息化系统运行维护、培训工作已经纳入省内各级财政预算；从2010年起林业信息化建设已经纳入了全省林业年度建设工作计划，积极申请湖北省电子政务建设项目立项解决了部分项目建设资金；通过与中国联通湖北分公司加强共建信息化建设项目的战略合作，在一定程度上缓解了项目建设前期投资大的压力。同时，我们积极争取了国家林业局政策、资金的支持。据统计，2010年共筹措在建信息化项目资金4000万元。

（二）制度建设

为保障湖北林业信息化工作持续、有序、高效运行，省林业厅先后出台了《湖北省林业信息化建设目标和管理办法》、《湖北省林业信息化建设考评办法》、《湖北省林业厅新闻发布管理办法》、《湖北省林业厅电子政务管理办法》等一系列规章制度，建立了信息化建设管理和信息化工作监督、检查和考核机制。2010年将信息化建设任务和业务办公电子化指标纳入到年度目标考核内容。依据《指南》，结合湖北林业信息化实际，已经着手信息存储、传输、共享及应用软件的开发与网络建设相关的关键信息技术标准和规范的制订工作。

（三）技术培训

为提高全省林业系统信息化技术水平，大力开展信息化业务知识培训。每年采取"请进来，走出去"的方式，组织全省林业系统信息化建设技术人员进行两期集中培训。请省联通公司的信息化专家、技术人员进行信息化技术和网络管理知识辅导授课。厅领导带领宣传中心负责人到林业信息化建设强省湖南省和辽宁省参观学习，积累信息化建设经验；出台《湖北省林业信息化建设目标和管理办法》，建立了林业信息建设管理的长效机制；加强工作检查督导，全面推进林业信息化建设管理各项工作；在武汉、宜昌、襄阳等地设立信息化建设试点，抓好典型示范带动。

有针对性组织信息技术人员到联通公司参观学习，请联通公司技术人员到各地信息化建设现场指导。通过加强培训和学习交流，精心打造了一支政治可靠、业务精通、作风优良的林业信息化建设技术队伍。

四、组织机构建设

成立了以王海涛厅长为组长的林业信息化建设领导小组，加强对信息化建设的组织领导。强化宣传中心在信息化建设中的管理职能，加大信息建设具体工作落实力度；对照国家林业局关于林业信息化建设标准和要求，认真查找自身在林业信息化建设中的差距，制定切实可行的改进措施。

（一）林业信息化建设作为“一把手”工程高位推动

实行林业信息化建设“一把手”负责制，党组书记、厅长亲自抓。进一步调整完善信息化领导小组结构。厅长王海涛为组长，分管厅长为副组长，机关处室负责人和各市（州）林业局局长为成员；各市（州）、县（市、区）林业局相应成立了局长任组长的林业信息化建设领导小组，为林业信息化建设提供了有力的组织保障。

（二）林业信息化组织管理机构健全

省林业厅通过公务员招录方式，吸纳信息化专业人才，充实了厅机关信息化管理机构和人员。厅直属单位和各市（州）、县（市、区）林业局均明确了林业信息化建设管理部门，武汉、宜昌、荆门等市成立了专门管理机构（信息办），其他市州县相应强化相关科室信息化管理职能，配备专人负责。据统计，全省共有林业信息化专业技术人员132人。目前，全省林业系统已经建立了省、市、县信息化三级管理组织体系，机构人员齐全，职责任务明确，工作进展顺利，建设成效显著。

（三）林业信息化建设科技支撑机构筹建

商请全国林业信息化建设专家委员会、省电子政务建设专家委员会的专家为湖北林业信息化建设提供决策咨询；通过公开招标，确定信息化建设专业咨询机构，为全省林业信息化建设提供技术支持；与中国联通湖北分公司建立战略合作伙伴关系，借助其在技术、人才、培训和服务等方面的优势，携手推进湖北林业信息化建设。

第三节　湖南省

2010年，湖南省按照国家林业信息化发展总体部署，围绕全国首批林业信息化示范省所确定的示范主题，积极探索，锐意改革，林业信息化建设呈现崭新面貌。林业信息化的深入推进，促进了全省林业管理理念的更新和体制机制的创新，推进了党风廉政建设和机关作风的转变，提升了林业的地位和形象，为全省林业改革发展注入了强大动力。

一、示范省建设

精心编制了《湖南林业信息化示范省实施方案》，并广泛征求了有关专家的意见，提出了资源整合和内网建设的工作思路。资源整合以湖南林木测土配方基础平台搭建为突破口，将林木测土配方网络服务平台、森林资源数据更新管理、林权小班数据库建设、林权信息管理系统、有害生物信息数据库及管理系统作为建设重点，进一步建立健全各类资源数据库，加快相关林业专业应用系统的开发步伐，逐步将湖南的林地、湿地、森林、野生动植物和生物多样性等基础性林业资源数据细化到山头地块，落实到千家万户，形成信息全方位辐射、监管多方面铺开、服务各层次跟进的林业信息化格局，有效解决了“资源在哪里”、“造林造在哪里”以及“种什么”、“怎么种”等问题，大幅度提升湖南林业管理整体的现代化水平。内网建设在加强湖南林业电子政务内网网络与信息安全保密责任管理的同时，按照“科学编制，整合资源，严格筛选，用管一致”的原则，健全内部工作机制，加强内网运行维护工作，下大力气普及信息技术知识，提高工作人员运用内网的能力和素质，逐步拓展内网应用领域，不断提高内网应用水平。2010年4月，国家林业局对湖南上报的实施方案进行批复，要求湖南按照首届全国林业信息化工作会议和《全国林业信息化建设纲要》及《全国林业信息化建设技术指南》的要求，尽快组织实施，力争尽快推出国际先进、国内领先的示范成果，真正发挥示范作用，为全面加快林业信息化建设作出新贡献。

二、林木测土配方基础平台建设

林木测土配方是湖南省林业厅党组确定的四项重点工作任务之一。全省围绕这一中心任务，在林木测土配方基础平台建设方面开展了一系列工作。一是综合运用“3S”技术、计算机、网络技术及全省森林资源数据库，按照《湖南省林木测土配方基础平台建设方案》的要求，完成了湖南省林木测土配方信息系统的开发，并根据实际需求不断进行优化升级，使之在用户界面、可操作性、安全稳定性等方面得到了大的提升，同时，引入当前最先进的SOA架构概念，建立了各类数据共享机制，完成了从森林资源、营造林、森林防火、有害生物防治到适地适树各个环节数据的整合。各类应用系统均在公共基础数据库上运行，既避免了重复投资，实现了信息的充分共享，也减少了市（州、县）林业局管理维护的难度。二是抓硬件建设。针对基础数据平台数据处理量大，业务繁忙，对硬件要求很高的实际情况，成功将GIS数据库服务器升级到IBM P750小型机（具有32颗CPU、320G内存），不但大大提高了测土配方平台性能，同时使全省信息化应用水平上了一个新台阶，装备程度居全国前列。三是全省组织了1328个数据核查组、调动3000多名技术人员、核查小班470多万个、立地因子和土壤肥力因子8000多万个、重新进行土壤采样分析小班15万多个，投入经费2060万元。新增了公益林、石漠化、土壤肥力和理化因子、气象气候资料、适生树种立地因子以及全省有害生物野外监测数据等内容，使林业基础地理数据库的属性因子从70多项扩充到298个。然后，利用新中国成立以来湖南林业取得的1000多项科技成果，组织林业专家及管理人员，根据湖南八大土类适宜种植的主要造林树种、优材更替树种、无节良材树种和经济效益好的树种，经过多次论证，确定了85个可以覆盖全省的主要造林树种及每个树种的17个主要适生立地因子及其栽培技术编写提纲，由20多位各专业学科领衔专家，用“最通俗易懂的语言，最简单易行的技术”撰写了这些树种的最新栽培技术，通过审定后，全部输入到湖南省林木测土配方信息系统。四是结合林木测土配方基础平台的建设，对森林资源数据更新软件进行了优化升级，由单机版过渡到网络版。应用GIS技术分年度完成了自“十五”森林资源规划设计调查结束以来的森林资源档案数据的处理、入库和更新维护，实现了对森林资源档案数据的动态管理，确保了林业资源数据的实时性、一致性、准确性，最大限度地减少了人为干预与数据的误差，从而真正将全省林地、湿地、沙地和生物多样性等基础林业资源数据细化到了山头地块，为形成对三个系统和一个多样性的全面有效监管，为建立现代林业管理制度奠定了坚实的基础（图12-1）。

图12-1 湖南省测土配方新闻刊登在国家林业局网站首条

林木测土配方信息系统使全省3000万林农因此享受到网络时代和技术创新带来的实惠和便利。现在，林农只要点击湖南林业电子政务网上的电子地图，就能迅速查到自家的山头地块适宜种什么树、土壤需要施什么肥，彻底消除湖南有的地方一棵树长几十年也不成材的现象。这项工作得到了国家林业局和境内外媒体的高度肯定，被广大林农称为民本工程、德政工程。中央电视台新闻联播作了3分钟的报道。媒体评价“湖南林业把科学发展观落实到了山头地块”，其影响远远超出了单纯的技术范畴。

图12-2 湖南林业电子政务网（内网）

三、林业办公无纸化等系统开发和应用

湖南从2006年开始无纸化办公，经过多年来持之以恒的努力，到2010年4月，各市（州、县）林业办公无纸化系统全部开发到位，并联成一个有机的整体，为在全省实现办公无纸化奠定了坚实的基础。根据2010年统计，除厅机关外，全省已有86个市（州、县）林业局不同程度的实现办公无纸化。全省通过OA系统办理公文近5万件，录入文书、科技、基建、财务、音像和实物档案目录近8万条，录入各类影视片达2300多部，各类图书近2万册。为顺应林业管理工作的新需求，先后开发出公文处理、档案管理、林业电子办证、森林资源数据更新、营造林信息管理、森林公安、森林防火信息管理、育林基金信息管理、古树名木信息管理、固定资产管理等20多个林业专题应用系统，覆盖日常办公、资源管理、行政审批、信息发布等多个领域（图12-2）。其中，全省林业电子办证系统把林业信息化应用拓展到行政审批领域，推进了依法行政和党风廉政建设。通过建立互联互通的全省林业在线办证平台，林木采伐证、木材运输证、林权证、植物检疫证、种苗生产许可证及经营许可证、使用林地同意书等全部实现了“外网受理、内网办理、外网反馈”，广大林农在家门口就可以办理所需的各种证件。同时由于各个环节公开透明，各类证件环环相扣，各种报表自动生成，实现了自由裁量的“零弹性”，有效防止了弄虚作假和暗箱操作。2010年，全省通过网络办理各种证件870多万份，传统办证过程中的超限额办证、重复办证等难题迎刃而解。森林防火信息管理系统把林业信息化应用拓展到资源管护领域，成为森林火灾预警中的千里眼，为森林火灾“打小、打早、打了”发挥了重要作用。全省林业系统的办公方式和习惯正在逐步向电子化、网络化、无纸化方向发展。全省林业电子政务网用户群也在由小到大，由弱到强，不断成长壮大，现在全省用户数已近2.5万。内网（湖南林业电子政务网）访问量从2005年的50万人次跃升到2010年的900万人次。

四、网站建设

湖南以把“湖南林业信息网”打造成全省和全国林业系统一流的政府网站为目标，在信息公开、网上服务、公众互动、特色栏目建设等方面开展了一系列工作（图12-3）。一是全年湖南林业信息网站发布各类信息3.8万多条（件），平均每个工作日发布各类信息百余条，涉及林业的方方面面。二是对网站进行了改版升级。如对厅领导栏目重新进行了规划，对每位厅领导都有专题介绍，包括简历、主要活动、重要讲话及图片新闻都进行了详细集中报道；开辟“厅长信箱”、“廉政专线”，畅通信息沟通渠道，接受公众监督；开设了“局长论坛”，每两个工作日推出一位林业局局长，介绍其履历，并发表其对林业相关问题思考的论文。三是在春季森林防火季节、在植树节期间、在全国油茶产业发展现场会召开之际、在全省集体林权制度改革启动之时，及时开展了一系列专题宣传报道工作。同时，组织开展了全省国土绿化网上调查、厅直团委网上知识竞赛、湖南林业节能环保网上行和张家界十佳景点评选等活动。四是利用新型媒体的优势，在首届湖南家具博览会期间，同步开通了网上家博会。共设置展会资讯、展会视频、展会图片、产品展示、参展企业等十余个栏目。家博会前后刊发各类信息2000余条，照片400余幅，现场播放宣传片20余部；宣传参展企业133家，展品1000余件。特别是完成开幕式图文、视频网上同步直播，全方位地向社会展示了本次家博会的宏大场面。2010年，湖南林业信息网站的访问人次达700万，网站被评为“全国林业系统十大优秀网站”和“2010年度湖南省优秀政府网站”。

图12-3 湖南林业信息网（外网）

第四节 广东省

2010年，全省各级林业部门高标准地推进林业信息化和电子政务工作，不断加大信息化资金投入，不断普及信息技术应用，不断完善管理体制和机制，林业信息化建设取得了明显的成效。根据国家林业局发布的《2010年全国林业网站绩效评估报告》，广东省林业局网站被国家林业局评为“全国林业系统十大优秀网站”，排名全国第六。“基于‘3S’的森林资源与生态状况年度监测信息系统”被国家林业局评为优秀工程勘测设计二等奖。“基于‘3S’的森林资源与生态状况年度检测技术研究”被省政府评为广东省科学技术奖三等奖。

一、网站建设

全省把加快林业网站建设作为信息化建设的首要任务来抓，进一步加强"广东林业"网站功能建设，突出政务信息公开和服务，提高网站管理维护水平，完善信息发布、在线办事、互动交流等功能，形成了统一的对外服务平台。各级林业部门不断提升网站建设水平，信息化服务能力不断增强。省林业科技推广站扩建林业科技信息网，把科技业务管理与网站整合在一起，既为社会公众、林业科技单位和林业科技工作者提供广东林业科技动态、科技成果、实用技术、标准化、交流合作、知识产权、学会工作等信息，又促进了信息资源共享和科技服务的水平，提高了林业科技管理工作效率，增强了政务工作透明度和公众办事便利性。省林业科学研究院适应现代林业建设需要，增建英文网站，扩大中文电子文献期刊查询范围，增加英文数据库，为科研工作提供了良好的保障。佛山市依托佛山农业信息网平台，落实专人负责，及时收集发布林业信息，实现信息资源共享，提供全面、快捷、准确的信息服务。阳江市大力推进网站资源整合，把"阳江农业信息网"和"阳江林业信息网"合并为"阳江农业和林业信息网"，初步形成了覆盖全市农林业的信息采信发布体系，使网站内容更丰富、信息量更大、专业性更强，为全市林业提供全面、实时、客观的农林业信息服务。东莞、中山、江门、湛江、潮州等市初步建成了功能完备、管理完善的综合型林业门户网站。

二、应用系统建设

全省着眼全面提升政务服务能力，抓紧建设全局性应用系统和网络，把核心业务建设与信息化建设有机结合起来，林业开始迈入电子化、信息化时代。

（一）完成了省森林防火指挥中心改造升级项目

新系统有力提升了全省森林防火指挥能力和水平，极大地推进了全省林业信息化发展速度。业务管理系统实现了集信息发布、日常业务办公和数据库管理为一体的综合性业务管理系统；应急指挥系统包括指挥扑救子系统和移动应急指挥平台，具有快速机动、广泛通信、会议协商、指挥调度和一定抗毁能力的特点；视频会议系统以电子政务外网作为通信链路，采用至少2M的网络宽带，建成了省森林防火指挥中心与全省21个地级市以及森林防火通信指挥车的视频会商平台。该系统也可以对接国家林业局视频会议系统，实现国家局视频会议的全省广播。

（二）组建部署了全省木材运输管理系统

实现了国家、省、市、县、办证点为一体的管理体系，顺利完成了新旧版木材运输证及办证系统的衔接工作，维护了全省木材运输管理秩序的稳定。目前共计开通768个使用用户，办理新版全国木材运输证119 491份，实现了木材凭证运输管理的电子化、信息化，进一步提高了林业行政效率。

（三）健全全省林业种苗数据库

大力开展全省林木种苗信息化工作。建立了全省林木种苗数据上报更新维护机制，及时掌握全省林木种苗生产供需动态，并充分发挥了全省林木种苗信息员和林木种苗数据库的作用，为全省营造林决策提供了方便、快捷、可靠、实用信息，推动林木种苗供需单位直接见面，大大降低了全省种苗调剂成本，提高了工作效率。在12月份国家林业局召开的全国林木种苗信息审核会上，全省林木种苗统计工作受到了通报表扬。

在省林业局的大力推动下，全省各地林业系统信息化建设步伐明显加快。佛山市全面推进电子政务信息系统建设，已基本实现全市林业系统信息传递、交换、处理的电子化和网络化，切实提高了办文办事效率。江门市信息技术应用范围从森林资源清查逐步拓展到森林防火、自然资源保护、行政执法等重点业务领域，大大提高了资源监管能力和工作效率。阳江市初步建成健全的市、县、乡镇三级互联互通、资源共享的林业信息网络体系。

（四）行政审批电子监察系统建设

省林业局对原有电子监察系统进行升级改造，实现监察重心从事前审批向事中监管和事后责任追究转变，对全部行政许可事项和审批事项进行全程电子监察，并通过广东林业网站及时公开结果，让公众了解审批进度和结果，方便公众办证和进行监督，共办理审批事项791件，办结率100%。全省各地林业部门积极推进行政审批电子监察系统建设，努力提高便民服务水平。梅州市建设完成行政电子监察系统办理网上植物检疫行政审批事项和木材运输证核发审批事项7502件，办结率100%。江门市开通了绿色办事通道，建立了“一站式”办事大厅，安装了电子监察审批系统、木材运输及森林植物检疫办证审批系统、实现采伐许可证、木材运输证、林权证等事项的统一办理，大大缩短了办证时间，降低了成本，方便了群众，加强了行政审批监督。湛江市把行政许可审批事项纳入了市政府行政服务中心林业窗口统一办理，实行“一站式”服务和流程卡管理，使行政审批从受理、承办、审核、批准到办结全部实施电子监察，原法定时限由270个工作日缩短到73个工作日，大大方便了群众，提高了工作效率。共受理行政审批事项12 000多件，办结率100%。

三、《广东省林业信息化发展“十二五”规划》编制

省林业局从全局高度出发，科学谋划了林业信息化发展蓝图。一是在事业单位机构改革方案中，通过内部调整，拟将省林业信息与宣传中心的编制人数增加一倍，有关方案已报省政府待批。二是根据《全国林业信息化建设纲要》、《全国林业信息化建设技术指南》和“五个统一”原则要求，在全面和深入地调查全省林业信息化建设情况基础上，组织中山大学、华南理工大学、华南农业大学、省林业调查规划院等科研机构和单位的信息化专家，编写了《广东省林业信息化发展建设“十二五”规划》。三是把林业信息化发展规划纳入全省林业发展规划，在《广东省林业发展“十二五”规划》中，安排专门章节具体规划林业信息化建设，并把信息化列为全省林业十大重点民生工程之一。

四、技术开发

全省加大林业信息化的技术开发力度，建成了一批新的信息系统，拓展了林业信息化新领域，提升了信息化水平。一是新建完成广东林业多媒体信息管理系统。实现林业录像和图片信息的科学分类和网上管理，具有批量录入、信息预览、多种方式查找、自动备份到磁盘阵列等人性化设计，达到促进林业信息资源共享与应用、充分发挥林业信息资源价值、增加林业信息保存安全性等目标。这些信息系统都基于国际互联网和政务外网构建和运作，让使用者充分享受信息科技带来的时效性和方便性。二是建设网络森林医院。联合省林业科学研究院、中国林科院热带林业研究所、华南农业大学、仲恺农业工程学院、省昆虫研究所、中山大学等院校专家学者组成专家组，在省网络森林医院坐诊，实时解答基层林业有害生物识别和防控知识，为省级网络医院数据库填充了近200种有害生物的基本信息。三是地方林业局开发建设信息系统力度不断加大。东莞市林业局构建了森林公园森林资源管理信息系统，有效解决了该市公园数量多、面积大等传统管理模式难易管理的问题，提高了森林资源的管理水平，缩短了处理事故的时间，减少了事故带来的损失，大大节省了管理经费的支出。中山市林业局借助先进的"3S"技术与计算机科学技术，初步建立了以基础空间数据库为基础，以森林资源、森林防火、办公自动化、林业门户网站为载体的数字林业信息管理系统。

五、保障体系建设

为确保全省林业信息化工作不断推向深入，省林业局着力完善保障体系，积极构建有序、有效、有信息化运行机制。一是加强组织机构建设，构建全省林业信息化管理体系。省林业局、各地级市和部分县已经成立了林业信息化工作领导小组。二是健全规章制度，规范化、制度化管理林业信息化工作。制定了《广东省林业局网络管理暂行规定》、《广东省林业局计算机信息系统安全保护管理暂行规定》、《广东省林业局计算机软件资产管理制度》、《广州市林业局计算机管理制度》、《广州市林业局网上信息发布制度》、《广东省林科院网络使用规定》、《广东省林科院林业信息化工作管理办法》、《惠州市林业局政府信息公开工作制度》、《惠州市林业局计算机安全管理规定》、《潮州市林业局涉密计算机违规上互联网监管工作管理制度》、《潮州市林业局网站信息报送制度》等制度。三是加大资金投入力度，推动信息化建设和管理快速发展。省林业局投入2687.78万元，完成了省森林防火指挥中心改造升级项目；投入68万元，组建部署了全省木材运输管理系统；省森林病虫害防治与检疫总站安排专项资金，采购了导航定位数据处理仪Ⅰ型和导航定位数据处理仪Ⅱ型各10套、手持PDA地图及软件各46套、野外摄像监测系统18套；佛山市投入资金约10万元，建设了视频会议系统; 梅州市投入建设和维护资金约20万元，新建了森林防火视频会议系统和机关治安视频监控系统各1套，购置设备15台（套）；湛江市投入林业信息化建设经费70多万元。四是加大信息刊载量，促进信息发布网络化和数据化。省林业科学研究院建设完成《广东林业科技》期刊信息系统，实现网上办公、投稿、审稿，进入无纸化时代。五是加强培训工作，提高信息化意识和水平。惠州、湛江、潮州等市，通过积极开展信息化培训，普及信息技术知识和应用，提高了信息化意识和运用能力，提升了办公人员的信息化水平。

第五节　广西壮族自治区

2010年，广西林业信息化紧紧抓住建设“生态文明示范区”和“林业强区”的战略机遇，围绕“加快林业信息化，带动林业现代化”的总体要求，积极推进全区林业信息化建设，逐步建立布局科学、高效便捷、先进实用、稳定安全的林业信息化体系。

一、网络平台建设

从1998年开始启动林业信息化建设，目前基本实现了国家、自治区、市、县四级林业电子公文传输，形成了包括全区林业专网、机关局域网、党委专网、政府专网、森林公安金盾网、财政专网、防火网在内的7个网络平台。开通了FTP数据传送服务、电子邮件服务、政务信息服务等多项网络服务功能，开通了与国家林业局连通的视频会议系统。广西电子政务外网可以利用政务外网建设广西林业综合协同办公系统和视频系统等应用系统，目前正加紧完成项目实施方案。全区林业专网利用VPN虚拟专用网络技术，通过互联网连接全区14个市林业局、109个县（市、区）林业局、14个区直属林场和直属企事业单位。目前有联网单位259个，网上实名用户1321人。

二、基础设施和应用系统建设

厅信息中心拥有独立的功能较完善的机房。机房环境符合国家安全保密要求，实现内外网物理隔离。按照机房管理的高要求，2010年重新装修了中心机房。开发完成了一系列应用软件，包括林权证管理信息系统，木材采伐证、运输证管理信息系统，营造林管理信息系统，育林基金管理信息系统，林业植物检疫信息管理系统，森林防火管理系统，世行项目管理信息系统等多种业务系统，并在全区范围内全面推广应用，为全区林业发展提供了有力的技术支撑。

三、组织机构建设

建立健全各级林业信息化组织领导机构。建立上下联动的林业信息化工作机制。厅机关设立了信息中心，各市、县林业局都配备了专职技术人员，充分发挥其在林业信息化建设管理工作中的重要作用。各级林业部门明确职能、编制，落实经费来源，每年都召开林业信息化专题会议和举办信息化技术培训班，在全区培养和储备了一大批林业信息化人才，同时各级林业部门加大对林业信息化建设的资金支持力度，将建设资金、运行维护费用纳入年度预算，并根据发展需求逐步增加，资金投入按照“建设和运行”并重的原则，在加大信息化建设投资的同时，重视系统运行维护、基础设施、应用系统升级换代及培训等年度专项投资，为信息化建设成果的长期稳定运行提供必要保障。

2010年全区开始建设广西林业数据中心。该数据中心主要任务是建立和完善广西林业数据库。2010年投入近500万元用于数据中心机房建设、软硬件建设以及人员培训、数据库开发等。

五、管理制度建设

全区始终注重管理制度的建设和实施，制定和完善林业信息化建设、应用、管理制度体系，重点建立和健全日常事务、项目建设实施、信息共享服务、数据交换与更新、数据库运行、安全防护、项目组织等管理办法和制度，规范广西林业系统网络及应用系统建设，为林业信息化建设保驾护航。标准规范建设是林业信息化建设的基础性工作，全区制定了广西林业信息化建设近期和中长期建设规划，完成了《广西林业信息化2006~2015年建设规划》和《广西森林资源监测与保护网络平台建设实施方案》的编制，为后续发展奠定了坚实的基础。2010年底开始编制《广西林业信息化“十二五”规划》，为“十二五”期间广西林业信息化发展提供科学依据。

六、人才队伍建设

林业信息化建设集多项高新技术于一体，技术含量高，建设难度大。全区林业信息化人才队伍建设本着“科学编制、整合资源、严格筛选、用管一致”的指导原则进行，努力培养一批懂技术、善管理、精业务的复合型电子政务建设和管理人才。建立有利于吸引人才、留住人才的激励机制和用人机制，吸引高素质的信息技术和管理人才；加强信息化培训和宣传，加大干部职工信息化培养力度，增强信息化意识，普及信息化知识，提高信息化建设水平和应用能力。厅信息中心和广西林业勘测设计院、广西林业科学研究院、广西生态工程职业技术学院等区内林业科研、教育单位锻炼和造就一批熟练掌握网络技术、大型数据库技术的专业技术人才，积聚了一大批数据加工人才。2010年建立林业信息化专家库，强化了信息协会对林业建设的科技、人才支撑作用。各级干部学习和熟悉信息网络，善于运用信息网络，提高运用信息网络进行引导和管理能力。及时总结和宣传推广林业信息化建设的先进经验，加强林业信息化宣传，创造良好的林业信息化发展环境。

第六节　海南省

2010年是海南省林业信息化工作取得较大进展的一年，海南省林业局通过加大资金投入，加强信息化培训，积极争取有关部门的支持，使全省信息化科学指导林业工作的能力有了较大提高。建设完成海南省生态公益林信息管理系统、数字化自然保护区信息平台、财政专网系统等一批信息化应用系统，各项林业业务工作效率得到明显提高。

一、电子公文传输系统改版

2010年3月国家林业局公文传输系统进行了更新改版，省林业局积极配合国家林业局做好相关工作，严格按照有关要求，选派技术人员和公文传输管理人员参加了培训，并成功地完成了本地终端的安装调试工作，实现了信息化公文传输的无缝连接。为保证电子公文传输系统的正常运行，还专门购置了高性能的终端计算机作为公文传输系统的终端机使用，并按照技术规程，将新、旧加密卡正确安装并配置到新计算机上，进一步保障了电子公文传输的质量。

二、电视电话会议系统完善

在设备检修过程中，通过与国家林业局信息办沟通，发现电视电话会议设备不能支持新视频传输协议的问题，并确定是硬件设备型号落后造成无法正常传输，省林业局立即按照国家林业局信息办的具体要求，购置了支持新视频传输协议的电视电话会议终端，保证了电视电话会议系统的正常使用。

三、生态公益林信息管理系统建设

2009年省林业局委托国家林业局中南林业调查规划设计研究院和中国林科院开发海南省生态公益林管理信息系统。经过1年多的编码与调试，至2010年底软件开发工作已基本完成，服务器已安装到位，已经开始投入应用。该系统主要包括：公益林基础信息、补偿基金管理、管护人员管理、资源管理、检查验收等模块。该系统以生态公益林小班为基本管理单元，以生态公益林空间分布位置信息和小班因子表信息为基础数据，实现对生态公益林图表信息直观、有效的管理，更好地满足省、市、县公益林管理部门的多方面需求。该系统充分利用地理信息系统、通信网络、数据库、手机定位等现代科技手段，对全省范围内的生态公益林实行规范化、科学化、信息化和现代化管理。利用这一系统，省林业局可以对全省的公益林实行多渠道、多种管护模式和多维立体的监测，从根本上改变了海南省一直以人工管护等传统模式管护为主的局面。随着管理系统的建立和推广，将实现全省公益林保护和补偿基金管理的数字化、网络化和科学化管理模式，各公益林管理单位能动态监测管护人员的工作状态，实时掌握森林资源变化动态以及公益林资源变化和消长动态，能够定期准确地向社会公布重点公益林保护管理和建设绩效。

为做好公益林管理系统的推广使用，省林业局深入各基层单位进行具体技术指导和业务培训，极大地提高了公益林管护人员的信息化水平，为进一步顺利推广使用打下了坚实的基础。2010年，省林业局派出技术指导组，到文昌、万宁、五指山和鹦哥岭保护区等单位进行详细讲解，顺利完成了信息系统应用试点工作。8~10月，聘请了中国林科院专家分5

期对全省62个生态公益林实施单位进行了全面系统的培训，参加培训人数达258人，其中分管领导和管理人员124人，技术人员134人。

四、数字化自然保护区信息平台建立

海南作为我国热带雨林最重要的分布地区和具有国际意义的生物多样性丰富区之一，其森林生态系统备受关注，其保护问题也备受重视。为了更好地保护海南的热带雨林和生物多样性，海南省林业局建立了“海南全省保护区（林业）数字化平台”。项目首次在所有海南省林业部门主管的自然保护区完成了数字化基础平台的初步建设工作。本项目采集了包括各自然保护区的基础地理信息、保护区管理、植被、主要动植物物种、重要森林资源及相关历史信息等在内的海量信息。人们只要轻点鼠标就可以轻松地将海南岛的森林生态系统、植物和动物物种分布状况等以三维动画的方式形象地呈现在电脑屏幕上。海南保护区（林业）数字化基础平台为各保护区提供了解说、管理决策、研究信息、公众交流等4个平台。系统的建立，为今后的信息化管理奠定了基础。同时培养和锻炼了一批本地化的数字化信息管理人才，改善了保护区管理人才结构，对保护区日后的管理保护具有重要意义，是一项开创性的工作。

五、森林保护无线数字化监控预警中心投入使用

2010年11月，由海南省林业局和五指山市政府共同搭建的五指山市森林保护无线数字化监控预警中心正式投入使用。该系统采用目前全国最先进的森林防火平台设备，具备林火自动识别、自动报警；微波及光纤传输，信息安全稳定；具有透雾功能，清晰成像；具备火点结合GIS功能，实现精准定位；具有智能风光互补给供电，节能环保；具有野外防盗、防雷功能；还具有可拓展性强的特点。整套系统由10个前端站点、传输系统和预警中心三大部分组成，监测范围覆盖全市7个乡镇，极大提升了森林火灾监控能力。为充分利用系统兼容性强的特点，五指山市将生态公益林护林员GPS手机管理系统扩展兼容，将其建成森林资源综合管理平台。通过视频实时监控和护林员地面地毯式巡逻，全方位加强了森林火灾的监控预警。该系统的投入使用取得明显成效，下一步将在全省范围内逐步推广使用。

六、森林公安指挥中心系统升级改造

2010年，经过对海南省森林公安局指挥中心系统进行升级改造，已建成多功能网络监控中心。指挥中心一期改造工程已通过专家组考核验收。完成对海南省的机场、码头、重要交通公路等重要地区以及省林业局、森林公安局办公楼以及省林业局大院主要场所的图像实时监控，同时实现与海南省公安厅指挥中心的监控图像资源共享。指挥系统的升级改造使全省森林公安有了“千里眼”和“顺风耳”，能即时发现在重要地区的各种违法行为，及时出警处置，极大地震慑了犯罪分子，有效遏制了各种违法行为。

七、行政审批网站开通

省林业局已将所有审批项目进驻海南省政务中心，经与省政务中心沟通协调，于2010

年开通了政务中心网站林业局分站，为全省林业在线审批提供了信息化平台。通过在线形式进行行政审批查询，可根据海南省政务中心分发给每个申请行政许可的单位或个人分发一个唯一的办件号码，在海南省林业局政务中心网站上实时查询办件的进展情况，极大地方便了办事单位和个人。通过访问政务中心网站，任何单位和个人都能清楚地了解审批事项和审批流程，并能通过“自助查询”方式及时了解审批事项的进展情况，实现了“阳光审批”，为进一步做好海南省林业行政审批工作提供了有力支持。

八、接入海南省财政专网系统

省林业局已接入了海南省财政专网，经过积极争取，2010年直属单位也纳入了省财政专网应用范围。2010年省林业局对各直属单位财务人员进行省财政专网系统的培训，通过省财政专网的连接使用，可以对各直属单位的资金使用情况进行实时监督指导，进一步促使各直属单位资金管理、国有资产管理工作更加规范化，使海南林业系统的资金管理和使用更加高效有序。

九、信息化技术培训

2010年，在全省范围内组织了各种信息化培训班共计79次，受训人员达到900多人。在培训过程中，始终注重以实际应用为主，以“传、帮、带”为辅，使各基层实施单位的信息化应用能力得到极大提高。基层单位工作人员从“害怕使用”转变为“喜欢使用”，通过推广信息化应用系统的使用，使林业工作效率得到大幅提高，为下一步各应用系统的推进奠定了坚实的基础。同时，省林业局多次派员参加国家林业局和海南省有关部门组织的应用系统、网络安全、信息安全等专项业务培训，使技术人员的信息化能力得到提升，确保信息化队伍业务知识及时更新。

第十三章 西南地区林业信息化

第一节 重庆市

2010年，重庆市林业局紧紧围绕国家林业局、市委、市政府信息化工作会议精神，积极做好林业信息化各项工作，以加强机关效能建设为契机，大力加强电子政务建设，加强本部门网站建设维护，积极推进政务信息公开和数字林业建设。

一、“绿化长江，重庆行动”大型公益网站建立

为加速推进长江重庆段绿化进程，国家林业局、重庆市政府等有关单位发起“绿化长江，重庆行动”捐资造林大型公益活动，全力打造长江重庆段600千米生态屏障，再现“一江碧水、两岸青山”的优美画卷。为扩大该活动社会影响力，重庆市林业局与新华社重庆分社签订了综合信息服务协议，建立了“绿化长江，重庆行动”大型公益网站，该网站对活动背景、活动简介、活动发起机构、活动详细规划等内容都作出了详细的阐述；通过文字新闻、图片新闻、要闻等方式及时、准确地对活动信息进行动态公布；在网站首页公布了捐赠方式、捐赠奖励办法等；另外，网站还开设了森林重庆及绿化长江活动图片专栏。综合信息服务协议还包括新华社总结重庆市林业局工作模式，并着力推广；借助新华社通稿覆盖全国报纸、电台、电视台及海外4000多家各类媒体的传播优势，宣传并推广重庆林业工作成效；邀请林业局主要领导作客新华网重庆频道进行高端访谈；在新华网显著位置对北京举办的“绿化长江，重庆行动”新闻发布会进行网络同步直播；将“绿化长江，重庆行动”大型捐资造林大型义演活动进行全程跟拍，依托捐资造林专题网站，制作高清图集，扩大义演活动宣传效果等。

二、多渠道信息发布机制建立

2010年，中央和地方媒体刊登森林重庆信息报道1000余篇（条）。新华网、人民网、中新网、中央电视台、人民网、《重庆日报》、重庆电视台等新闻媒体对森林重庆的报道频度和力度都达到了空前水平。新华社国内动态清样3777期就三峡库区生态现状与建设作了专题报道；《人民日报》分别以《一座正在建设的绿色丰碑》和《起步实 进度快 效果好》为题，专版报道了森林重庆和全市集体林权制度改革情况；中央电视台播发了“森林重庆，江山如画”公益广告，现场直播了国新办“绿化长江，重庆行动”新闻发布会，录播了“绿化长江，重庆行动”大型公益演出，开各省（区、市）林业宣传之先河；《重庆日报》

分别以“四十区县比比看”、“林业局长在行动”为专题，开展了系列报道，目前刊登了深度报道和署名文章70篇，为全市森林重庆建设提供了重要借鉴。重庆电视台对各项活动先后进行了现场直播，同时制作了森林防火特别关注节目，播出了绿化长江公益广告。市内外报刊、网络、电视等各类媒体都切实加大了森林重庆信息报道力度，森林重庆建设的社会关注度在“五个重庆”建设中名列前茅。

三、退耕还林GIS管理系统推广应用

由重庆市林科院研发的LY-MAP重庆市退耕还林GIS管理系统是应用GIS技术与数据库技术建立市—县（区）—乡（镇）三级退耕还林空间数据库，构建以1∶1万地形图为基础要素，以退耕小班为动态要素的全市退耕还林图表一体的数据库系统。可自动生成数据上报表格，能快速进行相关问题的查询、检索、统计及更新的信息管理体系，将退耕还林工程的实施状况落实到山头地块，达到向上可以逐级统计和数据更新，向下逐级检索查询和监控的目的。通过该系统，可快速、准确、全面地了解和掌握全市退耕还林建设动态和效果，实现工程检查验收和工程管理信息化，为领导的宏观决策、大幅度提高退耕还林工程管理总体水平提供技术支持。该系统已在全市各区县广泛投入使用。

四、林业有害生物监测网络信息系统开发

2010年，在国家林业局造林司和森防总站的指导下，重庆市森防站按照“全面监测、及时预警、准确预报”的要求，以国家森防信息管理系统为参考，综合利用地理信息系统技术、全球卫星定位系统技术、3G通信技术、智能手机等新技术新设备，与重庆星缔联科技有限公司联合开发了重庆市林业有害生物监测网络信息系统，并获得国家版权局计算机软件著作权登记证书。

本系统以北京超图软件股份有限公司系列组件为基础平台，以集成全球卫星定位系统的智能手机为工作载体，开展野外调查工作，并实时向监测中心系统传输林业有害生物监测数据和现场影像，实现了林业有害生物发生情况动态实景可视，确保获得科学真实的有效信息，大大提高了林业有害生物的监测覆盖面和测报预警的科学准确性。

五、网络森林医院建成开通

为做好林业有害生物防治工作，增强林业有害生物防治公共服务能力，重庆市森防站按照“共建共享、一网覆盖、多域体现、特色发展、及时更新、持续补充、自下而上、分级负责、全面监督、层层考核”的建设要求，以国家网络森林医院为基础，建设并开通了重庆市网络森林医院。并于2010年5月底，全面启动重庆市网络森林医院专家在线服务，向社会和广大林农提供林业有害生物咨询服务。

网络森林医院以服务林农为宗旨，以现代信息技术为手段，以互联网为载体，以林业有害生物防治为主线，以专业数据库和专家队伍为支撑，以提供自助诊治、专家咨询、专业出诊和专业信息为主要服务途径。重庆市网络森林医院专家在线服务的开通构建了林业有害生物防治行业的现代化服务新载体，搭建了密切联系职能部门和林农之间的服务新平台，为社会和广大林农提供了快捷、经济、高效的公共服务新方式，产生良好的社会效果。

六、组织机构建设

为加强森林重庆宣传和信息工作力度，重庆市林业局成立了宣传信息处，处室职责为负责林业系统对内对外宣传和新闻发布工作；负责林业系统信息工作；指导林业系统精神文明建设、生态文明建设和生态文化建设；指导局属单位政治理论学习和思想政治工作。处室成立后，为保证重庆林业信息化工作的顺利开展，先后出台了《重庆市林业系统宣传信息考核办法》、《重庆市林业局信息化规划实施草案》、《重庆市林业局网络安全应急预案》、《重庆市林业局机关网络改造方案》、《重庆市林业局信息安全责任制》、《重庆市林业局系统运维管理制度》、《重庆市林业局系统建设管理制度》、《重庆市林业局信息化人员管理制度》等文件充分保障重庆林业信息化工作的顺利推进。

第二节　四川省

2010年，四川省林业厅按照国家林业局和省信息化建设的总体要求，稳步推进林业信息化建设，初步形成了以电子政务网络基本框架为核心的四川林业信息化体系，为现代林业建设提供了有力支撑。

一、网站建设

按照国家林业局和四川省政府的要求，继续抓好厅门户网站建设，从办事、公开、互动三个层面增加网站服务功能，方便群众使用。一是将门户网站从北京迁回四川省林业厅中心机房，方便了对门户网站的及时管理。二是对门户网站栏目和服务功能进行调整完善，设立20个一级栏目和90余个二级栏目，完善了领导之窗、机构设置、政策法规、互动交流、办事服务、在线咨询、政务公开、公示公告等内容，提高了公共服务质量和办事透明度，保证了群众的知情权。三是提高门户网站厅长信箱、在线咨询、监督投诉、网上调查等互动交流功能，部署网站安全预警、防篡改系统，提高网站安全防护能力。网站访问853 667人次，日均2339人次，2010年获“四川省政府网站绩效先进单位”荣誉称号。

二、网络平台及应用系统建设

电子政务内外网、内部网、全国林业视频会议系统专网等网络平台和电子政务内网网站、门户网站、办公业务资源网站、全省森林资源信息管理系统、全省林业有害生物监测预警综合信息系统、全省森林防火视频指挥调度系统、林火监测和预警系统、木材运输系统等应用系统全年稳定运行，为现代林业建设提供了有力支撑。

三、《四川省林业信息化建设规划》编制

依据《全国林业信息化建设纲要》和《全国林业信息化建设技术指南》，编制了《四川省林业信息化建设规划》，明确了林业信息化的指导思想、建设原则、总体目标、主要建设内容和保障措施等。总体要求是：按照现代林业的总体部署，以全面实现信息化应用与服务为核心，以电子政务建设为重点，以统一林业信息化平台为突破口，建设和完善业务应用和综合办公服务系统，尽快建成林业信息化基本框架，实现林业业务管理和运行的信息化。总体目标是：到2020年全面实现林业信息化。林业部门的管理和公共服务能力得到较大改善和加强，形成健全的林业信息化管理和运行机制，全面支撑政务办公、资源监管和公共服务等职能。形成科学、先进的全省林业信息化安全体系和标准规范体系，并得到普遍应用。完成省级林业信息化基础平台建设，建成与国家连通的省、市、县三级上下互联互通的四川省林业电子政务传输网络；完成关系林业发展全局的信息资源有效开发和利用。同时细化提出了2011年、2012~2013年、2014~2015年、2016~2020年的阶段目标和省、市、县的区域目标，具有较强的科学性和可操作性，符合"四横两纵"和"五个统一"的建设要求。

四、政府信息公开

全面贯彻《中华人民共和国政府信息公开条例》，认真落实全省政务公开工作电视电话会议精神，认真制定任务目标，并分解落实到各部门、单位；各单位主要负责人切实加强对政府信息公开工作的领导，认真履职尽责，落实承办人员，突出抓好灾后恢复重建、实施民生工程、重大项目建设、川西北防沙治沙、集体林权制度改革、木材采伐管理改革试点、行政权力公开透明运行、助农增收等重点信息公开，做到了信息公开工作与业务工作同部署、同实施、同检查、同总结，制定了《四川省林业厅机关处室和直属单位目标考核办法》，将政府信息公开纳入目标考核范畴，明确考核计分办法；印发了《四川省林业厅政府信息公开编制任务分解表》和各单位年度目标任务，通过定期或不定期的会议、文件、电话等形式，及时通报各部门和单位完成公开信息任务情况，对进展较快的部门和单位进行表扬，对工作滞后的单位进行督促，有效地推进信息公开工作。2010年向社会和公众准确全面公开政府信息1580余条。其中概况类信息34条、计划总结类信息53条、法规公文类信息361条、工作动态类信息877条、人事类信息2条、"5·12"地震灾后恢复重建类信息186条。信息公开工作没有出现虚假信息或不完整信息事件发生，也没有因信息公开出现行政复议和行政诉讼的情况。2010年，省林业厅政府信息公开工作受到四川省政府办公厅表彰。

五、在线办事和行政审批

全面落实省委省政府"两集中两到位"要求，29项行政审批和2项公共服务事项全部集中到四川省政务服务中心办理，并由网上政务大厅提供网上咨询、网上预约、表格下载、办件查询等在线服务。在全省林业系统开展了林木采伐许可省、市、县三级联网协同审批工作。申请人直接向当地县级政务服务中心林业窗口提供申报材料，通过审批软件网络直接审核上传，依据电子申报材料打印件办理审核审批手续，降低了审批成本，减少了申请时

间和费用。2010年，四川省林业厅共受理行政审批事项3558件，其中即办件2269件，承诺件1289件；办结3546件，其中即办件2269件，承诺件1277件；按时办结率100%；现场办结率100%；群众满意率100%；实际办理提速76.27%，为群众节约办事时间18 473天。提高了服务效率，受到了群众好评。

全年在厅门户网站发布3780余条，获国家林业局门户网站（中国林业网）采用1100余条，获省委采用66条、省政府采用113条。

六、科技支撑体系建设

省林业厅与省林业调查规划院、省林业科学研究院及在川高等院校相关专业开展林业信息化科技咨询，邀请了信息化领域比较有权威的专家，不定期对林业信息化建设的重大技术问题进行决策咨询，为林业信息化工作提供了坚实的技术支持。建立了较为完善的林业信息化标准体系，主要有《四川省森林资源信息系统建设空间属性数据建设技术规定》、《四川省森林防火管理信息系统数据标准》、《四川省森林病虫害监测信息系统数据标准》、《四川省集体林权宗地数据标准》、《四川省林业站基础信息数据标准》和《四川省森林资源管理信息系统建设工作方案》、《四川省森林资源管理信息系统建设技术方案》、《四川森林防火视频调度指挥会议实施方案》等。

七、网络和信息安全管理

严格执行《四川省林业厅上网保密暂行规定》、《四川省林业厅网络运行管理暂行办法》、《中心机房设备管理制度》、《四川省林业厅网站管理暂行办法》、《四川省林业厅网络系统信息发布规定》、《四川省林业厅网站信息安全值班制度》、《四川林业网信息安全管理应急预案》等制度，为各网络系统和应用系统正常、有序、高效运行提供了有力保障，各项工作运转规范有序，无失泄密、数据丢失、网站安全事故发生。

对信息系统和涉密计算机、涉密移动存储介质多次进行了安全大检查，明确涉密计算机和涉密移动存储介质必须登记造册、编号、标注密级标识、明确专人管理或使用，严禁涉密计算机连接国际互联网及其他公共信息网，严禁使用非涉密移动存储介质和安装无线网卡等无线设备，严禁连接网络打印机；严禁涉密移动存储介质在非涉密计算机上使用。内部计算机安装了四川省保密局开发的《涉密计算机户籍管理与违规外联阻断系统》和《涉密移动介质管理系统及专用介质》，有效阻断了涉密计算机上互联网和介质的交叉使用。

八、组织机构建设

四川省林业信息化工作领导小组全面负责贯彻中央和省关于推进信息化工作的方针政策和各项部署，指导协调全省林业系统信息化建设工作和林业重点信息化项目的推广实施。领导小组下设办公室，挂靠林业厅办公室。四川省委编委会正式批复成立了四川省林业信息中心，落实编制12人，主要职责为：负责全省林业系统信息化建设；负责全省林业信息重点数据库、应用系统和网站的建设、维护和管理；负责林业信息的收集、统计、分析和应用；承担林业厅交办的其他有关工作。

第三节　贵州省

2010年，贵州省认真贯彻落实全省信息化建设总体部署和全国林业信息化工作会议精神，按照国家林业局《全国林业信息化建设纲要》、《全国林业信息化建设技术指南》和贵州省政府《2006~2020年贵州省信息化发展战略》的总体思路和目标要求，坚持"以林业信息化带动林业现代化"的指导方针，突出抓好网络建设与维护、网站建设与创新、信息系统开发与应用等工作，进一步优化信息化建设环境，扎实推进林业信息化建设不断向前迈进。

一、网站建设

（一）林业厅门户网站功能日益完善

林业厅门户网站自建立以来经过多次改版升级，功能日益增多，内容不断丰富，设置的政府信息、政务公开、政策法规、技术规程等20个栏目，集林业宣传、信息传播、技术咨询、网上服务于一体，涵盖了林业建设的各方面，2010年新增了人事任免专栏和宗旨教育、"三创一办"活动等专题，进一步丰富了形式。2010年共发布信息751条，点击率达13 200次。

（二）及时更新内容、保障安全运行

作为对外发布信息和沟通联系群众的主要载体，必须及时更新内容，做好信息发布、提供优质服务，为此，林业厅办公室制定了《贵州省林业厅门户网站更新管理办法》，明确了各个版块更新的程序和时限，落实了责任人。为保障省林业厅局域网的安全运行，统一购买卡巴斯基正版杀毒软件，对不安装杀毒软件的电脑一律不予接入局域网。

（三）加强网站外部安全管理

政府门户网站是面向社会公众的重要窗口，开放的互联网带来的安全问题形势越来越严峻，网络与信息安全的日常保障和维护已成为常态化的工作。因此，省林业厅特别重视加强网站外部安全检查，注重及时消除安全隐患，提高门户网站的安全保障能力。

2010年5月，贵州省经济和信息化委员会组织对贵州省政府各级门户网站外部安全进行检查，检查对象包括网站服务器主机系统、网络设备、网站系统和数据库系统等。通过检查，省林业厅网站存在高风险漏洞1个，中风险漏洞4个，低风险漏洞1个。针对检查结果，省林业厅对存在的问题进行认真整改，完善相关制度，修补相关漏洞，确保网站的安全运行。

二、网络建设

省林业厅计算机中心机房、厅机关大楼网络建设不断升级和完善，终端用户已达196个，基本实现了信息资源共享和网上交流。铺设了政务内网、政务外网、国家林业局专网，分别运行省委公文传输系统、省政府公文传输系统、电子行政审批监察系统、省政府应急信息报送系统、国家林业局公文传输系统、视频会议系统等，网络安全保障体系也逐步完善，提升了网络安全性和稳定性。

三、《贵州省信息化条例》贯彻落实

《贵州省信息化条例》经贵州省第十一届人民代表大会常务委员会第十四次会议于2010年3月31日审议通过，2010年5月1日起施行。《贵州省信息化条例》的颁布实施，使林业信息化工作更加有法可依，规范建设。

一是认真学习，领会精神，抓好贯彻落实。通过组织开展《条例》的学习培训，把握其基本内容和精神实质，加大宣传力度，推动《条例》的贯彻落实。通过《条例》的实施，加强了对林业信息化工作的宣传，为推进林业信息化建设营造了良好氛围。

二是在《条例》的贯彻实施中，制定符合林业信息化建设实际的相关配套政策、制度和措施，并结合全省林业生态建设的特点，切实加快林业信息化发展。

三是加大信息化资源整合，促进信息资源共享。一是抓好门户网站整合，建设内容丰富、服务便民、省内一流的政府类门户网站。二是整合现有林业信息化应用系统资源，做到资源共享，提高资源利用效率。

四是加快林业信息化应用系统建设，提高科学管理水平。在抓好省林业厅综合办公系统建设，实现政务协同和无纸化办公的同时，抓好营造林管理系统、公益林管理系统等应用系统。

四、信息系统应用和管理

（一）电子政务系统建设日益完善

根据省委、省政府和国家林业局的要求，建立健全电子政务系统，形成办公内网统一、高效、共享的信息交流平台，实现网上公文传输。并按照国家林业局要求，完成了各处室电脑与国家林业局专网的连接和调试工作。

（二）进一步推进政务公开

重点加强政府信息公开和行政审批系统的公开。通过门户网站及时公开政府信息，按照省林业厅制订的《省林业厅政府信息公开实施办法》、《省林业厅关于国家秘密载体保密管理的规定》、《省林业厅计算机信息系统国际联网保密管理工作暂行规定》等，对不涉密的公文及行政许可事项进行公开，已通过门户网站面向社会公开文件500件，发布政务信息1910条，网站点击量达67 206次，充分保障了群众的知情权和监督权。逐步推广网上行政许可事项审批办理和保证行政许可审批结果及时公开，2010年通过门户网站公开行政许可70件；并按照贵州省监察厅的要求，完成了涉及6个处室共10台电脑接入贵州省电子行政审批及监察系统的工作。

（三）加强信息系统安全检查。根据贵州省政府办公厅《关于政府信息系统安全检查办法贯彻实施意见的通知》和《贵州省2010年政府信息系统安全检查实施指南》等文件要求，贵州省经信委委托贵州省信息安全评估中心于2010年10月28日、29日对贵州省林业厅信息系统进行了检查评估。通过检查评估，发现了信息系统主要存在管理风险、环境风险、硬件风险、软件风险等。省林业厅及时掌握了自身信息安全环境与信息安全状况，制定信息安全风险策略，进一步明确责任和落实安全措施，不断提升信息安全强度，切实提高信息系统的安全保护能力。

五、组织机构建设

2010年3月5日，贵州省机构编制委员会办公室以省编办发[2010]28号文《关于成立贵州省林业信息中心的批复》，正式批准成立“贵州省林业信息中心”，为正县级事业单位，编制8名。其职责是负责制定全省林业信息化建设总体规划和中长期发展规划；承担林业信息资源数据库、林业电子政务网、林业数据中心及厅机关局域网的建设及运行管理；做好林业信息的收集、统计、分析和应用；组织全省林业电子政务应用系统的软件开发与应用指导及林业信息化技术培训工作等；指导林业信息化建设项目的组织实施。

以贵州省林业信息中心为核心的全省林业信息化管理机构逐步建立健全，为加强全省林业信息化建设，促进贵州林业科学发展提供了坚实保障，必将进一步提升贵州省林业信息化的发展水平。

2010年贵州林业信息化建设取得了一定的进展，但信息化水平还很低，“十二五”时期，贵州林业信息化工作将以科学发展观为统领，以国家和省政府信息化建设的相关规划为指导，围绕林业发展和机关建设，把握林业信息服务、电子政务建设和推行政务公开三项重点，着重抓好基础设施、数据库、应用支撑、应用系统及标准规范体系与安全综合体系建设，推动全省林业信息化建设上新台阶。

第四节　云南省

2010年，云南省林业信息化工作紧紧围绕“推进生态文明建设，服务林业改革发展，建设森林云南”这个中心，认真贯彻落实国家林业局和云南省委、省政府关于信息化工作部署，紧密结合云南省情、林情，不断加强组织领导，加大经费投入，注重人才培养，林业信息化建设取得了一定成效。

一、数字林业项目建设

云南省继2009年完成《云南省数字林业建设方案》的编写后，经过需求调研分析和反复讨论，编制完成了《云南省数字林业2010~2011实施计划》。为保障数字林业建设任务的落实，确保项目顺利推进，专门成立数字林业建设工作组，下设6个专题组，各专题组均分别明确了职责和任务，完成了“云南省数字林业”（www.yndigitalforestry.cn）和“云南省森林资源”（www.yunnanforestry.cn）两个省级门户网站的域名申请和信息内容设计。目前，云南省数字林业项目已进入平台建设的系统集成阶段。

二、林权管理信息系统建设

云南省林业厅组织开发了“云南省林权管理信息系统”。系统依托先进、成熟的操作系统平台、数据库平台、地理信息平台，按照工作流程及运行模式，实现了数据信息收集、处理、查询统计、分析等功能，提高了管控一体化水平。2010年12月22日，此系统通过云南省工信委、省发展改革委、省财政厅组织的专家评审，被列为国家电子政务工程重点项目，已列入云南省信息化工程“十二五”规划。前期已在普洱、红河、楚雄、昆明、文山等州（市）开展了培训及安装调试工作，并与昭通、西双版纳、德宏等州（市）基本确定了试点县及培训方案，完成了3个州（市）的培训及16个县（市、区）的安装调试及平台试运行工作。目前已收集43个县的林权数据信息，完成了22个县的林权发证数据整理。

三、森林资源二类调查数据库建设

云南省县级森林资源规划设计调查于2008年全面完成。2010年全省对各县森林资源规划设计调查数据进行全面规范整理，完成了全省森林资源的汇总统计，建成了云南省森林资源二类调查属性数据库和森林资源二类调查空间数据库。首次形成了统一的、落实到山头地块的、集森林资源、分类区划、林业工程等信息为一体的全省一张图。完成了基于森林资源二类调查的云南省森林分布图、云南省森林分类区划图及云南省卫星影像图的编制出图，为各级政府科学决策提供了依据，为即将开展的林地保护利用规划编制提供了翔实的基础数据。

四、连续清查数据库建设

云南省连续清查数据库是全国森林资源宏观监测体系的重要组成部分，2010年云南省林业厅组织有关单位对全省五次森林资源连续清查数据进行了标准化、规范化整理，建立了全省近三十年的森林资源动态监测数据库，为未来森林资源的动态监测、森林资源变化分析提供了科学可靠的依据，为深度应用森林资源监测数据提供了坚实基础和可靠保证。

五、公益林数据库建设

经过对各县（市、区）公益林区划提供的国家级公益林、省级公益林和地方公益林数据的标准化、规范化整理，将公益林数据落实到山头地块，并与二类调查区划结果相互匹配，分别建立了全省国家级公益林、省级公益林数据库，形成了公益林分级区划结果与森林资源二类调查结果匹配对接的一本账。建立了公益林信息管理系统，为公益林补偿和经营管理提供了可靠的技术支持和数据保障。

六、县级森林资源管理系统建设

“县级森林资源管理系统”包含图像处理、小班矢量化、拓扑关系建立、面积求算、小班数据录入、逻辑检查、统计、专题图制作等功能，广泛应用于全省各县（市、区）的森林资源规划设计调查及日常的森林资源管理。近年来已在全省129个县（市、区）安装使用，部分州（市）已推广应用到乡镇林业站的林业信息化管理，至今累计开展技术培训达2000多人次。为了保证基层林业部门能及时得到技术指导服务，省林业厅通过电话、电子邮件和QQ技术服务群等手段，组织专人负责解决地理信息、数据处理等技术难题。该系统的推广应用，大大提高了基层林业部门森林资源管理工作效率，推动了基层林业部门信息化建设。

第十四章 西北地区林业信息化

第一节 陕西省

2010年，全省林业网络布局初步形成，上连国家林业局，下接各市林业局，横向与陕西省政府电子政务网连接；陕西林业信息网建成开通，内网办公、森林防火信息、退耕还林工程、森林资源管理等系统逐步实施建设，各项信息化工作稳步推进，为全省林业建设提供了良好的服务。

一、网站建设

（一）林业信息网建设

陕西林业信息网设有10余个一级栏目，40多个二级栏目，栏目各具特色、图文并茂，其中新闻动态、公告公示、视频点播、媒体报道、科普科教、政府信息公开等栏目内容越来越丰富，网站日均点击量在千次以上。2010年，根据省林业厅整体工作的开展情况，及时对门户网站栏目进行了调整，增设了“创先争优”等栏目，同时还与人民网、凤凰网开展合作，在人民网和凤凰网专门开设了宣传陕西省林业建设的网页。

（二）应用系统开发

省林业厅筹集资金，购买设备，建成了全省木材运输管理系统，为实现林业行政审批网上办理打下了基础。利用厅视频会议系统，配合国家林业局召开视频会议3次，省级应急点名视频会议220余次。陕西省森林资源管理系统不断完善。陕西省退耕还林管理信息系统的基层版，已全面完成并安装到位，其中延安市已基本实现了网络化管理。陕西省森林防火信息管理系统已经开发完成并投入使用。陕西省网络森林医院、陕西省自然保护区和秦岭大熊猫监测信息网等均已建成并开通使用。

（三）无纸化办公

根据国家林业局和省政府的要求，省林业厅积极行动，向陕西省工信厅申请安装了通用办公系统，经审批后该系统已经部署在陕西省电子政务内网上，目前已完成林业厅用户录入、权限分配、业务培训等工作。

二、基础设施建设

省林业厅已建成了总面积约100平方米的中心机房，机房设施较为齐全，建设规格较高，配备有密闭、隔音、温控、安防、保密等环境控制设施，日常管理制度和措施到位。联系接入了省级电子政务内外网，初步建成了省、市两级网络。目前，省厅光纤专线网络出口带宽为20兆,省、市及直属单位两级网络采用数字电路方式连接，带宽为2兆，各市及直属单位配备路由器、交换机、服务器等网络设备和视频会议系统，内外网物理隔离，网络系统安全稳定，全省应急指挥系统在此基础上开展应用，每天以视频点名的方式与各单位联络。

三、《陕西省林业信息化建设发展规划》编制

依据《全国林业信息化建设纲要》和《全国林业信息化建设技术指南》，结合全省实际，编制完成了《陕西省林业信息化建设发展规划》。该《规划》符合“四横两纵”、“五个统一”的建设要求，涉及信息化基础平台、应用系统、数据库、基础设施、标准规范体系建设等内容，拟通过5~10年的努力，建立起覆盖全省林业系统的信息化体系，全面提高信息化应用水平，实现信息资源共享，提供全面、快捷、准确的信息服务，增强决策支持和应急处理能力。目前正在对规划进行修改，通过专家论证和林业厅审定后，将作为全省林业信息化建设的纲领性文件分步实施。

四、制度建设

根据国家林业局有关文件要求，制定了《陕西林业信息网管理办法》、《陕西省林业视频会议系统管理办法》、《陕西省林业厅办公网管理办法》和《陕西省林业厅网络信息安全应急处置预案》等制度，进一步规范和完善信息网络的管理工作，规范了工作人员的操作流程。

省林业厅对信息化相关制度的建设尤为重视，从建设初期、建设过程到投入使用等环节，都有配套的管理制度。已制定了《陕西省林业厅政府信息公开制度》、《陕西省林业视频会议系统管理办法》、《陕西省林业信息网管理办法》、《陕西省林业信息宣传中心机房管理制度》、《陕西省林业信息宣传中心机房值班人员职责》等8项制度。随着信息网络安全要求的不断加强，目前正在研究制定安全保密制度、运维制度和激励制度。

五、能力建设

全省林业系统用于信息化建设的投资超过2000万元，省级、市级各中心机房初步建成。同时，陕西省电子政务网的建设也给林业信息化建设带来了新的发展契机，随着网络应用的不断开展，陕西省也将有一些资金投入到林业信息化建设中来，与西安未来国际公司、省网络安全测评中心等单位建立了良好的合作关系，有效提升了全省林业信息化发展的技术支撑能力。

六、技术培训

通用办公系统部署结束后，邀请专家分别在4月份和6月份举行了2期培训班，培训各部门的业务骨干60余人次，使大家熟练掌握了通用办公系统的操作和使用办法，为实现无纸化办公打下坚实的基础。

七、网络安全测评

2010年年初，省林业厅邀请陕西省信息安全测评中心的5名专家，利用1个月左右的时

间，对陕西林业专网和陕西林业信息网网站进行了安全测评。8月份，省信息网络安全检查组，又对省林业厅网络安全工作进行了抽查。通过测评和检查，了解和认识了信息网络中存在的安全隐患，并及时进行了整改完善，确保了系统和设备安全。

第二节 甘肃省

2010年是全省林业信息化建设的深化年。经过各方努力，已初步架构起全省林业的信息网络。省林业厅成立了以主管副厅长任组长，相关处（室）领导为成员的林业信息化建设领导小组，日常业务由厅科技处负责。目前，14个市（州）林业局中有10个成立了领导小组，配备专人负责。

一、基础设施建设

全省14个市（州），有7个市（州）林业（农林）局建设有专用机房，其中有3个配有专用网络服务器；86个县（市、区）林业（农林）局无专用机房；22个厅直属单位中8个有专用机房，配有专用网络服务器。厅机关配有专用机房和专用网络服务器。

二、信息资源库

全省14个市（州），有7个市（州）林业（农林）局建设有信息数据库，县（市、区）林业（农林）局均未建立；22个厅直属单位中只有省生态环境监测监督管理局和厅机关资源处建立了森林资源信息库。入库的数据有全省重点公益林图形库及数据库、全省荒漠化图形库及数据库、森林资源连续清查遥感判读样地数据库、甘肃白水江国家级自然保护区巡护数据库等。结合四大林业生态建设工程和重点公益林项目，启动了林业数字化建设。目前大部分县编制了生态工程管理图，119个涉及重点公益林项目的县级单位建立了重点公益林图形库和数据库；省小陇山林业局、祁连山国家级自然保护区初步建立了森林资源信息管理系统。

三、门户网站建设

在反复调研的基础上，结合全省林业区划特点，确定在全省设置44个林业门户网站。

（一）市（州）

张掖市林业局（http//www.ly.zhangye.gov.cn）、平凉市林业局（http//www.pllyxx.con）、白银市林业局（http//www.byslyj.baiyin.cn）、兰州市林业局（http//www.lanzhou.gov.cn）、金昌市林业局（http//www.lyej.jc.gansu.gov.cn）、天水市林业局（http//www.tslgcy.con）。

（二）厅直属单位

甘肃省生态环境监测监督管理局（http//www.gsly.cn）、甘肃祁连山国家级自然保护区管理局（http//www.qilianshan.com.cn）、甘肃森林病虫害防治检疫站（http//www.gssfz.com）、甘肃民勤连古城国家级自然保护区管理局（http//www.mplgcbhq.com）、甘肃莲花山国家级自然保护区管理局（http//www.gslhs.com.cn）、甘肃白水江国家级自然保护区管理局（http//www.baishuijiang.com.cn）、甘肃小陇山国家级自然保护区管理局（http//www.xls.com）、甘肃小陇山林业实验局（http//www.xlsly.com）、甘肃省林木种苗管理总站（http//www.gslmzm.com）。

四、队伍建设

经统计，全省林业信息化共有专业技术人员72人。14个市（州）和86个县（市、区）林业（农林）局21人；厅直属单位51人；厅机关无信息化专业人员。

甘肃省林业信息化建设还存在很多问题。一是基础设施还比较薄弱，硬件只有少数单位配有专用机房，网络基础设施、安全基础设施还不完备，没有形成较为完整的统一网络；技术上存在着网络传输速度慢、可靠性和互动性差等问题；软件开发利用也十分有限。二是资金投入严重不足，多年来，中央和地方两级财政对全省林业信息化建设未投入专项资金，加之自身“造血”能力有限，致使全省林业信息化建设滞后于林业发展需求。已建立的信息网络，完全靠自筹资金支撑，严重制约了甘肃林业信息化建设。三是信息资源利用率低，存在“死库”资源多、“信息孤岛”等现象，表现为加工整理信息少，交流共享的信息少，动态反馈的信息少。

第三节　青海省

2010年，青海省林业厅深入贯彻国家林业局和省委、省政府信息化建设决策部署，认真按照“发展现代林业、建设生态文明、推动科学发展”的总体要求，紧紧围绕信息资源、信息网络、信息技术应用、信息产业、信息安全、信息化环境六大信息化要素，按照“统一规划、统一标准、统一制式、统一平台、统一管理”的建设格局，扎实推进林业信息化建设，取得了突破性进展。

一、林业信息化建设专家组组建

2010年3月，邀请青海大学、青海省基础地理信息中心、青海省遥感中心、国家林业局西北院、省财政厅、省发改委、省政府信息中心及林业有关的厅（局）信息中心等单位专家组成了林业信息化建设专家组，对青海省森林防火信息指挥系统、森林公安“金盾”工程等信息化建设项目进行了前期工作座谈会，讨论建设中存在的问题，提出意见和建议。

二、基础建设

建成了全省林业信息高速公路主干网。一是全省电子政务传输内网节点由15个增至20个，联通了全省1/2的州（县）林业部门，实现了电子公文的传输。二是多渠道筹措资金，加大了机房标准化建设力度，集中购置了服务器、UPS不间断电源、路由器、交换机、计算机和安全监控等设备，改善了运行环境和发展条件。

三、政务应用

2010年6月1日，国家林业局正式启用综合办公系统后，为优化配置，整合资源，购置了网关，将国家林业局综合办公网与青海省政府综合办公网进行整合，通过内网连接厅属16个单位，接入内网的16个单位通过特制的身份认证可以浏览访问国家林业局平台电子文件和发送内部电子邮件，逐步实现无纸化办公。

四、科技支撑

为加强青海省国家级自然保护区野生动植物保护和湿地生态保护等重要科研、重大项目科研数据的管理和应用，特别是促进保护区相关科学数据的积累建设、共享应用，以信息化手段推动青海省自然保护区科研、管理的创新与合作，青海省林业厅联合青海湖景区保护利用管理局、中科院计算机网络信息中心和相关院所等单位，以青海湖国家级自然保护区为示范点，开发了“青海湖国家级自然保护区研究基础数据库”系统，重点建设了鸟类资源调查数据库、候鸟监测视频数据库、环湖植被样地数据库、保护区生物多样性数据库，以及相关的科研资料数据库（禽流感数据库、候鸟迁徙GPS数据库、基础地理数据库等）。2010年，实现了青海湖12个点候鸟网络视频时时监测。

五、数字林业建设

2008年，启动建设了“青海省公益林资源综合管理系统”，通过3年努力， 2010年基本建成1个平台、7个数据库、8大系统并试运行。利用省政府内网线路资源，配备相应硬件网络设备，搭建了省公益林资源管理中心、州林业局公益林资源管理分中心、县林业局公益林资源管理站网络平台，实现了省中心、分中心、管理站三级网络连通。在省中心建立了标准的中心机房和数据中心，配备了服务器、路由器、交换机、防火墙、入侵监测、Oracle数据库、ArcSDE、ArcIMS、ArcEngine Developkit等环境，在分中心和管理站配备了10台图形工作站和90余台高配置计算机。“青海省公益林资源综合管理系统”初步建立了多尺度级国家基础地理信息数据库、森林资源数据库、国家重点公益林建设数据库、天然林保护工程建设数据库、自然保护区工程建设数据库、森林管护与防火数据库、林业有害生物防治数据库等7个数据库，研建了森林资源地理信息系统、森林资源虚拟现实系统、公益林建设信息管理系统、天保工程信息管理系统、自然保护区信息管理系统、退耕还林信息管理系统（试点县）、森林防火辅助决策系统、林业有害生物防治信息管理系统等8个子系统。系统的建成实现了省、州、县互为依托、融为一体的规范化、标准化、信息化的集成管理，为林业经营单位科学经营森林资源提供技术支撑，为各级林业管理部门提供信息查询、分析评价、辅助决策等综合服务，构筑林业信息化建设主干道，实现了林业信息的共享和综合利用。

六、网上办证系统启用

2010年10月，购置了服务器、入侵检测系统，配备电脑、激光打印机等设备，启用木材运输管理系统实行网上办证。系统采取设置省级管理员、县级管理员、政务中心窗口发证人员以及木材检查站人员等多个环节监督和查询办法，实行管理规范化、监督程序化，特别是木材来源采用凭证登记的办法更加严格地抑制了依据重复使用的弊端。

七、制度建设

为了确保全省林业“三网一库、八大应用系统”的互联互通、数据共享和交互应用，按照国家林业局《全国林业信息化建设纲要》、《全国林业信息化建设技术指南》和省政府信息化建设标准，制定了相关的标准、规范、技术规定和制度，确保网络体系的安全运行。

（一）技术类

《青海省林业基础数据采集标准和技术规定》、《青海省林业基础数据库编码方案》、《青海省林业基础数据库建设标准和技术规定》、《青海省林业基础数据元数据标准》、《青海省林业信息产品标准》。

（二）管理类

《青海省林业基础数据库建设管理办法》、《青海省林业基础数据库运行制度》、《青海省林业基础数据库数据更新规范》、《青海省林业厅网络信息系统运行管理规定》、《青海省林业厅政务信息发布审批制度》、《青海省林业厅计算机网络信息安全保密管理制度》、《机房工作人员工作制度》、《机房工作人员值班制度》、《机房设备管理维护制度》、《视频会议系统管理办法》。

第四节　宁夏回族自治区

2010年，宁夏回族自治区林业信息化建设取得了长足发展，对促进林业决策科学化、办公规范化、监督透明化和服务便捷化发挥了积极作用。

一、网站建设

（一）外网

为提高公共服务水平，自治区林业局对公众信息网站进行了升级改造，调整了公众信息网结构，提高了网站内容的更新速度。同时，学习其他省（区、市）的先进做法，制定完善了信息上报、审核、上网速度，真正发挥网站为大众服务的作用。

（二）内网

进行局域网升级改造。考虑到原网络设备存在配置较低、网络接口少，安全性差，系统运行极不稳定等问题，为适应全区林业信息化网络建设的要求，自治区林业局对现有局域网进行了升级改造。按照先进性、安全性、可扩展性、可管理性的原则，从综合布线系统、网络交换系统、网络安全系统、机房附属系统4个方面对网络进行升级改造。改造完成后，大大提升上网速度，有效防止黑客和病毒对网络的攻击，有力提高了网络系统的管理能力，为林业信息化建设应用打下坚实的基础。

二、基础设施建设

自治区林业局加大投入，夯实基础，全力保障信息化基础设施建设。2010年，为宁夏林业网站及与国家林业局、自治区相连接的信息化办公系统投入了新的服务器、交换机，铺设了专线、布置了行之有效的局域网络，制定了安全防范措施和风险控制制度和措施，及时更新了网站栏目，方便了全区林业系统的信息共享和使用。

三、《宁夏回族自治区林业信息化发展规划》编制

林业信息化建设是一个庞大而复杂的工程，是一个持续发展的工程，需要大量人力和财力持续不断的建设，需要统筹安排，稳步推进林业信息化建设。在"十一五"刚起步时，自治区林业局就编制了长远规划和近期目标，最大化地使信息技术在林业建设中发挥作用。2009年，宁夏回族自治区林业局组织相关专家，经过多次调研和论证，认真组织编写《宁夏回族自治区林业信息化发展规划》。特别是2010年，依据国家林业局《关于成立国家林业局信息中心的通知》（林人发〔2010〕156号）文件精神和统一部署、要求，结合自治区林业实际，规划设立宁夏回族自治区林业局信息中心，信息中心为全额拨款的正处级事业单位，核定事业编制人员5名，中心领导职数一正一副。信息中心成立将对全区林业信息化建设、信息化人才的培养具有极大的推动作用。

四、队伍建设

根据全局实际，依靠科技支撑，引进人才，加强林业信息化人才队伍建设，调配了高学历专业技术人员充实到网络中心，同时与宁夏技术力量强的软件公司合作，大大地强化了全局的技术实力，和宁夏网通、宁夏电信、宁夏移动公司建立了长期友好的合作机制，有效地保障了信息化的健康发展。

五、制度建设

按照信息化建设规划要求，建章立制，落实责任，不断推进信息化建设法制化进程。修订和完善了安全管理制度、机房管理制度、人员管理制度、办公设备维护管理制度、信息保密管理制度、涉密信息及涉密设备管理制度等相关信息化管理制度。通过落实各种制度，加强了工作责任心，促进了思想作风的转变，推动了林业信息工作的开展，保证了各项工作的完成。

六、组织机构建设

按照信息化建设的要求，健全机构，落实加强林业信息化建设的组织领导。自治区林业局成立了由马林副局长为组长、局有关处室为成员的领导小组，明确了办公室副主任具体抓信息化建设工作。为了满足办公环境在信息化建设中的要求，全局设立了网络中心，网络中心在办公室的统一领导下，配备有专业技术人员3名，主要负责局机房的安全管理、办公设备的日常维护、办公网的畅通等工作；配合机要室、档案室等重要涉密处室做好网络的安全和畅通，确保国家林业局和自治区相关文件的下行上达，保障视频会议系统的正常运行。

宁夏回族自治区林业局努力扩展现有信息化网络平台功能，建设标准统一、功能完善、高速宽带、互联互通、安全可靠、可扩展性强的林业信息化平台，广泛应用于各类业务信息系统。加快各种业务信息系统的开发力度，健全信息安全保障体系，完善相关的规范和标准，搞高信息资源共享能力；逐步实现林业办公自动化、林业管理现代化、林政服务网络化、林业决策科学化。

第五节　新疆维吾尔自治区

新疆维吾尔自治区林业信息化建设按照国家林业局和自治区政府的有关要求，采取措施不断加快建设步伐，特别是在2009年全国林业信息化工作会议后，取得了较快的发展。

一、网站建设

（一）外网

新疆各级林业部门以提高新疆林业的公共服务能力为方向，以门户网站为突破口，大力开展网上便民服务。全疆共有各类林业网站17个，其中自治区、地州级林业部门门户网站6个，专业类网站11个。初步形成了以新疆林业厅门户网站为首的新疆林业门户网站体系，提高了新疆林业网公共服务的能力。新疆林业厅门户网站在运行过程中，始终以服务林业大局、突出林业特色、紧紧围绕自治区现代林业“三大体系”和“十大工程”建设主题为宗旨，以服务和互动为原则，以实现“信息公开、公众参与互动、在线办事”网站建设三大功能为目标。2010年，对网站的栏目设置及首页栏目的布局进行了梳理设计，尽可能使栏目设置科学合理，布局清晰、明了、易找、易看并突出林业特色，增强网站的宣传引导性和可读性。在现有网站栏目“公告公示、领导简介、机构设置、新疆林业、林业焦点、政务信息、林业动态、政务公开、林业专栏”等基础上增设“厅长信箱、建言献策、咨询建议、网上调查、在线查询、申报、信息下载、咨询和办事指南”。使网站除全面介绍新疆林业厅的主要职能、业务和新疆的林业生态建设、法律法规、政策动态和部门信息外，增强网站的信息公开、公众参与互动、在线办事的功能。目前，新疆林业厅门户网站自运行以来发布各类信息 5083 条，访问量已超130 万人次，每天访问量超过2000人次。

（二）内网

从影响新疆林业信息化发展的新疆林业内部业务专网建设入手，推动新疆林业计算机网络化进程。2010年，对《新疆林业业务专网建设规划》重新进行了编制，并组织有关专家完成了进一步论证。3月上旬，参加了国家林业局举办的专网业务应用和文件传输系统培训班，并按时完成了国家林业局视频会议和文件传输系统的升级工作。4月底编制完成了《新疆林业内部业务专网建设方案》，并于6月份完成了专家论证工作。5月中旬，完成了国家林业局专网、自治区政府专网接入林业厅内网的技术调试和财政厅专网接林业厅网络的技术调试，使林业厅网络空间，特别是内部网络空间进一步得到拓展，为丰富内网内容和功能打下了良好的基础，初步实现了网上对公众服务、文件传输、签证审批、信息交流等基本办公功能。

新疆林业厅在计算机网络建设中，严格按照国务院、国家林业局和自治区的有关规定与要求，建设了完全物理隔离的内、外网。在未启用内网之前，林业厅机关工作计算机基本都接入外网。为使林业厅机关协同办公系统应用推动工作得到有效开展，2010年初，在林业厅的支持下，对机关接入外网的工作计算机整体进行了由外网向内网的接入工作，并启动林业厅机关协同办公系统进入整体试运行。为加快推动林业厅协同办公系统的应用，1月下旬，完成了全厅计算机介入内网的工作。2~7月，通过2个轮次的培训，完成了林业厅干部培训工作。6月上旬，根据林业厅各单位反馈的意见，对林业厅协同办公系统进行了多次修改，使协同办公系统更贴近于林业厅实际办公需求。

二、制度建设

建立健全了各项规章制度，规范了计算机网络的使用。针对机房服务器、交换机、防火墙、消防系统、UPS供电系统、空调等收集整理了相关的资料，编写了使用手册，建立了岗位责任制和机房值班等管理制度，建立健全了林业厅机房手册、管理制度。通过对林业厅机关30个处（室、站、中心）及直属单位进行的信息载体及计算机全面的检查，建立了覆盖全厅的硬件档案，制订了《自治区林业厅涉密计算机及相关设备安全保密管理暂行规定》，并建立健全了上网机、工作机和涉密机管理制度。在林业厅电子政务应用开展的同时，建立了相关的管理办法，如《新疆林业厅门户网站信息管理暂行办法》、《新疆维吾尔自治区林业厅政务邮箱使用办法》、《新疆林业厅网络信息安全应急处置预案》等，规范了计算机网络的使用。

三、网络和信息安全管理

在厅机关电子政务建设伊始，就将系统的安全稳定作为工程建设的基础标准。在网络布线、设备选型配置、系统软件等方面，始终将具有自主知识产权的国产设备、国产软件采购为首选，并对采购的设备或软件，提出安全方面的要求，达到安全可控的目标。新疆林业厅采购的网络交换机、服务器、数据存储、防火墙、服务器操作系统、网络杀毒软件、邮件系统、协同办公系统均为国内产品。同时在机关办公系统，特别是内网办公系统中，大力推行国内Linux桌面系统和国内Office产品，不仅增强了单机和网络系统的安全，同时也提高了正版软件的使用。为进一步规范计算机、网络行为，根据国家、自治区的有关规定，制订了《新疆林业厅国际互联网机、工作机（内网）及周边设备的采购、维修、调拨和报废管理办法（试行）》、《新疆林业厅国际互联网接入管理办法（试行）》、《新疆林业厅无线网络设备、移动存储设备及便携式计算机使用和管理办法（试行）》、《新疆林业厅网络信息安全应急处置预案》。7月12日，根据自治区国家保密局的安排，召开了由机关各处室、直属单位负责人、保密安全员参加的林业厅机关保密工作会议，对2010年林业厅保密检查工作进行了动员部署，9月上旬全面完成了林业厅保密安全检查工作，并进行了认真分析和总结。根据2010年自治区政府的安排部署，组织人员从软件、硬件的安全评估，到网站信息发布审查和系统安全管理制度等方面，对网站软硬件环境及安全管理的现状进行了全面的梳理，制订林业厅门户网站安全等级保护建设方案，并落实了资金，项目建设完成后，林业厅门户网站安全等级将达到国家标准2级的要求。

四、信息公开和门户网站信息管理

以落实自治区党委关于“民生优先、群众第一、基层重要”的指示为契机，以提高林业厅公共服务能力为目标，紧密围绕林业厅信息公开这个重心，突出网上公共服务主题，与各处室、合署办公事业单位协商合作，开展林业厅行政审批事项上网调研工作，进一步加强林业厅信息公开的工作力度。为保证网站信息的及时、持续更新，建立了林业厅、地、县林业信息报送3级网络。制订了《新疆林业厅门户网站信息管理暂行办法》，强化了对各单位信息报送的考核。2010年4月1日在林业厅门户网站按时发布了年度林业厅信息公开目录、公开的文件和信息公开年度工作总结。为进一步强化林业厅信息公开和门户网站信息工作，不断建立健全林业厅信息公开考核办法和网站信息报送考核办法，并计划将林业厅信息公开与网站信息报送工作纳入单位年终考核及精神文明考核范围。2010年，通过厅门户网站发布各类信息1148条，其中林业焦点发布174条，政务信息57条，林业动态信息917条。

新疆林业厅高度重视新疆林业信息化和电子政务建设，为加强对林业信息化的领导，早在2006年就成立了林业厅信息化和电子政务领导小组和办公室。首届全国林业信息化工作会议后，为贯彻会议精神，推动新疆林业信息化的发展，对原有的以主管厅长任组长的林业厅信息化和电子政务领导小组进行了重新调整，成立了以厅长为组长、主管厅领导任副组长的林业厅信息公开和电子政务领导小组和办公室，赋予了林业信息化管理机构信息公开的新职能。根据当前新疆林业信息化的发展，可以看到全区林业信息化将会从大规模网络建设阶段，进入到数字化建设阶段，届时将与全国林业信息化建设同步。

第六节 新疆生产建设兵团

2010年，兵团林业信息化建设始终坚持以科学发展观统领全局，并致力于“绿洲生态建设”为主的林业发展战略，以不断提高满足广大兵团干部职工多样化需求的服务能力为中心，各级领导高度重视和发展兵团林业信息化建设，使信息化网络体系逐步健全、配套基础设施得到加强、各项管理制度趋于完善，拓宽了林业信息化应用领域，突出信息化作用，并取得了一定成绩。

一、网络建设

开展了兵团第二次森林资源连续清查（简称“一类”调查）和兵团第一次森林资源调查规划工作（简称“二类”调查），兵团天然林资源保护工程、退耕还林（草）工程、三北防护林、国家级重点公益林等兵团各类调查规划设计工作，这些工作均采用“3S”技术分别建立了林业资源信息管理系统及各级森林资源管理子系统等；先后在13个师建立了师林业工作管理站、师林木种苗站和森林病虫预测预报站。其中森林病虫预测预报站建立了5个国家级、25个兵团级预测预报中心站，成立了兵团级检验检疫风险评估中心（石河子大学）、林业有害生物预测预报信息中心，建立了兵团林业有害生物信息网站等。健全了兵团视频会议系统，较大地提高了视频信号的接收传输质量，并为今后建设师团级视频网络打下了基础。同时，通过国家林业局专网、中国公安信息网及全国林木种苗信息管理站等平台积极做好新疆生产建设兵团林业情况、森林保护、野生动植物保护和种苗信息等上报工作。各级林业部门配备了专业技术人员和电脑、打印机、传真机、数码相机等各类办公设备及监测调查防治作业车等实验检验专业设备。

兵、师、团三级部门均能通过网络实现基础数据、信息的统计、发布工作。配备专业信息技术人员115人，兵团举办培训班6期，受训人员500余人次，专业技术人员全部实行持证上岗。各类建设从无到有，从小到大稳步推进。各部门认真落实《政府信息公开条例》，做到了能公开的信息全部上网发布，扩大了林业信息覆盖面，保障了社会公众的知情权。开通兵团各类林业信息网站，对实现信息资源共享发挥了积极作用。

二、《兵团林业信息化建设（2010~2020年）规划》编制

兵团已经将《兵团林业信息化建设（2010~2020年）规划》上报国家林业局，包括“十二五”期间规划建立健全国家、兵团、师、团四级上下互联互通的林业电子政务传输网络；健全各类森林监测网络体系、林业信息化标准规范体系，并在全兵团林业信息化工作中得到应用，形成技术先进、功能完备、实用高效的林业信息化网络体系、应用体系、指挥体系；开展多层次的林业信息化技能培训，提高全兵团整体从业人员信息化应用水平；

扩大视频会议系统规模，建设覆盖全兵团的现代化远程教育系统；广泛开展国内外技术交流、技术培训等活动，学习国内外先进技术与经验；充分依托现有信息化建设技术支撑单位培养和输送具有林业和信息化知识的复合人才，形成兵团林业信息化人才梯队，以满足兵团林业信息化建设的人才需求。

三、组织机构建设

在兵团特殊体制下，兵团林业局挂牌于兵团农业局，行政上实行统一管理，业务上以分工负责的方式开展工作，林业局共设4个处，计17人(含农林牧局综合办公室)，且兵团编委没有单独批复成立林业信息办公室，全兵团的林业信息化工作由兵团林业工作管理总站集体负责，兵团林业信息化工作领导小组加强了对信息化工作的领导，总站通过自身努力初步构建形成了兵团省级林业信息化平台。

兵团林业局受人员编制限制，无法配备专门的信息化专员，由此在很大程度上影响了兵团林业信息化建设步伐。兵团自身没有财政，各基层单位受团场经营状况等限制，现有设备陈旧老化，网络体系不完整，配套设施不齐全，信息交换手段落后。办公用房、办公设备、检疫检验设备、交通工具等需要补充和更新。受此影响，兵团各级林业站普遍存在检查、执法和管护工作开展困难的问题。长期以来，林业信息化投入渠道不畅，投入资金严重不足，信息化基本建设和运行维护都存在较多问题，兵团林业总站要加强信息化建设资金的争取，做好本级的信息化建设资金和维护资金的争取工作，各师、团站也要积极争取本级财政的支持，逐步增加信息化建设经费和维护经费。兵团要尽快成立兵团林业信息中心，力争经过2~3年的努力，争取建立一支稳定、优秀、能干的信息化人才队伍，确保林业信息化建设工作的顺利开展。

第十五章　计划单列市林业信息化

第一节　大连市

一、网络建设

（一）外网

“大连市林业局网站”（www.dl.gov.cn）主要包括政策法规、组织机构、信息中心、网上办事、林业产业、林业合作、绿色基金及公众交流等栏目。网站包含“大连市创建国家森林城市（大连市创建绿化模范城市）”及“大连市林业科学研究所”两个子网站，建设了“大连市大规模造林绿化专题”及“义务植树专题”两个专题，在每年的植树节期间增加植树节专题，在森林防火高发期增加飘动的图片信息及各种宣传信息，在其他重要活动时都配有飘动的图片进行宣传。全局网站与大连市政府网站链接，共享大连市政府网站的公众交流平台，利用平台认真回复网上咨询，服务百姓。辽宁省林业厅网站（www.lnly.gov.cn）设有“大连市林业局”子站及11个大连市区（市、县）的二级子站。

（二）内网

一是“大连市林业局网络办公室”功能完善。主要包含公示通知、消息传递、机关建设、值班管理、文书档案、党务公开等内容，目前大部分区（市、县）也已并入此网。机关建设栏目包括清廉风采、读文思廉、作风建设、理论研讨及学法守法等内容。实现了信息网上传输、问题网上解答、文件网上公示，林业信息化服务水平和应用水平有了根本性的提高和跨越式的发展。实现了1996~2009年文书档案的查询，极大地提高了档案查询效率。

二是“大连市森林公安网络办公室”与各区（市、县）森林公安局（所）联网，包含公示通知、消息传递、森林火情管理、防火值班管理等内容。每天火情都在网上登记，从卫星云图上获取的火情图片也可从网上直接发到区（市、县）公安局（所），火情处理情况也在网上登记，每个火情情况从接警到最后的处理结果都在网上详细记录，及时发布全市森林公安防火等动态信息，领导每天可以从网上了解当天的火情情况及处理结果，提高了全市森林防火信息化水平。

三是“大连市森林公安局公文审批系统”具有强大的电子文档管理功能，同时还对交换公文、信息发送、接收情况进行统计，对公文的回复情况进行监控，起到监管和督促的作用，既可以通过网络轻松完成内部文件收发与公文管理，又统一规范了案件异地审核审批相关卷宗归档管理。

二、应用系统建设

“大连市森林防火监测管理系统”作用突出。该系统包含1个市级综合监控指挥中心，9个县级综合监控指挥中心，9个视频监测点及通讯网络系统，实现市县两级远程预警监测、指挥调度与管理，做到重点林区电子监控及烟火识别预警覆盖。该系统提高了全市的森林防火综合防控能力，对及时发现火情，快速组织扑救指挥，最大限度地减少损失具有重要作用。

市林业局办公楼安全监控系统时时监控全局安全。局楼内有10个监控点，楼外有6个监控点，对重要的办公室及重要场所进行全天24小时监控并录像，对楼内楼外人员及车辆出入进行管理，提高了安全防范能力。

三、数据库建设

大连市现有信息数据库为：森林资源数据库、生态公益林数据库、文书档案卷内目录数据库、内网办公数据库、森林公安远程办公审批系统数据库、局大楼安全监控视频数据库、大连市森林公安网络办公室数据库、大连市森林防火网络办公室数据库。各区（市、县）使用辽宁省林业厅数字林业系统建立相关信息资源库。

使用辽宁省林业厅设计的数据库为：协同办公自动化数据库、办证系统（林木采伐证、木材运输证）数据库、档案数据库、森林资源管理数据库、生态公益林系统数据库、统计系统数据库、造林设计系统数据库。

四、基础设施建设

硬件是信息化建设的基础，中心机房是网络疏通的纽带，是设备正常工作的保障，是全局信息化的枢纽。全局已建立符合国家安全保密要求的独立机房，配有3台服务器、18台交换机、3台路由器、2个防火墙及UPS电源等。全市11个区（市、县）中9个建设有专用机房。局大楼除工勤人员外，每人一台电脑，大部分通过安装双硬盘物理隔离卡实现内外网隔离，少部分使用独立电脑实现内外网物理隔离。在网络安全方面，局内外网各机器上都安装杀毒软件，在内网也都安装了杀毒软件，并安装了安博士杀毒系统。

市林业局和辽宁省林业厅已完成155兆宽带专线的连接，各区（市、县）对林业系统信息化网络建设进一步完善，基本达到每人一机，每机联网，主要部门也与辽宁省林业内网连接，并实现内外网物理隔离。

五、组织机构建设

大连市林业信息化建设涉及全市3个区、3个县级市、1个海岛县和4个国家级对外开放先导区的林业（农林）局（林业站）及局机关和10个直属事业单位。根据国家林业局及辽宁省林业厅关于信息化建设文件精神，为加强全市林业信息化建设的组织领导，全面加快林业信息化建设步伐，成立了信息化建设领导小组，局长庞维德任组长，副组长由副局长、纪检组长、副巡视员担任，各处室领导及各事业单位领导为成员。目前，各区（市、县）林业（农林）局（林业站）均成立了领导小组，配备专人负责林业信息化工作。

大连市林业信息化工作虽然取得一定成绩，但也存在一定问题，主要体现在：林业系统信息化人才仍严重缺乏。各区（市、县）林业局缺乏专业人员，对信息化建设没有专人专岗，对林业工作人员的信息化培训不到位。每年组织参加信息化培训少，而人员流动频繁，衔接不够，严重影响了信息化推广。林业信息化建设整合差。尤其是内网的IP分配问题，全局仅有国家林业局、大连市政府、省林业厅分配的3套IP地址，工作极不方便。

第二节　宁波市

2010年，宁波市林业信息化建设认真贯彻落实《全国林业信息化建设纲要》和《全国林业信息化建设技术指南》的要求，以建设“智慧林业”为目标，以面向基层、服务林改为宗旨，建立健全工作制度，探索创新工作方法，重视硬件投入与网络建设，夯实信息化建设工程的基础,积极开发应用系统，提高办事效率，林业信息化建设的步伐不断加快，有力地保障和推动了宁波林业现代化建设。

一、网站建设

升级改版的宁波林业门户网站——宁波林业信息网，更加方便老百姓办事，建立了多个便民服务平台，特别是建立了机关内部资源共享平台，提高了机关办公效率。同时，加强了宁波林特科技信息网和宁波市森林公安局综合信息网管理，较好地服务基层林业企业和林农。

配合国家林业局信息化建设要求，与国家林业局专网联通，通过物理隔离与国家局实现公文传输及远程视频会议系统。

二、应用系统建设

网站建设侧重于服务，建设了多个便民服务平台，努力体现“服务型”机关的职能转变。系统建设侧重于应用，以常规重要工作为突破口（如森林消防工作、生态公益林管理等），努力降低林业行政成本，提高林业行政效率。

（一）浙江省森林灾害远程视频会商系统联通

配合浙江省林业厅森林灾害远程视频会商系统建设要求，试点建立了终端视频节点及市级视频会商系统终端，实现了森林灾害远程视频监控和视频会商的功能。

（二）果园环境自动监测与智能调控技术开展试点

分别在慈溪市周巷镇、掌起镇和江北区洪塘镇的葡萄、蜜梨等产业基地，投资420万元建设了14公顷果园环境自动监测与智能调控系统，实现了高水平设施化精准栽培。该技术以高度集成传感器技术、通信技术和计算机技术等现代信息技术三大基础而形成的无线传感器网络监控技术为平台，形成果园环境信息及相关调控指令信息的全程无线传输。系统在进行精准化智能管理的产业基地中，实现了大棚栽培条件下土壤温度、土壤水分含量、空气温度、空气湿度、光照强度等生态因子信息自动采集和实时监测，同时通过相关信息的分析比对，实现信息预警提示和自动滴灌。作为现代物联网技术的重要技术之一，该技术初步实现了物—人对话，在规模化、标准化、设施化、智能化的现代林特产业发展中具有广阔的应用前景。

（三）森林消防护林员GPS定位考勤管理系统开发

进一步完善提升护林巡查监控系统，加强森林消防巡查员队伍管理。对全市近500名森林消防巡查员实行网络化管理，划分县、镇（乡、街道）、村巡查员三级管理巡查责任区，把巡查责任区分解到人，确保巡查工作不留死角，并通过GPS卫星导航，配以相关的应用系统软件及硬件设备，对辖区内护林巡查员的进山巡查情况进行实时监控。2010年，在象山县试点建立了森林消防GPS定位监控系统，全县18个镇乡（街道）的245位护林巡查员都已配备了智能移动手机，林业管理部门可在第一时间查看和调度护林巡查员的工作，并掌握他们在野外的工作进程，如突遇火灾，还可通过地理信息系统功能，指引护林巡查员利用地形地貌特点，迅速脱离危险区。

（四）茶叶生产全程质量安全信息管理系统建立

该系统根据宁波市茶叶生产特点及地域特征搭建，针对现有茶叶质量安全追溯系统信息化程度、效率低下以及信息化系统应用过程中对茶叶生产过程中各项数据获取与同步存在时效性的问题，利用ARCIMS、ARCSDE、C#、ASP、WEBGIS等技术，开发完成了宁波市茶叶质量安全追溯系统，并编制宁波市茶园产地编码地方标准，为茶园产地制订了直观、科学的编码方式，该系统是一套地市级范围的茶叶质量安全追溯系统，对茶叶生产管理过程的信息化是一次必要的尝试与探索。

三、组织机构建设

（一）加强管理，服务群众

局领导历来高度重视林业信息化工作，成立了以局长为组长、分管副局长为副组长的信息化领导小组，办公室全面负责信息化工作，林火监测中心具体负责技术工作，切实做到了“领导、机构、制度、经费”四落实。

（二）加强队伍，服务建设

针对当前全市林业信息化缺乏总体规划，林业业务应用系统自行建设较多，无法实现与上级部门和横向之间的信息资源共享，信息化建设又缺乏专业人才等现状，市林业局通过服务外包形式，已委托具备实力的IP企业在深入调查研究的基础上，做好全市林业信息化总体规划，制定了《宁波“智慧林业”建设“十二五”规划》；同时，着手建立局信息中心，整合林火监测中心机构，加强人员备置，加强信息化建设管理，改变多头管理的现状，统一信息化建设标准，竭力助推“智慧林业”建设，为宁波林业现代化服务。

第三节　厦门市

2010年，厦门市进一步加强林业信息化建设，信息化工作取得了新的进展。

一、协同办公系统建设

2010年，厦门市农业与林业局投资10万元，启动建设协同办公（OA）系统，主要包含办公桌面、公文管理、档案管理、行政管理、资产管理、信息交流、个人办公、系统管理等模块。系统建成使用后，将促进日常办公的电子化、信息化、自动化。

二、森林防火监测预警指挥系统完善

2001年厦门市启动森林防火监测预警指挥系统建设工程，应用现代信息技术，以远程电子监测代替人工瞭望，形成了功能比较完备的森林防火远程瞭望系统。系统包括野外电子监测和室内监测预警指挥中心两部分，经过4期工程建设，全市已建野外电子监测点43处，监控范围覆盖全市90%以上林地，并完成市一级监控中心、同安区、翔安区、集美区3个区的二级监控中心以及汀溪国有林场三级监控中心建设，项目总投资约1200万元。2010年厦门市继续实施工程后续完善，投入资金95万元，完成优化迁移同安辖区内2处监测点，更新2002年建设的9处监测点老化摄像头，进一步提高系统监测效果。

三、国家森林城市专题网站建设

为全面展示厦门市创建国家森林城市的工作动态和创建成果，2010年4月市创森办建立“创建国家森林城市”专题网站，并链接在厦门市政府门户网站和三农网站上，扩大了创建国家森林城市的宣传面和影响力。网站设置“创森机构、创森动态、创森文件、创森成果、创森事记、新闻图片、市民话语”等栏目，图文并茂地展示厦门市创建国家森林城市全况。网站建设一年多来，共收集各类创森信息400多条、创森照片近200幅，及时解答热心市民提出的问题，较好地营造创建国家森林城市的舆论氛围，进一步提高市民对创建国家森林城市活动的知晓率和支持率。

第四节 青岛市

2010年，青岛市林业局适应国家和全市的林业电子政务建设标准体系初步形成；关系林业发展的业务系统和基础数据的标准化改造和整合基本完成；功能完善、安全可靠的林业信息平台，在林业各业务和综合管理部门的电子政务建设中发挥了支撑作用；重点林业业务应用系统能够满足日常工作需求，管理能力、决策能力、应急处理能力、公共服务能力得到较大改善和加强；实现了与各区（市）网络连接。

一、网络建设

随着政务信息化应用的逐步增加，青岛市林业局按照《全国林业信息化建设纲要》和《全国林业信息化技术》的要求，以建设一个权威的、上下贯通、快捷准确的信息服务系统为目标，集中力量推进网络建设，在计算机网络的支持下，实现与各区（市）数字通讯，充分利用网络、视频等电子手段，提高工作效率。

二、标准体系建设

标准化是信息真实、准确的基础，是信息资源共享的基础。根据国家林业局制定的林业信息化标准体系，市林业局按照国家标准建设信息化项目和数据库，逐步完成林业基础性数据标准化改造和整合，为林业各项决策提供动态的信息和科学可靠的决策依据。

三、管理制度建设

青岛市林业信息化建设实现电子政务管理工作的规范化和标准化，形成较为完整的林业电子政务标准及完善的电子政务管理政策和制度，建成了较为健全的林业电子政务管理体制和运行体系，保证各项工作运转规范有序，加快了林业信息化进程。

四、信息服务功能

在国家林业局及青岛市有关部门的帮助和支持下，青岛市林业局不断增强对社会的信息服务功能，充分展示林业生态建设成就，营造关注林业、参与林业建设的良好氛围，发挥信息的辐射作用，基本形成林业信息社会化服务体系，为广大群众提供良好的信息资源。

五、队伍建设

市林业局十分重视林业信息化建设工作，注重加强信息化知识的推广，广泛普及信息技术，建立和完善了领导机制和工作机制，初步建立了一支高素质的电子政务建设队伍，培养了一批既懂信息技术和信息管理，又熟悉林业业务的复合型人才，为林业信息化建设做好了技术和人才的储备。

第五节　深圳市

根据深圳市2009年政府大部制改革的要求，深圳市林业管理职能从市农林渔业局划归市城市管理局，深圳市的林业、城市园林和绿化业务归口城市管理局管理。市城管局非常重视城管信息化建设，在林业、园林和绿化管理方面，采用地理信息技术、遥感技术和物联网技术，建设了基于GIS的城市林业、园林绿化资源信息管理平台，实现了对森林防火、林业、园林和绿化信息的可视化管理，创新了管理手段，为林业和城市园林绿化的规划、建设和管理提供了科学准确的基础数据，全面提升了深圳市林业和城市园林绿化的科学化和精细化管理水平。

一、林业与城市园林绿化信息化监管体系建立

为全面提升林业与城市园林绿化工作的规范化和科学化管理水平，深圳市林业与园林绿化主管部门全面运用数字化城市管理的新机制和管理模式，采用“3S”等相关技术手段，加强林业与城市园林绿化的动态监测和管理。

（一）林业管理信息系统与林火预警监控指挥系统

全市建设了林火预警监控指挥系统，设置林火远程视频监控点16个，配备了安装有卫星通信、移动通信和短波通信等设备的移动指挥车，建立由短波语音无线通信基站和数字语音对讲机组成的通信网络，提高了森林灾害防范和应急处置能力，加强森林火灾监控预警管理。园林与林业处建设了深圳市林业管理信息系统。系统基于地理信息系统（GIS）构建，采用卫星遥感图、航拍图和现场调查等信息采集手段，建立全市森林资源分布数据库，实现对森林动态变化的监测和数据更新，提升林业资源的管理能力和公共服务能力。一是林火监控监测预警指挥系统工程建设。该项目由野生动植物保护处负责建设与管理总投资2675万元，项目实现了全市主要林地的远程视频监控及林火识别、数字对讲通讯覆盖及定位、使用地理信息系统进行预警指挥及辅助决策等功能。目前工程已完成绝大部分项目建设，其中数字对讲通讯系统及应急通讯指挥车已在多次山火扑救行动中发挥重大作用，为扑救行动提供通讯及辅助决策保障。二是林业有害生物监测防控系统建设。该项目处于设计阶段，按照设计，该项目将在全市建设多个监测防控站，进行全市绿地有害生物监测、鉴定及检疫，并建设有害生物知识、诊断检疫、防控指挥、专家等多个数据库，为全面实现林业有害生物信息查询、监测、预警、应急指挥及检验检疫提供技术支撑。

（二）数字化城市管理的新机制和管理模式

运用全市数字化城市管理的平台资源和管理体制机制，实现了城市管理问题的发现、处置、反馈、评价全过程数字化，强化了城市园林绿化设施问题的及时发现和快速处置，

并加强了对占用城市绿地、砍伐树木等违法行为的执法查处，提高了城市园林绿化的动态监管水平。

（三）专家评价系统建立

按照政府购买服务的绿地管养模式，为了加强绿地管养质量监管，市园林与林业处和市绿化管理处运用数据库技术和地理信息技术建立绿地管养地块资源数据库，根据绿地管养考评工作要求制定评价考核指标体系；建立城市园林绿化专家数据库，在计算机上随机抽取专家到现场参与绿地管养质量考核评分，以确保考核评分公平客观地反映绿地管养真实水平，并采用末位淘汰机制淘汰不达标的绿地管养企业，全面提升绿地管养水平。

（四）遥感识别技术运用

利用遥感影像识别软件进行城市绿地调查，能充分利用卫星数据视野广阔、不受地物阻隔、快速准确、形象直观等特点，准确地反映出城市绿地分布现状，实现对城市各类绿地的动态监管。深圳市城市管理局于2005年开发了遥感影像识别系统，自动采集并建立全市绿地分布数据库，并通过增加管理行政区划分等相关信息，实现绿地空间信息的分类统计，以及通过历史年度数据比对分析，达到加强城市绿地资源监管的目的，为全市绿化规划、建设和管理提供决策依据。

二、林业和城市园林绿化信息库建立

根据林业和城市园林绿化精细化管理的要求，通过共享把分布在林业和园林绿化主管部门的相关数据进行资源整合，建立深圳市城市管理局林业和园林绿化综合管理信息系统统一综合管理平台，并采用现场普查、测绘和遥感识别等手段，获取管理对象的空间信息、图像照片信息和管理属性等大量相关信息，建立了全市各类绿地分布信息库、全市城市部件（公共设施）数据库、全市古树名木数字化信息库，以及植物种群分布信息库，为城市林业、园林绿化的建设管理和统计分析提供了科学准确的基础数据。

（一）森林资源地理信息库

通过地理信息集成、卫星遥感等林业资源管理技术手段建立了全市林业空间数据库，实现对森林分布、林相、土壤分布、动植物分布、森林防火、树木林种等相关数据的信息化管理，实现对数据信息的统计分析、查询、修改，制作各类专题图和统计图表。

（二）绿地分布信息库

为全面掌握全市各类绿地分布信息、准确提供全市绿化覆盖率等相关统计数据，2005年采用遥感识别技术，开发了遥感影像识别系统，实现对地面5平方米以上的绿地影像计算机自动识别，精确度达95%以上，还可对水体、黄土裸露进行自动识别。本系统的建成使用解决了城市管理中大规模面状信息的自动采集问题，为城市园林绿化的精细化管理提供了强有力手段。自2005年开始，全市园林绿化统计上报数据全面使用本系统辅助获取，同时运用系统基于GIS的各类绿地分布信息，为全市绿化规划、建设和管理提供决策依据。

（三）城市部件（公共设施）数据库

按照深圳市数字化城市管理的业务需求，2006年对全市城市部件（公共设施）进行了全面的数据普查。普查内容包括6大类114小类部件的地理位置、照片、物理属性和管理属性等，其中园林绿化类主要包括：古树名木、绿地、行道树、绿地护栏、绿地维护设施、喷泉喷灌、护树设施和城市雕塑等小类部件。通过全面的数据普查，建立了基于GIS的城市部件数据库，为城市管理工作的精细、高效管理提供了基础数据支撑。

（四）古树名木信息库

针对目前城市古树管理困难状况，在进行古树调查、建档、养护管理的过程中，采用RFID（射频识别）技术，将RFID芯片植入古树，并建立古树名木数字化信息库，利用RFID芯片识别设备、GPS定位设备和PDA手持终端，对古树的地理位置、病虫危害、树木长势、迁移和养护情况等进行实时跟踪管理。目前已对全市原特区内387株现存在册古树安装了RFID芯片和建立了古树名木的信息数据库。

（五）城市园林、绿化和林业专题数据库

为全面提升城市园林、绿化和林业的规划、建设和管理水平，深圳市园林、绿化和林业主管部门与研究机构，通过信息普查和资源调查等多种形式建立了多个专题数据库，例如：市仙湖植物园的国家苏铁种质资源中心数据库、市梧桐山管理处的风景区各功能区林班统计数据库市绿化管理处的绿地管养数据库等。

三、城市林业与城市园林绿化信息发布与社会服务信息共享平台建立

为提升林业与城市园林绿化业务管理水平，深圳市城市管理局积极推进业务信息化建设。以办公自动化系统（OA）和行政许可审批系统作为综合性事务处理平台，以城市园林绿化综合管理信息系统作为业务管理和信息共享维护平台，依托城管门户网站作为城市园林绿化信息发布与社会服务平台，通过系统整合、流程优化、信息共享、业务协同，全面提高工作效率和管理水平。

（一）行政许可审批系统和办公自动化系统（OA）

行政许可审批系统始建于2001年，系统经过了多次的升级改造工作，目前系统可以全面支持市、区、街道三级城管部门的所有行政许可审批事项，其中城市园林、绿化和林业部门的行政许可审批事项包括：园林绿化企业资质核准、占用城市绿地许可、砍伐或迁移城市树木许可、生态公益林砍伐许可和征用占用林地许可等17项行政审批内容。办公自动化系统（OA）于2010年7月正式投入使用，实现了收、发文网上无纸化办公，全面提高了办公效率。

（二）城市园林绿化综合管理信息系统

深圳市城市园林绿化综合管理信息系统，基于地理信息系统（GIS）构建，通过开发利

用地图在线编辑功能，全面整合共享园林、绿化和林业等多部门的业务信息资源，为各业务管理部门提供空间信息和属性数据的在线输入和更新维护，并且提供空间数据统计分析和GIS可视化展示管理，全面满足城市园林绿化各类数字化应用需求。

深圳市城市园林绿化综合管理信息系统的业务覆盖范围包括：绿地管理、公园管理、林业管理、绿线规划、历史数据查询统计与分析、绿地的审批与执法、古树名木管理等。通过系统提供的业务图层的添加扩充功能和图层属性的在线编辑修改功能，可实现业务范围扩充和业务信息的及时更新维护服务。

（三）网站建设

深圳市城市管理局门户网站（www.szum.gov.cn）是深圳市城市管理局推进政务公开、构建服务型政府的重要平台。按照“政务信息公开、在线办事、公众参与”的基本功能定位，依托网站平台向公众发布园林绿化部门的工作职能、工作动态、政策法规和业务工作等相关政务信息；采用场景式服务操作方式为市民提供方便快捷的网上办事服务；同时发挥网站作为自有媒体宣传效应，提高市民公众的生态环保意识，促进城市的生态文明建设，为创建国家生态园林城市营造良好的舆论氛围。此外，深圳市园林、绿化和林业主管部门也根据自身工作职能建设了各自的专业网站，这些专业网站包括：深圳市公园管理中心网站、深圳市森林资源保护网、深圳绿化网、仙湖植物园网站、广东内伶仃福田国家级自然保护区网站、梧桐山国家公园网站等。

四、信息化基础建设

在国家林业局的统一部署下，市城管局在2009年接入国家林业局光纤专网，实现与国家林业局公文交换平台、视频会议的接入。深圳林业与城市园林绿化统一归口管理的新机制，深圳城管局在信息化规划与建设将按照国家林业局、深圳市政府信息化“十二五”规划的指引推进全局信息化建设。

（一）加强资源整合

利用深圳市政务专网建设深圳市城管局专网，实现市局、直属部门、区、街的网络互联互通，加强林业资源与城市园林绿化资源的整合，建立统一的监管平台，加强网络和信息系统的基础建设、安全建设。

（二）强化队伍建设

信息化的推进，需要一批既精通林业业务，又具备先进信息管理理念和技术技能的复合型专业人才。一是要引进熟悉信息专业，有一定实践经验的专门人才；二是加强对现有人员的提高培训，可采取送出去深造学习或请进来由专家进行现场教学等多种形式，在实践中不断提升技术水平。争取建立一支稳定、优秀、能干的信息化人才队伍，确保城管信息化建设工作的顺利开展，推进深圳林业与园林绿化信息化建设。

借鉴篇

Annual Report on Forestry Informatization Development in China

第十六章　国内信息化发展动态

中国信息化进程是引起社会各界广泛关注的一个大的课题，信息化方方面面都引起业界和社会各界的广泛关注。2010年，国务院常务会议审议通过了《国务院关于加快培育和发展战略性新兴产业的决定》，确定了新一代信息技术等七个战略性新兴产业。认识信息化、驾驭信息化与信息化发展成为我国在信息时代必须关注的重大主题。

第一节　政策法规

2010年，为促进信息化的规范、科学、持续发展，国家相关部门先后出台并印发了一系列重要文件，形成了逐步健全的电子政务建设标准体系、政策法规体系，构建了较为完善的信息化发展政策法规环境，有力地保障了信息化建设的发展。

一、关于加强互联网域名系统安全保障工作的通知

2010年1月30日，工业和信息化部发布《关于加强互联网域名系统安全保障工作的通知》。通知要求：提高认识，突出重点；加强域名系统安全防护和应急工作；建立完善公共域名安全技术平台；推进域名安全标准化和自主创新工作；强化域名安全保障工作的监督检查（专栏16-1）。

专栏16-1

关于加强互联网域名系统安全保障工作的通知

工信部保〔2010〕53号

各省、自治区、直辖市通信管理局，中国电信集团公司、中国移动通信集团公司、中国联合网络通信集团有限公司，国家计算机网络应急技术处理协调中心、部电信研究院、中国软件评测中心，中国互联网络信息中心、政务和公益机构域名注册管理中心，各互联网域名注册服务机构：

域名系统是互联网的重要组成部分。保障域名系统的安全，对维护互联网安全、促进互联网健康发展具有重要意义。当前，域名系统面临的安全威胁和风险不断加大，安全事件增多，必须采取切实有效的措施，加强域名系统安全保障工作。现将有关工作要求通知如下：

一、提高认识，突出重点

各单位要充分认识各级域名系统面临的新情况新问题新威胁，切实增强保障域名系统安全的责任感和紧迫感。针对外部网络攻击、域名劫持等威胁以及安全防护和应急管理薄弱等突出问题，要进一步加强域名系统安全防护和应急工作，建立完善域名安全技术手段，推进域名安全标准化和自主创新，强化域名安全保障工作的监督检查，确保重点域名解析正常，确保重要域名系统安全可靠运行。

二、加强域名系统安全防护和应急工作

基础电信运营企业、域名注册管理机构和域名注册服务机构等域名系统运行单位，要按照“谁运行、谁负责”的原则，加强对本单位运行管理且对外提供服务的权威、递归域名解析系统和域名注册系统的安全防护和应急工作，确保本单位所属域名系统安全稳定运行，确保域名注册信息安全。一是建立健全域名系统运行维护和安全管理制度，落实责任制，不断优化域名系统架构，加强冗余备份，提高域名解析能力。二是按照工业和信息化部的统一部署，对本单位域名系统进行定级备案，按照有关标准落实各项安全防护措施，定期对本单位域名系统进行检测、评估和整改，并接受通信管理机构的监督检查。三是建设域名安全监控手段，对本单位域名系统的解析请求量、解析成功率、解析速度、服务器负荷等关键指标进行动态监测，对异常和无效域名请求及时进行过滤，提高对网络攻击、信息篡改和域名劫持等

各类安全事件的预警监控能力。四是按照有关规定做好相关日志留存工作，加强本单位域名系统的安全审计，提高对安全事件的溯源能力。五是根据工业和信息化部《公共互联网网络安全应急预案》，制定完善本单位域名系统安全专项应急预案，做好域名安全事件信息报送工作，组织开展应急演练。基础电信运营企业要协助域名注册管理机构做好国家顶级域名系统节点的安全保障工作。域名注册管理机构、域名注册服务机构要加强宣传，指导域名注册用户增强域名安全意识，科学选择域名解析服务。

三、建立完善公共域名安全技术平台

国家计算机网络应急技术处理协调中心（以下简称CNCERT）和域名注册管理机构要加强公共域名安全技术平台建设，实现对重要域名系统运行状况和重点域名解析状况的及时准确监测，建立健全针对政府网站、重点新闻网站、重要信息系统的域名安全支撑保障机制；研究制定根域名镜像服务器专项应急方案，落实相关技术保障措施。基础电信运营企业、域名注册管理机构和域名注册服务机构要对CNCERT和域名注册管理机构有关平台的建设和运行给予支持配合。

四、推进域名安全标准化和自主创新工作

完善标准体系，加快制订发布域名系统安全防护系列标准，加强标准宣贯，推进标准贯彻实施。积极研究域名系统安全检测、评估和监测等技术，开发相关工具，加大推广应用力度。加快制定联网软件行为规范和测试要求，并通过行业自律等方式探索开展联网软件评测工作。加强自主创新，积极推进具有我国自主知识产权的域名解析软件的研究、开发和应用。跟踪全球DNSSEC部署应用情况，做好相关配套工作。

五、强化域名安全保障工作的监督检查

工业和信息化部通信保障局负责按照本通知精神，对域名系统安全保障工作进行指导、协调、监督和检查。各地通信管理局要把域名系统安全作为通信网络安全管理工作的重要内容，指导督促当地基础电信运营企业落实域名系统安全防护标准、建设域名系统安全监控手段、制定域名系统专项应急预案、落实域名安全信息通报工作。做好域名安全事件的应急指挥协调工作。

基础电信运营企业集团公司、域名注册管理机构和域名注册服务机构请于2010年2月28日前，将本单位域名系统安全保障工作落实情况和工作计划报工业和信息化部（通信保障局）。基础电信运营企业省级公司的有关工作情况和计划，请于2010年2月28日前报当地通信管理局。其他单位有关工作进展情况，请及时向工业和信息化部（通信保障局）反馈。

特此通知。

摘自工信部网站

2010年1月30日

二、进一步落实网站备案信息真实性核验工作方案（试行）

2010年2月23日，工业和信息化部发布《进一步落实网站备案信息真实性核验工作方案（试行）》。该方案从核验内容；核验、审核、核查规程；工作要求；问责4个方面规定了网站备案信息核实工作（专栏16-2）。

专栏16-2

工业和信息化部关于进一步落实网站备案信息真实性核验工作方案（试行）

为切实保证网站备案信息的真实性，落实《工业和信息化部关于进一步深入整治手机淫秽色情专项行动工作方案》中的要求："基础电信企业和各接入服务商在向通信管理局提交网站申请备案之前，要对主办者身份信息当面核验、留存有效证件复印件，要对网站主体信息、联系方式和接入信息等进行审查"。依据《互联网信息服务管理办法》(国务院令第292号)、《非经营性互联网信息服务备案管理办法》(信息产业部令第33号)的相关规定，制定网站备案信息真实性核验工作方案。

一、核验内容

接入服务单位根据相关网站的委托代为履行备案、备案变更等手续时，应对网站主办者提交的主体信息、联系方式、网站信息，以及本单位提交的接入信息的真实性进行核验。

（一）网站主办者（主体）信息。网站主办者是指互联网信息服务提供者，包括单位和个人两类。

1. 网站主办者发为单位，核验证件为：如网站主办者为机关、事业单位、社会团体，组织机构代码证书原件为核验其单位资质的第一证件，在没有组织机构代码证书的情况下，可核验事业法人证书或社团法人证书等原件。如网站主办者为企业，核验工商营业执照或组织机构代码证书等原件。如网站主办者为军队，核验军队代号证书原件。

网站负责人的个人证件：如网站负责人为中国公民，身份证原件为核验其身份的第一证件，在没有身份证的情况下，可核验户口簿、军官证、台胞证等原件；如网站负责人非中国公民，则核验其护照原件。

2. 网站主办者为个人，核验证件为：如网站主办者为中国公民，身份证原件为核验其身份的第一证件，在没有身份证的情况下，可核验户口簿、军官证、台胞证等原件。如网站主办者非中国公民，则核验其护照原件。

3. 网站负责人的定义：若网站主办者为单位，网站负责人是指法定代表人或单位委派具体负责网站的部门负责人；若网站主办者为个人，网站负责人为其本人。

（二）联系方式。如网站主办者为单位，联系方式是指网站负责人手机号码、办公电话、电子邮箱、通信地址；如网站主办者为个人，联系方式是指网站负责人手机号码、办公电话或住宅电话、电子邮箱、通信地址。

（三）网站信息。网站名称、网站域名、涉及需前置审批或专项审批内容、网站服务内容/项目。

（四）接入信息。接入服务提供者名称、接入方式、服务器放置地点、网站IP地址。

二、核验、审核、核查规程

（一）备案信息真实性责任主体。接入服务单位根据相关网站的委托代为履行备案、备案变更等手续时，核验主体为接入服务单位，包括：基础电信企业省分公司（含市、县级分公司）、互联网接入服务单位（IDC、ISP）、公益性互联单位等。

审核主体为各省、自治区、直辖市通信管理局。

核查主体为工业和信息化部（委托国家互联网备案管理支撑中心，以下简称“备案中心”）。

（二）备案信息真实性核验、审核、核查规程。网站备案信息真实性核验、审核工作流程图见附件。

1. 接入服务单位网站备案核验规程

（1）网站主办者登录接入服务单位备案系统录入网站备案信息。

（2）接入服务单位受理网站主办者提交信息后，对主体信息、联系方式等信息进行预核验：初步判定主体信息是否真实，通过电话、邮件等途径核验联系方式是否正确。预核验后，接入服务单位应向网站主办者发送现场核验通知或信息退回的短信提示：“您提交的网站备案信息已通过预核验，请在1个月内由网站负责人本人携带有关证件原件到我单位备案现场办理核验手续”或“您提交的网站备案信息未通过预核验，请修改后重新提交”。预核验工作必须在主办者提交备案信息后5个工作日内完成。

（3）网站主办者接到通知后，由网站负责人本人携带核验所需证件原件、材料到接入服务单位备案现场办理核验手续。

（4）接入服务单位在本单位备案现场采集并留存网站负责人彩色正面免冠照（电子照片规格：800×600像素）。备案中心统一制作、提供带有标识的幕布作为拍照背景，照片应显示拍照时间和背景标识。

（5）接入服务单位备案人员利用公安、质检、工商等相关部门提供的居民身份证、组织机构代码证、工商营业执照等信息源，核验网站主办者提供证件原件的真实性。同时通过网站负责人身份证原件核验身份证与当事人是否一致。核验无误，留存身份证明和单位有效证件复印件。

接入服务单位备案人员登录本单位备案系统，依据证件原件内容对网站主办者网上提交的主体信息进行核验：核验证件持有者、证件类型、证件内容与备案系统中录入的网站备案信息是否完全一致，不一致不予受理；依据网站主办者提交的域名证书或域名注册机构网站公共查询信息，核验网站域名所有者与网站主办者身份的一致性，不一致不予受理；依据本单位对网站的实际接入情况，准确录入网站备案接入信息各项内容。

（6）若核验无误，接入服务单位备案人员填写统一格式的《网站备案信息真实性核验单》（备案中心负责制订《网站备案信息真实性核验单》格式）；若发现备案信息有误，现场核实修改，并在《网站备案信息真实性核验单》中进行记录。《网站备案信息真实性核验单》一式两份：一份接入服务单位留存，一份上报网站主体所在地通信管理局，加盖接入服务单位公章。网站主办者和接入服务单位同时签订信息安全管理协议书。

（7）在确认备案信息全部核验无误后，接入服务单位通过本单位备案系统向主体所在地通信管理局备案系统提交网站备案信息，并提交《网站备案信息真实性核验单》纸制原件、传真件或电子扫描件。

2. 省通信管理局审核规程。各省、自治区、直辖市通信管理局登录省局备案系统，在二十个工作日内对接入服务单位提交备案信息进行审核。审核合格下发网站备案号，接入服务单位实施网站接入；不合格将备案信息退回接入服务单位系统，由接入服务单位重新核验。

3. 备案中心核查规程

（1）备案中心受工业和信息化部委托，建设网站备案信息校验平台，对各通信管理局提交网站备案信息中的身份证信息进行全量自动核查。结合人工电话抽查，每月对备案系统提交的网站备案信息进行准确性核查和抽样评估并反馈情况。

（2）备案中心每季度对部备案系统中存量网站备案信息准确率、备案率分省分接入商进行核查和抽样评估并反馈情况。

三、工作要求

（一）接入服务单位核验工作要求

1. 组中保障和制度完善要求。各接入服务单位应在2010年2月底前设立现场核验网站备案信息部门，专门负责网站备案信息真实性核验工作，并实行单位领导负责制。应建立本单位的备案业务规范，备案工作考核制度。明确备案人员的工作责任，对备案人员业务能力实行年度考核，将日常备案工作质量作为考核的重要指标。各接入服务单位应在2010年3月底前正式实施网站备案信息当面核验，并将工作开展情况报许可证发证机关和单位注册所在地通信管理局。基础电信企业应在2010年4月份对租用本单位电信资源从事接入业务的接入服务单位是否设立当面核验人员、履行当面核验备案信息的情况进行检查，对未履行当面核验责任的，不得为其提供电信资源。

2. 业务明示要求。接入服务单位在业务经营中应向网站主办者明示开办网站要依法办理备案手续、网站备案流程、需提供的证件、材料清单及网站备案有关注意事项。

3. 业务合同内容要求。接入服务单位应在与网站主办者签订业务合同中，明文要求："依据《非经营性互联网备案管理办法》第二十三条规定，如备案信息不真实，将关闭网站并注销备案。请您承诺并确认：您提交的所有备案信息真实有效，当您的备案信息发生变化时请及时到备案系统中提交更新信息，如因未及时更新而导致备案信息不准确，我公司有权依法对接入网站进行关闭处理。"双方签字、单位盖章确认。

4. 信息安全管理责任要求。接入服务单位建立网站主办者资料档案，妥善保管核验过程中获取的网站主办者证件信息、照片信息、《网站备案信息真实性核验单》、与网站主办者签署的各项协议，保证信息不泄露，承担对网站主办者提交材料的信息安全保密管理责任。上述资料至少留存5年以上，以备通信行业主管部门依法进行检查。

5. 网站备案信息更新要求。接入服务单位应做好日常回访核查工作，确保网站备案信息变更后，网站主办者及时更新主体信息、联系方式、网站信息。同时接入服务单位应根据网站接入变化情况，及时更新接入信息，并配合主管部门做好网站备案信息真实性核查工作。因未开展日常回访核查工作导致接入网站备案信息不准确的接入服务单位，主管部门依法对其进行处罚。

6. 存量网站备案信息核验要求。对备案信息真实性当面核验工作正式启动前接入的网站，各接入服务单位要在2010年2月底前制定备案信息真实性核验工作详细计划，报许可证发证机关和单位注册所在地通信管理局，并在2010年9月底前完成全部网站的备案信息真实性核验。

（二）省通信管理局审核工作要求

1. 做好日常审核工作。各通信管理局应做好日常网站备案信息真实性审核工作，保证对重点信息(营业执照、身份证等)的逐一细致审核。二期备案系统升级改造后可由各通信管理局审核人员用口令登录接入服务单位系统抽检审核证件原件，同时检查接入服务单位上交的《网站备案信息真实性核验单》。

2. 检查“当面核验”工作开展情况。各通信管理局对接入服务单位当面核验网站备案信息的部门设立和工作制度完善情况进行指导和检查。根据接入服务单位保存的真实性核验证明材料，对接入服务单位“当面核验”工作的开展情况、接入服务单位提交备案信息的准确性进行定期检查或不定期抽查，对发现未执行“当面核验”或提供虚假信息的，应严肃处理。同时将日常检查考核结果作为许可证年检重要参考。

（三）备案中心核查工作要求

1. 新增网站备案信息核查。备案中心每月对新提交的网站备案信息进行准确性抽查。对备案主体信息中身份证、组织机构代码证等信息进行重点抽查核查。

2. 存量网站备案信息核查。备案中心按季度对系统存量网站备案信息进行准确性核查，对各接入服务单位真实性核验网站备案信息工作开展情况、完成进度、工作质量进行核查和抽查评估。

3. 制定核查标准和监督评估办法。备案中心根据工业和信息化部的委托，适时制订、细化、完善网站备案信息核查标准和监督评估办法，并向各通信管理局、接入服务单位发布。

4. 加强对工作开展情况的督导、统计。备案中心根据工业和信息化部的委托，对各单位落实网站备案信息真实性核验工作开展情况进行指导帮助和监督评估。加强对各单位落实网站备案信息真实性核验工作情况的分类统计，开展对各地通信管理局行政处罚情况汇总等工作。

5. 开展网站备案业务培训。备案中心根据工业和信息化部的委托，编写、制订网站备案培训资料，组织开展面向各接入服务单位的全国性网站备案培训工作，对应掌握的网站备案相关政策法规、业务知识进行统一讲解。

四、问责

各省、自治区、直辖市通信管理局根据属地化管理原则，对未按《工业和信息化部关于进一步深入整治手机淫秽色情专项行动工作方案》中提出的"对网站主办者身份信息当面核验、留存有效证件复印件"要求开展工作，未认真开展网站备案信息真实性核验工作，提交不真实网站备案信息的接入服务单位，依据《非经营性互联网信息服务备案管理办法》第十条和第二十四条的规定依法处罚，责令限期改正。

摘自"中国互联网信息中心"

三、关于推进第三代移动通信网络建设的意见

2010年3月17日，《关于推进第三代移动通信网络建设的意见》发布。该意见由工业和信息化部、国家发展改革委、科技部、财政部、国土资源部、环境保护部、住房和城乡建设部、国家税务总局联合印发。意见的发布有利于落实《电子信息产业调整和振兴规划》，引导推进第三代移动通信（以下简称3G）网络建设，拉动国内相关产业发展，切实发挥3G对国民经济和社会发展的促进作用（专栏16-3）。

专栏16-3

关于推进第三代移动通信网络建设的意见

工信部联通〔2010〕106号

各省、自治区、直辖市、计划单列市及新疆生产建设兵团工业和信息化主管部门、通信管理局、发展改革委、科技厅（委、局）、财政厅（局）、国土资源厅（局）、环保厅（局）、建设厅（局）、国税局、地税局，中国电信集团公司、中国移动通信集团公司、中国联合网络通信集团有限公司：

为落实《电子信息产业调整和振兴规划》，引导推进第三代移动通信（以下简称3G）网络建设，拉动国内相关产业发展，切实发挥3G对国民经济和社会发展的促进作用，现就推进我国3G网络建设提出以下意见：

一、充分认识3G网络建设的重要性，共同推进网络建设发展

发展3G是提升自主创新能力和相关产业竞争力的重要手段，也是应对金融危机影响，实现扩内需、保增长、促就业的重要举措，对于我国国民经济和社会长远发展具有重要意义。

TD-SCDMA（以下简称TD）是我国通信业第一个拥有自主知识产权的3G国际标准，对于建设创新型国家，加快产业结构调整和优化升级，保障网络与信息安全具有重要意义。3G网络建设是3G发展中的关键环节，是促进产业壮大和应用繁荣的基础，关系3G发展的成败。

自2009年初3G牌照发放以来，电信企业制定了3G发展规划，在各方的共同努力和支持下，3G网络建设基本顺利开展,投资已超过1600亿元。但目前在3G网络建设中，基站选址困难、业务应用不足等问题日益突出，将影响到后续3G建设的顺利开展。

各有关单位要充分认识3G网络建设的重要意义，着力解决3G网络建设和应用中的困难和问题，共同推进网络建设发展。

二、落实3G发展规划，促进网络协调持续发展

电信企业要切实落实3G发展规划，按照国家有关规定和技术规范开展3G网络建设，加大加深3G网络覆盖，积极开展网络优化，改善网络性能，确保网络与信息安全。要统筹协调3G与2G以及未来网络演进的关系，充分利用2G已有网络资源，发挥已有投资效益，逐步引入增强型技术，在网络建设中考虑与未来演进的结合，保障网络的平滑升级。要通过电信基础设施共建共享加快网络建设，节约建设成本，减少重复建设。到2011年，3G网络覆盖全国所有地级以上城市及大部分县城、乡镇、主要高速公路和风景区等，3G建设总投资4000亿元，3G基站超过40万个，3G用户达到1.5亿户。

三、制定和出台3G网络建设的支持政策，解决网络建设困难

各级通信行业主管部门要会同城乡规划、国土资源、市政等部门，组织电信企业编制基站站址、管道、杆路等设施的专项规划，专项规划应符合当地土地利用总体规划和城乡规划的要求并做好相关衔接。各级城乡规划、国土资源和投资主管部门在住宅小区、商住楼、办公楼等建设项目的审批中，明确为通信建设配套预留站址资源（包括机房、天面、铁塔、管道、分布系统等），在地铁、机场、车站、铁路、公路等公共设施项目的审批中统筹考虑通信建设的需求，并保证电信企业的平等进入。各级环保部门应根据移动通信网络点多面广的特点，在保障人民群众健康安全的同时，通过对移动通信网络建设规划的环评审批加快审批进度，对基站的建设可简化审批手续。各相关单位要积极协调推动政府机关、企事业单位开放楼宇资源提供站址，支持3G建设。

四、引导和支持3G网络应用发展和创新，带动3G网络建设升级

电信企业要以市场为导向，联合产业链相关企业，发挥各自网络和技术优势，开发适合3G网络及移动互联网的特色业务，不断丰富3G业务种类，加快3G应用的创新，探索3G应用的商业模式，形成差异经营、合作共赢的良性发展局面，促进工业化和信息化融合，以应用带动网络建设升级。对利用3G开展研发、技术改造、增值服务的企业，符合税收法律法规规定条件的，依法享受有关税收优惠政策。将TD等3G的网络建设、应用和研发纳入《产业结构调整指导目录》鼓励类。TD产品和应用，经认定为国家自主创新产品的，可列入《国家自主创新产品目录》和《政府采购自主创新产品目录》。鼓励政府、行业信息化和电子商务中广泛应

用TD等3G技术。

五、继续落实和完善支持3G发展的其他政策措施，保障3G网络建设

继续利用国家科技重大专项、高新技术产业化专项、科技支撑计划、电子发展基金、重点产业振兴和技术改造专项资金、自主创新产业化资金等相关政策措施，落实国家对TD等3G的各项支持。开展3G增强型技术和未来演进技术的标准化、产业化和业务应用研发等工作，同时促进设备及终端产业的发展，根据发展需要，增加3G及其演进技术发展所需频率资源。加强对3G网络与信息安全的监督和管理，完善网间互联互通监管措施，完善电信基础设施共建共享配套措施，营造健康有序的市场竞争环境。

六、加强组织领导，确保各项工作落到实处

各有关单位要加强组织领导，落实责任分工，密切配合协作，务求实效，及时研究解决发展中出现的突出问题和矛盾，不断调整完善相关政策，进一步发挥3G网络建设和业务应用对国民经济和社会发展的促进作用。有关单位要加强对本意见贯彻执行情况的督促检查。

工业和信息化部、国家发展改革委、科技部、财政部、国土资源部、
环境保护部、住房和城乡建设部、国家税务总局
2010年3月17日

四、关于推进光纤宽带网络建设的意见

2010年3月17日，《关于推进光纤宽带网络建设的意见》发布。该意见由工业和信息化部、国家发展改革委、科技部、财政部、国土资源部、住房和城乡建设部、国家税务总局联合印发。意见的发布有利于落实《电子信息产业调整和振兴规划》，引导推进光纤宽带网络建设，拉动国内相关产业发展，切实发挥光纤宽带对国民经济和社会发展的基础和促进作用（专栏16-4）。

专栏16-4

关于推进光纤宽带网络建设的意见

工信部联通〔2010〕105

各省、自治区、直辖市、计划单列市及新疆生产建设兵团工业和信息化主管部门、通信管理局、发展改革委、科技厅（委、局）、财政厅（局）、国土资源厅（局）、建设厅（局）、国税局、地税局，中国电信集团公司、中国移动通信集团公司、中国联合网络通信集团有限公司：

为落实《电子信息产业调整和振兴规划》，引导推进光纤宽带网络建设，拉动国内相关

产业发展，切实发挥光纤宽带对国民经济和社会发展的基础和促进作用，现就推进我国光纤宽带网络建设提出以下意见：

一、充分认识光纤宽带网络建设的重要性，共同推进网络建设发展

光纤宽带产业是当前信息产业中成长最快、发展空间最大的产业之一。推进光纤宽带网络建设能升级网络基础设施，提高自主创新能力，拉动相关产业发展，对应对金融危机影响，实现扩内需、保增长、促就业，以至提升国家长远竞争力均具有重要的战略意义。

近几年，我国光纤宽带网络已逐步开始部署，网络覆盖和接入速率不断提高。但在光纤宽带网络建设中，仍存在小区内网络部署困难、城市农村地区发展不平衡、宽带应用相对匮乏等问题。同时由于在经济不发达的农村地区开展光纤宽带网络建设投入大、效益差，电信企业缺乏积极性。上述问题的解决需要相关政策引导和扶持。

各有关单位要充分认识光纤宽带网络建设的重要意义，着力解决光纤宽带网络建设和应用中的困难和问题，共同推进光纤宽带网络建设发展。

二、加快光纤宽带网络建设，提升信息基础设施能力

电信企业要按照国家有关规定和技术规范开展光纤宽带网络建设，积极采取多种模式，以需求为导向，以光纤尽量靠近用户为原则，加快光纤宽带接入网络部署。新建区域直接部署光纤宽带网络，已建区域加快光进铜退的网络改造。有条件的商业楼宇和园区直接实施光纤到楼、光纤到办公室，有条件的住宅小区直接实施光纤到楼、光纤到户。优先采用光纤宽带方式加快农村信息基础设施建设，推进光纤到村。加强光纤宽带网络的共建共享和有效利用，积极推进三网融合。同步提升骨干网传输和交换能力，提高骨干网互联互通水平，改善网络服务质量，保障网络与信息安全。

到2011年，光纤宽带端口超过8000万，城市用户接入能力平均达到8兆比特每秒以上，农村用户接入能力平均达到2兆比特每秒以上，商业楼宇用户基本实现100兆比特每秒以上的接入能力。3年内光纤宽带网络建设投资超过1500亿元，新增宽带用户超过5000万。

三、制定和完善光纤宽带网络建设的配套措施，支持网络建设发展

各级通信行业主管部门要会同城乡规划、国土资源、市政等部门，组织电信企业编制管道、杆路、光缆等传输线路的专项规划，专项规划应符合当地土地利用总体规划和城乡规划的要求并做好相关衔接。

各级城乡规划、国土资源和投资主管部门在住宅小区、商住楼、办公楼等新建、改扩建项目的审批中，明确为光纤宽带建设预留管道、设备间、电力配套等资源，所需投资纳入建设项目概算，并保证电信企业平等进入，维护用户的选择权。通信行业主管部门组织电信企业参与相关建设方案制定和项目验收，并通过共建共享减少重复建设。

加快制定和完善光纤宽带网络相关的技术标准、工程规范和验收规范，加快城市新建住宅小区、商用楼预先布放光缆等规范的出台和落实。

四、引导宽带应用发展和创新，带动光纤宽带网络建设

电信企业要以市场为导向，联合产业链相关企业，发挥各自网络和技术优势，开发适合

光纤宽带网络的特色业务，加快宽带应用的创新，积极推动三网融合业务发展，促进工业化和信息化融合，实现各方的合作共赢。

对利用宽带开展研发、技术改造、增值服务的企业，符合税收法律法规规定条件的，依法享受有关税收优惠政策。将光纤宽带网络的建设、应用和研发纳入《产业结构调整指导目录》鼓励类。基于光纤宽带网络的产品和应用，经认定为国家自主创新产品的，可列入《国家自主创新产品目录》和《政府采购自主创新产品目录》。

在实施"村村通电话"工程的基础上，结合家电下乡，加快推进宽带下乡的工作进程。鼓励各级地方政府对农村光纤宽带建设，优先保障供电需求，减免光缆敷设赔补费用。

鼓励各级地方政府对公共服务机构的光纤宽带使用、对软件及服务外包园区的高速宽带通道建设费用，给予财政补贴。鼓励政府和行业信息化的光纤宽带网络应用，促进宽带在电子政务、医疗卫生、城市管理、社区服务等领域的普及，推广基于宽带的视频应用，发展基于宽带的信息服务和文化创意产业。继续利用现有资金渠道和有关政策，鼓励大学生基于光纤宽带网络的创业，支持企业和单位利用光纤宽带网络开展业务、吸纳大学生就业。

五、完善其他相关配套措施，保障光纤宽带网络建设

加大光纤宽带通信核心芯片、器件、系统设备和应用等的研发投入和政策支持，鼓励光纤通信技术创新和提出自主光纤宽带技术标准，带动产业发展，支撑网络建设。加强对光纤宽带网络与信息安全的监督和管理，完善网间互联互通监管措施，完善电信基础设施共建共享配套措施，营造健康有序的市场竞争环境。

六、加强组织领导，确保各项工作落到实处

各有关单位要加强组织领导，落实责任分工，密切配合协作，务求实效，及时研究解决发展中出现的突出问题和矛盾，不断调整完善相关政策，进一步发挥光纤宽带网络建设和业务应用对国民经济的促进作用。有关单位要加强对本意见贯彻执行情况的督促检查。

工业和信息化部、国家发展改革委、科技部、财政部、国土资源部、
环境保护部、住房和城乡建设部、国家税务总局
2010年3月17日

五、关于印发《农业农村信息化行动计划（2010~2012年）》的通知

2010年4月1日，工业和信息化部、农业部、科技部、商务部、文化部等五部门联合下发《关于印发〈农业农村信息化行动计划（2010~2012年）〉的通知》（工信部联信〔2010〕183号）。《计划》说明了加快农业农村信息化发展的紧迫性和重要性，明确了农业农村信息化发展的指导思想和发展目标，并确定了六大主要行动：农村信息基础设施提升计划、信息资源整合集成计划、基层电子政务进村计划、现代农业信息科技计划、电子商务拓展计划、新型农民培训计划（专栏16-5）。

专栏16-5

农业农村信息化行动计划（2010~2012年）

为深入贯彻《中共中央关于推进农村改革发展若干重大问题的决定》，落实《2006~2020年国家信息化发展战略》的部署，充分发挥信息化在加快推进社会主义新农村建设、加快现代农业建设、推动城乡统筹发展中的重要作用，现研究提出农业农村信息化行动计划（2010~2012年）。

一、加快农业农村信息化发展的紧迫性和重要性

“十一五”以来，我国农业农村信息化发展成就斐然。农村信息基础设施加速普及，农村信息服务站基本覆盖所有行政村，面向农业农村的信息服务模式不断创新，农业生产经营活动信息化水平日渐提升，基层电子政务建设加速向乡镇延伸。各地、各部门面向“三农”实际，深入推进信息化建设，涌现出了许多好的做法和典型，信息化在开拓农村生产经营活动、转移剩余劳动力、丰富基层文化生活、开展新型农村合作医疗、推进社会保障等领域取得了显著成效。党的十七届三中全会作出了农村改革发展“已进入以工促农、以城带乡的发展阶段，进入加快改造传统农业、走中国特色农业现代化道路的关键时刻，进入着力破除城乡二元结构、形成城乡经济社会一体化新格局的重要时期”的战略判断，目前我国农业农村信息化发展总体上仍处于起步阶段，面对新形势新任务，急需将信息化转化为农村改革发展新的动力。

农业农村信息化是加快推进社会主义新农村建设、全面建设小康社会的重要内容。建设社会主义新农村是加快实现我国现代化建设目标的重大战略任务。继承巩固农村改革发展成果，切实提高农村综合生产效率、促进农民增收、加强农村基层民主政治建设、丰富农村精神文明，迫切需要加快推进农业农村信息化。没有农业农村信息化，就不可能有农业农村的现代化，也不可能实现农村的全面小康。新形势下，增强农业农村综合生产能力、加快推进城镇化、实现城乡公共服务均等化、促进农村经济社会发展和进步，迫切需要信息化提供新动力和新手段。

农业农村信息化是改造传统农业、促进现代农业发展的客观需要。进入新世纪以来，我国农业正处于由传统农业向现代农业转变的重要阶段。为农业生产经营活动注入新的活力，必须加快解决农产品市场体系不健全、农业生产组织化程度低、农业社会化服务体系不完善等方面的突出矛盾，将农业生产经营活动有效纳入社会主义市场经济体制，将现代信息技术应用作为农业生产经营连接市场经济体系的关键纽带，推动信息化与现代农业建设的紧密结合，实现农业产前、产中、产后的无缝结合，使广大农民享受现代科技进步成果，提升农业应对纷繁复杂的市场环境。

农业农村信息化是实现以工促农、以城带乡，缩小城乡数字鸿沟、形成城乡经济社会发展一体化新格局的现实选择。长期以来，城乡差别一直是制约农村发展的瓶颈之一。构建功

能完备、运转高效、反应灵敏的城乡一体化管理服务系统，促进家电下乡、信息下乡，激发农村消费需求，是建立城乡经济社会发展一体化新格局的重要着力点，是实现以工促农、以城带乡发展的重要途径。面对城镇化发展的新趋势，特别是不同区域的比较优势，应区分轻重缓急，推进农村文化教育、公共卫生、医疗救助、社会保障等方面的信息化建设，加快城乡公共服务均等化，切实缩小因受限于技术进步成果所产生的数字鸿沟，将深化农村信息化作为农村改革发展的重要机遇。

农业农村信息化是加快培养新型农民、切实提高国民信息素质的迫切要求。农业农村改革开放不仅为社会主义新农村建设和现代农业建设奠定了坚实基础，而且为农业农村长期发展和繁荣提供了丰富的人力资源。加快农业农村信息化，将农民培养成为有文化、懂技术、会经营的新型农民必将为我国经济社会发展提供充足的人力资本和新的动力；抓住信息网络所能够提供的低成本、多样化、广覆盖的信息传播、知识扩散机遇，向广大农民传授各种先进适用的专业技术知识，提供多样化的信息咨询服务，必将在更大范围、更高层次、更多领域开阔农民视野、提高农民素质。

二、指导思想和发展目标

（一）指导思想。贯彻党的十七大、十七届三中、四中全会精神，认真践行科学发展观，深入推进社会主义新农村建设和现代农业发展，坚持以工促农、以城带乡、多予少取放活，坚持政府主导、社会参与、市场运作、多方共赢，坚持统筹规划、协同推进，着力完善农业农村信息基础设施，促使广大农民平等参与现代化进程、共享改革开放和科技进步成果，着力推进农业生产经营的信息化，促进现代农业产业体系的健全发展，着力推动农村公共服务体系建设，实现城乡公共服务均等化，营造广大农民用得上、用得起、用得好的信息化环境，服务导向、广泛覆盖，灵活多样、注重实效，利益相关、收益共享，走有中国特色的农业农村信息化发展之路。

（二）发展目标。到2012年，建成先进适用、稳定可靠、贴近农民、进村入户的农业农村信息基础设施和农村综合信息服务体系；建设一批农业生产经营信息化示范基地；基层电子政务建设实现条块结合，基本延伸到乡（镇），使之成为惠农信息通达农村的“绿色通道”；建成一批形式多样、方便适用的农村科技、信息、文化服务网络平台；农产品电子商务快速发展，电子商务交易额占农产品零售额的比例稳步提升；农村综合信息服务站成为培养新型农民的重要渠道，农民信息素质显著提高。

三、主要行动

（一）农村信息基础设施提升计划。实施农村宽带普及工程。继续实施“村村通”工程，全面实现行政村通电话，逐步覆盖自然村。组织实施“宽带下乡”工程，鼓励宽带运营企业优先采用光纤宽带方式，加快农村信息基础设施建设，推进光纤到村。推动建立电信普遍服务基金，将农村电信普遍服务的内涵从电话普及扩大到互联网宽带接入，有条件的省(区、市)可将互联网宽带接入列入家电下乡范围，对农民使用宽带网络服务给予适当财政补贴。到2012

年，乡镇通宽带比例达到100%，行政村通宽带比例提高到75%，农户宽带接入速率平均不低于2 MB / S(每秒2兆比特)，采用xDSL接入方式的乡镇宽带接入能力接近30MB / S。

推进农村三网融合试点和农村信息化示范。鼓励探索一种网络承载多种业务、一种终端承接多类服务的新模式，促进业务与内容的融合。选择有条件的地区，坚持政府弓J导、多方参与的原则，立足农村通信基础网络、党员干部现代远程教育系统、全国文化信息资源共享工程、农村综合信息服务站(网、点)等现有的条件和业务，组织开展三网融合试点。同时，推进平台上移、服务下延，系统开展农村信息化示范。优先支持网络运营企业在偏远农村地区提供集电话、电视、互联网等综合接入与信息服务，推动各种涉农信息系统共享网络资源。到2012年，在现有试点的基础上，满足农村基础条件和先行应用需求的三网融合模式基本形成。

实施农村综合信息服务站普及工程。依托现有的党员干部现代远程教育系统、全国文化信息资源共享工程、科技、商务等现有基础，利用村委会、农民专业合作组织和行业协会等各方面的力量，组织开展农村综合信息服务站和信息员队伍建设，推动信息服务进村入户。按照《农村综合信息服务站建设和服务基本规范》提出的“一处固定场所、一套信息设备、一名信息员、一套管理制度、一个长效机制”的要求，推动农村综合信息服务站规范建设，提升农村综合信息服务能力。结合地方特色，加强分类指导，推动建立城乡结合部、粮食主产主销区、特色农业区、乡村旅游区以及落后偏远地区综合信息服务示范站点。2012年，100%的行政村建成涉农信息服务站点，其中符合“五个一”标准的农村综合信息服务站比例达到30%。

（二）信息资源整合集成计划。建设国家级农业农村综合信息资源和服务平台。有针对性地选择并委托具有优势条件的机构，在相关主管部门的指导下，加强信息资源整合、协调和集成，按照逻辑统一、分布有序、服务到位的要求，建设国家级农业农村综合信息资源和服务平台，形成分类完整、动态更新的信息服务体系和分工协作机制。到2012年，国家级农业农村综合信息资源和服务平台统筹规划、协调发展的长效机制基本形成。

建设专业性信息资源和服务平台。突出各地区产业特色和区位优势，在有基础、有条件、有需求的地区，适当发展分布式专业性信息资源服务平台，与国家农业农村综合信息资源和服务平台实现逻辑连接。按照农业生产的区位特点，重点建立粮食类、瓜果蔬菜类、畜禽类、水产品类等专业性信息资源和服务平台，实现对重点农业产品产业链全程管理和科技服务的信息化，带动产业实现良种化、机械化、精准化和专业化。到2012年，主要农业门类和农产品品种的专业化信息资源和服务平台基本建成。

重点建设省级农业农村综合信息资源和服务平台。以省级统一管理的网络、软硬件设施、应用系统为基础，集成省级及省级以下政府的网络资源、信息资源和服务资源，统筹规划建设省级农业农村综合信息资源和服务平台。省级平台是国家平台、专业性平台的接口，在全省范围内提供集成的信息和服务。选择或整合当地有能力的电信、有线电视服务商或已建成的电子政务外网平台，搭建省级综合信息资源网络平台。省级平台依托现有基础好的省级机构，面向三农提供服务，可依托国家金农工程的基础设施建设省级农业信息应用平台。

到2012年，各省（区、市）均建成比较完善的农业农村综合信息资源和服务平台。

（三）基层电子政务进村计划。推动电子政务向乡村延伸。鼓励电子政务向乡村延伸，丰富乡村电子政务应用，推动电子政务与基层行政服务中心、政务公开的紧密结合。依托市县电子政务平台推进乡村政务公开和村务公开，把惠民政策和实施执行的情况作为政务公开的重点内容。加强良种、种苗、农药、肥料、饲料等农资产品行政管理信息公开及产品市场信息发布。充分利用互联网、手机等现代通信技术，拓宽农村社情民意表达渠道，增强农民参政议政能力，促进村民自治和民主管理。大力支持农村党建工作信息化，推进农村党建网站建设，完善农村党员干部现代远程教育体系，促进农村基层组织建设和党员素质提高。到2012年，75%以上的乡镇、40%以上的行政村能够利用互联网提供信息公开和政民互动服务。

完善农村社会事业信息服务体系。进一步扩大新型农村合作医疗管理和服务信息系统覆盖范围，在经济发展水平较高、医疗资源相对有保障的地区，优先探索建立面向乡镇卫生院、村卫生站的远程医学教育和远程会诊系统，在地方病、病原谱集中的地区开展试点，建立农民数字健康档案。加强面向农村疫情和突发公共卫生事件的疾控信息系统建设。加大向农村地区提供公共卫生信息服务的力度。健全县域职业教育培训网络，广泛培养农村实用人才。丰富和完善农村中小学现代远程教育系统，促进优质教育资源城乡共享。推进城乡一体化的劳动保障信息服务体系建设，全面覆盖农村养老保险、最低生活保障、减灾救灾、社会赈济等农村社会保障事业。大力支持全国文化信息资源共享工程建设，鼓励电信厂商以优惠的价格提供网络接入服务。到2012年，县、乡（镇）、村疾控、防疫信息网络体系基本建成，75%以上乡镇卫生院、30%以上的村医疗服务站、防疫站能够接入远程医学教育和远程会诊系统。基于农村中小学现代远程系统的优质教育资源共享比例提高到30%。

（四）现代农业信息科技计划。完善农业生产和市场监管信息服务体系。以金农工程和农村商务信息服务体系为依托，进一步健全农产品和生产资料市场监测、质量监管、产品追溯、信息服务等系统，完善产权交易和公共资源市场化改革等领域的业务系统建设和信息服务。结合各地实际，建立和完善形式多样的专家智能咨询服务体系。完善粮食主产区的植被物候变化、生态环境保护、气象监测预报、重大自然灾害防范预警和植物病虫害监测等业务系统，在有条件的地区加快物联网的应用。到2012年，粮食主产区能方便快捷地通过网络获取农业专家的指导服务；农产品期货、现货市场行情服务基本覆盖到县，在农村经济结构调整和农民增收中发挥显著作用。

用现代信息技术改造传统农业。推进农业信息化试点示范，普及应用信息技术，增强农业产业化龙头企业、农民专业合作组织的辐射带动作用，不断探索形成具有地方特色的农业信息化应用新典型和新模式。积极发展优质、精准、高效和生态农业，提高农业规模化、精准化和设施化水平。加快开发多功能、智能化、经济型农业装备设施，重点开发信息采集、精准作业、管理信息、农村远程数字化和可视化、灾害预警等技术。在干旱缺水的农村地区，深化物联网应用，普及推广滴灌技术，促进信息技术与生物节水技术、节水管理相结合，发展节水型现代农业。2012年，建成一批信息技术应用示范企业和农民专业合作组织。

（五）电子商务拓展计划。实施农业电子商务工程。围绕重点农产品，扶植建立一批跨区域、专业化的特色网站和交易网络，形成以批发市场、商贸中心、物流调度中心和商品集散地为依托的农业电子商务服务体系。支持流通渠道的信息化改造，发展现代物流，支撑订单农业、连锁经营、物流配送的需求，促进农村现代流通方式和新型流通业态发展。建立重点农产品种植养殖、生产加工、储运销售等各环节可追溯系统的建设和应用，提供农产品物流信息查询、智能配送、货物跟踪等物流信息服务，形成与国内国际贸易相适应的农产品市场流通体系。到2012年，选择300家农业龙头企业、农产品批发市场、连锁超市开展试点，建立重点农产品质量可追溯体系，引导特色农产品交易与电子商务融合，培育一批年交易额超过5亿元的农产品电子商务交易平台。

实施农村休闲农业电子商务工程。整合各地休闲农业信息资源，建设全国统一的休闲农业电子商务平台。开发、挖掘全国农村旅游资源，整合全国休闲农业产业链，建设休闲农业资源数据库，以视频、图片、文字等形式向游客展示全国优秀农村旅游目的地、优秀旅游服务企业和旅游产品等休闲农业旅游信息。到2012年，在农村地区的国家级风景名胜区、红色旅游区和文明遗产遗址保护区以及现代农业基地全面开通网络预约和票务管理系统。

（六）新型农民培训计划。农村实用人才培训工程。结合“新型农民创业培植工程”、“农村富裕劳动力转移就业培训工程”、“农业远程培训工程”等工程计划的推进，通过培训教室、综合信息服务站、信息大篷车、远程教育系统、全国文化信息资源共享工程服务网络、农业广播电视学校等培训资源，开展面向农民的农业政策法规、实用技术和就业技能等内容的培训，运用现代信息技术培养有文化、懂技术、会经营的新型农民。

农民信息能力提升工程。针对各地实际情况，开发和建设农村信息化培训教材和课件，形成专通用结合、内容丰富多彩、形式多样的农村信息化教学资源库。充分利用现有培训条件组织实施一系列农村信息化人才培训工程，对各级领导干部、信息技术骨干和专兼职农村信息员进行培训；采取多种形式开展对广大农民的信息化应用知识培训，提高农民信息能力。

加强面向农民工的信息服务。基于人口基础数据库，建立全国统一的农民工信息管理与服务系统，形成全国农民工管理与服务基础平台。逐步建立城乡统筹、全国统一的劳动就业市场信息服务体系，实现劳动用工地区与农村劳动力输出地的劳动力供求信息发布与交流互动平台，为外出务工农民免费提供法律政策咨询、就业信息、就业指导和职业介绍，引导农民工合理有序的跨地区流动。到2012年，建成覆盖5000万农民工的信息管理与服务系统，基本形成面向农民工的信息服务体系。

四、主要政策措施

（一）加强组织领导，落实部门责任。组建农业农村信息化行动计划协调小组，负责制定长期发展规划，提出相应方针政策，协调解决农业农村信息化行动实施中的重大问题。充分发挥各部门及相关机构在农业农村信息化工作中的重要作用，尤其要充分调动地方各级政府的积极性，发挥各级行政主管部门的作用，理清思路，明确任务，协同开展面向“三农”的信息服务，促进信息技术在农业农村领域的广泛应用，提高农业农村信息化水平。

（二）加强市场激励，鼓励社会力量参与。坚持政府弓l导和市场运作相结合，不断完善涉农信息服务的激励机制，支持和鼓励社会各界参与农业农村信息化建设。加强各类涉农信息服务主体的社会责任。加大对农村信息资源开发和内容产业的扶持力度。将“信息下乡”、“宽带下乡”纳入政策范围，鼓励企业开展“信息下乡”、“宽带下乡”、“家电下乡”等活动，发展涉农信息服务业，让农民普遍享受到先进实用、质优价廉的信息服务。

（三）完善标准体系，实现农业农村信息化规范化。研究制定农业农村信息化建设相关标准体系，建立健全相关工作制度，推动农业农村信息化建设规范化和制度化。建立信息采集和发布规范，以及信息分类、编码标准、数据交换等标准。

（四）制定政策，增加资金投入。研究制定将农业农村信息化投入纳入财政转移支付、农村基本建设预算和农村科教兴农的管理办法和规范，节约投资，保护投资。加大对经济欠发达地区、老少边穷地区的财政转移支付力度，明确农村地区的信息化投入。研究制定电信资费向农村倾斜的相关优惠政策，切实降低农村地区电信资费。加强涉农部门沟通协调，整合利用国家已向有关部门拨付的面向农村信息服务的专项资金，合力推进农业农村信息化建设。探索制定针对农民上网、乡村信息站、研发适合农业农村应用的信息技术产品企业的补贴和从事农村信息化的财税优惠政策，支持和鼓励社会资本参与农村信息化建设，逐步形成中央和地方、政府和企业共同支撑农业农村信息化的投入机制。

（五）建立绩效评估机制，确保农民得实惠。建立农业农村信息化统计与考核评价指标体系、量化考核标准和办法。加强对农业农村信息化项目立项、审批、设计、建设、监理、验收、应用等各个环节的监督和绩效评估。加大宣传推广力度，不断总结推广新的典型和好的做法，组织开展先进农村综合信息服务站和优秀信息服务员考核评估和表彰活动。以农民所得实惠为导向，定期开展农业农村信息化绩效评估。

六、关于印发互联网地图服务专业标准的通知

2010年5月10日，最新修订的《互联网地图服务专业标准》（国测管发〔2010〕14号）正式印发。新标准结合互联网地图服务市场实际发展情况，在旧标准的基础上进行一系列适当的修改和补充：重新将互联网地图服务的专业范围划分为地图搜索、位置服务，地理信息标注服务和地图下载、复制服务，地图发送，引用服务四项。针对专门从事互联网地图开发利用的企业不具备或者很少有测绘专业技术人员的情况，适度放宽了对地图制图人员的硬性考核，强化了保密管理要求，在安全审校人员、地图数据使用、保密管理制度等原有考核指标的基础上，增设了档案管理方面的人员、制度、机构、装备、安全等考核指标，提出了严格的考核要求等（专栏16-6）。

专栏16-6

互联网地图服务专业标准

专业范围	考核指标	考核内容	考核标准：甲级	考核标准：乙级	备注
1. 地图搜索、位置服务 2. 地理信息标注服务 3. 地图下载、复制服务 4. 地图发送、引用服务	主体资格	主体资格	事业单位法人或企业法人		1. 互联网地图，是指登载在互联网上或者通过互联网发送的基于服务器地理信息数据库形成的具有实时生成、交互控制、数据搜索、属性标注等特性的电子地图。 2. 通过无线互联网络调用的地图 互联网地图管理范畴。
	人员规模	地图制图或计算机类专业技术人员	20人（中级以上专业技术人员5人，地图安全审校人员5人）	12人（中级以上专业技术人员2人，地图安全审校人员2人）	
	仪器设备	服务器	存放地图数据的服务器设在中华人民共和国境内，提供服务器公网IP地址		
		专用软件	有独立地图引擎	无要求	
	作业限额	作业限额	无限额限制	专业范围3、4不得承担	
	保密管理	地图安全审校人员	经国家测绘局考核合格	经省级以上测绘行政主管部门考核合格	
		地图数据	使用经省级上测绘行政主管部门审核批准的地图数据		
		保密制度	建立地图数据安全管理制度，配备安全保障技术设施。		
	质量管理	质量管理机构	配备了质量技术人员		3. 保密制度、质量管理、档案管理需通过省级以上测绘行政主管部门的考核
		质量岗位责任制建立情况	单位有明确的质方针、目标，建立了互联网地图服务质量责任制		
		质量意识教育和技术培训	从事互联网地图服务的质检人员，经过质量技术培训		
		质量管理制度建立情况	制定了质量管理规定，建立了用户质量信息反馈及跟踪服务制度		
	档案管理	档案管理人	具有专（兼）职档案管理人员，制定了档案人员岗位责任制		
		档案管理制	单位建立登记、入库、审核、复制、删除等档案工作制度，地图数据实行统一管理		
		组织领导	有领导分管档案工作，经常组织检查档案工作		
		档案装备	配备资料档案计算机，建立数据库		
		分类方案	有数据分类管理方案，查询快捷方便		
		档案保管安全	近3年内未出现档案失、泄密事件；不存在非法持有、擅自复制秘密测绘资料档案的行为；计算机不存在擅自复制刻录、未设置开机口令的行为；不存在擅自向任何组织、机构和人提供密测绘资料档案的行为		
		档案删除管理	制定了互联网地图服务资料档案的删除程序并严格执行		

七、网络商品交易及有关服务行为管理暂行办法

2010年7月1日，国家工商行政管理总局《网络商品交易及有关服务行为管理暂行办法》（国家工商行政管理总局令第 49 号）实施。该《办法》对网络商品经营者和网络服务经营者在境内从事网络商品交易及有关服务行为进行了规范。根据办法规定，通过网络从事商品交易及有关服务行为的自然人，需向提供网络交易平台服务的经营者提出申请，提交姓名和地址等真实身份信息。这意味着，网上开店正式开始进入“实名制”时代（专栏16-7）。

专栏16-7

网络商品交易及有关服务行为管理暂行办法

第一章 总 则

第一条 为规范网络商品交易及有关服务行为，保护消费者和经营者的合法权益，促进网络经济持续健康发展，依据《合同法》、《侵权责任法》、《消费者权益保护法》、《产品质量法》、《反不正当竞争法》、《商标法》、《广告法》、《食品安全法》和《电子签名法》等法律、法规，制定本办法。

第二条 网络商品经营者和网络服务经营者在中华人民共和国境内从事网络商品交易及有关服务行为，应当遵守中华人民共和国法律、法规和本办法的规定。

第三条 本办法所称的网络商品经营者，是指通过网络销售商品的法人、其他经济组织或者自然人。

本办法所称的网络服务经营者，是指通过网络提供有关经营性服务的法人、其他经济组织或者自然人，以及提供网络交易平台服务的网站经营者。

第四条 工商行政管理部门鼓励、支持网络商品交易及有关服务行为的发展，实施更加积极的政策，促进网络经济发展。提高网络商品经营者和网络服务经营者的整体素质和市场竞争力，发挥网络经济在促进国民经济和社会发展中的作用。

第王条 工商行政管理部门依照职能为网络商品交易及有关服务行为提供公平、公正、规范、有序的市场环境，提倡和营造诚信的市场氛围，保护消费者和经营者的合法权益。

第六条 网络商品经营者和网络服务经营者在网络商品交易及有关服务行为中不得损害国家利益和公众利益，不得损害消费者的合法权益。

第七条 网络商品经营者和网络服务经营者在网络商品交易及有关服务行为中应当遵循诚实信用的原则，遵守公认的商业道德。

第八条 网络商品经营者和网络服务经营者在网络商品交易及有关服务行为中应当遵循公平、公正、自愿的原则，维护国家利益，承担社会责任。

第九条 鼓励、支持网络商品经营者和网络服务经营者成立行业协会，建立网络诚信体系，加强行业自律，推动行业信用建设。

第二章　网络商品经营者和网络服务经营者的义务

第十条　已经工商行政管理部门登记注册并领取营业执照的法人、其他经济组织或者个体工商户，通过网络从事商品交易及有关服务行为的，应当在其网站主页面或者从事经营活动的网页醒目位置公开营业执照登载的信息或者其营业执照的电子链接标识。

通过网络从事商品交易及有关服务行为的自然人，应当向提供网络交易平台服务的经营者提出申请，提交其姓名和地址等真实身份信息。具备登记注册条件的，依法办理工商登记注册。

第十一条　网上交易的商品或者服务应当符合法律、法规、规章的规定。法律法规禁止交易的商品或者服务，经营者不得在网上进行交易。

第十二条　网络商品经营者和网络服务经营者向消费者提供商品或者服务，应当遵守《消费者权益保护法》和《产品质量法》等法律、法规、规章的规定，不得损害消费者合法权益。

第十三条　网络商品经营者和网络服务经营者向消费者提供商品或者服务，应当事先向消费者说明商品或者服务的名称、种类、数量、质量、价格、运费、配送方式、支付形式、退换货方式等主要信息，采取安全保障措施确保交易安全可靠，并按照承诺提供商品或者服务。

网络商品经营者和网络服务经营者提供电子格式合同条款的，应当符合法律、法规、规章的规定，按照公平原则确定交易双方的权利与义务，并采用合理和显著的方式提请消费者注意与消费者权益有重大关系的条款，并按照消费者的要求对该条款予以说明。

网络商品经营者和网络服务经营者不得以电子格式合同条款等方式作出对消费者不公平、不合理的规定，或者减轻、免除经营者义务、责任或者排除、限制消费者主要权利的规定。

第十四条　网络商品经营者和网络服务经营者提供商品或者服务，应当保证商品和服务的完整性，不得将商品和服务不合理拆分出售，不得确定最低消费标准以及另行收取不合理的费用。

第十五条　网络商品经营者和网络服务经营者向消费者出具购货凭证或者服务单据，应当符合国家有关规定或者商业惯例；征得消费者同意的，可以以电子化形式出具。电子化的购货凭证或者服务单据，可以作为处理消费投诉的依据。

消费者要求网络商品经营者和网络服务经营者出具购货凭证或者服务单据的，经营者应当出具。

第十六条　网络商品经营者和网络服务经营者对收集的消费者信息，负有安全保管、合理使用、限期持有和妥善销毁义务；不得收集与提供商品和服务无关的信息，不得不正当使用，不得公开、出租、出售。但是法律、法规另有规定的除外。

第十七条　网络商品经营者和网络服务经营者发布的商品和服务交易信息应当真实准确，不得作虚假宣传和虚假表示。

第十八条　网络商品经营者和网络服务经营者提供商品或者服务，应当遵守《商标法》、《反不正当竞争法》、《企业名称登记管理规定》等法律、法规、规章的规定，不得侵犯他人的注册商标专用权、企业名称权等权利。

第十九条 网络商品经营者和网络服务经营者不得利用网络技术手段或者载体等方式，实施损害其他经营者的商业信誉、商品声誉以及侵犯权利人商业秘密等不正当竞争行为。

第三章 提供网络交易平台服务的经营者的义务

第二十条 提供网络交易平台服务的经营者应当对申请通过网络交易平台提供商品或者服务的法人、其他经济组织或者自然人的经营主体身份进行审查。

提供网络交易平台服务的经营者应当对暂不具备工商登记注册条件，申请通过网络交易平台提供商品或者服务的自然人的真实身份信息进行审查和登记，建立登记档案并定期核实更新。核发证明个人身份信息真实合法的标记，加载在其从事商品交易或者服务活动的网页上。

提供网络交易平台服务的经营者在审查和登记时，应当使对方知悉并同意登记协议，并提请对方注意义务和责任条款。

第二十一条 提供网络交易平台服务的经营者应当与申请进入网络交易平台进行交易的经营者签订合同（协议），明确双方在网络交易平台进入和退出、商品和服务质量安全保障、消费者权益保护等方面的权利、义务和责任。

第二十二条 提供网络交易平台服务的经营者应当建立网络交易平台管理规章制度，包括：交易规则、交易安全保障、消费者权益保护、不良信息处理等规章制度。各项规章制度应当在其网站显示，并从技术上保证用户能够便利、完整地阅览和保存。

提供网络交易平台服务的经营者应当采取必要的技术手段和管理措施以保证网络交易平台的正常运行，提供必要、可靠的交易环境和交易服务，维护网络交易秩序。

第二十三条 提供网络交易平台服务的经营者应当对通过网络交易平台提供商品或者服务的经营者，及其发布的商品和服务信息建立检查监控制度，发现有违反工商行政管理法律、法规、规章的行为的，应当向所在地工商行政管理部门报告，并及时采取措施制止，必要时可以停止对其提供网络交易平台服务。

工商行政管理部门发现网络交易平台内有违反工商行政管理法律、法规、规章的行为，依法要求提供网络交易平台服务的经营者采取措施制止的，提供网络交易平台服务的经营者应当予以配合。

第二十四条 提供网络交易平台服务的经营者应当采取必要手段保护注册商标专用权、企业名称权等权利，对权利人有证据证明网络交易平台内的经营者实施侵犯其注册商标专用权、企业名称权等权利的行为或者实施损害其合法权益的不正当竞争行为的，应当依照《侵权责任法》采取必要措施。

第二十五条 提供网络交易平台服务的经营者应当采取必要措施保护涉及经营者商业秘密或者消费者个人信息的数据资料信息的安全。非经交易当事人同意，不得向任何第三方披露、转让、出租或者出售交易当事人名单、交易记录等涉及经营者商业秘密或者消费者个人信息的数据。但是法律、法规另有规定的除外。

第二十六条 提供网络交易平台服务的经营者应当建立消费纠纷和解和消费维权自律制度。消费者在网络交易平台购买商品或者接受服务，发生消费纠纷或者其合法权益受到损害的，提供网络交易平台服务的经营者应当向消费者提供经营者的真实的网站登记信息，积极协助消费者维护自身合法权益。

第二十七条 鼓励提供网络交易平台服务的经营者为交易当事人提供公平、公正的信用评估服务，对经营者的信用情况客观、公正地进行采集与记录，建立信用评价体系、信用披露制度以警示交易风险。

第二十八条 提供网络交易平台服务的经营者应当积极协助工商行政管理部门查处网上违法经营行为，提供在其网络交易平台内进行违法经营的经营者的登记信息、交易数据备份等资料，不得隐瞒真实情况，不得拒绝或者阻挠行政执法检查。

第二十九条 提供网络交易平台服务的经营者应当审查、记录、保存在其平台上发布的网络商品交易及有关服务信息内容及其发布时间。经营者营业执照或者个人真实身份信息记录保存时间从经营者在网络交易平台的登记注销之日起不少于两年，交易记录等其他信息记录备份保存时间从交易完成之日起不少于两年。

提供网络交易平台服务的经营者应当采取数据备份、故障恢复等技术手段确保网络交易数据和资料的完整性和安全性，并应当保证原始数据的真实性。

第三十条 提供网络交易平台服务的经营者应当按照国家工商行政管理总局规定的内容定期向所在地工商行政管理部门报送网络商品交易及有关服务经营统计资料。

第三十一条 为网络商品交易及有关服务行为提供网络接入、服务器托管、虚拟空间租用等服务的网络服务经营者，应当要求申请者提供经营资格和个人真实身份信息，签订网络服务合同，依法记录其上网信息。申请者营业执照或者个人真实身份信息等信息记录备份保存时间不得少于60日。

第四章 网络商品交易及有关服务行为监督管理

第三十二条 网络商品交易及有关服务行为的监督管理由县级（含县级）以上工商行政管理部门负责。

第三十三条 县级以上工商行政管理部门应当建立信用档案。记录日常监督检查结果、违法行为查处等情况；根据信用档案的记录，对网络商品经营者和网络服务经营者实施信用分类监管。

第三十四条 在网络商品交易及有关服务行为中违反工商行政管理法律法规规定，情节严重，需要采取措施制止违法网站继续从事违法活动的，工商行政管理部门应当依照有关规定，提请网站许可地通信管理部门依法责令暂时屏蔽或者停止该违法网站接入服务。

第三十五条 工商行政管理部门对网站违法行为作出行政处罚后，需要关闭该违法网站的，应当依照有关规定，提请网站许可地通信管理部门依法关闭该违法网站。

第三十六条 网络商品交易及有关服务违法行为由发生违法行为的网站的经营者住所所在地县级以上工商行政管理部门管辖。网站的经营者住所所在地县级以上工商行政管理部门管辖异地违法行为人有困难的，可以将违法行为人的违法情况移交违法行为人所在地县级以上工商行政管理部门处理。

第三十七条 县级以上工商行政管理部门应当建立网络商品交易及有关服务行为监管责任制度和责任追究制度，依法履行职责。

第五章 法律责任

第三十八条 违反本办法规定，法律、法规有处罚规定的，依照法律、法规的规定处罚。

第三十九条 违反本办法第十条第一款、第二十八条、第二十九条、第三十条规定的，予以警告，责令限期改正，逾期不改正的，处以一万元以下的罚款。

第四十条 违反本办法第二十条规定的，责令限期改正，逾期不改正的，处以一万以上三万元以下的罚款。

第四十一条 违反办法第十六条、第二十五条，侵犯消费者个人信息的，予以警告，责令限期改正，逾期不改正的，处以一万元以下的罚款。

违反办法第二十五条，侵犯经营者商业秘密的，按照《反不正当竞争法》和《关于禁止侵犯商业秘密行为的若干规定》处理。

第六章 附 则

第四十二条 本办法由国家工商行政管理总局负责解释。

第四十三条 省级工商行政管理部门可以依据本办法的规定制定网络商品交易及有关服务行为实施指导意见。

第四十四条 本办法自2010年7月1日起施行。

八、关于“三网融合”试点工作有关问题的通知

2010年7月20日，国务院“三网融合”工作协调小组办公室向“三网融合”试点地区印发《关于“三网融合”试点工作有关问题的通知》。通知要求各省级协调小组尽快组织制定试点地区的“三网融合”试点实施方案，于8月16日前，由省级政府办公厅报至国务院协调小组办公室。国务院协调小组办公室将组织安全评估小组对试点实施方案进行评估（专栏16-8）。

专栏16-8

关于三网融合试点工作有关问题的通知

2010年7月1日，国务院办公厅公布了第一批三网融合试点地区（城市）（以下统称试点地区）名单，三网融合试点工作正式启动。为了指导和推进三网融合第一阶段试点工作有序开展，国务院三网融合工作协调小组办公室于2010年7月20日向三网融合试点地区（城市）所在省（市）人民政府办公厅印发了《关于三网融合试点工作有关问题的通知》（以下简称《通知》）。主要内容包括：

一、尽快建立健全试点地区三网融合组织协调机构

试点地区省、市党委政府要组织宣传、电信、广电、公安等相关主管部门成立省级三网融合工作协调小组（以下简称省级协调小组），负责当地三网融合试点工作的组织实施。省级协调小组下设办公室，负责督办落实省级协调小组的各项工作要求，承担与国务院三网融合工作协调小组办公室的日常联络任务。

二、组织制定试点地区的三网融合试点实施方案

各省级协调小组尽快组织制定试点地区的三网融合试点实施方案，包括广播电视播出机构负责制定IPTV、手机电视集成播控平台的建设方案；电信企业负责制定在当地开展IPTV传输、手机电视分发、除广播电台电视台形态以外的公共互联网音视频节目服务等广电业务的实施方案；有线电视网络企业负责制定在当地开展增值电信业务、比照增值电信业务管理的基础电信业务、基于有线电视网络的互联网接入、互联网数据传送增值业务和国内IP电话业务的实施方案；试点地区的行业主管部门负责制定安全监管平台的建设方案；当地党委政府的政策规划措施，包括试点地区三网融合工作的具体目标任务、发展规划、扶持政策和组织保障措施等内容。各地三网融合试点实施方案应于2010年8月16日前，由省级人民政府办公厅报至国务院协调小组办公室。国务院协调小组办公室将组织安全评估小组对试点实施方案进行评估。

三、组织做好双向进入业务许可申报工作

试点实施方案经审查通过以后，相关试点企业和单位应自接到审查通过通知之日起15日内，向广电、电信主管部门提交许可申报材料。国有电信企业集团公司申请从事广电业务，由广电总局按照相关规定受理和审批，同意集团公司授权试点地区的子公司经营相应的业务。有线电视网络公司申请经营增值电信业务和比照增值业务管理的基础电信业务，由省通信管理局按照相关规定受理和审批，申请经营基于有线电视网络的互联网接入业务、国内IP电话业务、互联网数据传送增值业务，由工业和信息化部受理和审批，同意总公司授权试点地区的子公司经营相应的业务。

四、落实行业监管职责

试点地区电信、广电行业主管部门要按照分业监管的原则，切实落实属地管理要求，加强安全监管，维护行业管理秩序，督促试点企业和单位落实安全责任，保障试点业务的协调有序开展。

五、加强组织协调，营造良好政策环境

试点地区党委、政府要抓紧研究出台扶持本地区三网融合试点工作所涉及的扶持政策，推动网络建设和业务应用的财政、金融、产业等政策；将电信传输网和广播电视传输网的建设和升级改造纳入本地区重要信息基础设施建设范围，统筹规划，避免重复建设；要切实维护群众合法利益，使老百姓充分享受三网融合带来的益处；加强舆论引导，为试点工作的顺利开展营造良好的舆论氛围。

第二节　发展动态

一、胡锦涛总书记要求各级干部要善用信息网络，提高管理能力

2010年第1期《求是》杂志，发表中共中央总书记、国家主席、中央军委主席胡锦涛的重要文章：《努力开创新形势下党的建设新局面》。胡锦涛表示，现在信息网络化程度越来越高，对党的建设提出挑战，也带来机遇。各级干部要学习和熟悉信息网络，善于运用信息网络，提高运用信息网络进行引导和管理能力（专栏16-9）。

专栏16-9

努力开创新形势下党的建设新局面（摘录稿）

胡 锦 涛

（2009年9月18日）

这次全会通过的决定，以邓小平理论和“三个代表”重要思想为指导，深入贯彻落实科学发展观，集中全党智慧，深入分析党的建设面临的新形势新任务，认真总结我们党作为马克思主义执政党加强自身建设的基本经验，明确提出加强和改进党的建设的总体要求、目标任务、重要举措，对加强和改进新形势下党的建设作出战略部署，体现了继续解放思想、坚持改革开放、推动科学发展、促进社会和谐的要求，适应了新的历史条件下推进党的建设新的伟大工程的客观需要，是指导当前和今后一个时期党的建设的纲领性文件。

“工欲善其事，必先利其器。”科学方法的运用对提高党的建设水平至关重要。长期以来，我们在探索和运用党的建设科学方法方面取得不少成效，应该结合新的实际加以丰富和完善。比如，现在信息网络化程度越来越高，对党的建设提出挑战，也带来机遇。全会提出要办好党建网站、建立全国党员信息库、推进基层党组织工作信息化、加强农村党员干部现代远程教育网络一体化建设、健全反腐倡廉网络举报和受理机制、网络信息收集和处置机制，等等，目的就是要运用信息网络技术来加强和改进党的建设，提高党建工作效率。各级干部要学习和熟悉信息网络，善于运用信息网络，提高运用信息网络进行引导和管理能力。加强和改进新形势下党的建设，既要有决心和信心，也要有科学方法，既要继承和发展党在长期实践中积累的成功方法，也要积极探索运用现代管理学、组织学、心理学等现代科学方法，借鉴外国政党的有益做法。

（摘自新华网2010年01月01日）

二、温家宝总理主持召开国务院常务会议，决定推动电信网、广电网及互联网“三网融合”

2010年1月13日，国务院总理温家宝主持召开国务院常务会议，决定推动电信网、广电网及互联网“三网融合”。会议指出，推进电信网、广播电视网和互联网融合发展，实现三网互联互通、资源共享，为用户提供话音、数据和广播电视等多种服务，对于促进信息和文化产业发展，提高国民经济和社会信息化水平，满足人民群众日益多样的生产、生活服务需求，拉动国内消费，形成新的经济增长点，具有重要意义。会议提出了推进“三网融合”的阶段性目标。2010~2012年重点开展广电和电信业务双向进入试点，探索形成保障“三网融合”规范有序开展的政策体系和体制机制。2013~2015年，总结推广试点经验，全面实现“三网融合”发展，普及应用融合业务，基本形成适度竞争的网络产业格局，基本建立适应“三网融合”的体制机制和职责清晰、协调顺畅、决策科学、管理高效的新型监管体系。

会议明确了推进“三网融合”的重点工作：一是按照先易后难、试点先行的原则，选择有条件的地区开展双向进入试点。符合条件的广播电视企业可以经营增值电信业务和部分基础电信业务、互联网业务；符合条件的电信企业可以从事部分广播电视节目生产制作和传输。鼓励广电企业和电信企业加强合作、优势互补、共同发展。二是加强网络建设改造。全面推进有线电视网络数字化和双向化升级改造，提高业务承载和支撑能力。整合有线电视网络，培育市场主体。加快电信宽带网络建设，推进城镇光纤到户，扩大农村地区宽带网络覆盖范围。充分利用现有信息基础设施，积极推进网络统筹规划和共建共享。三是加快产业发展。充分利用“三网融合”有利条件，创新产业形态，推动移动多媒体广播电视、手机电视、数字电视宽带上网等业务的应用，促进文化产业、信息产业和其他现代服务业发展。加快建立适应“三网融合”的国家标准体系。四是强化网络管理。落实管理职责，健全管理体系，保障网络信息安全和文化安全。五是加强政策扶持。制定相关产业政策，支持“三网融合”共性技术、关键技术、基础技术和关键软硬件的研发和产业化。对“三网融合”涉及的产品开发、网络建设、业务应用及在农村地区的推广，给予金融、财政、税收等支持。将“三网融合”相关产品和业务纳入政府采购范围。

三、工业和信息化部公布2009年我国3G和TD发展总体情况

2010年3月24日，工业和信息化部公布2009年我国3G和TD发展总体情况。3G牌照发放一年来，我国TD产业化、商业化进程明显加快，3G网络建设、业务开发、市场推广有序展开，呈现起步扎实、开局良好、快速推进、规范有序的发展态势。在扩内需、保就业、促增长、惠民生中发挥了重要作用。

（一）投资计划稳步落实，网络建设迅猛推进

2009年中国移动、中国电信、中国联通三家基础电信企业共完成3G网络建设直接投资1609亿元。2009年共完成3G基站建设32.5万个，建设规模超过十多年来累计规模的一半，

开创了全球电信发展史上建设规模最大、建设速度最快的新记录。

（二）用户规模加速扩大，业务应用不断推陈出新

截至2010年11月底，我国3G用户规模达到1307万。预计2009年底，3G用户超过1500万户。3G可视电话、手机视频等面向个人应用，宽带上网、家庭网关等面向家庭应用，无线城市、视频监测、移动办公等行业信息化应用不断涌现，移动支付、手机阅读等新型业务得到开发。中国移动推出TD移动应用商场，吸引众多开发者利用TD手机平台开发软件、游戏、视频等应用。中国电信推出了手机影视、全球眼等天翼品牌3G特色业务。中国联通手机搜索、手机音乐等3G特色业务也陆续投入运营。

（三）TD芯片性能快速提升，终端产业化能力增强

芯片工艺从2008年的130nm提升到90nm，65nm的解决方案即将推向市场，45nm方案开始研发；2009年TD芯片出货量达1200万片。终端稳定性和成熟性进一步提升，已有130多个终端厂家266款不同档次的TD终端投入市场。

（四）3G发展有力促进了国民经济增长

据测算，2009年3G直接投资1609亿元，间接拉动国内投资近5890亿元；带动直接消费364亿元（终端消费297亿元，业务消费67亿元），间接消费141亿元；直接带动GDP增长343亿元，间接带动GDP增长1413亿元；直接创造就业岗位26万个，间接创造就业岗位67万个。

四、全球信息化排名中国上升9位，第37名

2010年3月25日，全球信息化排名中国上升9位，列第37名。WEF（世纪经济论坛）发布可视为信息通讯科技（ICT）产业竞争力指标的《2009~2010全球信息科技报告》，其中瑞典位居首位，新加坡位于第2位，香港排名第8位，台湾排第11位，中国大陆则排名第37位。报告称，ICT是推动经济和社会转型的动力来源，WEF已连续9年评比全球各国的网络整备度指针（Networked Readiness Index；NRI），作为各国衡量信息社会进展的重要参考。主要测算指标包括各国的技术水平、国民运用信息技术能力、信息技术使用普及度等。

2010年瑞典首度击败丹麦，跃居NRI指标第1名，全球前10名的国家依序为瑞典、新加坡、丹麦、瑞士、美国、芬兰、加拿大、香港、荷兰和挪威。

其中美国从2009年第3名下滑至第5名，全球第二大经济体日本则从2009年的第17名降至第21名。中国台湾的整体网络整备度居第11名，韩国则从2009年的第11旬退居第15名，新加坡与香港则分列第2及第8名。带领金砖四国经济动能的中国和印度，在排名上则出现大幅提升，中国大陆排名第37名，较2009年跃升9名；印度居43名，也进步了11名。

报告中表示，全球2009年遭逢数十年来最严重的经济危机，往后要在经济、环境和社会上达到永续发展，信息通讯产业将扮演关键角色。

《2009~2010年全球信息科技报告》由WEF和欧洲工商管理学院（INSEAD）共同撰写，报告涵盖全球133个经济体、高达98%的世界经济生产毛额。

五、《2009年中国农村互联网发展状况调查报告》发布

2010年4月15日，中国互联网络信息中心（CNNIC）在京发布《2009年中国农村互联网发展状况调查报告》。报告显示城乡互联网差距持续扩大。截至2009年12月底，农村互联网普及率仅为15%，而互联网在城镇的普及率是44.6%。农村网民结构偏向年轻化、低学历和学生全体。农村网民商务应用远落后城镇，娱乐应用比例与城镇持平。

《报告》显示，截至2009年12月底，中国农村网民规模已经达到10 681万人，虽然网民规模保持增长，但从普及率、网民结构、网络应用三方面来看，城乡互联网差距持续拉大。

（一）农村网民规模首次过亿农村手机网民年增长3000多万人

CNNIC《报告》显示，截至2009年底，我国农村网民达到10 681万人，年增长2220万人，年增长率26.3%。其中，农村手机上网用户约为7189万人，与2008年相比增长3000多万，年增长率79.3%，远高于农村网民的整体增幅。

此外，农村网民使用台式机作为上网终端的比例下滑至68%，而使用手机上网的比例增长了近20个百分点，使用率达67.3%，与之相比，在2.77亿城镇网民中，城镇手机上网用户1.6亿人，使用率为57.5%。可见，手机成为农村网民主流上网终端，同时也成为拉动农村互联网发展的重要力量。

（二）农村互联网普及率仅为15%，城乡互联网差距拉大

从城乡互联网的普及率来看，互联网在城镇的普及率是44.6%，在农村仅为15%。CNNIC《报告》对比了2007年以来中国城乡互联网的发展差距：2007年，城乡互联网普及率的差距仅为20.2%，2008年，差距扩大为23.5%，2009年，差距拉大为29.6%，农村互联网发展速度慢于城镇发展速度，互联网在城乡的差距在拉大，城乡之间的“数字鸿沟”有扩大趋势。

CNNIC《报告》分析，在导致农村互联网增速放缓的因素中，“农村地区网络基础知识匮乏，对互联网的认知存在偏差”、“农村互联网相关基础设施薄弱，公共上网资源匮乏”、“农村上网成本相对于农民收入水平仍较高”是最重要的三大原因。

（三）农村网民结构偏向年轻化、低学历和学生群体

CNNIC《报告》显示，与网民总体的年龄结构相比，农村网民更加趋于年轻化。农村网民中30岁以下群体所占比例高达69.2%，其中19岁以下年轻网民所占比重达41.1%；而在全国网民中，30岁以下的年轻群体占61.5%。

城镇与农村网民之间的学历分布差异比较明显，农村网民平均文化水平相对较低。农村网民中，初中及以下学历的网民占52.1%，远高于城镇中29.2%的占比。其中，初中文化程度的农村网民比例达到39.5%，比城镇高17.6%。与2008年相比，农村初中文化程度的网民所占比例增长了2.7%，互联网在中国农村地区正在向低学历人口渗透。

此外，农村网民学生群体所占的比例高达32.3%，比城镇网民学生群体所占比例高4.9%。总体来看，“年轻化、低学历、学生群体”是农村网民的主要特征，农村网民结构有

待优化。

（四）农村网民商务应用远落后城镇，娱乐应用比例持平

CNNIC《报告》对城乡网民网络应用进行了对比：对于商务交易类和交流沟通类的网络应用，城镇网民使用率远高于农村网民，城乡之间使用差距明显。尤其在网上购物、网上支付这两种典型的商务应用中，城镇使用率分别为31.7%、27.7%，而农村使用率仅为17.6%、15.1%。

而在网络娱乐的应用中，农村地区网民的使用率与城镇较为接近。以网络音乐和网络游戏这两种使用率最多的网络娱乐应用为例，城镇使用率分别为83.8%、68.6%，农村网民使用率为82.7%和69.9%，在网络游戏的使用率上，农村地区甚至高出城镇1.3个百分点。

六、第十一届中国信息安全大会召开

2010年4月21日，第十一届中国信息安全大会召开。本次会议由中国电子信息产业发展研究院主办、中国计算机报承办，本次大会以“融合安全·风险识别”为主题，内容覆盖目前信息安全热点的相关领域，包括：等级保护、云安全、风险管理、安全法规、安全服务以及信息防泄漏、数据保护等。

工业和信息化部信息安全协调司司长赵泽良、中国电子信息产业发展研究院党委书记洪京一、中国科学院信息安全国家重点实验室教授翟起滨，以及中国信息安全测评中心，中国信息安全认证中心等专家学者和各重点行业的信息安全用户和信息安全企业代表参加大会。

赵泽良司长在会上表示，保障国家信息安全，把握好信息化发展方向，关系到国家的根本利益。没有国家的信息安全，就没有真正意义上的经济、政治、文化和国防安全。目前，互联网发展迅速，创新活跃，应用广泛，已成为现代社会重要的信息基础设施。但网络与信息安全问题也日益突出，对国家经济安全、政治安全、社会安全、文化安全带来新的挑战。

七、我国首套高效能分布式GPU超级计算系统启用

2010年4月24日，我国首套高效能分布式GPU超级计算系统启用。中国科学院建立了基于GPU的双精度峰值超过千万亿次、单精度峰值超过3000万亿次的高效能超级计算系统，并与联想和曙光两家公司合作在中科院内不同领域的研究所推广了10套百万亿次系统，从而构建了聚合计算能力近6000万亿次的分布式GPU超级计算系统。该系统满足了广大科技人员对超级计算的实际需求，以低廉的成本和现成的网络设施实现高效的超级计算，形成了一条应用导向、效率优先的富有中国特色的超级计算模式。

当今世界高性能计算对科技进步、经济社会发展等的作用与日俱增。但在超级计算机的峰值突飞猛进的同时，其投资大、运行维护成本高、使用效率低等问题也日渐突出。中国科学院在财政部专项资金的支持下，成功建立了基于GPU的双精度峰值超过千万亿次、单精度峰值超过3000万亿次的高效能超级计算系统，并与联想和曙光两家公司合作在中科院内不同领域的研究所推广了10套百万亿次系统，从而构建了聚合计算能力近6000万亿次

的分布式GPU超级计算系统。该系统满足了广大科技人员对超级计算的实际需求，以低廉的成本和现成的网络设施实现高效的超级计算，形成了一条应用导向、效率优先的富有中国特色的超级计算模式。

目前，中科院过程所和高能物理研究所、国家天文台等十家用户单位已经利用相关系统开展了高能物理模拟与实验数据分析、天体物理与空间科学研究、石油物探数据分析与油藏开采过程模拟、工业和医学影像处理等方面的应用。该系统还服务于国家重大专项、国家科技支撑计划、国家自然科学重大基金和多家大型企业。

据了解，为了推动我国科研装备自主研制，财政部在“十一五”期间安排专项资金在中科院开展了“国家重大科研装备自主研制试点”工作。此套超级计算系统研制过程中，财政部和中科院一起进行了项目管理体制和机制的有益探索，并取得了明显成效，为在全国范围部署科研装备的自主创新提供了有益的借鉴。

八、第十四届中国国际软件博览会在北京开幕

2010年6月2日，第十四届中国国际软件博览会在北京开幕。本届软博会聚集了东软、微软、中创、一汽启明等500多家国内外顶尖软件企业参加，涉及行业技术标准、电子政务、城市管理、软件与服务、农村信息化建设、行业信息化（工业、物流、教育、文化传媒）、消费电子、嵌入式系统、工业设计等领域的丰富内容。还组织举办了中国软件服务业投融资论坛、信息安全论坛、知识产权论坛、中国软件人才培养与发展论坛、中国软件生产力十年发展论坛、中国工业软件发展高峰论坛、中国IT服务管理论坛等多场高水平、高层次、高规格的旨在研究探讨行业发展的论坛。

九、国务院新闻办发表《中国互联网状况》白皮书

2010年6月8日，国务院新闻办发表《中国互联网状况》白皮书。白皮书旨在介绍中国互联网发展的基本情况，说明中国政府关于互联网的基本政策以及对相关问题的基本观点，帮助公众和国际社会全面了解中国互联网发展与管理的真实状况。白皮书分为前言、推进互联网发展与普及、促进互联网广泛应用、保障公民互联网言论自由、管理互联网的基本原则与实践、维护互联网安全、积极开展国际交流与合作、结束语等部分，全文约13 000字。

白皮书指出，中国政府充分认识到互联网对于加快国民经济发展、推动科学技术进步和加速社会服务信息化进程的不可替代作用，高度重视并积极促进互联网的发展与运用。

白皮书旨在介绍中国互联网发展的基本情况，说明中国政府关于互联网的基本政策以及对相关问题的基本观点，帮助公众和国际社会全面了解中国互联网发展与管理的真实状况。

白皮书说，中国政府把发展互联网作为推进国家信息化建设、实现经济社会科学发展、提高科技创新能力和人们生活质量的重要手段；积极营造有利于互联网发展的政策、法规和市场环境；通过完善国家信息网络基础设施、建设国家重点信息网络工程、鼓励相关科技研发、大力培养信息技术人才、培育多元化信息通信服务市场主体等举措，不断推

动中国互联网持续健康快速发展，满足人们日益增长的信息消费需求（专栏16-10）。

专栏16-10

《中国互联网状况》白皮书

前　言

互联网是人类智慧的结晶，20世纪的重大科技发明，当代先进生产力的重要标志。互联网深刻影响着世界经济、政治、文化和社会的发展，促进了社会生产生活和信息传播的变革。

中国政府充分认识到互联网对于加快国民经济发展、推动科学技术进步和加速社会服务信息化进程的不可替代作用，高度重视并积极促进互联网的发展与运用。中国政府把发展互联网作为推进国家信息化建设、实现经济社会科学发展、提高科技创新能力和人们生活质量的重要手段；积极营造有利于互联网发展的政策、法规和市场环境；通过完善国家信息网络基础设施、建设国家重点信息网络工程、鼓励相关科技研发、大力培养信息技术人才、培育多元化信息通信服务市场主体等举措，不断推动中国互联网持续健康快速发展，满足人们日益增长的信息消费需求。

中国政府大力倡导和积极推动互联网在中国的发展和广泛应用。随着互联网在中国的快速发展与普及，人们的生产、工作、学习和生活方式已经开始并将继续发生深刻的变化。目前中国已成为世界上互联网使用人口最多的国家。

建设好、利用好、管理好互联网，关系国家经济繁荣和发展，关系国家安全与社会和谐，关系国家主权、尊严和人民根本利益。积极利用、科学发展、依法管理、确保安全是中国政府的基本互联网政策。中国政府始终坚持依法管理互联网，致力于营造健康和谐的互联网环境，构建更加可信、更加有用、更加有益于经济社会发展的互联网。

中国政府将不断完善互联网发展与管理政策，使其更加符合互联网发展与管理的内在规律及客观需要。在实践中，中国政府十分注重借鉴各国发展与管理互联网的有益经验，并愿与世界各国一道共同促进世界互联网的繁荣发展。

发表《中国互联网状况》白皮书，旨在介绍中国互联网发展的基本情况，说明中国政府关于互联网的基本政策以及对相关问题的基本观点，帮助公众和国际社会全面了解中国互联网发展与管理的真实状况。

一、推进互联网发展与普及

中国政府和人民以积极的姿态迎接互联网时代的到来。在20世纪80年代中后期，中国的科研人员和学者就在国外同行的帮助下，积极尝试利用互联网。在1992年、1993年国际互联网年会等场合，中国计算机界的专家学者曾多次提出接入国际互联网的要求，并得到国际同行们的理解与支持。1994年4月，在美国华盛顿召开中美科技合作联委会会议期间，中国代表与美国国家科学基金会最终就中国接入国际互联网达成一致意见。1994年4月20日，北京中关村地区教育与科研示范网接入国际互联网的64K专线开通，实现了与国际互联网的全功能连接，这标志着中国正式接入国际互联网。

（一）中国把发展互联网作为推进改革开放和现代化建设事业的重大机遇。中国政府先后制定了一系列政策，规划互联网发展，明确互联网阶段性发展重点，推进社会信息化进程。1993年，中国成立国家经济信息化联席会议，负责领导国家公用经济信息通信网建设。1997年，制定《国家信息化"九五"规划和2010年远景目标》，将互联网列入国家信息基础设施建设，提出通过大力发展互联网产业，推进国民经济信息化进程。2002年，颁布《国民经济和社会发展第十个五年计划信息化专项规划》，确定中国信息化发展的重点包括推行电子政务、振兴软件产业、加强信息资源开发利用、加快发展电子商务等。2002年11月，中国共产党第十六次全国代表大会提出，以信息化带动工业化，以工业化促进信息化，走出一条新型工业化路子。2005年11月，制定了《国家信息化发展战略（2006~2020年）》，进一步明确了互联网发展的重点，提出围绕调整经济结构和转变经济增长方式，推进国民经济信息化；围绕提高治国理政能力，推行电子政务；围绕构建和谐社会，推进社会信息化等。2006年3月，全国人民代表大会审议通过《国民经济和社会发展第十一个五年规划纲要》，提出推进电信网、广播电视网和互联网三网融合，构建下一代互联网，加快商业化应用。2007年4月，中国共产党中央政治局会议提出大力发展网络文化产业，发展网络文化信息装备制造业。2007年10月，中国共产党第十七次全国代表大会确立"发展现代产业体系，大力推进信息化与工业化融合，促进工业由大变强"的发展战略。2010年1月，国务院决定加快推进电信网、广播电视网和互联网三网融合，促进信息和文化产业发展。在中国政府的积极推动及明确的政策引导下，中国互联网逐步走上全面、持续、快速发展之路。

（二）中国投入大量资金建设互联网基础设施。1997年至2009年，全国共完成互联网基础设施建设投资4.3万亿元人民币，建成辐射全国的通信光缆网络，总长度达826.7万公里，其中长途光缆线路84万公里。到2009年底，中国基础电信企业互联网宽带接入端口已达1.36亿个，互联网国际出口带宽达866 367Gbps，拥有7条登陆海缆、20条陆缆，总容量超过1600Gb。中国99.3%的乡镇和91.5%的行政村接通了互联网，96.0%的乡镇接通了宽带。2009年1月，中国政府开始发放第三代移动通信（3G）牌照，目前3G网络已基本覆盖全国。移动互联网正快速发展，互联网将惠及更广泛的人群。

（三）互联网基础设施的建设和完善促进了互联网的普及和应用。截至2009年底，中国网民人数达到3.84亿，比1997年增长了618倍，年均增长3,195万人，互联网普及率达到28.9%，超过世界平均水平。中国境内网站达323万个，比1997年增长了2,152倍。中国拥有IPV4地址约2.3亿个，已成为世界第二大IPV4地址拥有国。中国使用宽带上网的网民达到3.46亿人，使用手机上网的网民达到2.33亿人。中国网民上网方式已从最初以拨号上网为主，发展到以宽带和手机上网为主。中国互联网发展与普及水平居发展中国家前列。

（四）中国政府积极推动下一代互联网研发。20世纪90年代后期，中国开始下一代互联网的研发，实施"新一代高可信网络"等一系列科技重大项目。2001年，中国第一个下一代互联网地区试验网（NFCNET）在北京建成。2003年，“中国下一代互联网示范工程”（CNGI）正式启动，标志着中国进入下一代互联网的大规模研发和建设阶段，现已建成世界上最大的IPV6示范网络，试验网所用的中小容量IPV6路由器技术、真实IPV6源地址认证技术和下一代互联网过渡技术等处于国际先进水平。中国提出的有关域名国际化、IPV6源地址认证、IPV4-IPV6过渡技术等技术方案，获得互联网工程任务组（IETF）的认可，成为互联网国际标准、协议的组成部分。

（五）中国互联网发展、普及和应用存在区域和城乡发展不平衡问题。受经济发展、教育和社会整体信息化水平等因素的制约，中国互联网呈现东部发展快、西部发展慢，城市普及率高、乡村普及率低的特点。截至2009年底，东部地区互联网普及率为40.0%，西部地区为21.5%；城市网民占网民总数的72.2%，农村网民占27.8%。弥合地区之间、城乡之间的“数字鸿沟”，中国还需要付出艰苦努力。

中国互联网是在改革开放的大潮中发展起来的，它顺应了中国改革开放的要求，推进了改革开放的进程。随着中国经济社会的快速发展以及人们精神文化需求的日益增长，互联网在中国将更加普及，人们对互联网应用水平的要求将会更高。中国政府将继续致力于推动互联网的发展和普及，努力在未来5年使中国互联网的普及率达到45%，使更多人从互联网受益。

二、促进互联网广泛应用

（一）互联网推进了中国经济社会发展。在经济领域，互联网加速向传统产业渗透，产业边界日益交融，新型商务模式和服务经济加速兴起，衍生了新的业态。互联网在促进经济结构调整、转变经济发展方式等方面发挥着越来越重要的作用。互联网也日益成为人们生活、工作、学习不可或缺的工具，正对社会生活的方方面面产生着深刻影响。

（二）互联网成为推动中国经济发展的重要引擎。包括互联网在内的信息技术与产业，对中国经济高速增长作出了重要贡献。过去16年，中国信息产业增加值年均增速超过26.6%，占国内生产总值的比重由不足1%增加到10%左右。互联网与实体经济不断融合，利用互联网改造和提升传统产业，带动了传统产业结构调整和经济发展方式的转变。中国的工业设计研发信息化、生产装备数字化、生产过程智能化和经营管理网络化水平迅速提高。互联网发展与运用还催生了一批新兴产业，工业咨询、软件服务、外包服务等工业服务业蓬勃兴起。信息技术在加快自主创新和节能降耗，推动减排治污等方面的作用日益凸显，互联网已经成为中国发展低碳经济的新型战略性产业。2008年，中国互联网产业规模达到6500亿元人民币，其中互联网制造业销售规模接近5,000亿元人民币，相当于国内生产总值的1/60，占全球互联网制造业销售总额的1/10；软件运营服务市场规模达198.4亿元人民币，比2007年增长了26%。

（三）中国电子商务快速发展。大型企业电子商务正在从网上信息发布、采购、销售等基础性应用向上下游企业间网上设计、制造、计划管理等全方位协同方向发展。中小企业电子商务应用意识普遍提高，应用电子商务的中小企业数量保持较高的增长速度。网上零售规模增长迅速，市场逐步规范。据调查，建立了电子商务系统的大型企业已超过50%，通过互联网寻找供应商的中小企业超过30%，通过互联网从事营销推广的中小企业达24%，中国网络购物用户已超过1亿人。2009年，中国电子商务交易额超过3.6万亿元人民币。电子商务专业化服务体系正在形成，数字认证、电子支付、物流配送等电子商务应用支撑体系正在逐步形成。

（四）互联网促进了文化产业发展。网络游戏、网络动漫、网络音乐、网络影视等产业迅速崛起，大大增强了中国文化产业的总体实力。过去5年，中国网络广告市场始终保持约30%的年均增长速度，2009年市场规模达到200多亿元人民币。2009年中国网络游戏市场规模为258亿元人民币，同比2008年增长39.5%，居世界前列。中国网络文学、网络音乐、网络广播、网络电视等均呈快速发展态势。持续扩张的网络文化消费催生了一批新型产业，同时直接带动电信业务收入的增长。截至2010年3月，中国已有各种经营模式的上市互联网企业30多家，分别在美国、香港和中国内地上市。网络文化产业已成为中国文化产业的重要组成部分。中国政府大力推动优秀民族文化的网络化传播，实施了一系列文化资源共享工程，全国在线数据库总量达到30多万个，初步构建起具有一定规模的文化信息资源库群，有效满足了人们多样化的精神文化需求。

（五）互联网促进了政府信息公开。20世纪90年代中期，中国政府全面启动“政府上网工程”。截至2009年底，中国已建立政府门户网站4.5万多个，75个中央和国家机关、32个省级政府、333个地级市政府和80%以上的县级政府都建立了电子政务网站，提供便于人们工作和生活的各类在线服务。中国电子政务建设有效提高了各级政府工作效率和政务公开水平。2008年颁布实施的《中华人民共和国政府信息公开条例》第十五条规定，“行政机关应当将主动公开的政府信息，通过政府公报、政府网站、新闻发布会以及报刊、广播、电视等便于公众知晓的方式公开”。中央政府要求各级政府建立相应制度，针对公众关注的问题，及时作出解答。各级政府正不断完善新闻发言人制度，通过包括互联网在内的各类媒体及时发布权威信息，向公众介绍相关政策的执行情况，以及自然灾害、公共卫生和社会突发事件等的处置进展。互联网在满足公众知情要求等方面的作用日益凸显。

（六）互联网成为人们社会生活的重要工具。据抽样调查统计，2009年，中国约有2.3亿人经常使用搜索引擎查询各类信息，约2.4亿人经常利用即时通信工具进行沟通交流，约4600万人利用互联网学习和接受教育，约3500万人利用互联网进行证券交易，约1500万人通过互联网求职，约1400万人通过互联网安排旅行。在中国，越来越多的人通过互联网获取信息、丰富知识；越来越多的人通过互联网创业，实现自己的理想；越来越多的人通过互联网交流沟通，密切相互间的关系。在四川汶川地震、青海玉树地震、西南地区旱灾等重大自然灾害发生后，中国网民充分利用互联网传递救灾信息，发起救助行动，表达同情关爱，充分展示了互联网不可替代的作用。互联网正在成为一种新的工作和生活方式。

中国政府鼓励发展有利于促进经济社会发展、提升公共服务水平、便利人们工作生活的互联网应用，努力构建结构合理、发展均衡的互联网应用格局，提高互联网整体发展和应用水平。中国政府将大力推动电子商务类、教育类网站发展，积极推进电子政务建设，支持发展网络广播、网络电视等新兴媒体，倡导提供形式多样、内容丰富的互联网信息服务，以满足人们多样化、多层次的信息消费需求。

三、保障公民互联网言论自由

（一）互联网在中国新闻信息传播领域得到充分应用。中国政府鼓励和支持发展网络新闻传播事业，为人们提供了丰富的新闻信息，同时依法保障公民在互联网上的言论自由，保障公众的知情权、参与权、表达权和监督权。

（二）互联网成为人们获取新闻信息的重要途径。自从互联网进入中国，人们就充分运用互联网传播新闻信息。中国的通讯社、报社、广播电台、电视台等利用资源优势和品牌优势开展网络新闻传播，满足人们的新闻信息需求，已形成人民网、新华网、央视网、中国广播网等一批综合新闻信息服务网站，不仅扩大了权威新闻信息传播的广度，而且为传统媒体自身发展拓展了新的空间。一批著名的商业网站也成为人们获取新闻信息的重要渠道。据统计，80%以上的网民主要依靠互联网获取新闻信息。网络媒体的发展不仅提高了新闻传播的时效性、有效性，而且在报道重要新闻事件中发挥了独特作用，充分满足了人们的信息需求。网络媒体直播中国共产党全国代表大会、全国人民代表大会和中国人民政治协商会议等已成为惯例。

（三）公民依法享有互联网上充分的言论自由。《中华人民共和国宪法》赋予公民言论自由的权利。中国公民在互联网上的言论自由受法律保护，可以通过各种形式在网上发表言论。网上交流活跃是中国互联网发展的一大特点，论坛帖文、博客文章数量之巨大，在世界各国都是难以想象的。中国的网站十分注重为网民提供发表言论的服务，约80%的网站提供电子公告服务。中国现有上百万个论坛，2.2亿个博客用户，据抽样统计，每天人们通过论坛、新闻评论、博客等渠道发表的言论达300多万条，超过66%的中国网民经常在网上发表言论，就各种话题进行讨论，充分表达思想观点和利益诉求。互联网新应用新服务为人们表达意见提供了更广阔的空间。博客、微博、视频分享、社交网站等新兴网络服务在中国发展迅速，为中国公民通过互联网进行交流提供了更便捷的条件。网民踊跃参与网上信息传播、参与网上内容创造，大大丰富了互联网上信息内容。

（四）充分发挥互联网的监督作用。中国政府积极创造条件让人民监督政府，十分重视互联网的监督作用，对人们通过互联网反映的问题，要求各级政府及时调查解决，并向公众反馈处理结果。绝大多数政府网站都公布了电子邮箱、电话号码，以便于公众反映政府工作中存在的问题。近几年，一大批通过互联网反映出来的问题得到了解决。为便于公众举报贪污腐败等问题，中央纪检监察机构和最高人民法院、最高人民检察院等开设了举报网站。中央纪委监察部举报网站、国家预防腐败局网站等开通后，为惩治和预防贪污腐败发挥了重要作用。据抽样调查，超过60%的网民对政府发挥互联网的监督作用予以积极评价，认为这是中国社会民主与进步的体现。

（五）高度重视互联网上反映的社情民意。互联网在政府与公众之间架起了直接沟通的桥梁。通过互联网了解民情、汇聚民智，成为中国政府执政为民、改进工作的新渠道，互联网上的公众言论正受到前所未有的关注。中国领导人经常上网了解公众意愿，有时直接在网上与网民交流，讨论国家大事，回答网民的问题。各级政府出台重大政策前，通过互联网征求意见已成为普遍做法。每年全国人民代表大会和中国人民政治协商会议期间，都通过互联网征求公众意见。近三年来，每年通过互联网征求到的建议多达几百万条，为完善政府工作提供了有益参考。

互联网为人们享有知情权、参与权、表达权和监督权提供了前所未有的便利条件和直接渠道，为政府了解人民意愿，满足人民需要，维护人民利益发挥了日益重要的作用。中国政府将坚定不移地维护公民依法享有的互联网上言论自由。

四、管理互联网的基本原则与实践

中国坚持依法管理、科学管理和有效管理互联网，努力完善法律规范、行政监管、行业自律、技术保障、公众监督和社会教育相结合的互联网管理体系。中国管理互联网的基本目标是，促进互联网的普遍、无障碍接入和持续健康发展，依法保障公民网上言论自由，规范互联网信息传播秩序，推动互联网积极有效应用，创造有利于公平竞争的市场环境，保障宪法和法律赋予的公民权益，保障网络信息安全和国家安全。

（一）中国依法管理互联网。1994年以来，中国颁布了一系列与互联网管理相关的法律法规，主要包括《全国人民代表大会常务委员会关于维护互联网安全的决定》、《中华人民共和国电子签名法》、《中华人民共和国电信条例》、《互联网信息服务管理办法》、《中华人民共和国计算机信息系统安全保护条例》、《信息网络传播权保护条例》、《外商投资电信企业管理规定》、《计算机信息网络国际联网安全保护管理办法》、《互联网新闻信息服务管理规定》、《互联网电子公告服务管理规定》等。《中华人民共和国刑法》、《中华人民共和国民法通则》、《中华人民共和国著作权法》、《中华人民共和国未成年人保护法》、《中华人民共和国治安管理处罚法》等法律的相关条款适用于互联网管理。中国坚持审慎立法、科学立法，为互联网发展预留空间。相关法律法规涉及互联网基础资源管理、信息传播规范、信息安全保障等主要方面，对基础电信业务经营者、互联网接入服务提供者、互联网信息服务提供者、政府管理部门及互联网用户等行为主体的责任与义务作出了规定。法律保障公民的通信自由和通信秘密，同时规定，公民在行使自由和权利的时候，不得损害国家、社会、集体的利益和其他公民的合法的自由和权利，任何组织或个人不得利用电信网络从事危害国家安全、社会公共利益或者他人合法权益的活动。

（二）政府在互联网管理中发挥主导作用。政府有关部门根据法定职责，依法维护公民权益、公共利益和国家安全。国家通信管理部门负责互联网行业管理，包括对中国境内互联网域名、IP地址等互联网基础资源的管理。依据《互联网信息服务管理办法》，中国对经营性互联网信息服务实行许可制度，对非经营性互联网信息服务实行备案制度。国家新闻、出版、教育、卫生等部门依据《互联网信息服务管理办法》，对“从事新闻、出版、教育、医疗保健、药品和医疗器械等互联网信息服务”实行许可制度。公安机关等国家执法部门负责互联网安全监督管理，依法查处打击各类网络违法犯罪活动。

（三）积极倡导行业自律和公众监督。2001年5月，中国互联网协会成立，这是全国性互联网行业组织，其宗旨是服务于互联网行业发展、网民和政府的决策。该协会先后制定并发布了《中国互联网行业自律公约》、《互联网站禁止传播淫秽色情等不良信息自律规范》、《抵制恶意软件自律公约》、《博客服务自律公约》、《反网络病毒自律公约》、《中国互联网行业版权自律宣言》等一系列自律规范，促进了互联网的健康发展。中国互联网协会为治理垃圾邮件作出了不懈努力，使中国的垃圾邮件占全球垃圾邮件的比例从2002年的23%下降到2009年的4.1%。为加强公众对互联网服务的监督，2004年以来，中国先后成立了互联网违法和不良信息举报中心、网络违法犯罪举报网站、12321网络不良与垃圾信息举报受理中心、12390扫黄打非新闻出版版权联合举报中心等公众举报受理机构，并于2010年1月发布了《举报互联网和手机媒体淫秽色情及低俗信息奖励办法》。中国政府将进一步支持互联网行业组织的工作，为行业组织发挥作用提供服务，并依法保障公众举报网上违法信息和行为的正当权利。

（四）主张合理运用技术手段遏制互联网上违法信息传播。根据互联网的特性，从有效管理互联网的实际需要出发，中国政府主张依据相关法律法规，参照国际通行做法，发挥技术手段的防范作用，遏制违法信息对国家安全、社会公共利益和未成年人的危害。《全国人民代表大会常务委员会关于维护互联网安全的决定》、《中华人民共和国电信条例》、《互联网信息服务管理办法》、《计算机信息网络国际联网安全保护管理办法》等法律法规明确规定，严禁传播含有颠覆国家政权、破坏国家统一、损害国家荣誉和利益、煽动民族仇恨、破坏民族团结、宣扬邪教以及淫秽色情、暴力、恐怖及侵害他人合法权益等内容的信息。根据这些法律法规，基础电信业务经营者、互联网信息服务提供者等应建立互联网安全管理制度，采取技术措施，阻止各类违法信息的传播。

（五）主张加强互联网法制和道德教育。全社会的法制和道德素养关系互联网环境建设。中国政府支持开展互联网法制和道德教育工作，鼓励各类媒体和社会组织积极参与，积极推动把互联网法制和道德教育纳入中小学日常教学内容。中国政府十分重视青年组织、妇女组织等在提高全民网络素养中的作用，鼓励相关组织开展有利于普及互联网知识和正确使用互联网的公益活动。

（六）确保未成年人上网安全。未成年人已成为中国网民的最大群体，截至2009年底，中国3.84亿网民中，未成年人约占1/3，互联网对未成年人成长的影响越来越大。同时，网络淫秽色情等违法和有害信息严重危害青少年的身心健康，成为社会普遍关注的突出问题。中国政府高度重视依法保护未成年人上网安全，始终把保护未成年人放在维护互联网信息安全的优先地位。《中华人民共和国未成年人保护法》规定，国家采取措施，预防未成年人沉迷网络；禁止任何组织、个人制作或者向未成年人出售、出租或者以其他方式传播淫秽、暴力、凶杀、恐怖、赌博等毒害未成年人的电子出版物以及网络信息等。国家鼓励研究开发有利于保护未成年人上网安全的网络工具，鼓励提供适合未成年人的网络产品和服务。保护未成年人上网安全，家庭、学校和社会各界应共同努力，营造有利于未成年人健康成长的网络环境。中国政府将积极推进"母亲教育计划"，帮助家长引导未成年人正确使用互联网。

（七）积极保护数字知识产权。2000年以来，中国修订了《中华人民共和国著作权法》，制定了《互联网著作权行政保护办法》，以及审理涉及计算机网络著作权纠纷案件的相关司法解释，为保护数字知识产权提供了基本法律依据。国家著作权行政管理部门负责查处互联网侵权盗版行为。针对反复侵权、群体性侵权以及大规模假冒、盗版等行为，政府有关部门联合开展了一系列管理行动。中国将继续探索互联网环境下的知识产权保护工作，努力实现保障公共利益和促进创新之间的平衡。

（八）依法保护公民网上隐私。保护互联网上的个人隐私关系到人们对互联网的安全感和信心。中国政府积极推动健全相关立法和互联网企业服务规范，不断完善公民网上个人隐私保护体系。《全国人民代表大会常务委员会关于维护互联网安全的决定》规定，非法截获、篡改、删除他人邮件或其他数据资料，侵犯公民通信自由和通信秘密，构成犯罪的，依照刑法有关规定追究刑事责任。依据互联网行业自律规范，互联网服务提供者有责任保护用户隐私，在提供服务时应公布相关隐私保护承诺，提供侵害隐私举报受理渠道，采取有效措施保护个人隐私。

中国政府积极探索依法管理、科学管理、有效管理互联网的途径和方法，已初步形成符合中国国情、符合国际通行做法的互联网管理模式。互联网管理是一个不断实践的过程，中国政府将在实践中进一步完善互联网管理。

五、维护互联网安全

（一）维护互联网安全是互联网健康发展和有效运用的前提。当前，互联网安全问题日益突出，成为各国普遍关切的问题，中国也面临着严重的网络安全威胁。有效维护互联网安全是中国互联网管理的重要范畴，是保障国家安全、维护社会公共利益的必然要求。中国政府认为，互联网是国家重要基础设施，中华人民共和国境内的互联网属于中国主权管辖范围，中国的互联网主权应受到尊重和维护。中华人民共和国公民及在中华人民共和国境内的外国公民、法人和其他组织在享有使用互联网权利和自由的同时，应当遵守中国法律法规、自觉维护互联网安全。

（二）依法维护互联网安全。为维护互联网安全，《中华人民共和国刑法》、《全国人民代表大会常务委员会关于维护互联网安全的决定》、《中华人民共和国治安管理处罚法》、《中华人民共和国电信条例》、《计算机信息系统安全保护条例》、《互联网信息服务管理办法》、《计算机信息网络国际联网安全保护管理办法》等法律法规作出了相关规定，以促进中国互联网的健康发展，维护国家安全和社会公共利益，保护个人、法人和其他组织的合法权益。《中华人民共和国电信条例》第六条规定，"电信网络和信息的安全受法律保护。任何组织或者个人不得利用电信网络从事危害国家安全、社会公共利益或者他人合法权益的活动"。

（三）维护互联网信息的安全流动。互联网信息的自由流动与安全流动是相互依存的整体，应在保障互联网信息安全流动的前提下，实现互联网信息的自由流动。中国政府高度重视维护互联网信息的安全流动，积极引导人们依法办网、文明上网、正确用网。《全国人民代表大会常务委员会关于维护互联网安全的决定》、《中华人民共和国电信条例》、《互联网信息服务管理办法》明确规定，任何组织或者个人不得利用互联网等电信网络制作、复制、发布、传播含有下列内容的信息：反对宪法所确定的基本原则的；危害国家安全，泄露国家秘密，颠覆国家政权，破坏国家统一的；损害国家荣誉和利益的；煽动民族仇恨、民族歧视，破坏民族团结的；破坏国家宗教政策，宣扬邪教和封建迷信的；散布谣言，扰乱社会秩序，破坏社会稳定的；散布淫秽、色情、赌博、暴力、凶杀、恐怖或者教唆犯罪的；侮辱或者诽谤他人，侵害他人合法权益的；含有法律、行政法规禁止的其他内容的。上述法律法规是维护中华人民共和国境内互联网信息安全的基本法律依据，所有中国公民和在中华人民共和国境内的外国公民、法人和其他组织都必须遵守。

（四）依法打击网络犯罪。近年来，中国的网络犯罪呈上升趋势，各种传统犯罪与网络犯罪结合的趋势日益明显，网络诈骗、网络盗窃等侵害他人财产的犯罪增长迅速，制作传播计算机病毒、入侵和攻击计算机与网络的犯罪日趋增多，利用互联网传播淫秽色情及从事赌博等犯罪活动仍然突出。据统计，1998年公安机关办理各类网络犯罪案件142起，2007年增长到2.9万起，2008年为3.5万起，2009年为4.8万起。为有效打击网络违法犯罪活动，中国法律规定，对利用互联网和针对互联网的犯罪行为，依照《中华人民共和国刑法》的相关规定追究刑事责任；对不构成犯罪的，依照《中华人民共和国治安管理处罚法》、《计算机信息网络国际联网安全保护管理办法》等法律法规予以行政处罚。

（五）反对任何形式的网络黑客攻击行为。中国同世界其他国家一样，面临黑客攻击、网络病毒等违法犯罪活动的严重威胁。中国是世界上黑客攻击的主要受害国之一。据不完全统计，2009年中国被境外控制的计算机IP地址达100多万个；被黑客篡改的网站达4.2万个；被"飞客"蠕虫网络病毒感染的计算机每月达1800万台，约占全球感染主机数量的30%。中国法律禁止任何形式的网络黑客行为。《全国人民代表大会常务委员会关于维护互联网安全的决定》明确规定，对"故意制作、传播计算机病毒等破坏性程序，攻击计算机系统及通信网络，致使计算机系统及通信网络遭受损害"等破坏网络安全的行为，构成犯罪的，依照刑法有关规定追究刑事责任。《中华人民共和国刑法》第二百八十五条、二百八十六条对非法获取计算机信息系统中存储、处理或者传输的数据，对提供专门用于侵入、非法控制计算机信息系统的程序、工具等违法行为的刑事处罚作出了具体规定。

各国国情和文化传统不同，对互联网安全的关切也有差异，应充分尊重各国对互联网安全的不同关切，在差异中求和谐，在交流中促发展，共同维护国际互联网安全。

六、积极开展国际交流与合作

各国互联网彼此相联，同时又分属不同主权范围，这决定了加强国际交流与合作的必要性。中国主张，各国在平等互利的基础上，积极开展互联网领域的交流与合作，共同承担维护全球互联网安全的责任，促进互联网健康有序发展，分享互联网发展的机遇和成果。

（一）中国政府始终支持并积极开展互联网领域的国际交流与合作。中国派代表参加了历届信息社会世界峰会（WSIS）及与互联网相关的其他重要国际或区域性会议。中国高度重视在维护互联网安全方面的区域合作，2009年分别与东盟和上合组织成员国签订了《中国一东盟电信监管理事会关于网络安全问题的合作框架》和《上合组织成员国保障国际信息安全政府间合作协定》。在打击网络犯罪领域，中国公安机关参加了国际刑警组织亚洲及南太平洋地区信息技术犯罪工作组（The Interpol Asia-South Pacific Working Party on IT Crime）、中美执法合作联合联络小组（JLG）等国际合作，并先后与美国、英国、德国、意大利、香港等国家或地区举行双边或多边会谈，就打击网络犯罪进行磋商。2006年以来，中国公安机关共办理了来自40多个国家和地区有关网络犯罪的协查函件500余件，涉及黑客攻击、儿童色情、网络诈骗等多种案件类型。中国积极推动建立互联网领域的双边对话交流机制，2007年以来先后与美国、英国举办了"中美互联网论坛"和"中英互联网圆桌会议"。为学习借鉴其他国家互联网发展与管理的有益经验，2000年以来中国政府先后组织数十个代表团，访问了亚洲、欧洲、北美、南美、非洲等40多个国家，将相关国家的成功经验应用到中国互联网发展与管理的实践之中。

（二）中国主张发挥联合国在国际互联网管理中的作用。中国支持建立一个在联合国框架下的、全球范围内经过民主程序产生的、权威的、公正的互联网国际管理机构。互联网基础资源关系到互联网的发展与安全。中国认为，各国都有参与国际互联网基础资源管理的平等权利，应在现有管理模式的基础上，建立一个多边的、透明的国际互联网基础资源分配体系，合理分配互联网基础资源，促进全球互联网均衡发展。

（三）各国应在平等互利的基础上开展多形式、多渠道、多层次的交流与合作。各国政府可建立双边交流机制，就互联网政策、互联网立法、互联网安全等问题交流观点、经验和做法，平等协商解决分歧。各国政府应支持互联网行业组织开展国际交流活动，鼓励互联网行业组织通过交流增进共识，共同解决互联网业界面临的问题。互联网的发展带来了一系列新的科学和伦理问题，应鼓励各国专家学者开展学术交流，分享研究成果。面对日益突出的跨国网络犯罪问题，各国执法机构应加强共同防止和打击网络犯罪的侦查协作，建立多边或双边的合作机制。

（四）中国愿与世界各国分享中国互联网发展机遇。中国将坚定不移地实行对外开放政策，始终依法开放中国互联网市场，欢迎各国企业依据《外商投资电信企业管理规定》进入中国互联网市场，分享中国互联网发展机遇。中国恪守世界贸易组织成员应履行的普遍性义务和具体承诺义务，依法保护外资企业在华合法权益，并积极为在华外资企业依法开展与互联网相关的经营业务提供良好的服务。

结束语

中国互联网的快速发展，得益于中国的改革开放政策，得益于中国经济的持续发展，也得益于国际先进技术和经验。中国互联网的发展极大地促进了中国科技、经济、政治、社会、文化的发展，促进了中国社会文明进步和人民生活水平的提高。中国政府将一如既往地促进互联网发展，鼓励运用新技术提供新服务，满足人们不断增长的多样化需求。

中国互联网仍在快速发展过程中，新情况、新问题不断出现，中国政府将坚持依法管理互联网的基本原则，坚持立足本国国情，努力遵循互联网自身特点和发展规律，以有效管理促进科学发展，为世界互联网的繁荣发展作出贡献。

十、中国物联网标准联合工作组正式成立

2010年6月8日，中国物联网标准联合工作组正式成立。这个联合工作组由11个部委下属的19个标准工作组共同组成。联合工作组副组长刘海涛表示，工作组将共同开展物联网技术的研究，加快制定符合我国发展需求的物联网国家标准，推进我国物联网国家标准体系的建设，同时积极参与相关国际标准的制定，以抢占制高点，掌握发展的主动权。

据联合工作组组长、工业和信息化部电子科技委副主任张琪介绍，中国物联网标准联合工作组由工信部电子标签标准工作组、资源共享协同服务标准工作组，以及全国信息技术标准化技术委员会传感器网络标准工作组、全国工业过程测量和控制标准化技术委员会共同倡导、发起。联合工作组将紧紧围绕物联网发展需求，统筹规划，整合资源，坚持自主创新与开放兼容相结合的标准战略，加快推进物联网国家标准体系的建设和相关国家标准的制定，同时积极参与相关国际标准的制定，以掌握发展的主动权。

近年来，国家发改委、科技部、工信部等相关部门分别支持了一批RFID（电子标签）、传感器网络和智能传感器项目，金卡工程还启动了一批RFID行业（地方）应用试点工程，但大多应用项目是以闭环应用为主，规模化的应用还处于起步阶段。2009年 8 月，温总理在视察无锡的时候提出“感知中国”的理念，标志着政府对物联网产业的关注和支持力度已提升到国家战略层面。

张琪表示，物联网涉及面广、影响大，从感知层、网络层到应用层，可谓无所不在。在物联网领域，标准工作涉及方方面面，虽然目前国内已经成立或正在筹备成立相关标准工作组，但各工作组专注于本领域，标准制定过程均独立开展，急需在原有工作基础上整合相关资源，建立协调推进机制。

十一、五部委联合实施“绿色”电脑进西部活动

2010年6月18日，中宣部、中央文明办、教育部、工业和信息化部、文化部联合实施“绿色”电脑进西部活动。五部门决定2010年将组织实施“绿色”电脑进西部活动，继续向西部地区赠送一批“绿色”电脑，专项用于建设青少年绿色上网场所和基层干部群众浏览互联网的公益性网络平台，积极倡导文明上网、健康上网。

十二、工信部召开全国电子政务建设和发展经验交流会

2010年6月24日，工业和信息化部在北京召开全国电子政务建设和发展经验交流会，围

绕深入推进全国电子政务健康发展，交流和讨论电子政务建设和管理的成功经验和体会，共同研究今后一个时期电子政务建设工作。工业和信息化部副部长杨学山出席会议并讲话。国务院各部门电子政务工作单位和副省级以上地方工业和信息化主管部门电子政务相关负责同志约160人参加了会议。

会议期间，与会代表到审计署、北京市高级人民法院现场考察了电子政务工作情况，并围绕会议主题进行了深入讨论和交流，结合各地各部门的实际，对继续深化电子政务应用，促进电子政务健康有序发展等工作提出了很好的意见和建议。

杨学山在会上作了重要讲话。他从"认识的高度和深度决定电子政务实践的高度和深度"、"符合实情的体制是电子政务成功实践的保证"、"统筹规划和顶层设计是电子政务成功实践的基础"、"深度融合、效果导向是电子政务成功实践的标志"、"按信息安全的内在要求保障安全是电子政务成功实践的重点"、"建设队伍，提升能力是电子政务成功实践的必要条件"等7个方面，全面、深入地总结了审计署和北京高法电子政务建设和管理的典型经验。

杨学山指出，我国电子政务正处于关键的发展阶段。深入推进电子政务，必须以科学发展观为指导，进一步总结各地各部门的成功经验，深化认识，加强统筹规划，不断深化和拓展电子政务应用，加快信息资源建设，加强体制机制研究，继续夯实基础，推动电子政务发展迈上新的台阶。今后一个时期要重点做好以下九方面工作：一要进一步深化认识，提高推动电子政务发展的自觉性；二要切实抓好"十二五"电子政务规划工作；三要从提升政府绩效的角度，进一步深化和拓展电子政务应用；四要从建设服务型政府的角度，继续加强政府网站建设与管理；五要进一步推动跨部门、跨层级、跨地区信息共享和业务协同；六要把提升信息资源建设和利用水平作为"十二五"电子政务发展的重点；七要加强电子政务体制、法规的研究，力求在"十二五"规划中对此做出妥善安排；八要正确把握安全与发展的关系；九要进一步抓好培训工作，提升电子政务工作人员的能力。

十三、"三网融合"首批试点城市名单出炉

2010年7月1日，经国务院"三网融合"工作协调小组审议批准，确定了第一批"三网融合"试点地区（城市）名单。这标志着"三网融合"试点工作正式启动。这些地区（城市）是：北京市、辽宁省大连市、黑龙江省哈尔滨市、上海市、江苏省南京市、浙江省杭州市、福建省厦门市、山东省青岛市、湖北省武汉市、湖南省长株潭地区、广东省深圳市和四川省绵阳市。

十四、《第26次中国互联网络发展状况统计报告》发布

2010年7月15日，中国互联网络信息中心（CNNIC）在京发布了《第26次中国互联网络发展状况统计报告》。《报告》显示：

（一）我国网民规模达到4.2亿，商务类应用显著提升

《报告》显示，截至2010年6月底，我国网民规模达4.2亿人，互联网普及率持续上升增至31.8%。手机网民成为拉动中国总体网民规模攀升的主要动力，半年内新增4334万，达

到2.77亿人，增幅为18.6%。值得关注的是，互联网商务化程度迅速提高，全国网络购物用户达到1.4亿，网上支付、网络购物和网上银行半年用户增长率均在30%左右，远远超过其他类网络应用。

（二）网民规模突破4亿大关，手机网民成增长主力

CNNIC《报告》显示，截至2010年6月底，我国网民规模已经突破4亿关口，达到了4.2亿，较2009年底增加3600万人。互联网普及率攀升至31.8%，与2009年底相比提高了2.9个百分点。

手机网民成为拉动中国总体网民规模攀升的主要动力。《报告》显示，截至2010年6月底，手机网民用户达到2.77亿，在整体网民中的占比攀升至65.9%，相比2009年底增加了4334万人，增幅达18.6%，其中大约有4914万的网民只使用手机上网，占网民总数的11.7%。移动互联网展现出了巨大的发展潜力。

（三）商务应用快速发展网络安全仍为最大制约因素

CNNIC《报告》显示，2010年上半年，我国网民的互联网应用表现出商务化程度迅速提高、娱乐化倾向继续保持、沟通和信息工具价值加深的特点，其中，商务类应用表现尤其突出。截至2010年6月底，网络购物、网上支付和网上银行的使用率分别为33.8%、30.5%和29.1%，用户规模分别达到1.42亿、1.28亿、1.22亿，半年用户规模增幅分别为31.4%，36.2%和29.9%，增速在各类网络应用中排名前三。

尽管如此，网络商务应用仍然受到各种安全因素的困扰。CNNIC调查发现，仅2010年上半年，就有59.2%的网民在使用互联网过程中遇到过病毒或木马攻击；30.9%的网民账号或密码被盗过；电子商务网站访问者中89.2%的人担心假冒网站，其中86.9%的人表示如果无法获得该网站进一步的确认信息，将会选择退出交易。网络安全和信任问题已经成为网络商务深层次发展的最大制约因素，互联网向商务交易型应用的发展，急需建立更加可信、可靠的网络环境。

（四）网络视频用户止跌回升，3G推动网络文学用户增长

CNNIC《报告》显示，2010年上半年，网络视频用户规模达到2.65亿，使用率从2009年末的62.6%上升到63.2%。虽然增幅不大，但却结束了2009年用户下滑的局面，使用率开始缓慢上升。2010年上半年，网络视频新增用户2500万，增幅达10.4%。报告认为，随着国家“三网融合”政策的部署和实施，中国网络视频也将迎来新的发展机遇：视频传输速率的提高，接入渠道的增多，将使网络视频获得更广泛的用户支持，成为大众视频消费的重要方式，快速提升了网络视频的媒体价值和商业价值。

同样是网络娱乐类应用，截至2010年6月，网络文学使用率为44.8%，用户规模达1.88亿，较2009年底增长15.7%，是互联网娱乐类应用中用户规模增幅最大的一项。随着3G时代手机网民的增长，以及用户对无线内容的庞大需求，拉动了手机网络文学的使用率，对网络文学用户规模增长起到推动作用。

十五、《中国信息社会发展报告》发布

2010年7月30日，《中国信息社会发展报告》在北京发布。这份国内首份关于信息社会发展水平的定量测评报告，初步建立了信息社会的基本理论框架，提出了信息社会发展指数和测评体系，适用于对地区之间、国家之间信息社会发展水平的横向比较分析和历史对比分析。报告对全国及各地区信息社会建设现状和发展趋势进行了定量分析和全面解读。

报告认为，知识型经济、网络化社会、数字化生活、服务型政府是信息社会的四个基本特征，并对四个方面的发展现状分别进行测评。基于这四个特征，报告提出了关于中国信息社会的10个基本判断，包括信息基础设施建设实现跨越式发展、服务型政府建设开始起步、公众是信息社会发展的最大受益者等方面。

报告显示，2010年中国信息社会指数为0.3929，整体上正处于由工业社会向信息社会过渡的加速转型期。北京、上海两地信息社会指数自2008年起超过0.6，作为第一梯队率先进入信息社会初级阶段。天津、浙江、广东、江苏等地有望在“十二五”期间全面完成进入信息社会的准备。

信息社会发展大体上可分成起步期、转型期、初级阶段、中级阶段、高级阶段5个阶段。在不同的发展阶段，信息社会发展将表现出不同的特点，面临不同的任务和问题。中国信息社会指数在2008年超过0.3，由起步期转入加速转型期。2008~2010年年均增长率为8.68%，加速转型趋势明显。

在加速转型期间，我国移动电话、互联网、计算机、数字电视等主要信息产品的普及率将保持大幅度提高。其中，移动电话正处在快速扩张中期，截至2010年6月，我国的移动电话用户为8.05亿，普及率达到了60.5%，北京、上海地区移动电话普及率已超过100%。互联网正处在快速扩张初期，计算机应用进入快速扩张初期，2009年全国平均计算机普及率达到11%左右。此外，彩电在中国家庭已基本普及。同时，信息技术应用对经济社会发展的影响越来越大。

十六、《信息化蓝皮书：中国信息化形势分析与预测（2010）》发布

2010年8月19日，《信息化蓝皮书：中国信息化形势分析与预测（2010）》发布。蓝皮书强调的是对中国信息化发展的形势与状况、政策与战略、理论与实践研究的优秀成果、重大工程项目等等，进行客观、公正、深入的分析和评估，以专家的视角、眼光和预测，向国内外读者介绍中国信息化理论和实践研究的成果。

蓝皮书指出，中国信息化正强力向农村推进。国家信息化专家咨询委员会常务副主任周宏仁指出，近年来中国的信息化发展远远超过预期，城乡间的数字鸿沟开始缩小，目前我国信息化水平基本达到了中等发达国家水平。

蓝皮书中提到，截至2009年底，中国的网民数量达到3.84亿居全球第一，中国农村的网民人数更是首次超过了1亿，这说明中国农村信息化发展也是不容小觑的。蓝皮书中还提到在金融危机之时，中国的互联网产业逆势增长，电子商务的交易额更是达到了3.85万亿元，是经济危机之下受影响程度最小、成长最好的热点行业之一。

同时，蓝皮书也指出，我国信息化地区间的差异还很大，信息化发展不平衡的问题依然十分严峻，而且呈现出东高西低的趋势。目前北京、上海的信息化水平国内排名第一、第二，甘肃、安徽和贵州信息化的水平比较低。与其他国家相比，差距也很大，差距最大的是在基础设施建设方面。专家分析，这主要是与我国众多的人口有关系。

蓝皮书中还提到，为了应对国际金融危机，宽带化已经成为新一轮的国际竞争制高点，但是目前我国的国际干线宽带水平还不到香港的1/10，所以制定国家宽带发展战略是十分急迫的。

十七、2010中国电子政务论坛暨第四届国际电子政务理论与实践交流会（ICEGOV2010）召开

2010年10月25日，由国家行政学院、国家发改委、工信部联合主办的2010中国电子政务论坛暨第四届国际电子政务理论与实践交流会（ICEGOV2010）在北京召开。来自欧美亚等50多个国家和地区的200多位外方代表和国内中央国家机关、各省（区、市）信息化主办部门负责同志200多人参加会议。此次会议以"融合•发展•创新"为主题，围绕电子政务与政府管理创新、电子政务与新技术应用、政府首席信息官制度、电子政务运行维护机制、电子政务信息安全、电子政务绩效评价等共同关心的问题展开研讨，本次论坛上发布了我国电子政务蓝皮书《中国电子政务发展报告（2010）》。

ICEGOV2010创建于2007年，最早由联合国大学组织发起，这是各国政府、科研机构、非政府组织和企业支持的电子政务国际会议。每届会议都有来自全球50多个国家和地区的300多位政府官员、专家学者和企业代表参会，是目前全球电子政务领域最具影响力的学术活动之一。会议倡导运用信息技术全面促进和改善政府与公民、企业、非政府组织和政府其他部门之间的关系，旨在建立一个跨学科、涉及多重利益相关方、并以公共服务为导向的全球电子政务的网络共同体。目前已经分别在在中国澳门特别行政区（2007年12月）、埃及开罗（2008年12月）、哥伦比亚首都波哥大（2009年11月）举办了三届，均得到当地政府和国际组织的大力支持和重视。

十八、2010中国政府网站绩效评估与第五届中国特色政府网站评选结果发布

2010年12月8日，2010第二届中国政府网站绩效评估与第五届中国特色政府网站评选结果发布大会在北京梅地亚会议中心隆重举行。大会以"整合协同，深化应用，提升电子政务绩效"为主题，由中国社会科学院信息化研究中心与国脉互联政府网站评测研究中心联合主办，邀请了国内电子政务顶级专家出席，来自中央部委、各省（区、市）及区（县）300余名政府网站领导及代表参会。

国家信息中心信息化研究部主任助理于施洋主持上午的会议，他指出，随着互联网新技术、新模式的层出不穷，将推动我国政府网站的开拓创新。要共同学习成功经验，关注前瞻性和探索性的尝试，展望中国政府网站的整体发展趋势。

会上，中国互联网协会常务副理事长、国家信息化专家咨询委员会委员高新民做了以《“十二五”公共领域信息化面临的形势和任务》为题的重要发言。他指出，公共领域信息化的创新趋势是扩展、泛在和平台，要以服务的理念推动门户网站发展，进一步面向对象需求，发挥互动功能，组织社区网络，创新商业模式，开展绩效评估，充分利用新技术。国脉互联政府网站评测研究中心主任、首席研究员杨冰之发布了《2010中国政府网站发展研究及绩效评估结果》，并对评估背景、评估范围、评估指标、评估方法以及评估结果等进行了详细的介绍。本次评估范围涵盖中央部委、省（区、市）、地（市、州）、直辖市（县、区）、县（市）区、乡镇街道等政府网站，共计441个网站，实评352个，评比得出各级政府网站评测的主要结论。杨冰之主任还对政府网站的发展提出了几点思考，指出社会化、智能化、多样化的三化趋势，并强调要从法律、制度、机构等多方面解决我国政府网站的均衡化、集约化、高效化、品牌化的发展，要不断从成功案例中吸取智慧和力量，这既是此次评测的社会收益，也是运营者迫切需要吸取的经验。

会议还对我国电子政务及政府网站建设领域中的优秀技术厂商进行了表彰，大汉网络、动易网络、网景盛世、开普互联和蓝太平洋科技分别获得2010政府网站建设优秀解决方案奖、2010政府网站群运维监管平台优秀奖、2010政府网站监测技术创新奖、2010政府网站建设优秀解决方案奖和2010政府网站群运维管理优秀奖。

本次会议不仅是服务型政府建设背景下的政府网站发展巡礼，还是“十二五”信息化规划在电子政务领域的思想预演，为电子政务服务提供商开拓了市场、捕捉商机的绝佳平台，是“十二五”电子政务趋势研讨的年度峰会。

第三节　项目建设

一、国家人口和计划生育委员会“科技服务信息化工程”

2010年1月15日，国家人口计生委“科技服务信息化工程”启动会在云南省昆明市召开。国家人口计生委2011年将组织实施“科技服务信息化工程”，在全国县乡服务站全部使用技术服务信息系统，实现全国计划生育技术服务信息统一标准、统一使用、实时上传、互通共享。通过“科技服务信息化工程”，规范服务流程，提高服务效能，为人民群众提供更加快捷、优质的服务。

二、国家药监局电子监管网

2010年8月3日，国家药监局表示307种基本药物将纳入电子监管。按照国务院医改工作有关文件的要求，建立基本药物制度的一项重要内容是对基本药物进行全品种电子监管。根据有关规定，凡生产基本药物品种的中标企业，应在2011年3月31日前加入药品电子监管网；凡经营基本药物品种的企业，须按规定进行监管码信息采集和报送。

1. 凡生产基本药物品种的中标企业，应在2011年3月31日前加入药品电子监管网，基本药物品种出厂前，生产企业须按规定在上市产品最小销售包装上加印（贴）统一标识的药品电子监管码，并通过监管网进行数据采集和报送；凡经营基本药物品种的企业，须按规定进行监管码信息采集和报送。

2. 2011年4月1日起，对列入基本药物目录的品种，未入网及未使用药品电子监管码统一标识的，一律不得参与基本药物招标采购。

3. 对未中标的基本药物目录品种生产企业的电子监管工作，要按照国家局的部署逐步完成。

三、地质资料信息服务集群化产业化工作方案

为进一步提高地质工作服务国民经济和社会发展的能力，充分发挥地质资料信息的服务功能，促进地质资料管理职能的全面到位，2010年7月13日，国土资源部审议通过《推进地质资料信息服务集群化产业化工作方案》。

地质资料是地质工作形成的重要基础信息资源。新中国成立60多年来，形成了海量的地质资料信息，为国民经济和社会发展提供了重要支撑。但在地质资料管理方面长期存在资料信息分散、综合研究不够、数字化信息化程度不高、服务渠道不畅、服务能力不强等问题，地质资料信息的巨大潜在价值未能得到充分发挥。推进地质资料信息服务集群化产业化，要完成全国成果资料、原始和实物地质资料清理，对重要地质资料要进行数字化，并建成相关数据库；要对现有各类地质资料信息数据库进行整合并做好更新和维护，初步完成国家和省级地质资料数据中心建设；建立健全统一的地质资料信息集群化产业化标准、规范体系；建设统一的共享服务平台和互联互通的网络服务体系，实现地质信息资料服务渠道和服务方式多元化；及时提供满足不同需求的地质资料信息服务产品。

在当前及今后一个时期，推进地质资料信息服务集群化产业化，着重在资料信息化、服务社会化、发展产业化上下功夫以开放促进服务、以数字化和互联互通提升服务水平，通过集群化工作延长地质资料社会化服务链，促进地学信息的产业化发展。通过充分运用信息化等技术手段，按照统一的规范和标准，对地质资料信息进行深度加工和整合，提高地质资料信息的集中度和关联度。坚持公共服务、全面覆盖、互联互通、维护权益、逐步推进、共同参与的基本原则；要按照统一要求建设数据库、共享服务平台、数据运行环境以及传输网络。

第十七章　地方信息化发展动态

2010年，信息化得到全社会的瞩目，信息化成为主流，全国各地在技术创新、产业升级、基础设施建设、社会民生服务的各个方面加强信息化建设，一些地方还实施了与信息化密切相关的重大工程，并制定了一系列政策、制度、标准，坚持信息产业优先发展，信息产业被定位成战略性新兴产业的支柱，其创新发展和产业化得到了最高程度的重视。

第一节　政策法规

2010年，各地围绕信息化建设与发展，相继制定并出台了一系列政策、法规和规划。

一、浙江省信息化促进条例

2010年7月30日，浙江省第十一届人民代表大会常务委员会第十九次会议通过《浙江省信息化促进条例》（浙江省人民代表大会常务委员会公告第54号，专栏17-1）。

专栏17-1

浙江省信息化促进条例

第一章　总　则

第一条　为了加快信息化发展，规范信息化工作，推进信息化与工业化融合，促进经济发展和社会进步，根据国家有关法律和行政法规的规定，结合本省实际，制定本条例。

第二条　本省行政区域内的信息化规划与建设、信息产业发展、信息技术推广应用、信息资源开发利用、信息安全保障及相关管理活动，适用本条例。

第三条　促进信息化发展应当遵循统筹规划、资源共享、实用高效、立足创新、保障安全的原则。

第四条　县级以上人民政府应当将促进信息化发展纳入国民经济和社会发展规划，建立健全信息化工作领导协调机制。县级以上人民政府应当将政府投资的信息化建设和运行维护所需资金纳入本级财政预算，并根据财力加大对信息化建设的投入，引导和支持社会资金投资信息化建设。

第五条 县级以上人民政府信息化主管部门负责本行政区域内信息化发展的规划、指导、协调和监督管理工作。发展和改革、通信管理、广播电视、财政、城乡规划、公安、工商行政管理、质量技术监督、科技、教育、卫生、商务、农业、气象、测绘与地理信息等有关部门应当按照各自职责做好信息化发展的相关工作。

第六条 鼓励和支持信息化研究、信息技术相关人才的培养和引进，开展信息技术研究开发和推广应用。

普及中小学信息技术教育，鼓励发展信息技术职业教育，鼓励教育培训机构开展信息技术教育培训。

鼓励机关、团体、企业事业单位加强信息技术应用能力建设，提高管理和服务水平。

第二章 信息化规划与建设管理

第七条 县级以上人民政府信息化主管部门应当依照本行政区域国民经济和社会发展规划及上一级信息化发展规划，组织编制本行政区域信息化发展规划，按规定程序报本级人民政府批准后实施，并报上一级信息化主管部门备案。县级以上人民政府其他有关部门编制的本部门（系统）信息化发展专项规划，应当符合本行政区域信息化发展规划，并报同级信息化主管部门备案。编制信息化发展规划和信息化发展专项规划，应当组织专家论证，广泛征求意见。

第八条 城市、县人民政府城乡规划主管部门和通信管理、广播电视等部门，应当根据城市总体规划、县（市）域总体规划和信息化发展规划，共同编制本区域包含电信网、广播电视网、互联网等在内的公共信息基础设施建设专项规划，并按规定程序报本级人民政府批准后实施。

电信网、广播电视网、互联网等公共信息基础设施建设，应当坚持城乡统筹、统一标准、资源共享的原则，实行集约化建设和管理。县级以上人民政府及有关部门应当根据国家规定，积极推进电信网、广播电视网、互联网在业务、网络和终端等层面的融合。

第九条 县级以上人民政府信息化主管部门应当通过公共媒体及时公布信息化发展规划及其执行情况，为公众提供咨询服务，接受社会监督。

经批准的信息化发展规划和公共信息基础设施建设专项规划，任何单位和个人不得擅自变更；确需变更的，应当按照原审批程序报批。

第十条 信息化建设应当严格执行国家、行业强制性标准以及本省的信息化建设地方标准和规范。

本省的信息化建设地方标准和规范由省质量技术监督、信息化等相关部门依法制定和监督实施。

第十一条 新建、改建、扩建电信网、广播电视网、互联网等公共信息基础设施，应当符合信息化发展规划和公共信息基础设施建设专项规划要求。根据公共信息基础设施建设专项规划的要求，需要在机关、社会团体、企业事业等单位用地，或者基础设施用地、公益事业用地、住宅小区用地，或者集体所有土地等范围内设置公共信息基础设施的，用地单位、管理单位或者住宅小区、集体经济组织等应当提供便利。

设置公共信息基础设施，应当做好设施的抗风和防震、防雷等安全工作，并避免对通行、景观等造成不良影响。设置公共信息基础设施，应当依法办理城乡规划、用地、环境保护等审批手续。

第十二条 政府投资的新建、改建、扩建信息化建设项目，投资主管部门在立项审批前，应当事先征求同级信息化主管部门意见。

信息化主管部门应当对信息化建设项目的需求效益、规划布局、技术标准、网络与信息安全、信息资源共享以及其他组织审查并出具书面审查意见。投资主管部门对信息化主管部门提出的意见不予采纳的，应当说明理由。本条第一款规定的信息化建设项目不符合相关规划要求的，投资主管部门不得批准。

第十三条 信息化建设项目的工程设计、施工、集成、监理、招标代理等业务，应当由依法取得相应资质的单位承担。

第十四条 政府投资的信息化建设项目有关信息技术产品和服务的采购，应当按照政府采购的法律、法规规定执行。

政府投资的信息化建设项目采购进口信息技术产品的，应当按照国家有关规定，在报财政部门审核时，提供同级人民政府信息化主管部门出具的意见。

第十五条 政府投资的信息化建设项目完工后，按照国家有关规定组织竣工验收。竣工验收合格后，方可投入使用。信息化建设项目的档案资料按照档案法律、法规以及其他有关规定办理。

第十六条 鼓励有关部门根据需要，采取外包、政府采购等方式从市场获取高质量、低成本的信息产品和信息服务，降低行政成本。

第十七条 涉及国家秘密的信息化建设项目的规划、建设和监督管理，按照保密法律、法规和国家有关规定执行。

第三章　信息产业发展

第十八条 县级以上人民政府应当制定相关政策措施，引导和促进信息产业发展。

县级以上人民政府信息化主管部门应当加强对信息技术产品生产、服务企业的指导和监督管理，落实信息产业政策和措施，依法维护信息化建设和信息服务市场秩序。

第十九条 县级以上人民政府应当改善投资、融资环境，明确产业发展扶持重点，优化产业结构，引导境内外企业、其他经济组织和个人投资信息产业。

第二十条 县级以上人民政府应当鼓励和引导企业加大信息技术开发投入，并对信息产业关键技术和具有自主知识产权信息技术的研发予以重点扶持。

县级以上人民政府应当加强知识产权保护，培育和发展信息技术知识产权交易市场，促进信息技术转让和成果转化。

第二十一条 从事信息技术产品制造、软件开发和信息服务的企业应当按照国家标准、地方标准和有关规范的要求，组织产品生产、技术开发和信息服务。

鼓励企业制定和实施严于国家标准、地方标准的企业产品、服务标准，提高产品和服务质量。

第二十二条 从事信息技术产品制造、软件开发以及信息服务的单位和个人及其所提供的软件产品和服务，按照国家和省有关规定享受税收减免、投资融资、土地使用、人才培养等方面优惠政策。

第二十三条 有关行业组织应当根据本行业的特点，制定和完善信息技术产品生产经营、软件开发和信息服务市场的相关行业规范，依法开展信息技术产品和信息服务的市场调查、信息交流、人才培训、咨询评估等服务，加强行业自律。

第四章 信息技术推广应用

第二十四条 县级以上人民政府信息化主管部门应当根据本行政区域信息化发展规划，组织制定信息技术推广应用计划，确定推广应用目标和重点领域，落实推广应用措施。

县级以上人民政府及有关部门应当采取措施，鼓励和引导物联网技术的研究和推广应用。

第二十五条 县级以上人民政府及有关部门应当根据本行政区域电子政务规划，建立健全电子政务网络服务体系，充分依托电子政务网络完善政府信息查询系统，依法公开政府信息，办理行政管理和公共服务事项，提高行政效能。

第二十六条 县级以上人民政府信息化、通信管理、广播电视、文化、公安、工商行政管理和教育等部门应当利用信息技术加强对网络传播媒体、互联网上网服务营业场所和网络文化产品的管理，杜绝淫秽色情、暴力犯罪等有害信息的传播，建设文明健康的网络文化。

第二十七条 县级以上人民政府及有关部门应当推进信息技术在城镇管理中的应用，整合共享与交通、治安、市容环卫、突发事件应急处置等有关的视频监控系统，提高城镇综合管理水平。

第二十八条 县级以上人民政府及有关部门应当完善农村信息化基础设施，建立农村综合信息服务体系，加强对农村的信息服务和指导，推广信息技术在农业生产、农村社会管理、农村文化生活等方面的应用，促进城乡一体化发展。

第二十九条 县级以上人民政府信息化主管部门应当会同有关部门加强对集成电路卡推广应用的指导，根据需要推进集成电路卡在交通、医疗、社会保障、文化等领域的一卡多用，提高社会公共服务水平。

第三十条 供水、供电、供气、电信、电视、公共交通等公用企业事业单位，应当建立健全信息服务体系，通过信息化手段开展相关的业务申请、信息查询、费用支付、预约登记等业务办理工作。

第三十一条 鼓励和引导企业加大信息技术在设计研发、生产装备、生产过程、经营管理等方面的应用力度，提高生产和管理效能。

第三十二条 鼓励企业和个人应用信息技术依法从事商务活动，推进电子商务、电子金融、网络增值等服务业的发展。

电子商务服务提供商应当建立健全网商登记信息审核、网上商品和服务信息发布、交易行为管理、交易信用评价、用户及交易信息保密、信息安全保障、投诉处理等制度。

第五章 信息资源开发利用

第三十三条 各级人民政府及有关部门应当依法、及时、有序采集政府信息，建立政府信息更新和信息资源管理制度，确保信息的真实、准确、完整和安全。

具有保存利用价值的电子文件应当按照档案管理要求及时归档、登记备份。

第三十四条 县级以上人民政府及有关部门应当按照国家和省有关规定，建立和完善人口、法人单位、自然资源与地理空间、宏观经济等基础信息资源库。

县级以上人民政府有关部门和公用企业事业单位应当按照规定采集、分析、加工各类业务信息，建立本部门（系统）的业务信息资源库和应用服务系统。

除涉及国家秘密或者法律、法规另有规定外，基础信息资源库和业务信息资源库的建设或者管理单位应当按照规定为社会提供信息共享服务。

鼓励企业、其他组织和个人依法利用基础信息资源和业务信息资源进行公益性或者经营性的增值开发。

第三十五条 县级以上人民政府应当建立政府信息交换平台，完善信息资源交换机制和制度，通过电子政务网络实现信息资源共享和业务协同。

有关部门和公用企业事业单位应当依法、及时向本级政府信息交换平台提供本部门、本单位相关信息。

第三十六条 县级以上人民政府应当制定信息资源开发利用的相关政策，建立健全网络信息市场秩序，引导信息商品的流通和消费，促进信息的有效利用。

第三十七条 任何单位和个人不得利用网络与信息系统从事危害国家安全，损害国家利益、社会公共利益以及公民、法人或者其他组织合法权益的活动，不得制作、复制、发布、传播含有法律、法规禁止内容的信息。

第三十八条 金融、保险、电信、供水、供电、供气、医院、物业、房产中介以及其他掌握公众信息的单位，不得将其在提供服务过程中获得的公民、法人和其他组织的信息出售或者以其他方式非法提供给他人。任何单位和个人不得非法获取公民、法人和其他组织的信息。

第六章 信息安全保障

第三十九条 县级以上人民政府信息化主管部门应当会同公安、国家安全、保密、密码管理、通信管理等部门，加强信息安全管理，建立健全相应的协调机制和应急处置机制，完善信息安全保障体系。

第四十条 网络与信息系统的主管部门和运营、使用单位，应当建立信息安全保障工作责任制和信息安全管理制度，落实信息安全保护措施，保证网络与信息系统的安全运行。

第四十一条 网络与信息系统的建设和运营、使用单位，应当按照国家和省有关信息安全等级保护的规定，确定本单位网络与信息系统的安全等级，按照规定进行定级评审、备案和相应的信息安全等级测评，并同步开展信息系统安全建设或者改建工作；其信息系统应当使用符合法律、法规和国家有关技术标准的信息系统安全专用产品。

第四十二条 基础网络和重要信息系统的运营、使用单位，应当按照国家技术规范和标准，进行信息安全风险评估，或者委托具有相应资质的检测机构进行评估，并根据评估结果，采取相应的安全保护措施。

县级以上人民政府信息化主管部门应当组织有关部门对基础网络和重要信息系统的信息安全进行检查；必要时，可以组织有关部门进行信息安全风险检查评估。

基础网络和重要信息系统的具体范围，由省信息化主管部门确定，并报省人民政府批准。

第四十三条 基础网络和重要信息系统的主管部门和运营、使用单位，应当按照国家和省有关规定建立健全冗灾备份系统和灾难恢复机制，确保信息安全和作业的连续性。

第四十四条 县级以上人民政府信息化主管部门应当会同有关部门编制本行政区域网络与信息安全突发事件应急预案，经本级人民政府批准后实施，并报上一级信息化主管部门备案。基础网络和重要信息系统的主管部门和运营、使用单位，应当按照国家和省有关规定制定网络与信息安全突发事件应急预案，定期演练。应急预案应当按照规定报信息化主管部门及有关部门备案。发生网络与信息安全突发事件时，事发单位应当迅速启动应急响应，及时采取措施，防止事件扩大，保存相关记录，按照规定向本级人民政府和有关部门报告；县级以上人民政府及有关部门应当按照应急预案的规定，开展应急处置。

第四十五条 任何单位和个人不得擅自拆除、迁移或者损毁电信网、广播电视网、互联网等公共信息基础设施；不得从事故意制作、传播计算机病毒等危害网络与信息安全的活动。

第七章　法律责任

第四十六条 违反本条例规定的行为，有关法律、法规已有行政处罚规定的，从其规定；构成犯罪的，依法追究刑事责任。

第四十七条 违反本条例第四十二条第一款的规定，基础网络和重要信息系统的运营、使用单位未按照国家技术规范和标准进行信息安全风险评估的，由县级以上人民政府信息化主管部门责令限期改正，给予警告；逾期不改正的，处五千元以上三万元以下罚款。其中，公用通信网和互联网运营单位未按照国家技术规范和标准进行信息安全风险评估的，由通信管理机构按照本条规定予以处罚。

第四十八条 信息化主管部门和其他有关部门及其工作人员有下列行为之一的，对直接负责的主管人员和其他直接责任人员，按照管理权限依法给予行政处分：

（一）违法变更信息化发展规划或者公共信息基础设施建设专项规划的；

（二）投资主管部门违反本条例规定批准政府投资的信息化建设项目的；

（三）政府投资的信息化建设项目未经验收合格投入使用的；

（四）基础信息资源库和业务信息资源库的建设或者管理单位未按本条例规定提供信息共享服务的；

（五）其他玩忽职守、滥用职权、徇私舞弊的行为。

第八章　附　则

第四十九条　本条例自2011年1月1日起施行。

二、福建省加快物联网发展行动方案（2010～2012年）

2010年4月4日，福建省政府办公厅出台《福建省加快物联网发展行动方案（2010～2012年）》（闽政办〔2010〕142 号，专栏17-2）。

专栏17-2

福建省加快物联网发展行动方案（2010～2012年）

物联网是继计算机、互联网和移动通信网之后，世界信息技术革命的第三次浪潮，已经列为国家战略性新兴产业。为大力发展我省物联网相关产业，服务我省经济发展方式转变，加快推进海峡西岸经济区建设，特制定本行动方案。

一、福建省物联网发展现状和存在问题

（一）发展现状。产业发展初具规模。我省拥有传感器、网络传输、数据处理等基本完善的产业链，出现了一批在某些领域产品研发和应用推广全国领先的企业。据初步统计，2009年全省物联网产业年销售收入约100亿元，其中，传感网设备收入20亿元，传输网收入10亿元，物联网应用软件与系统集成收入70亿元。全省已有100多家从事物联网研发、生产、应用、服务的机构和企业。

技术研发部分领先。我省在传感仪表、自动化控制、电子回执、射频读卡器、自助终端、物联网操作系统级中间件平台、智能家居系统等领域的研发居国内领先水平，并已成立三个RFID应用研究中心，在技术成果转化方面初见成效。

应用市场持续拓展。我省产品在全国城市管理、智能监控、食品追溯、水质监测等系统应用较为广泛，传感仪表已进入国外市场，二维码智能识读机具、各式标签、智能卡、RFID读写设备、网络终端等已在国内广泛应用。通信运营商从2002年起就开始为行业客户量身打造集数据采集、传输、处理和业务管理于一体的“全球眼”、“定位服务”、安全监控等物联网解决方案，积累了丰富的物联网运营经验。RFID等物联网技术在厦门入岛收费及高速公路运营方面得到了较好的应用。

通信网络设施先进。我省已经建成一个国内领先、初步达到世界先进技术水平的信息网络体系。高速有线和无线宽带网络覆盖全省，97%和100%建制村实现有线和无线上网，移动电话普及率、有线宽带、网站、网民、域名总数等相关指标分别位居全国第4～6位。福建是中国移动在全国进行TD－SCDMA试验网建设的首批省份之一，加上电信CDMA2000和联通WCDMA的3G网络改造建设，第三代移动通信基础设施基本完善，具备在更高水平、更深层次和更大范围上推进泛在信息网络和无线信息技术应用的基础和条件。

（二）存在问题。福建物联网产业发展基础和前景良好，但还存在不少问题和困难，主要表现在六个方面：一是一些地区和部门对物联网这一新兴产业发展认识不足、重视不够，财政性产业研发和技术应用资金投入不足；二是缺少起点高、辐射面广、带动作用大的物联网技术公共服务平台和高效的综合管理平台；三是信息资源共享不够，物联网成熟技术的先行先试推广应用比较困难；四是物联网标准制定工作滞后，不同企业同一技术产品不能互联互通，影响到先进技术推广应用的规模效益；五是物联网的信息安全技术和管理能力有待提升；六是物联网技术适用人才缺乏。这些问题许多方面在全国是共性的，需要在今后的推进发展过程中逐步加以解决。

二、加快福建省物联网发展的指导思想和目标

（一）指导思想。全面贯彻落实科学发展观，以转变经济发展方式和服务民生为根本，以提高综合竞争力为核心，构建政府推动、企业主导和产业链上下游紧密协作的格局；整合各种资源，努力先行先试，通过推动物联网成熟技术的示范应用，带动我省物联网相关产业加快发展，促进全省经济结构调整和产业优化升级。

（二）发展目标。重点培育、扶持一批在全国具有一定影响力的物联网龙头企业；争取在传感器、核心芯片、关键设备制造等方面形成一批自主知识产权的产品和解决方案；促进物联网标识、感知、处理和信息传送等产业链条进一步完善；积极参与物联网操作系统级中间件平台等技术国家、行业标准的制定；逐步完善物联网研发体系、公共技术服务平台及基础数据库。到2012年，争取全省物联网相关产业产值达到300亿元以上；物联网示范应用和技术研发及产业发展部分领域走在全国前列，重点行业示范应用效益明显，重点示范区域智能管理和民生智能化水平显著提升。

三、加快福建省物联网发展的主要任务

跟踪国际物联网技术发展方向，根据我省实际，结合产业发展带动，择优选择建设一批物联网行业性应用示范工程，坚持成熟一个、推进一个，实现以市场带开发，以发展拓空间，以需求促产业。

重点实施“129工程”，即：1个物联网产业集群、2个物联网重点示范区和9类物联网行业应用示范工程。

（一）1个物联网产业集群。发挥基础电信运营商的汇聚互联平台作用、技术应用服务商在推动产业发展中的示范作用、软件和设备制造企业在技术创新和产品研发方面的支撑作用、研究机构和高等院校在跟踪国际国内先进技术和适用技术及管理人才方面的保障作用，以示范应用带动产品开发和产业发展，以市场资源开展招商引资，推动闽台深度对接，努力培育并争

取形成从材料、技术、器件、系统到传输网络等较为完整的物联网产业链，包括：电子标签等芯片设计、生产；传感产品、读写设备、GPS、视频监视等设备研发生产服务；操作系统级中间件平台开发应用；行业应用软件开发服务及系统集成；基于M2M新业务的电信运营增值服务；以及物联网相关服务商（调度、控制中心）的运行维护服务、技术评估与质量控制服务、人才培训服务等，逐步形成在全国具有一定影响力的物联网产业集群。重点扶持一批目前在全国领先的骨干企业，支持设立物联网技术研发专区，形成物联网产业发展的集聚区。

（二）2个物联网重点示范区。鼓楼示范区。依托福建移动传输网，以福州市便民呼叫中心12345平台为支撑，以智能交通为重点，突出城市管理、交通物流、公共安全、商贸流通、民生服务等惠民领域，重点做好城市网格管理、公共停车管理、社会治安防控、旅游自助导览、移动电子商务、社区居家养老6类项目先行先试，建设海峡西岸省会智慧中心城区。

武夷山示范区。依托福建电信传输网，以“数字武夷”建设工程为基础，以智能旅游为重点，推进物联网先进技术在交通、物流、校园、城管、社区、环境监测等领域的应用，建设智慧武夷旅游度假城市。

（三）9类重点行业应用示范工程

1. 工业控制类。推进智能精益制造、生产过程的自动化控制和生产资产、设备的智能化管控，提升工业生产过程自动化水平和企业对生产经营的监控能力。

近期重点建设精益制造管控应用示范工程，由省经贸委会同省信息化局牵头负责，各相关行业协会配合。

2. 农业精细生产类。建设农业环境自动监测系统，完成风、光、水、电、热、肥和农药等数据的采集和环境控制，为农业生产全过程提供智能化服务，并有效提高农业集约化生产程度。

近期重点建设蔬菜瓜果信息溯源应用示范工程，由省农业厅牵头负责。

3. 交通物流类。建立实时、准确、高效的交通运输综合管理和控制系统，实现交通运输管理的智能化，达到减少拥堵、降低汽车尾气污染排放、及时处理交通事故、提高物流效率的目的。

近期重点建设智能交通（电子车牌）示范工程，由省公安厅牵头，省交通运输厅、省信息化局配合。

4. 商贸流通类。通过运用RFID射频技术，快速、有效、自动地采集仓储流通各环节的数据，实现远程监控管理；通过改造手机卡或是把手机号码与银行卡进行绑定等方式，实现手机支付、身份识别、门禁等服务，从而为商家、群众提供更为便捷的仓储、购物和智能化的服务。

近期重点建设手机智能卡、智能仓储物流应用示范工程，由省经贸委会同省信息化局牵头，通信管理局及物流、商贸行业协会配合。

5. 城市管理类。实现相关部门信息共享和业务协同，对城市电、水、管道燃气、公交、环境卫生、旅游、市政管线设施、绿化景观、市容、公共卫生等城市"体征指标"进行信息监测和数据分析，促进城市管理的精细化、网格化和信息化。

近期重点建设城市管理网格化应用示范工程，由福州市政府牵头，省住房和城乡建设厅、省信息化局配合。

6. 民生保障类。实现对食品、药品的生产、流通环节全过程智能化监控，追溯食品、药品生产、流通、消费过程信息，提升食品、药品安全管理和控制。

近期重点建设肉品安全追溯应用示范工程，由省食品安全办公室牵头，省经贸委、省农业厅、省信息化局配合。

7. 环保节能类。对水环境、大气环境、空气质量、城市噪音、电力等实施自动化监测，为政府强化对环境、生态以及企业节能减排的监测与控制提供有效手段，促进节能降耗目标的实现。

近期重点建设智能电网应用示范工程，由省电力公司负责、省信息化局配合。

8. 安全监控类。重点在矿山、危险品生产企业等领域实施安全智能监控，促进业务精细管理、安保预警、防灾减灾、整体防范控制、联动指挥等环节一体化的形成，提升公共安全保障能力。

近期重点建设煤矿安全监控示范工程，由省安监局（煤监局）牵头，省联通公司等通信运营商和省信息化局配合。

9. 公共服务类。围绕政府公共服务内容，推动国有资产管理、电子档案管理、校园智能管理和智能化健康监测、病人及残疾人生活服务、老人和儿童监护等，建设智慧服务型社会。

近期重点建设校园智能卡应用示范工程，由省教育厅牵头，省电信公司和省信息化局配合。

四、加快福建省物联网发展的保障措施

（一）强化领导，引领产业发展。建立福建省推动物联网发展联席会议制度，由省政府分管领导牵头，有关部门参加，完善协调机制，统筹协调政策、资金、市场等各方面资源，向物联网产业倾斜，全面指导、推动物联网发展，包括物联网示范项目建设推进和产业发展工作。将本方案纳入福建省"十二五"国民经济社会发展规划，研究制定物联网相关地方性法规条例，加大对物联网信息涉及的国家安全、企业机密和个人隐私的保护力度。

（二）示范带动，培育市场需求。学习借鉴国外、省外成功经验，结合我省实际，瞄准国内外成熟技术，以示范项目为载体，加大市场培育力度，促进物联网技术推广应用。物联网主管部门、行业运用部门、行业协会、通信运营商、技术设备提供商以及系统解决方案服务商等各方紧密联手，协力推进。对与国计民生相关、应用效益明显、对我省产业推动作用大、且先行先试已有成功案例的物联网应用项目，有关方面要给予充分重视，采取有关政策倾斜一点、政府财政扶持一点、运营商参与分摊一点、软件、设备提供商和系统集成服务商优惠一点等措施，推进应用项目示范建设。充分利用"6·18"、"9·8"以及国外、省外各类展会，开展我省物联网技术应用展示和项目对接活动。支持有关地市设立物联网技术研发专区，支持物联网示范区和重点企业建设物联网应用体验中心。

（三）推进项目，提升发展水平。加强产业招商和宣传推介，把物联网发展作为闽台产业深度对接重点，实行“以市场换技术”，让出部分政府可调控的市场空间，吸引和承接国内外知名物联网企业落户福建，提升我省物联网发展水平。努力吸引国内外科研院所、高校到福建设立研发机构及与我省企业对接。重视发挥行业协会作用，积极促进闽、台、港三地优势企业合作交流，建设“两岸三地”一体化虚拟产业体系，实现互利共赢。鼓励我省增值电信服务商创新物联网应用运营模式，加大物联网商业开发。

（四）加大投入，扶持企业成长。我省软件业、高新技术、信息化等方面财政扶持资金要向我省物联网项目倾斜，同时，积极组织企业争取国家资金支持，重点扶持关键技术研发、重点领域示范应用、人才培育、技术评估和质量控制公共服务平台建设。充分运用政府部门掌握的行政和市场资源，优先为物联网相关企业提供市场空间。我省财政性资金用于物联网技术应用及信息化建设的项目在同等条件下优先选择我省产品和服务。支持省内物联网企业参加境内外各类相关展览、国内外推介会、国际性及国家组织的资质认证等，在省内先行先试的基础上向省外、国外拓展。

（五）完善平台，提高创新能力。发挥财政资金引领作用，整合现有研发平台资源，推动建设以企业为主体、政府引导、用户牵引、研究所与大学深度参与的海西物联网研发公共技术服务平台，开展关键技术研究和参与有关标准制定，促进我省有优势、有条件的重点企业关键技术达到国际国内领先水平。近期重点建设完善物联网操作系统级中间件平台和物联网技术评估和质量控制服务平台。加快“无线城市”建设，支持基础电信运营商建设基于物联网的运营服务平台，推动运营商和省内重点行业的紧密合作。发挥行业协会和已经成立的“两岸三地”RFID产业联盟等中介组织的作用，密切跟踪国际物联网发展最新技术，加强与国家级研发机构以及国外、香港等区域的技术交流，在共性及关键技术、创新应用等领域有的放矢开展合作研发。依托省内高校和相关企业，切实加强物联网人才平台建设，成立福建省物联网专家组，积极鼓励省内高校完善学科体系建设，建设实训基地，开展职业技能资格培训，培养物联网人才。

（六）整合资源，营造发展环境。加强部门、地区间信息资源共享，建立起相对完善的协调机制，提高公共信息共享程度。加强物联网安全研究，探讨建立物联网安全应用示范，同步规划物联网的网络与信息安全保障机制，推动物联网安全产业发展。加快物联网与通信网融合发展。组建由政府牵头、产业链上下游企业、科研院所、金融行业等参与的海西物联网联盟，协同开展关键应用推进、技术攻关、上下游产业化配套合作、技术和产品标准研制等工作，推动不同企业同一技术产品的互联互通。

三、山东省物联网产业发展规划纲要（2011～2015年）

2010年12月10日，《山东省物联网产业发展规划纲要（2011~2015）》经第86次山东省政府常务会议审议通过印发（鲁政发〔2010〕114号，专栏17-3）。

专栏17-3

山东省物联网产业发展规划纲要（2011～2015年）

物联网（The Internet of Things）是通过射频识别（RFID）、红外感应器、全球定位系统、激光扫描器等信息传感设备，按约定的协议，把任何物品与互联网连接起来，进行信息交换和通讯，以实现智能化识别、定位、跟踪、监控和管理的一种网络。根据国家战略要求和山东经济社会发展实际，特制订本规划纲要。规划实施期限为2011年至2015年。

一、战略意义、发展现状和趋势

（一）战略意义。物联网产业横跨电子信息制造业、智能装备制造业、软件和信息服务业三大产业，集计算机、通信、网络、智能计算、传感器、嵌入式系统、微电子等多个技术领域，由终端产品制造商、信息传输与处理商、应用与服务提供商和消费者等参与构成。物联网技术和产业的发展将引发新一轮信息技术革命和产业革命，是信息产业领域未来竞争的制高点和产业升级的核心驱动力。加快发展物联网产业不仅是我省提升信息产业核心竞争力、发展创新型经济的战略选择，也是改造提升传统产业、促进“两化”融合、提升社会信息化水平的重要抓手。迅速实现物联网技术突破和产业发展，抢占技术和人才制高点，可以提升我省整体创新能力，增强我省经济可持续发展能力和核心竞争力。

（二）发展现状。随着信息采集与智能计算技术的迅速发展和互联网与移动通信网的广泛应用，大规模发展物联网及相关产业的时机日趋成熟。发达国家和地区已纷纷开展物联网领域的规划布局，已在商业零售、物流、环境监测、生物医药、智能基础设施等领域加快应用。美国2009年9月提出《美国创新战略》，将物联网作为振兴经济、确定优势的关键战略，“智能电网”、“智慧地球”等计划相继实施；欧盟已着手实施物联网行动方案，推出物联网标准战略，确保物联网的可信度、接受度和安全性；日本是世界上第一个提出“泛在”战略的国家，在其U-Japan和I-Japan战略中，物联网是发展的重点；韩国出台了《物联网基础设施构建基本规划》，提出“通过构建世界最先进的物联网基础设施，到2012年打造信息通信融合的超一流的ICT强国”的目标，并制定了四大战略和12个重点项目。我国早在10多年前就开始了物联网相关领域的研究，技术和标准与国际基本同步，突破了一批关键技术，形成了一定产业规模，并在国际标准制定中取得一定话语权。智能交通、智能安防、智能物流、公共安全等领域的示范应用在一些省、市已初步展开。

我省是电子信息产业大省，也是国内物联网产业起步较早和相对集中的地区，在技术研发、产业化、市场应用、人才资源、新产业培育等方面拥有一定的先行和集聚优势。一是RFID、传感器产业初具规模，拥有从事RFID、传感器研发生产重点企业共100余家，2009年实现销售收入超过100亿元；二是智能芯片产业具备一定基础，形成了海信“信芯”、海尔解码芯片、浪潮税控收款机SoC芯片等具有自主知识产权的核心技术，正在形成以济南、青岛为中心的集成电路设计基地；三是无线通信网络产业稳步发展，截至2009年底，移动电话用户总数达到5341.8万户，居全国第二位，宽带接入用户达747.4万户；四是物联网应用逐步扩大，我省企业的物联网产品和服务应用于节能减排、生物识别、一卡通、防伪、票证、食品安全、公共安全等领域，并在养殖业、物流信息化、农业信息化、城市公共服务、智能交通、生产制造等领域进行了多项示范应用。

（三）发展趋势。随着物联网技术在各行各业广泛应用，RFID、智能芯片、传感器、无线通信等领域产品需求量将急剧上升，这将带动新的软件、服务和应用市场发展。据估计，到2020年，在智能电网和机场防入侵系统方面的市场规模可超过1000亿元，物联网将成为下一个万亿级的信息技术产业。随着标准、技术和价格等多方面因素的成熟，我国物联网产业市场未来几年将处于高速发展期，为我省发展物联网相关产业带来了良好的发展机遇。

二、发展思路和目标

（一）发展思路。深入贯彻落实科学发展观，按照"引领核心技术，建设产业聚集区；发展重点产业领域，形成产业支撑区；实施重大示范工程，打造全省示范先行区"的思路，以促进发展方式转变和产业结构调整为宗旨，坚持"设施先行、创新驱动、以用兴业、重点突破、协同发展"的原则，确立应用牵引的产业发展模式，以物联网示范工程建设为核心、产业基地为载体、产业联盟为支撑，以物联网产业创新体系、应用推广体系、标准研制与验证体系、公共技术服务体系、信息安全基础体系和产业要素支撑体系为保障，加快形成"智慧山东"基本框架。

（二）发展目标。力争用5年左右的时间，以构筑"智慧山东"为目标，初步将我省建设成为物联网领域技术、产业、应用的先行省份，在全国处于领先地位。到2015年，争取在RFID、传感器、核心芯片、关键设备制造等方面形成一批自主知识产权的产品和解决方案；重点培育、扶持一批在全国具有一定影响力的物联网龙头企业，促进物联网标识、感知、处理和信息传送等产业链条进一步完善；重点行业示范应用效益明显，重点示范区域智能管理和民生智能化水平显著提升；积极参与物联网操作系统及中间件平台等基础性国家、行业技术标准制定，逐步完善物联网研发体系、公共技术服务平台及基础数据库，初步建立起我省物联网标准化体系。

1. 技术创新。攻克一批物联网核心关键技术，形成具有自主知识产权的物联网产品系列，在RFID、传感器及节点、应用软件、高端集成、服务应用以及网络通信、云计算、云安全等技术领域取得实质突破，自主研发、产业保障和核心技术掌控力显著提升，到2015年，形成较为完备的物联网标准体系和专利体系。

2. 产业规模。到2015年，建成具有较强创新能力和国际竞争力、自主可控的物联网产业体系，物联网产业规模超过2000亿元。在新型RFID、传感器、网络通信设备、软件开发、高端集成服务、网络运营及应用服务等领域集聚规模以上企业500家以上，形成年销售额超10亿元的龙头企业5家以上，初步形成门类齐全、布局合理、协同发展的产业集群和区域结构。以济南、青岛等市为全省物联网发展的主要承载地，促进实现其他地市产业园区与之协同发展、错位竞争的良性发展态势。

3. 示范应用。到2015年，以政府推动示范应用和项目为切入点，在交通运输、农牧业、节能环保、物流、电力、安全、家居、城市管理等领域重大示范工程基本建成，先导行业的物联网应用全面开展。

三、发展重点

跟踪国际物联网技术发展方向，根据我省实际，结合产业发展带动，重点实施“5412工程”，即：5个物联网核心技术领域、4大物联网产业和12类物联网重大示范工程。

（一）核心技术领域。通过政府推动、应用牵引和创新驱动，重点攻克核心技术，大力发展核心产业，加快形成较为完备的物联网技术体系和产业体系。

1. 射频识别技术和传感节点技术。通过新原理、新材料和新结构的研发，依托威海北洋电气、东方电子等企业，以低功耗、小型化、高性能为目标推动传感器节点集成化，重点开发各种类型的面向不同行业的低成本传感器，实现传感节点感知单元、处理单元、传输单元和电源单元的高度集成。加快研发传感器节点微操作系统及应用中间件、微组装技术和传感器节点机组成单元的工艺和设备技术。以山东标准化院、淄博泰宝等企业为重点，加快开发超高频RFID、新型集成RFID、微机电系统（MEMS）等器件和技术，支持RFID产业化应用关键技术的攻关。

2. 组网与协同处理技术。以海尔集团、海信集团等为核心，加强网络体系结构、网络与信息安全、传感器节点间通信与组网协同感知与智能化信息处理系统等相关技术研发。重点研发适用于传感器节点的近距离无线通信技术、研究自组织组网技术以及异构网络的融合技术和协同技术，保证通讯的保密性、完整性、可用性，实现多网无缝接入与信息交互标准化。

3. 物联网软件、应用集成及智能计算处理技术。充分发挥我省浪潮集团、中创软件等企业在技术和市场方面的优势，重点支持物联网海量数据的智能计算平台和数据挖掘平台，系统级软件及中间件和决策处理等智能计算系统的研发。以日照活点网络科技、地纬软件、蓝光软件等企业为重点，加快发展包括嵌入式微操作系统、物联网管理控制技术、物联网系统集成、云计算、云安全、感知识别层的应用中间件和高端系统级应用中间件，大规模数据挖掘和决策智能处理算法与软件、物联网搜索引擎、物联网Web技术等。

4. 共性支撑技术。巩固山东大学、省科学院、济南银泉科技公司等在各自共性支撑技术领域的优势，重点加强可编程、一致性测试、基准测试、系统测试、自适应任务调度、情境感知、隐私保护等共性技术研发及现代信息通信、计算机及网络、先进微电子机械系统技术、新材料、新能源等基础支撑技术的研究与创新应用。加强网络虚拟化技术、集群化技术、多节点信息协同技术、多源资源管理、网络服务质量(QoS)技术、分布式信息处理和分布式资源管理技术、内容聚合技术、网络管理技术、设备管理技术等共性支撑技术产品的研发。

5. 物联网网络与信息安全技术。依托山东大学、山东省网络与信息安全测评中心、济南得安、山东CA公司等技术优势，重点发展包括传感器节点和网络的安全技术、RFID安全技术、物联网加密技术、物联网安全认证技术产品等，加强统一的安全终端和安全应用平台功能模块的研发。

（二）重点产业领域。物联网产业具有爆发力强、关联度大、渗透性高、应用范围广等特点，按照关联度大小，重点培育核心产业，鼓励发展支撑产业，以应用促进相关产业发展。

1. 物联网核心产业。重点发展与物联网产业链紧密关联的硬件、软件、系统集成等核心领域。以金钟衡器、淄博泰宝、凯胜电子、东方电子等为重点，着力打造各类传感器、新型传感网芯片设计、制造和封装、软件/中间件、系统集成、网络服务、内容服务、物联网技术应用等产业，培育形成以传感器、RFID产品和嵌入式芯片为主的物联网制造业。

2. 物联网支撑产业。抓好海尔集团智能家居、海信集团智能交通等重大项目的实施，支持发展微小型、高性能、智能化的各种新型电子元器件、集成电路、数字家庭、新型电子材料，支持浪潮、中创软件发展高端计算机及服务器、通信网络与设备、高端软件等相关支撑产业。

3. 物联网带动产业。加快推进智能工业、数字农业、智慧矿山等重大工程建设，利用物联网大规模产业化和应用对先进制造业、现代服务业和传统产业带来的根本变革，重点推进带动效应大的现代装备制造业、现代农业、现代服务业、消费电子、交通运输及其他传统产业改造升级和发展。

4. 物联网网络运营和服务产业。以中国电信、中国移动、中国联通三大电信运营企业为依托，重点推进与物联网产业发展和应用示范相关的通信传输、智能处理、数据存储、信息安全等网络信息基础设施提升工程。尽快形成以网络传输、信息处理、内容提供以及运营服务为主的物联网网络运营和服务产业快速聚集、可持续发展的网络基础条件和服务支撑体系。

（三）重大示范工程。面向经济、公共管理和公众服务等领域，分期分批建设12大示范工程，为物联网产业发展培育良好的市场环境。在示范先行的基础上推动应用的工程化，由点到面、覆盖全省、辐射全国，将我省建设成为物联网示范先行区，推动物联网产业可持续发展。

1. 智能工业示范工程。以装备制造智能化为核心和突破口，深化物联网技术在汽车、船舶、机械设备、消费品等我省优势传统产业上的渗透融合，创建100个装备制造智能化示范项目。一是以山钢、青钢等为示范，在钢铁行业发展高端钢铁行业智能化技术总包服务。二是以济南重汽、潍柴集团等为示范，汽车行业大力应用全数字化设计、智能测控、工业机器人和虚拟仿真技术，试点推广柔性制造、敏捷制造等先进生产技术，发展个性化定制生产模式，开发应用发动机电子控制、传动和行驶电子控制、导航、安全报警及检测等系统。三是以青岛北海等为示范，船舶行业重点推广应用电子识别技术、可配置信息集成等，实施海洋工程装备建造数字化、管理信息化改造。四是以齐鲁石化、烟台万华、济南炼油厂等为示范，在石化行业重点推广应用实时、在线、连续的产品质量和成分传感网控制系统，提高产品品质、安全生产和节能降耗水平。五是以招金、山水等为示范，在原材料行业重点推广在线检测、集散控制技术，提升生产流程自动化和智能化水平。广泛应用传感网技术，实现实时监测、诊断、预警的清洁文明生产。六是以海尔、青啤、张裕等为示范，在消费品行业重点应用产品设计、生产集成和柔性制造系统，大力推广生产过程状态监视、质量控制、快速检测等技术。

2. 数字农业示范工程。以龙大集团、诸城外贸、禹王集团等国家和省重点龙头农业企业为示范，重点在粮食作物生产、农用地资源利用、农用水资源、畜禽水产精细化管理、农产品质量安全管理与溯源、果园精细管理、设施农业等领域部署物联网试点与示范应用。选择寿光等10个以上县（市、区），以设施农业和农田远程管理为切入点，推广3S技术（地理信息系统GIS、全球定位系统GPS和遥感技术RS）和计算机自动控制、模拟等技术，建设一批省级农业物联网技术应用示范园区。

3. 智能物流示范工程。以青岛港、山东邮政等为示范，以港口集装箱智能调度、物流信息处理、车辆监控管理和调度、食品及药品追溯与风险预警等为切入点，研究物联网的技术选型、建设模式和基本框架，采用和制定相关物流信息标准，选择60个重点物流企业、园区和基地开展感知物流应用示范。积极推动RFID、传感网等技术在制造业物流、城市配送物流、商贸服务中心等各类物流模式中的应用，加快以物联网为主要特征的第三方、第四方物流新模式和制造业物流业联动发展。

4. 智能电网示范工程。建设对重要输变电设备和高空塔架状态监测的物联网设施，实现智能的设备生命周期管理和故障预警；建立基于通信网络的电力远程抄表平台，实现全电子化抄表、通知和缴费，提升基础设施精细管理和自动化运营能力。以建设智能变电站为切入点，开展感知电力应用示范，实现电网可靠、安全、经济、高效运行，建成覆盖全省的智能电网物联网应用示范工程、建设3~5个智能电网示范城市。

5. 智慧矿山示范工程。选择枣矿、兖矿、山东黄金等重点企业开展“数字矿山”试点、示范，全面实施以物联网为基础的包括基础网络平台、矿山数据仓库、工业自动化系统、安全监测监控系统、地理信息系统和可视化平台、安全保障系统、生产技术管理系统、矿山ERP系统和基于生产环境、生产设备、生产人员互连的四维综合指挥调度系统数字矿山示范建设。

6. 智能交通示范工程。以山东高速集团、山东机场有限公司等为示范，重点打造智能交通工具、智能交通行车与停车诱导、城市道路智能交通管理、高速公路智能管理、电子收费、交通事故预防和安全保障、道路基础设施管理与维护等系统示范应用工程，形成智能交通标准体系，初步建立面向行业与区域的运输管理物联网公共服务体系。大力推行RFID在不停车收费（ETC）、多路径识别等方向的应用，在全省高速公路主要出入口逐步实现不停车收费。

7. 数字节能环保示范工程。一是用传感网技术促进节能技改，重点推进冶金、化工、建材等高耗能行业生产设备智能化，改造传统工艺和生产流程，培育100家能源综合利用、污染源（物）监控和清洁生产示范企业。二是在全省每个地市选择开展污染防控传感网络，建设放射源管理、污染源在线监控、水环境质量监测、空气质量监测、城市噪声固定式监测和环境预警及应急指挥系统等3~5个重点示范项目建设，以构建智能化、具有感知能力的监测、防控体系。

8. 智能城市管理示范工程。一是选择济宁、烟台、东营等“无线城市”试点城市，建设具备异常事件自动发现和智能预警功能的城市监控系统，实现对突发事件、事故灾难、重要场合、大型活动实时全程监控、应急指挥、事后评估等。二是以周界防入侵系统为应用切入点，全省选择8~10个机场、火车站、港口等重要部门和重点区域建设周界防入侵系统示范项目。

9. 数字公共安全示范工程。结合公共安全的实际需求和物联网的技术优势，在防入侵、应急指挥和食品、特种设备、危险品、卫生等领域推动物联网示范应用，通过试点工程实现技术验证，并达到示范作用，推动形成公共安全物联网的大规模应用体系，加速建设突发公共事件应急物联网平台体系。

10. 智慧医疗示范工程。以山东省立医院、齐鲁医院、千佛山医院等为示范，重点推广、部署RFID就诊“一卡通”、无线（移动）远程医疗与医疗监护、远程健康管理、药品供应链管理、重要医疗器械（高价、放射性等）追溯等医疗服务、医药产品、医疗器械物联网示范与应用，建立医疗领域物联网标准、编码体系，联合医疗服务行业、物联网企业、科研院校共同研发适合医疗行业需求的物联网相关技术及产品。

11. 智能家居示范工程。采用传感网、智能控制、RFID等物联网技术，建设联入城市公共安全平台的小区安防系统以及基于通信网络的家庭环境监控等智能控制平台；实时收集水、电等资源使用信息，根据人员的活动情况自动调节空调、电灯和水源，实现节能目标。

12. 智能建筑示范工程。在全省每个地级市选择3~5处建筑面积在5万平方米以上的住宅小区或2万平方米以上的公共建筑，采用传感网、智能控制、RFID等技术，建设智能建筑项目；支持60个以上示范项目，应用物联网技术的建筑面积达到300万平方米以上。

四、重点任务

为实现发展目标，我省应发挥优势，整合资源，抢抓机遇，加快科教资源、产业资源和金融资源的引进集聚，突出抓好平台、园区建设和示范应用工程，抢占产业、应用、技术、人才制高点。

（一）加快形成产业布局。突出自主创新、选择2~3个设区市建设核心技术和产业聚集区；突出产业支撑，选择4~5个设区市发展产业支撑区，构筑布局合理的物联网产业基地；省内其他区域立足现有产业基础，明确重点发展领域，形成若干个物联网应用示范区，开展物联网应用和示范工程，集聚物联网优势企业，加快形成物联网产业集群，形成技术创新、应用方案创新和商业模式创新的合力。各市应有重点的推动特色化物联网示范工程建设，在省内形成分工合理、特色明显、优势互补、互动共赢的产业发展格局，共同打造全国领先水平的物联网产业基地。

（二）加快推进支撑服务平台建设。一是加快推进物联网海量数据资源共享服务平台、交换平台、信息安全服务平台、高速宽带网络、山东省地理信息公共服务平台、超级计算中心和云计算中心等共性基础支撑项目的建设。二是加快建设物联网技术研发和产业化平台，推进相关研究成果的转化和产业化。三是建设物联网公共技术服务平台、公共测试服务平台和综合信息咨询服务平台，为中小企业创新提供服务。四是面向重点领域，依托山东省电子商务综合服务平台、山东省移动信息化综合服务等平台，建设电子商务应用示范基地和中小企业信息化应用创新基地，为物联网产业发展培育良好的市场环境。五是建设物联网标准及知识产权服务平台，保障我省物联网产业与应用规范化发展。

（三）加快物联网产业园区建设。加快引进省外优势企业以及孵化和培育科技型中小企业，大力培育企业创新要素向园区集聚，重点打造RFID、传感器、集成电路和物联网服务产业等园区。针对现有的信息产业园区及高新技术产业园区，打造重点物联网基地，每年选取1~2个产业园作为物联网产业基地。

（四）加快技术标准和检测认证体系建设。成立山东省物联网标准化技术委员会，加快推进我省各行业应用接口、架构、协议、安全、标识等物联网领域标准化工作，加强部省合作积极参与国际和国内相关标准制定。建立适应物联网产业发展的检测认证体系和物联网产品质检中心，开展信息安全、电磁兼容、环境适应性等方面监督检验和检测认证工作。

（五）加快人才队伍和学科体系建设。在省内高校加快物联网发展所需学科专业建设，扩大物联网相关领域学位点布局和研究生培养规模，促进优质学科资源的整合与汇聚。加大人才培养和招才引智力度，重点引进海内外高层次创新创业人才和团队。

五、保障措施

（一）加强组织领导。建立物联网产业发展联席会议制度，由省政府分管领导牵头，有关部门参加，完善协调机制，统筹协调政策、资金、市场等各方面资源，向物联网产业倾斜，全面指导、推动物联网发展，包括物联网示范项目建设推进和产业发展工作。建立省与重点地区、重大项目的日常沟通协调机制，及时解决产业发展、项目建设、应用推广中的问题。加强部省合作，建立省与工业和信息化部、国家发展改革委、科技部等部委的合作机制，争取国家重大专项支持。

（二）注重规划引导。加强物联网产业重点领域专项规划的编制和实施工作，加快认定、建设一批物联网产业和应用示范基地，强化对产业发展的具体指导。重点地区要紧密结合实际，抓紧制订本地区物联网产业发展规划和实施方案。对技术先进、优势明显、带动和支撑作用强的重大项目，及时纳入省重点项目规划和年度实施计划，确保有效实施。

（三）加大产业政策支持。研究制订财政、土地、税收、政府采购等方面的政策措施，省级信息产业、制造业、产业技术研发、服务业发展引导、新兴产业发展、科技等专项资金对物联网重大项目建设、示范应用推广、关键技术研发及人才培养和引进给予重点支持，对符合高新技术企业认定条件的物联网企业进行优先认定，将自主知识产权的物联网产品与服务列入政府采购目录，使用财政性资金采购时优先购买。

（四）拓宽融资渠道，加大产业投资力度。发挥银行信贷支持主渠道作用，支持搭建支持产业发展的各类金融服务平台，鼓励各类担保机构向物联网企业倾斜，提高政策银行、商业银行等金融机构对物联网企业的信贷支持力度。鼓励金融机构开展物联网企业股权质押、知识产权质押、合同质押、资质抵押、信用保险、科技保险等试点。鼓励国内外风险投资及社会资金投向我省物联网企业，创造有利于创新型企业成长的投融资环境。

（五）建立物联网产业和技术创新协作机制。构建“产学研用”四位一体的物联网产业和技术创新联盟，有效整合资源，加快引进国门、外高校和科研机构，组织电子设备制造企业、电信运营企业、软件开发企业、集成服务企业及高校和研究、检测机构，突破物联网关键技术，积极推进“产学研用”一体化的协作机制和跨行业、跨领域的物联网技术标准化协作机制的形成。促进山东省物联网产业协会的建设，加快形成行业之间互相合作、互相促进、互相制约、共同发展的局面。

（六）营造良好发展环境。加强政府引导，加大财政资金支持力度，把加快物联网产业发展纳入全省“十二五”经济和社会发展规划。加强宣传，组织开展产业推进会、高层论坛、产品展示等各种活动，进一步加强物联网知识普及和物联网技术应用的行业宣传，为物联网产业营造健康、有序、快速发展的环境。

（七）强化目标考核。建立健全目标责任考核体系和激励机制，细化目标任务，明确责任部门，落实考核内容，定期通报各项目标任务的进展情况，对责任单位完成情况进行督促检查，确保规划目标实现。建立和完善物联网产业统计指标体系和统计工作制度，加强统计分析和跟踪监测。

第二节　标准建设

2010年，各地加强信息化建设的统一领导，一些省（区、市）建立相继建立了信息化标准的管理体系，保证了信息在采集、处理、交换、传输的过程中有统一的规范，最大限度地实现信息资源共享。

一、北京市

（一）电子政务运维服务支撑系统规范

在政务公开的大环境下，为保障电子政务支撑系统正常运行，北京市颁布了电子政务运维服务支撑系统规范：

DB11/T 714.1—2010，电子政务运维服务支撑系统规范第1部分：基本要求；

DB11/T 714.2—2010，电子政务运维服务支撑系统规范第2部分：符合性测试。

（二）农村基础信息数据元相关标准

伴随北京城乡建设脚步的加快，农村基础信息管理尤为突出，为科学地管理和掌握农村基础信息情况，北京市在2010年颁布了农村基础信息数据元相关标准：

DB11/T 699.1—2010，农村基础信息数据元第1部分：总体框架；

DB11/T 699.2—2010，农村基础信息数据元第2部分：个人基础信息；

DB11/T 699.3—2010，农村基础信息数据元第3部分：组织基础信息；

DB11/T 699.4—2010，农村基础信息数据元第4部分：社会基础信息；

DB11/T 699.5—2010，农村基础信息数据元第5部分：经济基础信息；

DB11/T 699.6—2010，农村基础信息数据元第6部分：自然资源基础信息。

二、内蒙古自治区

内蒙古对全省交通物流进行规范化管理，对所有环节进行监管、数据采集，做到随时监控，全流程覆盖：

DB54/T 476.1—2010，交通物流信息化标准第1部分：标准体系；

DB54/T 476.2—2010，交通物流信息化标准第2部分：数据元；

DB54/T 476.3—2010，交通物流信息化标准第3部分：GPS采集技术要求；

DB54/T 476.4—2010，交通物流信息化标准第4部分：数据库采集技术要求；

DB54/T 476.5—2010，交通物流信息化标准第5部分：数据交换技术要求；

DB54/T 476.6—2010，交通物流信息化标准第6部分：数据交换采集管理。

三、上海市

在2010年上海世博会召开之前，上海市颁布了关于世博会信息化建设平台的规范和标准：

DB31/T 476—2010，世博会公众信息发布平台信息接入技术规范；

DB31/T 475—2010，世博会信息系统运行管理规范；

DB31/T 472—2010，基于因特网的世博会体验型展馆平台接入规范；

DB31/T 471—2010，世博会业务系统信息安全建设规范。

四、江苏省

江苏省2010年颁布了安全风险评估实施规范：

DB32/T 1439—2009，信息安全风险评估实施规范。

五、浙江省

浙江2010年对全省地理信息进行了全面的定义：

DB33/T 817—2010，基础地理信息要素分类与图形表达代码；

DB33/T 816—2010，水文遥测通信专用组件通用技术条件。

六、山东省

（一）空间地理信息数据元标准

山东省对全省测绘管理数据元、地政管理数据元、矿政管理数据元等空间地理信息数据元进行了统一标准：

DB37/T 1441—2009，空间地理基础信息数据元目录第1部分：测绘管理数据元；

DB37/T 1442—2009，空间地理基础信息数据元目录第2部分：地政管理数据元；

DB37/T 1443—2009，空间地理基础信息数据元目录第 3部分：矿政管理数据元。

（二）人口基础信息数据元标准

山东省对全省人口数据统一标准，涉及公安、民政、计生、社保等各个部门，内容细化到一个自然人一生的各个环节：

DB37/T 1444—2009，人口基础信息数据元目录第1部分：公安数据元；

DB37/T 1445—2009，人口基础信息数据元目录第2部分：民政数据元；

DB37/T 1446—2009，人口基础信息数据元目录第3部分：计生数据元；

DB37/T 1447—2009，人口基础信息数据元目录第4部分：社保数据元。

（三）数据中心虚拟化节能技术规范

DB37/T 1498—2009，数据中心服务器虚拟化节能技术规程。

（四）PC终端的上网行为监管软件测试

DB37/T 1522—2010，基于PC终端的上网行为监管软件测试方法。

（五）信息技术外包服务规范管理

DB37/T 1363—2009，信息技术外包服务—风险控制指南；

DB37/T 1364—2009，信息技术外包服务—信息安全服务规范；

DB37/T 1365—2009，信息技术外包服务—服务管理规范；

DB37/T 1366—2009，信息技术外包服务—术语和服务分类；

DB37/T 1367—2009，信息技术外包服务—外包人才培训服务规范；

DB37/T 1368—2009，信息技术外包服务—运维服务规范；

DB37/T 1369—2009，信息技术外包服务—咨询服务规范。

七、广东省

广东省在2010年对信息化项目验收做出规范化验收规定，并对广东组织机构数字证书技术从介质、信息、接口统一标准：

DB44/T 605—2009，信息化项目验收规范；

DB44/T 677.1—2009，组织机构数字证书技术规范第1部分：介质；

DB44/T 677.2—2009，组织机构数字证书技术规范第2部分：信息；

DB44/T 677.3—2009，组织机构数字证书技术规范第3部分：接口。

八、重庆市

重庆市对地理空间信息内容及要素代码进行统一标准管理：

DB50/T 351—2010，重庆市地理空间信息内容及要素代码标准。

九、四川省

四川对全省政务服务系统进行规范化管理，基础设施也被纳入规范之列：

DB51/T 1172—2010，政务服务中心服务质量规范；

DB51/T 1173—2010，政务服务中心管理规范；

DB51/T 1174—2010，政务服务中心基础设施建设规范。

第十八章　新技术集萃

2010年，信息化对经济社会发展的影响更加深刻。广泛应用、高度渗透的信息技术正孕育着新的重大突破。“三网融合”、物联网、云计算、高端计算等等信息技术不断创新，信息产业持续发展，信息网络广泛普及，信息化成为全球经济社会发展的显著特征，并逐步向一场全方位的社会变革演进。发达国家信息化发展目标更加清晰，正在出现向信息社会转型的趋向；越来越多的发展中国家主动迎接信息化发展带来的新机遇，力争跟上时代潮流。全球信息化正在引发当今世界的深刻变革，重塑世界政治、经济、社会、文化和军事发展的新格局。加快信息化发展，已经成为世界各国的共同选择。

第一节　物联网

一、物联网概述

（一）物联网的起源

1998年，美国麻省理工大学（MIT）的Sarma、Brock、Siu创造性地提出将信息互联网络技术与RFID技术有机地结合，即利用全球统一的物品编码（EPC，Electronic Product Code）作为物品标识，利用RFID 实现自动化的“物品”与Internet的连接，无需借助特定系统，即可在任何时间、任何地点实现对任何物品的识别与管理。

1999年，由美国统一代码委员会（UCC）吉列、宝洁等组织和企业共同出资，在美国麻省理工大学成立Auto-ID Center，在随后的几年中，英国、澳大利亚、日本、瑞士、中国、韩国等国的6所著名大学相继加入Auto-ID Center，对“物联网”相关研究实行分工合作，开展系统化研究，提出最初物联网系统构架： 射频标签、识读器、Savant软件、对象名称解析服务（ONS）、实体标记语言服务器（PML-Server）。

2003年11月1日，国际物品编码组织（GS1）出资正式接管EPC系统，并组成EPC Global进行全球推广与维护。与此同时，原6所大学的Auto-ID实验室转到EPC Global下的技术组，作为EPC实验室，继续对EPC系统的应用提供技术支持，提出物联网系统架构：EPC编码、EPC标签、读写器、中间件、对象名称解析服务（ONS）、EPC信息服务

（EPCIS）。

（二）物联网提出的背景

每一次的经济低谷必定会催生出某些新的技术，而这种技术一定是可以为绝大多数工业产业提供一种全新的使用价值，从而带动新一轮的消费增长和高额的产业投资，以触动新经济周期的形成。伴随着互联网技术取得的巨大成功、微电子技术的发展涉及人类生活、生产、管理等方方面面的各种传感器的成熟及网络接入多样化、IP宽带化和计算机软件技术的飞跃发展，基于海量信息收集合分类处理的能力大大提高让人们不得不面临紧迫的选择，物联网技术成为推动下一个经济增长的特别重要推手。

（三）物联网（IOT）的定义

早在1995年，比尔·盖茨在《未来之路》一书中就已经提及物联网概念。但是，“物联网”概念的真正提出是在1999年，由EPC Global的Auto-ID中心提出，被定义为：把所有物品通过射频识别等信息传感设备与互联网连接起来，实现智能化识别和管理。

2005年，国际电信联盟（ITU）正式称“物联网”为“The Internet of Things，IOT”，并发表了年终报告《ITU互联网报告2005：物联网》。报告指出，无所不在的“物联网”通信时代即将来临，世界上所有的物体从轮胎到牙刷、从房屋到纸巾都可以通过因特网主动进行交换；并描绘出“物联网”时代的图景：当司机出现操作失误时汽车会自动报警；公文包会提醒主人忘带了什么东西；衣服会“告诉”洗衣机对颜色和水温的要求等等。

现在较为普遍的理解是，物联网是将各种信息传感设备，如射频识别（RFID）装置、红外感应器、全球定位系统、激光扫描器等种种装置与互联网结合起来而形成的一个巨大网络。通过装置在各类物体上的电子标签（RFID）、传感器、二维码等经过接口与无线网络相连，从而给物体赋予智能，可以实现人与物体的沟通和对话，也可以实现物体与物体互相间的沟通和对话。

（四）广义的物联网涵义

利用条码、射频识别（RFID）、传感器、全球定位系统、激光扫描器等信息传感设备，按约定的协议，实现人与人、人与物、物与物的在任何时间、任何地点的连接，从而进行信息交换和通讯，以实现智能化识别、定位、跟踪、监控和管理的庞大网络系统。

（五）各国物联网战略计划

2008年—美国—智慧地球。IBM提出的“智慧地球”概念（建议政府投资新一代的智慧型基础设施）已上升至美国的国家战略。该战略认为IT产业下一阶段的任务是把新一代IT技术充分运用在各行各业之中，具体地说，就是把感应器嵌入和装备到电网、铁路、桥梁、隧道、公路、建筑、供水系统、大坝、油气管道等各种物体中，并且被普遍连接，形成“物联网”。

2009年—欧盟—物联网行动。物联网行动计划具体而务实，强调RFID的广泛应用，注重信息安全。2009年6月，欧盟委员会向欧盟议会、理事会、欧洲经济和社会委员会及地区委员会递交了《欧盟物联网行动计划》（Internet of Things-An action Plan for Europe），以确保欧洲在建构物联网的过程中起主导作用。行动计划共包括14项内容，主要有管理、隐私及数据保护、"芯片沉默"的权利、潜在危险、关键资源、标准化、研究、公私合作、创新、管理机制、国际对话、环境问题、统计数据和进展监督等一系列工作。

2009年—日本—Japan战略（i-Japan战略）。在u-Japan的基础上，强调电子政务和社会信息服务应用。2004年，日本信息通信产业的主管机关总务省（MIC）提出2006～2010年间IT发展任务—u-Japan战略。该战略的理念是以人为本，实现所有人与人、物与物、人与物之间的连接，即所谓4U=For You（Ubiquitous，Universal，User-oriented，Unique），希望在2010年将日本建设成一个"实现随时、随地、任何物体、任何人均可连接的泛在网络社会"。

2009年—韩国—u-Korea战略。继日本提出u-Japan战略后，韩国也在2006年确立了u-Korea战略。u-Korea旨在建立无所不在的社会（Ubiquitous Society），也就是在民众的生活环境里，布建智能型网络（如IPV6、BcN、USN）、最新的技术应用（如DMB、Telematics、RFID）等先进的信息基础建设，让民众可以随时随地享有科技智慧服务。其最终目的除运用IT科技为民众创造衣食住行等方面无所不在的便利生活服务，亦希望扶植IT产业发展新兴应用技术，强化产业优势与国家竞争力。

2009年—中国—感知中国。温家宝总理在无锡考察时提出要尽快建立中国的传感信息中心或者叫"感知中国"中心。

（六）物联网的特征

一是感知；

二是利用RFID、传感器、二维码等，能够随时随地采集物体的动态信息；

三是传输；

四是通过网络将感知的各种信息进行实时传送；

五是智能；

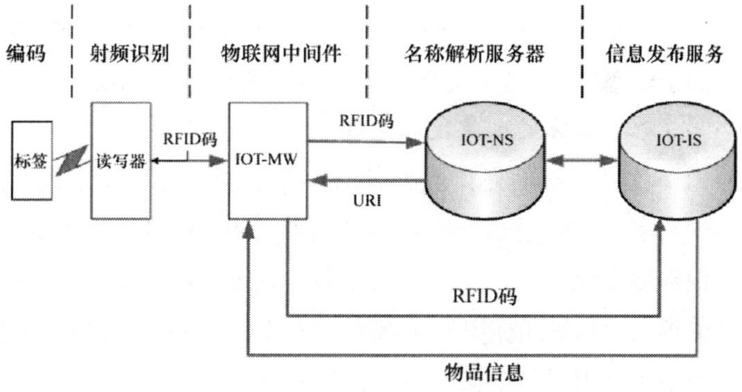

图18-1 物联网结构示意图

六是利用计算机技术，及时地对海量的数据进行信息控制，真正达到了人与物的沟通、物与物的沟通（图18-1、图18-2）。

（七）感知中国—中国物联网发展

1999年，中国开始传感网研究。2009 年8月7日，温家宝总理在无锡视察中科院"物联网"技术研发中心时指出，要尽快突破核心技术，把传感技术和TD的发展结合起来。9月11

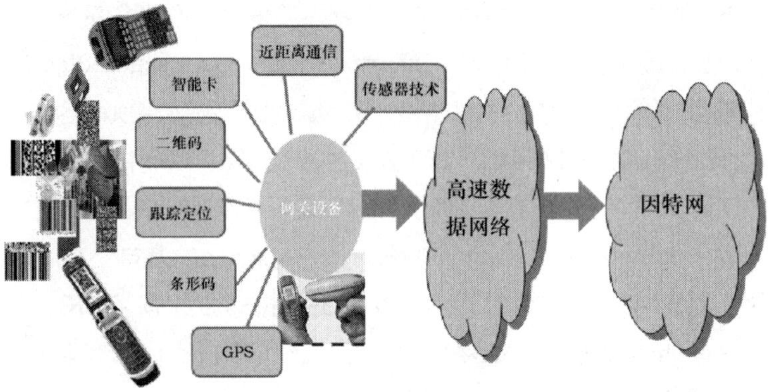

图18-2 物联网基本理论模型

日，“传感器网络标准工作组成立大会暨‘感知中国’高峰论坛”在北京举行，会议提出传感网发展相关政策。9月14日，在中国通信业发展高层论坛上，中国移动总裁王建宙高调表示：“物联网”商机无限，中国移动将以开放的姿态，与各方竭诚合作。10月11日，工业和信息化部部长李毅中部长在科技日报上发表题为《我国工业和信息化发展的现状与展望》的署名文章，首次公开提及传感网络，并将其上升到战略性新兴产业的高度，指出信息技术的广泛渗透和高度应用将催生出一批新增长点。11月3日，温家宝总理在人民大会堂向首都科技界发表了题为“让科技引领中国可持续发展”的讲话，首度提出发展包括新能源、新材料、生命科学、生命医药、信息网络、海洋工程、地质勘探等七大战略新兴产业的目标，并将“物联网”并入信息网络发展的重要内容，并强调信息网络产业是世界经济复苏的重要驱动力。而在《国家中长期科学与技术发展规划（2006~2020年）》和“新一代宽带移动无线通信网”重大专项中均将传感网列入重点研究领域。

（八）面临的主要技术问题

1. 技术标准问题。世界各国存在不同的标准。中国信息技术标准化技术委员会于2006年成立了无线传感器网络标准项目组。2009年9月，传感器网络标准工作组正式成立了PG1（国际标准化）、PG2（标准体系与系统架构）、PG3（通信与信息交互）、PG4（协同信息处理）、PG5（标识）、PG6（安全）、PG7（接口）和PG8（电力行业应用调研）等8个专项组，开展具体的国家标准的制定工作。

2. 安全问题。信息采集频繁，其数据安全也必须重点考虑。

3. 协议问题。物联网是互联网的延伸，在物联网核心层面是基于TCP/IP，但在接入层面，具有GPRS/CDMA、短信、传感器、有线等多种通道，协议类别五花八门，物联网需要一个统一的协议栈。

4. IP地址问题。每个物品都需要在物联网中被寻址，就需要一个地址。物联网需要更多的IP地址，IPV4资源即将耗尽，那就需要IPV6来支撑。IPV4向IPV6过渡是一个漫长的过程，因此物联网一旦使用IPV6地址，就必然会存在与IPV4的兼容性问题。

五是终端问题。物联网终端除具有本身功能外还拥有传感器和网络接入等功能，且不同行业需求千差万别，如何满足终端产品的多样化需求，对运营商来说是一大挑战。

二、物联网架构

（一）应用层

应用层是构建在物联网技术架构之上的应用系统，包括商业贸易、物流、农业、军事等等不同的应用系统。

（二）网络层

即进行信息交换的通信网络，包括有Internet、WIFI网以及无线通信网络等网络。

（三）信息采集层

指通过包括条码、射频识别、无线传感器、蓝牙等在内的自动识别与近场通信技术获取物品编码信息的过程。

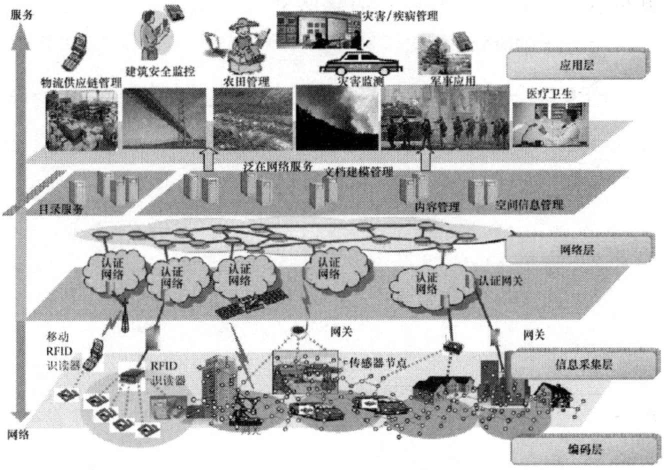

图18-3　物联网的体系架构图

（四）编码层

编码是物品、设备、地点、属性等的数字化名称，是物联网的基石，是物联网信息交换内容的核心和关键字（图18-3）。

三、EPC（电子产品码）物联网

（一）EPC物联网系统结构

物联网概念一经提出，立即受到各国政府、企业和学术界的重视，在需求和研发的相互推动下，迅速热遍全球。目前国际上对物联网的研究逐渐明朗起来，最典型的解决方案

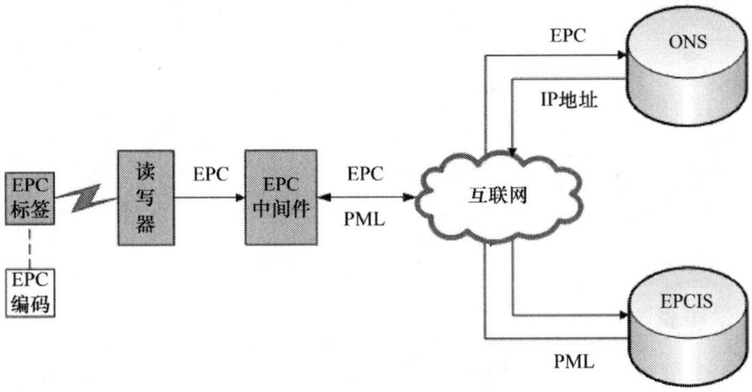

图18-4　EPC系统结构图

注：PML（Physical Markup Language）为实体标记语言。

有欧美的EPC系统和日本的UID系统。这里着重介绍EPC物联网。

EPC系统是一个先进的、综合性的和复杂的系统。它由EPC编码体系、RFID系统及信息网络系统三个部分组成，主要包括EPC编码、EPC标签、读写器、EPC中间件、对象名称解析服务（ONS）和EPC信息服务（EPCIS）6个方面（图18-4）。

（二）EPC—**编码**

EPC编码有通用标识（GID），也有基于现有全球唯一的编码体系EAN/UCC的标识（SGTIN、SSCC、SGLN、GRAI、GIAI）。这类标识又分为96位和64位两种（图18-5）。

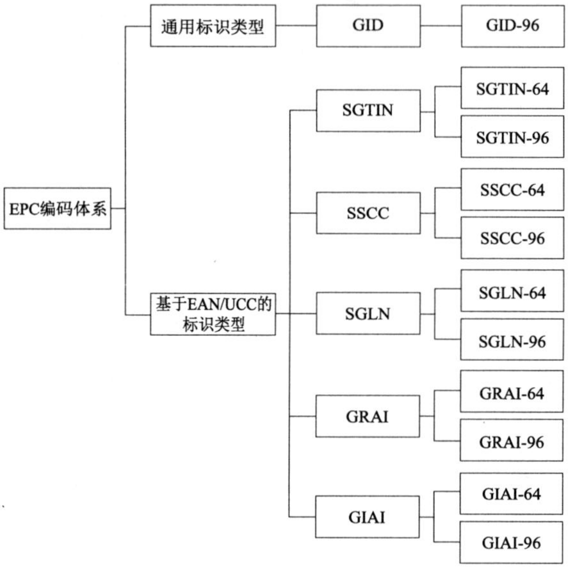

图18-5 EPC编码图

（三）EPC—ONS

ONS系统架构：映射信息、ONS服务器、ONS缓冲存储器（图18-6）。

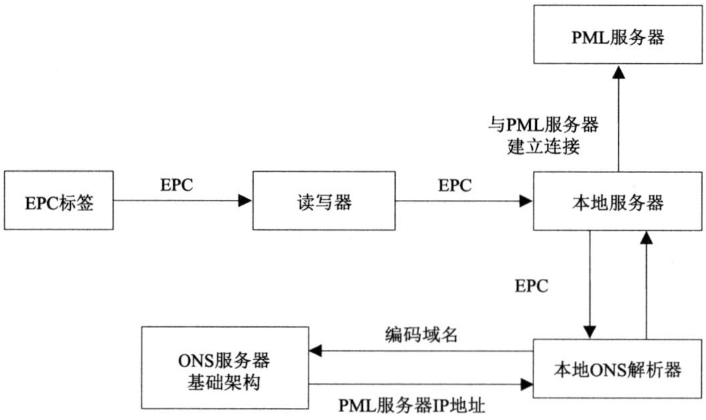

图18-6 ONS工作过程

（四）EPC—EPCIS

EPCIS以PML为系统的描述语言，主要包括客户端模块、数据存储模块和数据查询模块三个部分（在EPC1.0中称为PML服务器；在EPC2.0中，完善了功能并称为EPCIS服务器）。客户端模块主要实现物联网EPC标签信息向指定EPCIS服务器传输；数据存储模块将通用数据存储于数据库中，在产品信息初始化的过程中调用通用数据生成针对每一个产品的属性信息，并将其存储于PML文档中；数据查询模块根据客户端的查询要求和权限，访问相应的PML文档，生成HTML文档，返回给客户端（图18-7）。

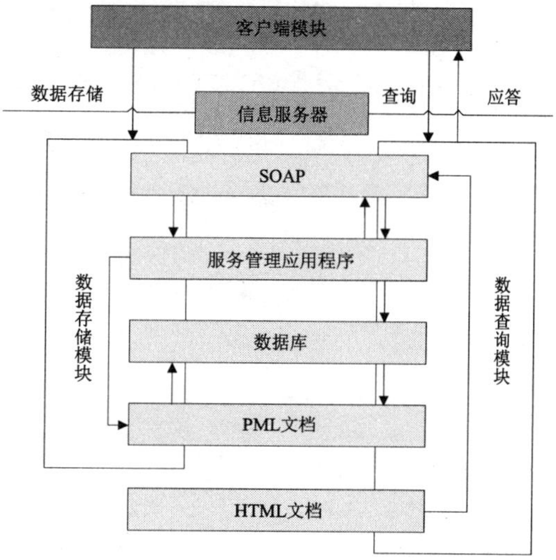

图18-7 EPCIS系统结构图

四、核心技术

（一）RFID

RFID（Radio Frequency Identification）即射频识别技术，俗称电子标签，通过射频信号自动识别目标对象，并对其信息进行标志、登记、储存和管理。RFID系统由电子标签（由芯片和标签天线或线圈组成，通过电感耦合或电磁反射原理与读写器进行通信）、读写器（读取标签信息的设备）、天线（可以内置在读写器中，也可以通过同轴电缆与读写器天线接口相连）组成。

1. 技术沿革

1940~1950年：雷达的改进和应用催生了射频识别技术，1948年奠定了射频识别技术的理论基础。

1950~1960年：早期射频识别技术的探索阶段，主要处于实验室实验研究。

1960~1970年：射频识别技术的理论得到了发展，开始了一些应用尝试。

1970~1980年：射频识别技术与产品研发处于一个大发展时期，各种射频识别技术测试得到加速，出现了一些最早的射频识别应用。

1980~1990年：射频识别技术及产品进入商业应用阶段，各种规模应用开始出现。

1990~2000年：射频识别技术标准化问题日趋得到重视，射频识别产品得到广泛采用，射频识别产品逐渐成为人们生活中的一部分。

至今，射频识别技术的理论在逐步得到丰富和完善。单芯片电子标签、多电子标签识读、无线可读可写、无源电子标签的远距离识别、适应高速移动物体的射频识别技术与产品正在成为现实并走向应用（图18-8）。

RFID主要频段标准及特性					
	低频	高 频		超高频	微波
工作频率	125-134KHz	13.56MHz	JM 13.56MHz	868~915MHz	2.45~5.8GHz
市场占有率	74%	17%	2003引入	6%	3%
读取距离	1.2m	1.2m	1.2m	4m（美国）	15m（美国）
速度	慢	中等	很快	快	很快
潮湿环境	无影响	无影响	无影响	影响较大	影响较大
方向性	无	无	无	部分	有
全球适用频率	是	是	是	部分（欧盟，美国）	部分（非欧盟国家）
现有ISO标准	11784/85, 14223	18000-3.1/ 14443	18000-3/2 15693,A,B和C	EPC CO, C1, C2,G2	18000-4
主要应用范围	进出管理、固定设备、天然气、洗衣店	图书管、产品跟踪、货架、运输	空运、邮局、医药、烟草	货架、卡车、拖车跟踪	收费站、集装箱

图18-8 RFID主要频段标准及特性

2. 系统工作原理。首先由读写器将要发送的信息，经编码后加载到高频载波信号上再经天线向外发送。进入读写器工作区域的电子标签接收此信号，卡内芯片的有关电路对此信号进行倍压整流、调制、解码、解密，然后对命令请求、密码、权限等进行判断。若为读命令，控制逻辑电路则从存储器中读取有关信息，经加密、编码、调制后通过片上天线再发送给阅读器，阅读器对接收到的信号进行解调、解码、解密后送至信息系统进行处理。若为修改信息的写命令，有关控制逻辑引起电子标签内部电荷泵提升工作电压，提供电压擦写E2PROM。若经判断其对应密码和权限不符，则返回出错信息（图18-9）。

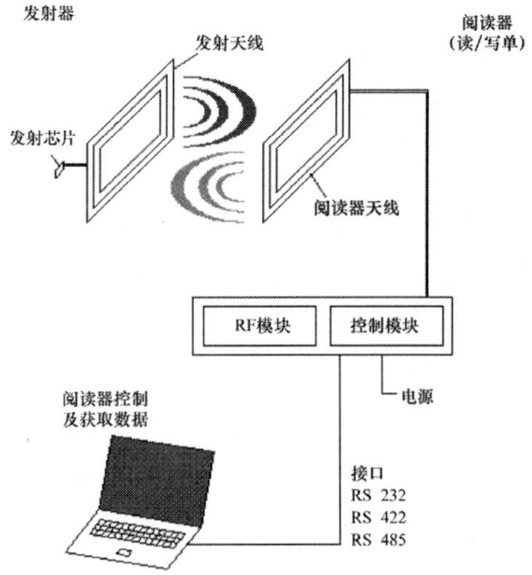

图18-9 RFID工作原理

3. 应用领域

物流——仓储、港口、邮政、快递等物流过程中的货物追踪，信息自动采集。

零售——商品的销售数据实时统计、补货、防盗。

制造业——生产数据的实时监控，质量追踪，自动化生产。

服装业——自动化生产、仓储管理、品牌管理、单品管理、渠道管理 。

医疗——医疗器械管理、病人身份识别、婴儿防盗。

身份识别——电子护照、身份证、学生证等各种电子证件。

防伪——贵重物品（烟、酒、药品）的防伪，票证的防伪等 。

资产管理——各类资产（贵重的或数量大相似性高的或危险品等）。

交通——高速公路、出租车、公交车枢纽管理，铁路机车识别等 。

食品——水果、蔬菜、生鲜、食品等保鲜管理。

动物识别——驯养动物、畜牧牲口、宠物等识别管理。

图书馆——书店、图书馆、出版社等应用。

汽车——制造、防盗、定位、车钥匙。

航空——制造、旅客机票、行李包裹追踪。

军事——弹药、枪支、物资、人员、卡车等识别与追踪。

（二）传感器

指能感受规定的被测量并按照一定的规律转换成可用信号的器件或装置，通常由敏感元件和转换元件组成（图18-10）。

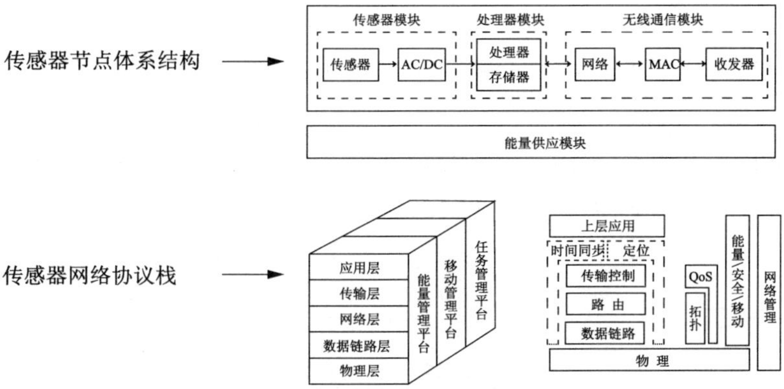

图18-10 传感器体系结构

无线传感器网络（WSN）是由大量传感器节点通过无线通信方式形成的一个多跳的自组织网络系统，其目的是协作感知、采集和处理网络覆盖区域中感知对象的信息，实现数据的采集量化、处理融合和传输应用。WSN是集成了监测、控制以及无线通信的网络系统，节点数目更为庞大（上千甚至上万），节点分布更为密集，由于环境影响和能量耗尽，节点更容易出现故障， 环境干扰和节点故障容易造成网络拓扑结构的变化。通常情况下，大多数传感器节点是固定不动的，传感器节点具有的能量、处理能力、存储能力和通信能力等十分有限。传统无线网络的首要设计目标是提高服务质量和高效率带宽利用，其次才考虑节约能源；而WSN的首要设计目标是能源的高效使用，这也是WSN和传统网络最重要的区别之一（图18-11）。

（三）RFID和WSN融合

RFID侧重于识别，能够实现对目标的标识和管理，同时RFID系统具有读写距离有限、抗干扰性差、实现成本较高的不足；WSN侧重于组网，实现数据的传递，具有部署简单，

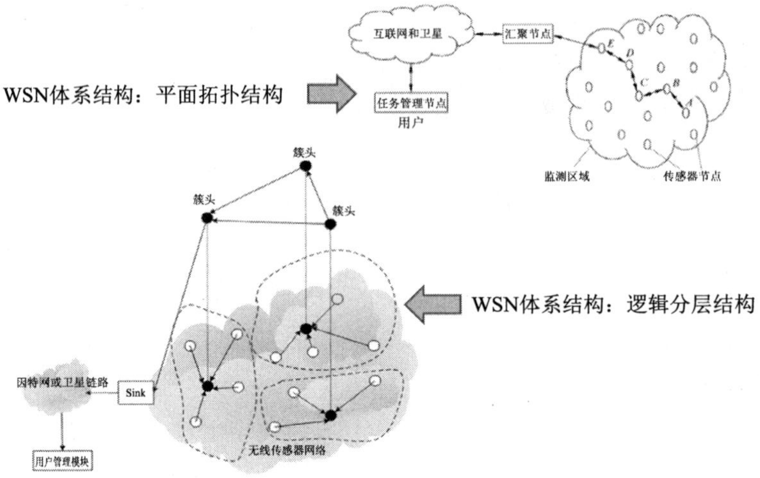

图18-11　WSN体系结构

实现成本低廉等优点，但一般WSN并不具有节点标识功能。RFID与WSN的结合存在很大的契机。

RFID与WSN可以在两个不同的层面进行融合：物联网架构下RFID与WSN的融合（图18-12），传感器网络架构下RFID与WSN的融合见图18-13。

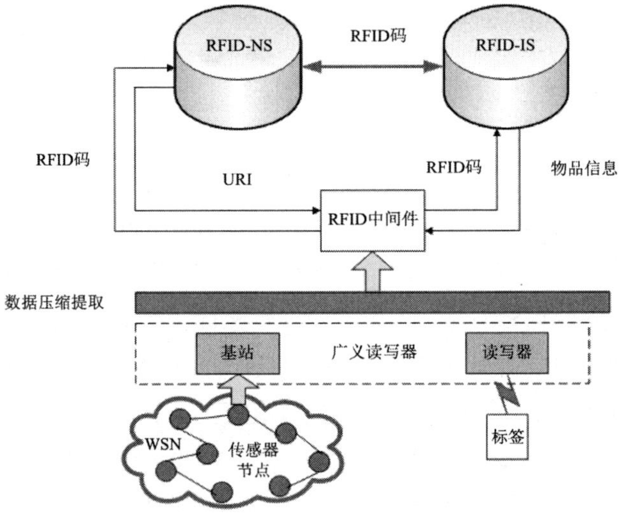

图18-12　物联网架构下RFID与WSN的融合

五、物联网应用

（一）畜牧溯源

给放养的牲畜中的每一只羊都贴上一个二维码，这个二维码会一直保持到超市出售的肉品上，消费者可通过手机阅读二维码，知道牲畜的成长历史，确保食品安全。我国已有

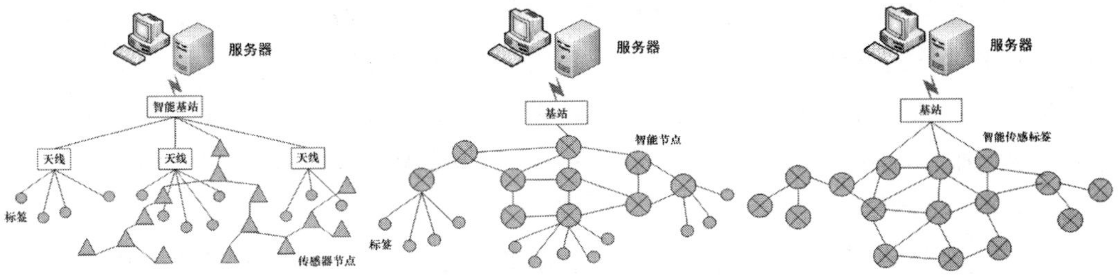

智能基站　智能节点　智能传感标签

图18-13　传感器网络架构下RFID与WSN的融合

10亿存栏动物贴上了这种二维码。

（二）无线葡萄园

2002 年，英特尔公司率先在俄勒冈州建立了世界上第一个无线葡萄园。传感器节点被分布在葡萄园的每个角落，每隔一分钟检测一次土壤温度、湿度或该区域有害物的数量，以确保葡萄可以健康生长。研究人员发现，葡萄园气候的细微变化可极大地影响葡萄酒的质量。通过长年的数据记录以及相关分析，便能精确地掌握葡萄酒的质地与葡萄生长过程中的日照、温度、湿度的确切关系。这是一个典型的精准农业、智能耕种的实例。

（三）大鸭岛生态环境监测系统

2002年，由英特尔的研究小组和加州大学伯克利分校以及巴港大西洋大学的科学家把无线传感器网络技术应用于监视大鸭岛海鸟的栖息情况。位于缅因州的海岸大鸭岛由于环境恶劣，海燕十分机警，研究人员无法采用通常方法进行跟踪观察。为此他们使用了包括光、湿度、气压计、红外传感器、摄像头在内的近10种传感器类型数百个节点，通过自组织无线网络，将数据传输到300英尺外的基站计算机内，再由此经卫星传输至加州的服务器。全球的研究人员都可以通过互联网察看该地区各个节点的数据，掌握第一手的环境资料，为生态环境研究者提供了一个极为有效便利的平台。

（四）水下无线传感器网络技术

根据目前欧美各国在研项目的文献资料，可以大致将水下传感器网络的组成结构分为以下几类：

一是基于水面浮标的（射频+水声通信）可任意升降的三维立体水下传感器网络系统。优点：布放比较容易，可利用太阳能、GPS以及水面上的无线通信，回避、降低了水下通信的困难。缺点：阻碍航道，易被发现破坏，容易随波逐流，位置不能固定。

二是由固定在海底基站的节点构成的，可任意升降的三维立体网络系统。通过光缆或声通信与水面网关、节点联结，将数据传输至基站。优点：不会影响航行。缺点：维护不容易。

三是基于水面浮标节点（射频+水声通信）、水中自主航行器（水声通信）和水底固定节点（水声通信）的三维立体系统。优点：覆盖全面，配置灵活，功能强大。缺点：系统复杂，成本高。与地面无线传感器网络相比，水下传感器网络仍然存在着诸多困难：如有效带宽非常有限、水下信道非常恶劣等等，在这个领域还有许多的困难需要解决。

（五）个人保健

人身上可以安装不同的传感器，对人的健康参数进行监控，并且实时传送到相关的医疗保健中心，如果有异常，保健中心通过手机，提醒您去医院检查身体。

（六）平安城市建设

利用部署在大街小巷的全球眼监控探头，实现图像敏感性智能分析并与110、119等交互，实现探头与探头之间、探头与人、探头与报警系统之间的联动，从而构建和谐安全的城市生活环境。

（七）未来数字家庭

数字家庭是以计算机技术和网络技术为基础，包括各类消费电子产品、通信产品、信息家电及智能家居等，通过不同的互连方式进行通信及数据交换，实现家庭网络中各类电子产品之间的“互联互通”的一种服务。数字家庭具有信息、通信、娱乐和生活四大功能。

（八）文物保护

对珍贵的古老建筑进行保护，是文物保护单位长期以来的一个工作重点。将具有温度、湿度、压力、加速度、光照等传感器的节点布放在重点保护对象当中，无需拉线钻孔，便可有效地对建筑物进行长期的监测。此外，对于珍贵文物而言，在保存地点的墙角、天花板等位置，监测环境的温度、湿度是否超过安全值，可以更妥善地保护展览品的品质。

（九）空间、海洋探索

探索外部星球一直是人类梦寐以求的理想，借助于航天器布撒的传感器节点实现对星球表面大范围、长时期、近距离的监测和探索，是一种经济可行的方案。NASA的JPL实验室研制的 Sensor Webs 就是为将来的火星探测、选定着陆场地等需求进行技术准备的。现在该项目已在佛罗里达宇航中心的环境监测项目中进行测试和完善。

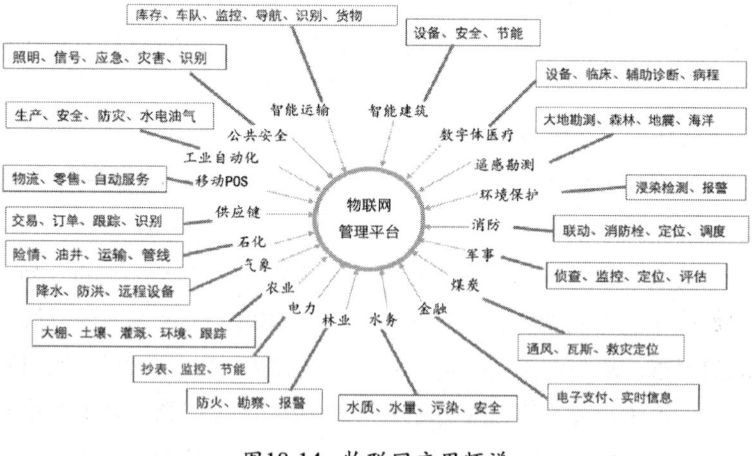

图18-14　物联网应用频谱

六、物联网应用频谱

频谱是物联网存在与发展的基础性资源，随着现有无线电业务的推广应用、未来无线电新技术的不断发展，频谱使用需求激增和频谱资源紧缺之间的矛盾日益增长。一些国家为了缓解频率资源紧张的问题，已将频率分配政策由命令—控制模式逐步转向市场化模式。我国一直采用的是国际通用的命令—控制模式管理频率资源，随着近年来通讯行业的快速发展，国家对每项频谱政策的出台都十分谨慎（图18-14）。

第二节　云计算

一、云计算定义

云计算（Cloud Computing）概念是由Google提出的，这是一个美丽的网络应用模式，是一种基于互联网的计算方式，通过这种方式，共享的软硬件资源和信息可以按需提供给计算机和其他设备。整个运行方式很像电网。

（一）狭义云计算

是指IT基础设施的交付和使用模式，指通过网络以按需、易扩展的方式获得所需的资源。

（二）广义云计算

是指服务的交付和使用模式，指通过网络以按需、易扩展的方式获得所需的服务。这种服务可以是IT和软件、互联网相关的，也可以是任意其他的服务，它具有超大规模、虚拟化、可靠安全等独特功效。

云计算是继80年代大型计算机到客户端服务器的大转变之后的又一巨变。用户不再需要了解“云”中基础设施的细节，不必具有相应的专业知识，也无需直接进行控制。云计算描述了一种基于互联网的新的IT服务增加、使用和交付模式，通常涉及通过互联网来提供动态易扩展而且经常是虚拟化的资源。云其实是网络、互联网的一种比喻说法。因为过去在图中往往用云来表示电信网，后来也用来表示互联网和底层基础设施的抽象。典型的云计算提供商往往提供通用的网络业务应用，云计算可以认为包括以下几个层次的服务：基础设施即服务（IaaS），平台即服务（PaaS）和软件即服务（SaaS）。云计算服务通常提供通用的通过浏览器访问的在线商业应用，软件和数据可存储在数据中心。云计算关键的要素，还包括个性化的用户体验。

二、云计算特点

（一）超大规模

“云”具有相当的规模，Google云计算已经拥有100多万台服务器，Amazon、IBM、微软、Yahoo等的“云”均拥有几十万台服务器。企业私有云一般拥有数百上千台服务器。“云”能赋予用户前所未有的计算能力。

（二）虚拟化

云计算支持用户在任意位置、使用各种终端获取应用服务。所请求的资源来自“云”，而不是固定的有形的实体。应用在“云”中某处运行，但实际上用户无需了解、也不用担心应用运行的具体位置，只需要一台笔记本或者一部手机，就可以通过网络服务来实现我们需要的一切，甚至包括超级计算这样的任务。

（三）高可靠性

“云”使用了数据多副本容错、计算节点同构可互换等措施来保障服务的高可靠性，使用云计算比使用本地计算机可靠。

（四）通用性

云计算不针对特定的应用，在“云”的支撑下可以构造出千变万化的应用，同一个“云”可以同时支撑不同的应用运行。

（五）高可扩展性

“云”的规模可以动态伸缩，满足应用和用户规模增长的需要。

（六）按需服务

“云”是一个庞大的资源池，可以按需购买；“云”可以像自来水、电、煤气那样计费。

（七）极其廉价

由于“云”的特殊容错措施可以采用极其廉价的节点来构成云，“云”的自动化集中式管理使大量企业无需负担日益高昂的数据中心管理成本，“云”的通用性使资源的利用率较之传统系统大幅提升，因此用户可以充分享受“云”的低成本优势，经常只要花费几百美元、几天时间就能完成以前需要数万美元、数月时间才能完成的任务。

云计算可以彻底改变人们未来的生活，但同时也要重视环境问题，这样才能真正为人类进步作贡献，而不是简单的技术提升。

（八）潜在的危险性

云计算服务除了提供计算服务外，还必然提供了存储服务。但是云计算服务当前垄断在私人机构（企业）手中，而他们仅仅能够提供商业信用。对于政府机构、商业机构（特别像银行这样持有敏感数据的商业机构）选择云计算服务应保持足够的警惕。一旦商业用户大规模使用私人机构提供的云计算服务，无论其技术优势有多强，都不可避免地让这些私人机构以“数据（信息）”的重要性挟制整个社会。对于信息社会而言，“信息”是至关重要的。

另一方面，云计算中的数据对于数据所有者以外的其他用户是保密的，但是对于提供云计算的商业机构而言确实毫无秘密可言。这就像常人不能监听别人的电话，但是在电讯公司内部，他们可以随时监听任何电话。所有这些潜在的危险，是商业机构和政府机构选择云计算服务、特别是国外机构提供的云计算服务时，不得不考虑的一个重要的前提。

三、云计算发展历程

1983年，太阳电脑（Sun Microsystems）提出“网络是电脑”（The Network is the computer）。

2006年3月，亚马逊（Amazon）推出弹性计算云（Elastic Compute Cloud，EC2）服务。

2006年8月9日，Google首席执行官埃里克•施密特（Eric Schmidt）在搜索引擎大会（SES San Jose 2006）首次提出“云计算”（Cloud Computing）的概念。Google“云端计算”源于Google工程师克里斯托弗•比希利亚所做的“Google 101”项目。

2007年10月，Google与IBM开始在美国大学校园，包括卡内基梅隆大学、麻省理工学院、斯坦福大学、加州大学柏克莱分校及马里兰大学等推广云计算的计划，这项计划希望能降低分布式计算技术在学术研究方面的成本，并为这些大学提供相关的软硬件设备及技术支持（包括数百台个人电脑及Blade Center与System x服务器，这些计算平台将提供1600个处理器，支持包括Linux、Xen、Hadoop等开放源代码平台）。而学生则可以通过网络开发各项以大规模计算为基础的研究计划。

2008年1月30日，Google宣布在台湾启动“云计算学术计划”，将与台湾台大、交大等学校合作，将这种先进的大规模、快速计算技术推广到校园。

2008年7月29日，雅虎、惠普和英特尔宣布一项涵盖美国、德国和新加坡的联合研究计划，推出云计算研究测试床，推进云计算。该计划要与合作伙伴创建6个数据中心作为研究试验平台，每个数据中心配置1400~4000个处理器。这些合作伙伴包括新加坡资讯通信发展管理局、德国卡尔斯鲁厄大学Steinbuch计算中心、美国伊利诺伊大学香宾分校、英特尔研究院、惠普实验室和雅虎。

2008年8月3日，美国专利商标局网站信息显示，戴尔正在申请“云计算”商标，此举旨在加强对这一未来可能重塑技术架构的术语的控制权。戴尔在申请文件中称，云计算是“在数据中心和巨型规模的计算环境中，为他人提供计算机硬件定制制造”。

2010年3月5日，Novell与云安全联盟（CSA）共同宣布一项供应商中立计划，名为“可信任云计算计划（Trusted Cloud Initiative）”。

2010年7月，美国国家航空航天局和包括Rackspace、AMD、Intel、戴尔等支持厂商共同宣布“Open Stack”开放源代码计划，微软在2010年10月表示支持Open Stack与Windows Server 2008 R2的集成；而Ubuntu已把Open Stack加至11.04版本中。2011年2月，思科系统正式加入Open Stack，重点研制Open Stack的网络服务。

四、云计算关键技术

云计算是分布式处理、并行计算和网格计算等概念的发展和商业实现，其技术实质是计算、存储、服务器、应用软件等IT软硬件资源的虚拟化，云计算在虚拟化、数据存储、数据管理、编程模式等方面具有自身独特的技术。云计算的关键技术包括以下几个方向：

（一）虚拟机技术

服务器虚拟化是云计算底层架构的重要基石。在服务器虚拟化中，虚拟化软件需要实现对硬件的抽象，资源的分配、调度和管理，虚拟机与宿主操作系统及多个虚拟机间的隔离等功能，目前典型的实现（基本成为事实标准）有Citrix Xen、VMware ESX Server 和Microsoft Hype-V等。

（二）数据存储技术

云计算系统需要同时满足大量用户的需求，并行地为大量用户提供服务。因此，云计算的数据存储技术必须具有分布式、高吞吐率和高传输率的特点。目前数据存储技术主要有Google的GFS（Google File System，非开源）以及HDFS（Hadoop Distributed File System，开源），目前这两种技术已经成为事实标准。

（三）数据管理技术

云计算的特点是对海量的数据存储、读取后进行大量的分析，如何提高数据的更新速率以及进一步提高随机读速率是未来的数据管理技术必须解决的问题。云计算的数据管理技术最著名的是谷歌的Big Table数据管理技术，同时Hadoop开发团队正在开发类似Big Table的开源数据管理模块。

（四）分布式编程与计算

为了使用户能更轻松地享受云计算带来的服务，让用户利用该编程模型编写简单的程序来实现特定的目的，云计算的编程模型必须十分简单，保证后台复杂的并行执行和任务调度向用户和编程人员透明。当前各IT厂商提出的“云”计划的编程工具均基于Map-Reduce的编程模型。

（五）虚拟资源的管理与调度

云计算区别于单机虚拟化技术的重要特征是通过整合物理资源形成资源池，并通过资源管理层（管理中间件）实现对资源池中虚拟资源的调度。云计算的资源管理需要负责资源管理、任务管理、用户管理和安全管理等工作，实现节点故障的屏蔽、资源状况监视、用户任务调度、用户身份管理等多重功能。

（六）云计算的业务接口

为了方便用户业务由传统IT系统向云计算环境的迁移，云计算应对用户提供统一的业务接口。业务接口的统一不仅方便用户业务向云端的迁移，也会使用户业务在云与云之间的迁移更加容易。在云计算时代，SOA架构和以Web Service为特征的业务模式仍是业务发展的主要路线。

（七）云计算相关的安全技术

云计算模式带来一系列的安全问题，包括用户隐私的保护、用户数据的备份、云计算基础设施的防护等，这些问题都需要更强的技术手段，乃至法律手段去解决。

五、云计算技术体系结构

云计算分为IaaS、PaaS 和 SaaS 三种类型，不同的厂家又提供了不同的解决方案，目前还没有一个统一的技术体系结构。

云计算技术体系结构分为物理资源层、资源池层、管理中间件层和 SOA（Service-Oriented Architecture，面向服务的体系结构）构建层。物理资源层包括计算机、存储器、网络设施、数据库和软件等。资源池层是将大量相同类型的资源构成同构或接近同构的资源池，如计算资源池、数据资源池等。构建资源池更多的是物理资源的集成和管理工作，例如研究在一个标准集装箱的空间如何装下 2000 个服务器、解决散热和故障节点替换的问题并降低能耗。管理中间件层负责对云计算的资源进行管理，并对众多应用任务进行调度，使资源能够高效、安全地为应用提供服务。SOA 构建层将云计算能力封装成标准的 Web Services 服务，并纳入到 SOA 体系进行管理和使用，包括服务接口、服务注册、服务查找、服务访问和服务工作流等。管理中间件层和资源池层是云计算技术的最关键部分，SOA构建层的功能更多依靠外部设施提供。

六、云计算应用

对政府用户而言，云计算不仅能够提高办公效率、节约信息化成本，还能够帮助其实现管理创新和服务型政府转型。政府不仅是云计算重要应用主体，更是重要的市场规则制定者、产业运营监督者和产业发展推动者。

第三节　IPV6技术

一、IPV6简介

（一）IPV6定义

IPV6是“Internet Protocol Version 6”的缩写，它是IETF设计的用于替代现行版本IP协议IPV4的下一代IP协议。目前的全球因特网所采用的协议族是TCP/IP协议族。IP是TCP/IP协议族中网络层的协议，是TCP/IP协议族的核心协议。IPV6正处在不断发展和完善的过程中，它在不久的将来会取代目前被广泛使用的IPV4。每个人将拥有更多IP地址。

（二）IPV6背景

目前使用的第二代互联网IPV4核心技术属于美国。它的最大问题是网络地址资源有限，从理论上讲，编址1600万个网络、40亿台主机。但采用A、B、C三类编址方式后，可用的网络地址和主机地址的数目大打折扣，以至目前的IP地址近乎枯竭。其中北美占有

3/4，约30亿个，而人口最多的亚洲只有不到4亿个，中国截至2010年6月IPV4地址数量达到2.5亿，落后于4.2亿网民的需求。地址不足，严重地制约了我国及其他国家互联网的应用和发展。在这样的环境下，IPV6应运而生。单从数字上来说，IPV6所拥有的地址容量是IPV4的约8×10^{28}倍，达到2^{128}个（算上全零的）。这不但解决了网络地址资源数量的问题，同时也为除电脑外的设备连入互联网在数量限制上扫清了障碍。

但是与IPV4一样，IPV6一样会造成大量的IP地址浪费。准确地说，使用IPV6的网络并没有2^{128}个能充分利用的地址。首先，要实现IP地址的自动配置，局域网所使用的子网的前缀必须等于64，但是很少有一个局域网能容纳264个网络终端；其次，由于IPV6的地址分配必须遵循聚类的原则，地址的浪费在所难免。

但是，如果说IPV4实现的只是人机对话，而IPV6则扩展到任意事物之间的对话，它不仅可以为人类服务，还将服务于众多硬件设备，如家用电器、传感器、远程照相机、汽车等，它将是无时不在，无处不在地深入社会每个角落的真正的宽带网。而且它所带来的经济效益将非常巨大。

当然，IPV6并非十全十美、一劳永逸，不可能解决所有问题。IPV6只能在发展中不断完善，也不可能在一夜之间发生，过渡需要时间和成本，但从长远看，IPV6有利于互联网的持续和长久发展。 目前，国际互联网组织已经决定成立两个专门工作组，制定相应的国际标准。

（三）IPV6特点

IPV6地址长度为128比特，地址空间增大了2^{96}；

灵活的IP报文头部格式。使用一系列固定格式的扩展头部取代了IPV4中可变长度的选项字段。IPV6中选项部分的出现方式也有所变化，使路由器可以简单路过选项而不做任何处理，加快了报文处理速度；

IPV6简化了报文头部格式，字段只有8个，加快报文转发，提高了吞吐量；

提高安全性。身份认证和隐私权是IPV6的关键特性；

支持更多的服务类型；

允许协议继续演变，增加新的功能，使之适应未来技术的发展。

二、IPV6与IPV4的对比

现有的互联网是在IPV4协议的基础上运行的。IPV4采用32位地址长度，其地址空间的最大容量是43亿个左右。早在20世纪90年代前后，业界就意识到IPV4地址资源短缺将会制约互联网的发展，因此IETF的IPng提出了创建IPV6的建议，很自然地IPV6成为了IPV4的升级版本，从而能够作为一个普通的软件升级版本在绝大多数因特网设备上安装，并和当前的IPV4协同工作。IPV6不仅能够在窄带网络（如无线网络）上工作，而且在千兆因特网、ATM等高性能网络上也能够良好地工作。

IPV4和IPV6的主要不同之处可以概括如下：

（一）扩展编址功能和自动配置机制

IPV6地址增加到128位，不仅解决了IPV4地址空间有限的问题，而且还提供了一个更深层次的编址层级和更简单的配置，协议内置了自动配置机制。多播路由得到了改进，多播地址也可以通过一个范围字段得到扩展。

（二）报头格式简化

IPV6对数据报头作了简化，以减少处理器开销并节省网络带宽。IPV6的报头由一个基本报头和多个扩展报头构成，基本报头长度固定为40字节（8字节报头和两个16字节的IP地址），固定的报头长度可以加快网络中路由转发数据包的速度。IPV4的报头有15个域，而IPV6只有8个域，IPV4的报头长度是由IHL域来指定的，而IPV6是固定40个字节。这就使得路由器在处理IPV6报头时显得更为轻松。

（三）改进的扩展和选项支持

在IPV4中，选项集成于基本的IPV4报头中，而IPV6定义了多种扩展报头，这些选项都被作为扩展报头来处理，这使得IPV6变得极其灵活，能提供对多种应用的强力支持，同时又为以后支持新的应用提供了可能。

（四）身份验证与加密

IPV6指定了固有的对身份验证的支持，以及对数据完整性和数据机密性的支持。认证机制使IP通信的数据接收方能够确认数据发送方的真实身份以及数据在传输过程中是否被改动。加密机制通过对数据进行编码来保证数据的机密性，以防数据在传输过程中被他人截获而失密。

（五）服务质量满足

IPV4在传输原理上来说是无法满足服务质量QoS的，而随着网上多媒体业务的增多，对传输延时和延时抖动均有严格要求。IPV6数据包的格式包含一个8位的业务流类别和一个20位的流标签。其目的是允许发送业务流的源节点和转发业务流的路由器在数据包上加上标记，并进行除默认处理之外的不同处理。一般来说，在所选择的链路上，可以根据开销、带宽、延时或其他特性对数据包进行特殊处理。IPV6的中间节点接收到一个信息包时，通过验证它的流标签，就可以判断它属于哪个流，然后就可以知道信息包的QoS需求，进行快速地转发。

总之，基于IPV6的下一代互联网可以提供给人们空间更大、速度更快、更安全、更及时、更方便、更可管理和更有效的服务。

三、IPV6过渡技术

IPV4向IPV6的过渡阶段所采用的过渡技术主要包括：IPV6/IPV4双栈技术、隧道技术、协议转换技术（表18-1）。

表18-1　IPV6过渡技术主要特征

<table>
<tr><td>双栈技术</td><td colspan="3">该技术是所有过渡的基础，隧道技术的隧道头尾节点和翻译设备必须要识别IPV6和IPV4流量，因此必须要支持双栈；而从核心向边缘过渡方案则所有核心设备都需要支持双栈；双栈技术是一种并存技术，异种网络流量并行地运行在网络之上；这种技术对于应用的影响是最小的，但是对网络设备影响较大，成本较高，而且不能节约IPV4地址。</td></tr>
<tr><td rowspan="8">隧道技术</td><td rowspan="2">非自动隧道技术</td><td>IPV6 GRE隧道技术</td><td rowspan="8">隧道技术就是用于IPV6流量运行在纯IPV4网络或者IPV4流量运行在纯IPV6网络的手段，隧道技术可以将2种流量相互垂直地隔离起来，所以可称为隔离技术；这种应用影响小，也可以使用现有的IPV4网络核心设备，因此成本也不高，能节约大量IPV4地址。
隧道技术可以分为5大类：IPV6 over IPV4，IPV6 over MPLS，IPV4 over IPV6，IPV6over IPV6，IPV4 over IPV4。对于IPV6过渡技术最有效的就是IPV6 over IPV4，偶尔也有使用IPV4 over IPV6的。
隧道技术根据是否手动指定隧道目的地址可以分为非自动隧道和自动隧道技术，而6PE技术依赖于BGP，BGP的Peer是需要手工指定的，所以6PE既不归结于非自动隧道也不归结于自动隧道，可以算是一种半自动隧道技术。
非自动隧道比较熟悉，GRE隧道就是一种非自动隧道，配置时既需要指定源地址又需要指定目的地址。而自动隧道则只需要指定隧道源地址，目的地址可以根据待转发流量的目的地址自动解析。</td></tr>
<tr><td>手动隧道</td></tr>
<tr><td rowspan="3">自动隧道技术</td><td>IPV4兼容IPV6自动隧道</td></tr>
<tr><td>6to4隧道</td></tr>
<tr><td>ISATAP隧道</td></tr>
<tr><td>BGP/MPLS隧道技术 IPV6 over MPLS</td><td>6PE</td></tr>
<tr><td>其他隧道技术</td><td>IPV6over IPV4、Teredo、Tunnel Broker</td></tr>
<tr style="display:none"><td></td><td></td></tr>
<tr><td>NAT-PT</td><td>协议翻译</td><td></td><td>Network Address Translation–Protocol Translation，即网络地址翻译—协议翻译，协议翻译对网络设备影响最小，但是对应用影响非常大且需要大量复杂的应用网关ALG设备，也可以节约大量IPV4地址。</td></tr>
</table>

四、相关国家建设情况

（一）美国

美国是IPV4的发源地，无论在地址资源和商业应用方面都占据了先天的优势。美国现有IP地址12亿个左右，平均1个美国人有4个IP地址。因此，目前美国既没有地址短缺的忧虑，又不愿意改动花费大量资金构建的IPV4商业网络体系。虽然研究和开发IPV6的主要组织如IETF、6Bone等都设在美国，但在IPV6推出之后的几年，他们对新标准的态度显得有些漫不经心，美国目前主要是以世界IPV6研究、协调中心的面目出现。不过由于美国新经济的发展受阻，高科技市场大大缩水，他们必须寻找新的商机。与此同时，北美需要增加IP地址的移动装置剧增，引起了对IPV6服务的潜在需求，各厂商也看到IPV6即将给他们带来的商业利益，这些都使得美国对新标准的态度发生了转变，许多大公司也开始了IPV6硬件及软件的开发。

（二）欧洲

欧洲各国政府对IPV6的态度都是比较积极的。原因在于：欧洲的IPV4地址空间比较匮乏，而上网人数在逐年上升；欧洲在IPV4的网络经济中落后于美国，而欧洲的移动通信事业非常发达，他们希望在移动通信领域中掌握先机，并通过3G的部署来实现在未来的网络经济中与美国并驾齐驱的愿望；欧洲的3G已经进入到实际的应用阶段，各大厂商和运营商都对IPV6寄予厚望。

（三）亚洲

亚太地区的地址空间和欧洲相比更加匮乏，对这些国家来说，IPV6是一个新的机遇，投资IPV6获得更多的地址资源，与其他IPV6用户相连接，就可以创建一个更大的IPV6互联网。

日本：日本政府制定了"e-Japan"战略，1999~2000年开始分配IPV6地址资源，2001~2005年开始全日本的IPV6商用化服务。2002年，日本已有29个团体从APNIC（负责亚洲和大洋洲的IP地址分配）获得IPV6地址，是当时全世界获址最多的国家。同年，日本开发出商用路由器，是最早提供IPV6硬件支持的国家，并已经推广IPV6网关业务。日本希望联合其他的亚洲国家大力推广IPV6标准，从而与欧美国家的公司抗衡，并且希望日本在亚洲市场上抢占先机。

韩国：韩国对于IPV6在战略、政策、立法、项目资助、国际合作等方面都有相应的措施，政府也已陆续投入了近500亿韩元的资金用于支持IPV6产业的发展。韩国制定了IPV6的4个演进阶段，计划到2013年全面启动IPV6网络：第一阶段（2001年以前）建立IPV6试验网，开展验证、运行和宣传工作；第二阶段（2002~2005年）建立IPV6岛，与现有IPV4大网互通，在IMT2000上提供IPV6服务；第三阶段（2006~2010年）建立IPV6大网，原IPV4大网退化为IPV4岛，与IPV6大网互通，提供有线和无线的IPV6商用服务；第四阶段（2011年以后）演变成一个单一完整的IPV6网络。

中国：中国在IPV4的发展中处于后进状态，在国际上的发言权不多，导致在IP地址的供需上严重失衡。中国目前约5100万个地址，大约25个中国人拥有1个IP地址，美国人均的IP地址数量是我们的100倍，可想而知中国是IP地址最为短缺的国家之一。而作为一个互联网和移动通信大国，势必要在下一代互联网的标准和资源分配上取得更多的话语权。而IPV6作为下一代网络的核心技术，必将带动大量相关技术和服务的发展，提升中国信息通信行业的整体实力，为中国的信息产业带来新的发展机遇。

中国的IPV6研究始于1998年，2000年天地互连信息技术有限公司建立了中国第一个面向商用的IPV6试验床，并加入了6BONE（下一代网络国际试验床），2002年该公司与当地运营商合作，建立了中国第一个商用的电信级IPV6试验网，同年，中国电信也成为国内最早从APNIC拿到IPV6正式地址的电信运营商，从而为IPV6的进一步研究工作打下了良好的基础。2003年，北京电信在湖南IPV6试验网的基础上，设计和建立了一个覆盖北京、上海、广州、长沙4个省（市）的IPV6试验网络，并对此网络进行了一系列的实验和测试工作，包括设备测试、互通性测试、IPV6路由协议测试、用户接入试验、业务试验、安全测试及QoS测试等。另外，"十五"期间"863"计划通信技术主题也以进一步加大对IPV6技术的研究和开发、力争突破和掌握IPV6关键技术、为产业发展提供具有自主知识产权的核心技术为目标，同时根据该主题部署了若干重大专项，表明我国已进入了IPV6全面研究开发的阶段。2004年，以IPV6为特点的下一代网络在中国已经启动，包括思科在内的多家厂商已经参与到了IPV6网络建设中，顶级核心路由器已经推向市场。2008年8月，国家正式启动了CNGI（中国下一代互联网）二期工程，重点解决推动下一代互联网商用化时遇到的一些"产业性"问题。

第十九章　专家视点

2010年我国信息化建设快速推进，成效十分显著，这其中，相关领域的专家发挥了重要作用。他们思路开阔、思想睿智，紧跟全球信息化发展进程，是政府和企业决策的重要咨询力量。在此，选择一些代表性的观点，供林业信息化建设参考。

第一节　发展思路

一、信息化发展思路

信息化与工业化的深度融合，是“十二五”时期我国信息化建设的主线。如果又好又快地推动我国信息化发展，促进服务型政务建设、改善民生、带动相关产业发展，国内一些专家学者的观点为我们提供了有益参考（专栏19-1、专栏19-2）。

专栏19-1

我国必须加快七大领域信息化发展

国家信息化专家咨询委员会常务副主任　周宏仁

全球信息化向高端发展的趋势，以及全球范围内抢占信息化制高点的激烈竞争，说明信息化进程不进则退。中国如果应对不力，与发达国家之间原本已经缩小的差距则有可能再次拉大。“十二五”期间，我国必须在如下领域加快信息化发展：

一、推进信息化与工业化融合

“两化”融合的重点应在五个方面：提高企业的劳动生产率和管理水平；提高企业产品的智能化水平；节能降耗、减污减排；发展生产性服务业；发展现代物流。其中，加快装备制造业的信息化改造尤为重要。

二、加快发展信息化催生的新兴产业

必须重视和狠抓信息与通信技术产业的发展，将其置于战略优先的发展地位，特别是网络经济，包括电子商务。

三、加快建设国家宽带信息基础设施

中国必须围绕三网融合和移动宽带发展需要，加快新一代国家宽带基础设施的建设，同时，促进固网与移动网一体化。中国必须加快推进下一代互联网（包括IPV6）的商用部署和未来网络的发展。

四、夯实“三农”信息发展基础

先进的农业信息技术和农业信息化装备正在我国广大农村得到大规模的推广与应用，应当巩固和推广这一成果。

五、发展电子政务

如何更好地实现政务信息公开，做到依法治国，以及充分利用好政府信息资源，是提高政府决策信息化和科学化水平的重要课题。未来几年，医疗卫生管理系统、社会保障系统、就业信息服务系统、重要食品和药品管理系统都需要改善。

六、推动信息化向高端发展

中国需要在智能电网、智能交通、气象预报、地震监测、国土资源、水资源、环境监测、地理信息、现代物流等领域，加快发展传感网、物联网及其他信息化的高端应用。

七、积极发展信息化的核心技术

必须有计划地、稳步地走一条发展核心信息与通信技术和产业的路子，特别是国产微机系统，包括CPU芯片、操作系统和配套基础应用软件。

专栏19-2

客观审视信息化的位置

中国社会科学院信息化研究中心秘书长　姜奇平

当前，以国际金融危机为契机，内生的工业化动力与外部的信息化挑战之间的平衡被“打破”，开始出现从“向外看”到“向内看”转变的迹象。一方面，外部压力感觉（只是感觉）骤减，西方国家挑战的意味似乎减弱了，中国自信开始提升；另一方面，转向内需，使工业化的内在动力得到大释放，4万亿一举全部喂给工业化，应战重点也变了。挑战与应战此消彼长，信息化、工业化两化融合变成三化融合（加上了城镇化），信息化从五五开，变成了三分之一对三分之二。

从信息化本身来看，一个明显规律就是：凡是存在高水平国际竞争压力，并直接感受到外部“交火”、“过招”压力的地方，信息化不仅没弱化，而且进一步加强，例如军队和中央企业。军队不是简单提军队信息化，而是提信息化军队。国庆阅兵，部队方阵言必称信息化，与地方方阵只字不提信息化，形成鲜明反差。中央企业也不是简单提企业信息化，而是提信息化企业，力争国际一流。这标志在军队和中央企业，信息化不再是“用”，而成了“体”本身，践行了“信息化作为覆盖现代化全局的战略举措”的主张，从而光荣地进入了第二次现代化状态，在中国现代化中发挥着引领作用。而凡是不存在高水平国际竞争压力，并且自我感觉越来越好的地方，信息化就会被越来越多的“化”冲淡，那些“化”说来说去，都是工业化。政府信息化、产业信息化、文化信息化等领域把信息化作为融入现代化各个局部的战术举措，至少在目前，开始进入了洋务运动时期“中学为体，西学为用”的熟悉套路，从大势上退回了第一次现代化（工业化）的大范畴中。中国社会不仅形成了农业、工业和信息三元结构，信息化本身也出现了为体（为战略）与为用（为工具）的高下之分。中国现代化出现了复杂的态势。

以国际金融危机为契机，中国社会的大陆特征也越来越明显。官本位与官家经济因没有天敌而容易疯长，是大陆型国家生态系统的特点。法国、德国、俄国这些典型大陆国家，在现代化过程中都出现了强大的钱权结合利益集团。澳大利亚本来没有兔子。1863年一场大火，放跑了墨尔本动物园从英国引进的24只兔子。由于没有天敌，兔子在草原上疯长成40亿只，造成生态灾难。钱权结合，就像这24只兔子。中国的改革开放，无论是农村改革，还是城市改革，都曾对官本位与官家经济形成了一定的生态抑制作用。而国际金融危机却像1863年墨尔本动物园那场大火，把官本位和官家经济这“24只兔子”放了出来，大有逆转大陆文明生态之势。在4亿救市资金如同鸡血一样的刺激下，官本位与官家经济再次像草原上失去天敌的兔子一样疯长。这对信息化构成了致命冲击。因为信息化最大的内在动力，来自于由交易费用节省造成的利益增量，一国交易费用占GDP的50%（诺斯测算），是最好的“打土豪分田地”的财源，比毛泽东、邓小平当年用来调动社会各方积极性的条件还好。但官本位与官家经济正是靠加大全社会的交易费用为生的，现在激活了他们，无疑从根本上抑制了信息化这个天敌。中国迅速向大陆型国家进行文明定型，遂形成不可阻挡之势。

反思历史，信息化的最大失误在于，从第一天开始，就没有一丝一毫的改革意识。没有意识到这是一场改革一国50%财富的利益大分配过程，既没有改革的目标，也没有改革的纲领。信息化方针多次调整，但从来没加入过“改革”二字。在中国，没有脱离改革的发展，能够单独成功。农业大发展，要靠农村改革力排利益阻力；工业大发展，要靠城市改革力排阻力；信息化大发展，没有信息化改革保驾护航，一旦从技术触及利益，深化到触及官本位和官家经济利益，撞到一国一半财富再分配这面硬墙上，立时土崩瓦解。忘记生产力需要生产关系来解放这个祖训，靠生产力孤军深入终被歼灭，是信息化被边缘化的根本历史教训。

然而，外部压力“感觉”骤减，并不等于外部挑战真的减弱了。只要肯睁开眼睛看世界，就会发现，国际金融危机不仅没有减少对中国的挑战，反而提出了更严峻的挑战。智慧地球是比信息高速公路对中华民族生存更大的挑战。因为“公路”还只不过是基础设施，“地球”可是全方位的（我们现在把它理解为物联网、传感网，完全是曲解）。一旦落后，在地球想跑都没地方跑，只好扔了球籍，完球了事。别的不说，光各国政府的智慧化、巧实力化（与智慧地球共享SMART这一内核），就够中国再喝一壶的。因为它会在世界生存丛林中拉开“会做事的政府”与“不会做事的政府”的现代化档次。到时GDP世界第一是救不了命的。正如现代化差了一级，清政府1820年时的GDP世界第一并没有救中国一样。

如果政府变得更智慧的速度，滞后于地球变得更智慧的速度，政府就会被地球淘汰。看到危机的国家，例如韩国，已经提出信息化新远景和目标，提出“会做事的知识型政府”。会做事，是相对于集中向分散转变的挑战说的。什么叫不会做事？只会在集中模式条件下做事，不会在分散模式条件下做事，就是新形势下的“不会做事”。政府智慧化速度赶不上地球智慧化速度的突出表现，就是总思路适应不了互联网权利日益分散化这个根本形势，只好去试图改变互联网本性，想把互联网从分散管成集中，把宝押在逆转世界潮流而侥幸成功上。清朝历史证明，这种成功是极小概率事件，基本是不可能的。

有人认为电子政务是公共财政投入的黑洞，在应对金融危机对策中，不少地方缩减项目中明确提出电子政务投入要减少。正如高新民先生尖锐指出的那样：相当一部分领导在战术工具意义上理解电子政务，但没有在战略举措、在政府转型高度上理解电子政务。

新的现代化形势逼人，谁敢横刀立马？我们也高兴地看到，除了军队、中央企业和一些先进城市自上而下的战略重视外，以阿里巴巴、地方政府服务网站、互联网产业和文化力量为代表的改革尝试，正在没有领导甚至遇到层层阻力的困难情况下，以极大的创造性，自下而上摸索中国新的、信息化水平上的现代化之路。他们是智慧时代星火一样分布的“小岗村”，他们正在指向传统工业化地带的暴利、腐败和蛮笨之处，发动一轮轮勇敢的冲击。希望寄托在他们身上。

二、电子政务发展思路

经过近20年的发展，我国电子政务建设正在进入新的历史阶段。物联网、云计算、新一代通信技术等带来的技术革新以及国家行政体制改革等产生的政策和体制机制影响，都深刻影响着电子政务发展。正确认识和准确把握“十二五”时期我国电子政务建设的重点与发展趋势，是促进林业电子政务持续快速健康发展的基础。国内一些知名专家的观点为我们提供了有益参考（专栏19-3至专栏19-5）。

专栏19-3

打造中国电子政府新模式

国家信息化专家咨询委员会委员　汪玉凯

国家“十二五”规划对未来中国信息化发展战略做了很详细的规定，谈到电子政务，实际上就是三句话，但本人认为这为“十二五”期间中国电子政府的发展指明了方向：一是以信息共享、互联互通为重点；二是大力推进国家电子政务网络建设；三是整合提升政府公共服务和管理能力。从电子政务的视角来说，未来加快我们政务信息化的步伐，吸收政府的服务能力和管理能力是整个建设的重点。从公共管理视角来看，“十二五”强调两个政府，建设服务型政府和法治政府。政府门户网站建设是其中的重要路径。

U型政府门户网站是通向电子政府的新模式。电子政府U型模式的内涵，一是它把公众和企业作为模型的一端，政府作为模型的另一端，两者之间通过统一的一站式公共服务供给来连接，电子监察贯穿在统一的公共服务供给过程中，从而实现服务模式零距离、服务效能零延时、服务库存零监管的高质量的公共服务。

电子政府与电子政务的区别在于：一是它以公众为中心；二是它以政府对外服务和管理为重点；三是电子政府建设更加强调政府业务的跨部门整合、互联互通、资源共享；四是它强调从整体上提高管理和服务能力。如果你把电子政务理解为一项项具体政务的信息化，比如说网上注册企业、提供网上教育服务，等一项项具体政务的信息化变成整体以后，慢慢就走上了电子政府。这个时候政府有很强大的内部功能向社会提供管理和服务。

中国电子政务的发展已经具备了构建电子政府的条件。一是信息化基础设施建设为电子政务发展提供了强有力的保障；二是以行业为代表的电子政务系统建设取得了重大突破，作用日益显著；三是政府内部办公、对外管理和服务整体上对电子政务应用系统的依赖度越来越高；四是政府公务员的理念、管理行为以及社会公众受到电子政务发展的深刻影响。

电子政务发展到今天，我们不断思索中国电子政府建设的道路。本人一直在强调9个字“低成本、集约化、见实效”的建设道路，也包括政府门户网站的建设道路。未来政府电子政务会发生重大变化：第一，政府信息化建设的重心下移，在推进城乡一体化战略和省直管县方面将发挥重要作用；第二，以建设服务型政府为目标，重点发展以公众为中心的服务型电子政务；第三，基层政务应该大力发展基于互联网的电子政务，提升基层政府的公共服务能力；第四，围绕基本公共服务均等化，构建一些全国性的重点应用项目；第五，以行政服务中心为重点的电子政务审批服务、办事服务将提升到新水平；第六，更加注重电子政务的投入产出，注重经济效益和社会效益。

专栏19-4

建设为和谐社会服务的电子政府

北京大学电子政务研究院院长　杨凤春

近年来，随着改革开放的深入，中国社会进入矛盾多发期、突发期，社会问题增多，深层次矛盾日益复杂纠结，具有重大影响的突发性、群体性事件时有发生。这些现象一方面反映了我国改革开放和社会发展进程的新特点、新变化、新要求和新任务，另一方面也给各级党政部门和领导干部的管理和执政能力带来了挑战。

为应对这一新的局面，2004年9月，中共十六届四中全会通过了《关于加强党的执政能力建设的决定》，提出加强和提高党的执政能力，实现和谐社会的任务和目标。《决定》认为：全党要“把和谐社会建设摆在重要位置”，以“适应我国社会的深刻变化”。

和谐社会是一个更加充满创造活力、各方面利益关系能够有效得到协调、社会管理体制不断创新和健全，以及更加稳定有序的社会。和谐社会与一般意义上的现代化建设的社会、与改革开放以来一直占据主流位置的、主要强调经济发展的社会不同，和谐社会主要致力于建设和实现各个不同社会阶层、群体之间关系的协调、利益的共存，以及社会的稳定。其中更多涉及的是不同群体间关系的调整和社会的管理。显然，这是一个更加以“人”为中心、以人际关系的协调和人的生活幸福满足为本位的、主要诉诸解决社会矛盾和社会关系的理念与政策。相形之下，以往以经济增长为中心的发展则更多是以“物”为中心、以各类物化指标为主要追求目标的发展。两种理念和思路之间存在一定的差距，这种差距会影响到各级党政部门和领导干部的素质、能力和行为方式。为此，时任中共中央政治局常委的曾庆红在十六届四中全会结束以后，发表专文明确要求各级党政部门和领导干部，要掌握各方面的“本领”，形成自己的“执政能力”，这些能力包括：正确反映和兼顾不同方面群众利益的能力；健全处理人民内部矛盾的工作机制和社会利益协调机制的能力；建立健全社会利益协调机制，解决利益矛盾的能力；建立健全党委领导、政府负责、社会协同、公众参与社会管理格局，形成社会管理和社会服务合力的能力；管理和监督各类社会组织的能力；汇集和分析社会舆情，畅通社情民意反映渠道的能力；建立健全社会预警体系，形成统一指挥、功能齐全、反应灵敏、运转高效的应急机制，提高保障公共安全和处置突发事件的能力；加强和完善社会治安综合治理工作机制的能力。简言之，旨在建设和谐社会的执政能力就是各级党政部门和领导干部反映和维护人民群众利益的能力，建立健全实现和保障人民群众切身利益的体制机制的能力，实现全社会不同群体、不同阶层共有、共享改革开放成果的能力，以及实现不同社会群体利益的均衡和和谐相处的能力。

不难看到，和谐社会是一个事关党政部门和领导干部工作全局、涉及改革开放深层次问题的全局性、战略性的目标和任务。和谐社会目标和任务的提出，会使各级党政部门的工作重点逐渐从单纯追求经济增长，转移到更多关注社会管理和发展、更多关注人民群众利益的实现和均衡，以及社会关系调整的方向上来。其影响和意义是巨大的。从和谐社会建设的角度看，和谐社会的理念、价值观不仅会成为各级党政部门工作的重心和指针，而且也会逐渐成为全社会一切建设和发展工作的理念和价值选择。围绕和谐社会治国理政会逐渐成为各级党政部门日常工作的选择。

在这样的形势和要求面前，电子政务不可能置身事外。一方面，政府和谐社会建设的推进，会要求电子政务提供更多的技术支撑和保障，因此电子政务建设的好坏、成败，会在相当程度上影响和谐社会建设的成败。从这个意义上说，电子政务是否能够对和谐社会建设做出应有的贡献，决定了和谐社会条件下电子政务建设的价值和意义。另一方面，和谐社会建设也为电子政务发展提供了前所未有的历史性机遇：由于和谐社会的建设具有重大的政治意义，因此为和谐社会建设服务的电子政务，也将会受到人们前所未有的重视和支持，相对更容易获得发展的机遇。

目前，和谐社会理念对电子政务建设和应用所可能产生的影响，值得引起电子政务领域各界人士的高度重视。电子政务服从于、服务于和谐社会的建设，应当成为电子政务建设和应用的根本性指导方针；各级各类电子政务建设从业人员，则应当树立和谐社会的理念与思维，更多地从和谐社会建设和发展的角度，谋划电子政务建设和应用的发展，并在建设实践中推动电子政务建设向为和谐社会服务的方向转型。

和谐社会的建设决定了电子政务发展的转型必要而且重要，但是要真正把电子政务建设和应用的重点转移到为和谐社会服务的轨道上来，还需要改变和调整以往的一些观念和做法。

首先需要改变的是那种把电子政务建设与政府经济增长目标直接挂钩的电子政务发展观、评价观。把电子政务建设与政府经济增长目标直接挂钩的观念和做法，在不同的地方有不同的表现：一些地方和部门的领导对电子政务建设的兴趣和需求，不是来自于对电子政务所具有的政府管理和服务改进潜能的兴趣，而主要来自于电子政务建设对信息通信产业的带动作用，他们主要关心的是电子政务建设是否能够为本地、本部门"带来"软件园、硬件园；有的地方和部门在决定一个电子政务项目是否需要的时候，主要关注的是项目是否能够提升本地方、本部门的经济增长指标；还有些地方和部门的领导，在考虑电子政务建设项目的时候，把电子政务项目当成一般的投资项目，要求必须具有良好的"投资回报"；也有一些地方和部门的领导，在评估电子政务项目效益的时候，不是看电子政务对政府普遍管理和服务能力提升所做的贡献，而是简单地将一些经济增长指标与电子政务项目相挂钩，以此来评估建设的价值和意义。凡此种种，表现出一些地方和部门的领导对电子政务的认识和理解不仅十分肤浅，而且尤其与和谐社会建设的诉求存在很大的差距。

把电子政务建设与政府经济增长目标直接挂钩的观念和做法，在和谐社会建设面前将不可避免地显得十分落伍和狭隘，甚至有可能给政府的执政能力带来严重的伤害。如果说，原先把电子政务建设直接间接、有意无意当成经济增长目标的工具和附庸，似乎也没有什么大错的话，那么对正处于改革开放矛盾多发期、突发期阶段的社会来说，情况却可能有所不同：把电子政务继续当成GDP的附庸，会使电子政务的建设产生严重的偏向，会不可避免地影响政府全面管理和服务能力的提升，会影响政府协调社会利益关系、维持和谐能力的提升。显然，在社会和谐问题变得越来越重要、突出的情况下，政府全面管理和服务能力的降低所可能带来的后果是难以预料的。

另外，继续把电子政务建设与政府经济增长目标直接挂钩，也是非常狭隘的。社会生活和公众需求是丰富多彩的，绝不仅仅限于经济的增长。在目前单纯GDP主义恶果频现的情况下，政府应当超越单纯经济增长的局限，而相对更多地注重社会和政治事业的建设。为此，电子政务的建设和发展需要从GDP附庸地位摆脱出来，不仅要在组织机构的建设上，逐渐成为独立自主地为政府全面政府职能的充分实现提供承载和支撑的主体，而且在理念上，更要以实现政府管理和服务的持续性改进为使命，使自己不仅能够满足政府和社会的多种多样需求，而且能够成为推动中国社会从单纯经济增长转向改革开放成果共享社会进步的重要力量。

其次需要改变的是电子政务建设和应用中的过度“政府本位”现象。电子政务建设和应用中的过度“政府本位”现象，主要表现在政府在一些电子政务建设项目的服务对象、功能和产出设定方面，相对更多地偏向于政府自身，一些能够为政府、政府工作、政府利益带来更多、更大好处和方便的项目，容易得到重视；而一些尽管对政府体制转变、对政府与公众关系改进有更深远影响的、具有直接服务社会、造福公众作用的项目，却迟迟得不到足够的重视，更难以获得建设的资源。这种状况在造成政府能力极大提升的同时，却并不一定能够同时为社会和公众带来更大的好处。甚至在有些情况下，过度政府本位的建设由于形成对资源的大量消耗，事实上会造成对公众福利的侵害。可见，在极大增强政府能力的同时，如果不能够同步增强社会对政府监督、参与的能力和公众权利、利益自我维护的能力，电子政务的发展不仅难以获得应有的社会效益，反而可能会加剧社会、公众相对政府的弱势地位，政府——社会之间的平衡会由于政府权力的过度发展而进一步失衡。

从实践上看，电子政务建设和发展中的“政府本位”现象，主要表现在政府有很大的积极性推进、发展一些能够极大增强政府能力、尤其是那些能够增强政府控制和管理社会能力的电子政务项目，而对一些不明显具有这一特征的项目，则缺乏起码的兴趣。如金关、金税、金盾等项目，由于能够大大提高政府的税收、海关监管和市场管理能力，大幅度提升政府的财政汲取能力，扩大财源，因而最早得到政府的高度重视，建设规模庞大、成效显著；网格化城市管理系统、视频监控系统等项目，由于能够在技术上实现对城市巨细无遗的实时监控和管理，因而也得到了政府的迅速响应和推广；社会舆情监控系统，由于能够大大提高政府把控和应对社会舆情的能力，使其能够预见、预警某些不安全因素，增强政府对舆论、社会情绪、社会政治动向、社会群体活动的感知和监控能力，因而也是政府重视的热点建设项目。

但另一方面，那些主要集中于强化政府自身管理、提升公众监督政府、加强政府与公众平等互动的项目，则明显滞后。如在政府自我管理方面，一些能够起到监督、控制作用的应用系统，如纪检监察系统、官员诚信系统等项目，迄今并没有普遍受到应有的重视，建设的规模和应用程度相对较低；一些能够给公众带来基本社会服务和增加其福利供给的项目，则起步晚、规模小。如1993~2006年，国家实施的18项国家级重大电子政务工程项目中直接与“民生”相关的仅有3项，这足以证明“社会本位”、“民生本位”的电子政务项目与“政府本位”的电子政务项目，无论是其所受到的重视，还是其所可能获取的资源，都是难以相提并论的，“民生本位”的项目远远落后于“政府本位”的项目是中国电子政务建设和应用的一个显著特征。

不难看到，过度政府本位导向下的电子政务建设与和谐社会的建设是不相适应的。同时，也应当看到，如果继续放任这样严重失衡的电子政务建设倾向延续下去，电子政务本身的发展也是难以持续的。原因在于：在政府能力十分强大、所掌控的资源原本就极其丰富的情况下，还通过电子政务的建设，继续扩张政府的权力、增加其资源、强化其能力，会进一步加剧政府与社会之间的失衡。而当政府与社会的失衡达到一定程度的时候，电子政务通过技术工具应用—管理改进—效率提升—体制优化的功能将丧失殆尽，而无法起到提高政府效率、改进政府管理与服务的作用，会沦为彻底的“面子工程”、“形象工程”和“花钱工程”，从而丧失基本的社会经济价值。因此，和谐社会的建设，在通过社会性、实体性的改革，赋予社会和公众以尽可能平衡、平等权利、权力的同时，电子政务的建设也必须尽可能实现政府本位与社会本位、公众本位的均衡。而要做到这一点，目前在加快建设那些能够直接增进公众福利获得、资源分享和权利实现项目的同时，充分重视和利用互联网及其丰富的资源，也是重要的途径。

尽管电子政务本质上是互联网性质的，是互联网的产物，但总体而言，迄今为止，中国的电子政务无论是建设还是应用，从某种意义上说是与互联网“屏蔽”的：运行电子政务的各式政府网络通过各种各样的技术和管理制度，与互联网严格区分；电子政务所实现的业务和应用，基本上是以政府为主体的，业务的范围基本局限于公共管理和服务领域；电子政务互动中的公众主要是政府管理的客体和服务的对象，而很少具有政治参与及监督政府的色彩与功能；在政治生活领域利用信息通信技术扩大公众的知情权、表达权、参政权，虽时有进步，但总体上一直没有实质性进展；大量存在于网络空间中的具有反映民众心声色彩的网络言论、网络公共事件，形形色色活跃于网络空间的网民和网民群体，总体上是无法通过电子政务的平台和渠道对政府产生实质性的影响的。简言之，在中国这样一个互联网大国、网民大国，巨大的互联网群众基础、丰富的互联网资源，事实上并没有给我国的电子政务建设和应用创造应有的价值和贡献，互联网与电子政务的隔离、网民与政务的分离，形成了有网民而无电子政务条件下的“网络公民”、“网络选民”的奇特现象……总之，我国的电子政务基本属于那种摒除了社会政治内容、远离了社会政治生活的、主要关注于公共管理和服务的“事务型”电子政务。

“事务型”电子政务的价值本身也是不可低估的，尤其是对政府公共管理和服务水平低下、质量亟待提高的国家来说，更是如此。但也应当看到，仅仅有“事务型”的电子政务，是远远不够的。充分利用信息通信技术的潜力推动社会政治的进步，是提高各级党政部门的执政能力，改善政府——公众关系，建设和谐社会的根本。从这个意义上说，在努力建设一个更好的“事务型”电子政务的同时，现在还需要适时地突破“事务型”电子政务的局限性，建设为和谐社会服务的电子政务。

超越“事务型”电子政务根本出路在于利用互联网，实现电子政务与互联网、网民的融合。电子政务与互联网、网民的融合，使电子政务的建设可以从互联网和网民中发掘出无穷无尽的推动政府管理与服务持续改进的力量，寻找到实现社会政治进步的动力和更加广泛的社会基础。而实现这种超越，需要认识互联网的价值与意义，需要认识互联网对社会政治改善的作用，需要发掘和利用互联网所蕴藏的丰富的社会政治资源。

互联网是迄今为止打破了时空限制而赋予人以最大程度的解放与自由的技术和社会设施。互联网把原先被各种各样体制机制所定位、所固化和束缚的人，“释放”了出来，使其重获自由，人们因此可以在网络世界中最大限度地按照自己的意志和愿望为人行事。在这过程中，一些长期被压制的潜能得到了释放，一些人会增长自己的知识和智慧。在潜能不断被激发、才智不断增长的环境下，人们解决问题和困难的能力，也得到迅速增长。人们的思想更为解放，创新层出不穷，梦想更容易实现；同时，人际关系也会有重大调整，边缘——中心群体会重新组合，而因为共同的爱好而形成的人际合作，则会催生一个个新的社会组织与群体，从而为新的社会发展、社会创新带来动力和资源。

互联网对社会政治的改善功能也是不容轻视的。互联网创造了一个独立于现实社会政治关系之外的思想、言论和交往空间，人们在现实社会政治关系之外，凭借网络形成了基于互联网的虚拟——实体相结合的新的社会政治关系网络，并因此制造出了增量的社会政治资源；而通过网络实现的社会政治交往，则提供了新的几乎不受时空限制的政治表达、政治参与、政治代表和政治监督渠道。增量政治资源与网络化交往渠道的结合，则会形成新的政治领域与空间。在这样的空间中，网民与现实社会的公民一而二、二而一，如影随形、相得益彰，会形成一种无所不在、前所未有的基于技术的体制性、社会性力量，在这样的力量面前，一些障碍社会政治进步的问题，将会在网络公民和现实公民的抗争、努力之下，逐步得到解决。

社会政治的改善需要社会政治资源的支撑。互联网所形成的新的政治领域与空间，蕴藏有极其巨大、极其丰富的资源。首先，网络空间使许多现实社会体制下与社会政治生活无缘的人群重新回到了社会政治生活中来，并成为政治进步的社会基础与支持性力量。其次，网络对人的潜能的解放，会导致新的政治人物、公共人物的产生。同时，网络空间也会为现实政治生活中有志于改革创新的人士，提供传统体制机制所无法提供的巨量政治资源。显然，这不仅对于社会政治的改革、进步是必不可少的，而且也是优秀政治人物成长的养料。此外，众多网民所贡献出的有关于社会政治改革的要求与意见、知识与智慧，对真实社会政治的进步同样也是不可或缺的。

专栏19-5

提高认识 统筹规划 推进“十二五”时期电子政务建设

国家信息化专家咨询委员会委员　宁家骏

一、难得的机遇，伟大的战略

当今时代，人类社会已步入一个科技创新不断涌现的重要时期，这是一个经济结构加快调整的重要时期，也是一个信息化助力社会全方位创新的重要时期。进入21世纪，世界新科技革命发展的势头更加迅猛，正孕育着新的重大突破。新科技革命及其带来的科学技术的重大发现发明及其广泛应用，推动世界范围内生产力、生产方式、生活方式和经济社会发展观发生了前所未有的深刻变革，也引起全球生产要素流动和产业转移加快，经济格局、利益格局和安全格局发生了前所未有的重大变化。

中国科学院2009年6月10日发布的“创新2050：科技革命与中国的未来”系列报告指出：“在今后的10年至20年，很有可能发生一场以绿色、智能和可持续为特征的新的科技革命和产业革命。为了全面实现小康社会和现代化建设目标的战略任务，面对可能发生的新科技革命，我国必须及早准备。”该报告提出了必须着力解决22个影响我国现代化进程的战略性科技问题，其中包括6个信息领域的战略性科技问题：“后IP”网络的新原理/新技术研究和试验网建设、高品质基础原材料的绿色制备、资源高效清洁循环利用的过程工程、农业动植物品种的分子设计、泛在感知信息化制造系统、超级计算技术。这些技术的突破将对我国的信息化进程产生重大影响。

由IBM公司提出的“Smart Planet”解决方案，描述了信息社会的远景。“智慧地球”的核心是以一种更智慧的方法通过利用新一代信息技术来改变政府、企业和人们相互交互的方式，以便提高交互的明确性、效率、灵活性和响应速度。我们理解这种理念的核心是通过信息基础架构与高度整合的基础设施的完美结合，使得政府、企业和民众可以做出更明智的决策。所谓智慧方法有3个方面特征：更透彻的感知，更广泛的互联互通，更深入的智能化。这清楚表明：信息科技将进一步成为推动经济增长和知识传播应用进程的重要引擎，信息化的广泛推进以及与工业化的深度融合将进一步为人类认知客观规律，推动技术和经济发展展现新的前景。

必须看到，党的“十七大”提出“五化并举”、“两化融合”是新时期党中央审时度势、高瞻远瞩做出的重大判断和战略选择，是新时期中国实现现代化的新模式。我国信息化建设已经取得了显著的成绩，逐渐融入了国民经济、军事国防、社会生活和广大公众日常生活的方方面面，当今我国和世界多数发达国家一样，国民经济和社会发展，包括政务活动已经对信息化高度依赖，一旦基础网络和重要信息系统不能正常运转，将给国家和部门业务造成莫大的损失。广大公众也对信息化形成了依赖和依存的关系，有人戏称80后及其之前的几代人是“Digital Immigrated”（数字化移民），而90后已经成为“Digital Original”（数字化原住民），今天离开数字化对于很多人已经是不可想象的。

因此，必须认真总结我国信息化发展的基本经验，必须坚持站在国家战略高度，把信息化作为覆盖现代化建设全局的战略举措，长远规划，持续推进；必须坚持从国情出发，因地制宜，把信息化作为解决现实紧迫问题和发展难题的重要手段，充分发挥信息技术在各个领域的作用；必须坚持把开发利用信息资源放到重要位置，加强统筹协调，促进互联互通和资源共享；必须坚持引进消化先进技术与增强自主创新能力相结合，优先发展信息产业，逐步增强信息化的自主装备能力；必须坚持推进信息化建设与保障国家信息安全并重，不断提高基础信息网络和重要信息系统的安全保护水平；必须坚持抓好信息技术的普及教育，提高国民的信息技术应用技能。

当今我国信息化正进入一个更加深入、更加扎实的新的阶段，IT促进增长与创新的作用日益显著，“两化融合”成为基本方针，信息化建设更加注重实效，改造提升传统产业、促进结构调整与增长方式转变成为重点；电子商务、物联网正在成为新的经济增长点；涵盖应急管理、信用体系、社区服务等内容的社会信息化需求旺盛，“信息化惠及全民”成为努力方向；政务创新与电子政务互相促进，跨部门业务协同进入攻坚阶段，工作重心进一步转向公共服务；文化资源的数字化、网络化水平快速提高，网络文化与现实文化日益融合，文明的冲突与融合共存，互联网治理面临新的课题。

在充分肯定我国信息化成绩的同时，我们还必须正视我国信息化现存的诸多不容忽视的问题，其主要表现是发展不均衡，包括“硬技术”与“软环境”发展不均衡；行业/区域信息化发展不均衡；政府各部门在信息化的认识和举措上不均衡，协调不够，缺少合力等。例如，在软硬件投入比例上，我国在推进信息化进程中大量投入于资源建设和完善硬件环境，使我国信息化的硬环境水平达到了比较高的水平，而在信息化的“软环境”建设方面，如商业模式、标准/规范、信息化教育等方面还有大量工作要做。再如，我国的区域信息化发展呈现出明显的不均衡现象，东部、中部、西部地区的差距较大：东部地区是信息化最为发达的地区，如上海、北京、深圳、广州等地，单位人员计算机拥有量在90%以上，家庭计算机拥有量接近70%，上网人数比例超过50%，总体信息化水平接近国际水平；而中部和西部很多地区还处于发展阶段，单位人员计算机拥有量只有30%~50%，家庭计算机拥有量仅有10%~20%，上网人数比例也只有10%~30%。因此，在“十二五”期间要着力解决上述问题，使我国的信息化进程持续快速、健康地发展。

党中央、国务院高度重视信息化建设和电子政务建设工作。在2010年两院院士大会上，胡锦涛总书记就大力发展信息网络科学技术及其应用作了十分重要的讲话：“大力发展信息网络科学技术。要抓住新一代信息网络技术发展的机遇，创新信息产业技术，以信息化带动工业化，发展和普及互联网技术，加快发展物联网技术，重视网络计算和信息存储技术开发，加快相关基础设施建设，积极研发和建设新一代互联网，改变我国信息资源行业分隔、核心技术受制于人的局面，促进信息共享，保障信息安全。要积极发展智能宽带无线网络、先进传感和显示、先进可靠软件技术，建设由传感网络、通信设施、网络超算、智能软件构成的智能基础设施，按照可靠、低成本信息化的要求，构建泛在的信息网络体系，使基于数据和知识的产业成为重要新兴支柱产业，推进国民经济和社会信息化。”

党的十七届五中全会已经正式发布了《关于编制“十二五”国民经济和社会发展规划的建议》，其中进一步明确了大力推进信息化及电子政务的战略决策：“全面提高信息化水平。推动信息化和工业化深度融合，加快经济社会各领域信息化。发展和提升软件产业。积极发展电子商务。加强重要信息系统建设，强化地理、人口、金融、税收、统计等基础信息资源开发利用。实现电信网、广播电视网、互联网‘三网融合’，构建宽带、融合、安全的下一代国家信息基础设施。推进物联网研发应用。以信息共享、互联互通为重点，大力推进国家电子政务网络建设，整合提升政府公共服务和管理能力。确保基础信息网络和重要信息系统安全。”

通过学习规划建议，我们认识到，在当前即将进入“十二五”的特殊时期，首先必须认真审视我国的发展环境出现的许多新特点。

就国际环境而言，世界经济处在经济危机后缓慢复苏并低位调整的时期，全球治理格局和国际秩序正在处于大调整、大变动的时期，不确定、不稳定因素激增，国际形势更加复杂化，经济全球化进一步深入发展，科技进步日新月异，和平发展与合作仍然是时代潮流，我国既面临良好的发展机遇，同时也遇到了前所未有和难以预期的挑战。

就国内环境而言，我国总体上正处于“五化”并举发展的黄金期，中国经济有望率先复苏，然而由于我国已经进入了发展和资源环境矛盾凸显期，高速增长态势可能难以持久；保增长、促转型、扩内需、重民生将成为我国“十二五”时期的主要任务；中国的发展必须应对国际经济危机，抢抓机遇增强自主创新能力是当务之急。同时，我们也完全有信心，在党中央、国务院的领导和全国人民的努力拼搏下，在全球经济仍将处于经济危机后缓慢复苏并低迷调整的大背景下，中国经济“率先复苏”的发展势头可以持续到“十二五”后期；“保增长、促转型、扩内需、重民生”这一“十二五”时期的主要目标是可以实现的。所有这些都对信息化发展提出了更加紧迫的需求。

历史经验表明，经济危机之中往往蕴藏着新技术和新产业发展的重大机遇，信息化就是其中之一。这些就是“十二五”时期我国信息化与电子政务发展面临的背景。

在此背景下，我们必须认真审视“十二五”期间我国面临的发展环境压力，大致可以包括以下几类：一是中国的崛起更加引人关注；二是全球金融体系重构的压力增大；三是传媒和网络时代的挑战更加严重；四是环境与资源的约束更强；五是结构失衡的矛盾亟待解决；六是行政管理体制需要进一步改革。而这些压力正是我们推进信息化和电子政务建设的巨大动力和需求所在，因此，“十二五”时期对信息化和电子政务发展提出了更加紧迫的需求，同时面对即将进入工业化后期这一新的发展阶段，必须进一步夯实新的发展基础，紧跟新的发展趋势，明确“十二五”时期应有的新的发展思路。

因此，我们认为，“十二五”时期我国电子政务发展的总体思路可以归结为以下几点：必须高举有中国特色的社会主义旗帜，坚持以邓小平理论、“三个代表”重要思想和科学发展观这样一条红线为主线，坚持应用成效优先和电子政务总体设计引领的发展原则，坚持电子政务规划设计、工程建设、运维服务、安全保障、自主创新五位一体，服务于党和政府执政能力、公共服务和管理能力的提升，为全面建设小康社会做出应有的贡献。因此，我们认为，“十二五”时期电子政务的目标和任务必须满足如下应用需求：有助于促进保持经济积极平稳较快发展，有助于促进加快转变经济发展方式，有助于促进提高全面创新能力，有助于促进着力保障和改善民生，有助于促进绿色发展，有助于促进深化改革、全面开放，有助于提高保障国家安全能力。

"十二五"规划建议已经明确了信息化的战略地位，信息化是充分利用信息技术、开发利用信息资源、促进信息交流和知识共享、提高经济增长质量、推动经济社会发展转型的历史进程。这充分表明，大力推进信息化以及电子政务建设依然是党中央既定的国策和战略，面对当今信息化发展的大趋势和已经成为推动经济社会变革的重要力量，必须充分发挥电子政务在推进行政体制改革和政治体制改革中应有的、重要的助推器和加速器作用。大力推进信息化，逐步实现覆盖我国现代化建设全局，已经成为贯彻落实科学发展观、全面建设小康社会、构建社会主义和谐社会和建设创新型国家的迫切需要和必然选择。

因此，新时期必须深刻理解信息化发展对中国经济社会的影响，信息化的发展将对我国的产业结构、经济体系、社会结构和组织体系等产生重大影响。

在产业结构方面，新时期传统工业在国民经济中不再占有支配性地位；传统产业通过信息化改造，实现了"产业升级"，造就了信息化的第二产业；催生了众多新兴的产业部门（其中特别重要的是支撑整个信息化进程的信息产业，尤其是微电子和软件产业）；导致了现代服务业的诞生和迅速发展。

信息化发展对经济体系也产生了深远的影响，在土地、资本与各种物质资源依然重要的同时，信息资源正在成为信息社会经济系统最重要的资源基础；信息技术和信息资源使社会生产力结构发生了巨大变化，信息系统则改变了社会经济系统运行的方式；信息化发展还引起国民经济基础发生革命性变化，包括产业结构、地区经济结构和一、二、三次产业结构的变化；信息化也促进了社会经济体系的全球化。

信息化发展也对社会结构产生了重大影响，工作方式以及社会就业形态将发生相当大的变化，从事信息与知识处理的人员将会大量增加。

在此背景下，开展电子政务是当前社会结构变化提出的诉求，信息时代促使组织体系全球化；以互联网为基础的网络化管理正逐步取代传统的金字塔式的管理结构，这些都推动了政府和社会管理体制的变革，也必然推进电子政务建设与发展，助力解决我国经济社会发展中存在的主要问题。

二、"十二五"时期信息化建设的几点设想

我国即将进入"十二五"新的发展阶段，正在面临一系列重大问题和突出的矛盾：①以低成本竞争和数量型扩张为特征的经济增长方式与资源环境要素制约的矛盾；②以出口依赖为特征的经济结构与国际市场调整震荡加剧的矛盾；③低层次产业结构与国内外市场竞争和新阶段的矛盾；④地区和城乡差距扩大与实现全面小康任务的矛盾；⑤改革攻坚难度加大与新发展阶段急需体制机制创新的矛盾，等等。

我国电子政务建设必须基于对当前经济社会发展存在的主要矛盾和问题的正确把握，以规划为起点，从我国实际出发制定解决矛盾和问题的对策措施，紧密结合应对上述问题提出新的举措，建立电子政务可持续、有效益、良性发展的新机制，这是编制好"十二五"规划的主要目标和任务。

笔者认为，我国“十二五”信息化发展的基本思路设想应遵循下列原则：以科学发展观为指导，以“两化深度融合”为主线，重点解决我国经济和社会发展过程中出现的对信息化的重大需求，从核心业务应用、信息资源和基础保障三个层次全面、协调地推进信息化进程，实现我国经济、技术和社会的跨越发展。因此，“十二五”信息化发展的目标必须基于上述总体思路，坚持贯彻《国家信息化战略（2006~2020）》和“十一五”发展规划提出的目标，并依据形势变化有重点地加以细化、推进、实施，包括进一步建成综合信息基础设施，显著增强信息技术自主创新能力；优化信息产业结构；大幅提高国家信息安全保障水平；国民经济和社会信息化取得明显成效；国家信息化发展的制度环境和政策体系基本完善；全面推进电子政务、电子商务和社会信息化，以需求驱动为动力，以政务信息、文化信息和社会公共信息为重点，大力推进信息资源建设；充分发挥电子商务和电子政务作为推进信息化建设的双轮协调互动作用，促进国民信息技术应用能力进一步提高，为迈向信息社会奠定坚实的基础。

笔者认为，“十二五”时期必须大力推进坚持以“两化深度融合”为主线带动我国信息化发展的基本思路，这是因为“两化融合”是生产力发展的必然结果，是中国特色新型工业化道路的本质特征，是科学发展的内在需求。“两化融合”是指信息化与工业化互相依存、互相促进、共生共荣的历史进程。信息化与工业化的融合将体现在技术、产业结构/经济体系、文化/政治/社会等不同层次，所以必须勇于创新，大力推进不适应信息化发展的理念、体制、机制的转变，促进跨部门、跨行业的协调合作，推动信息化在各行业的应用，推动三网融合，为社会信息化和信息产业的发展开辟更广阔的市场；同时大力推动军民融合、寓军于民，为国家和国防信息化服务；还要通过政府采购和创新激励，加大对具有自主知识产权的信息技术和产品开发的支持力度。

三、以规划为起点建立电子政务可持续发展的几点设想

电子政务建设是完善公共服务体系的重要手段，是国家信息化的重要内容，也是我国经济社会发展的必然要求。推进电子政务建设，对于提高治国理政能力，完善经济调节、市场监管、社会管理和公共服务的手段，推进行政管理体制改革具有重要意义。随着我国信息化的发展，电子政务对信息化的先导作用不可替代，要继续发挥电子政务在当代政务工作中的地位不可动摇。电子政务不仅是推动制度创新和变迁的助推器，而且是继续贯彻落实《2006~2020年国家信息化发展战略》的重要举措。

我国30年改革开放的经验已经证明了制度变迁所产生的巨大制度绩效在经济社会发展中的重要作用。中央确定电子政务建设作为当前信息化工作的重点，就是希望在世界经济一体化和剧烈竞争的环境下，通过制度创新和实施电子政务建设，提高我国政府的竞争力，为我国社会经济发展提供新的制度优势和制度空间。因此，电子政务建设要紧紧围绕制度创新，有序有效地推进制度创新，推进我国经济增长方式的转变,因此，决不能把电子政务建设简单地理解成信息系统建设，否则势必贻误新的发展机会。

“十二五”时期要通过电子政务改善公权供给。政府是行使公共权力的主体机构。公共权力

的基本功能之一在于维持、调整和发展整个社会生活的基本秩序（公共产品）。当今社会，信息技术深度和广度的发展和应用，既为解决信息不完全提供了条件，也激发了社会获取政府信息、参政议政的热情。在加快推进电子政务建设的过程中，既要通过信息技术的广泛应用，突破时间、空间、数量的限制，以增强政务信息公开和政府行为透明度为核心，提供多种技术平台促进社会对公共行政的参与和监督，增强公共产品的供给能力，提高社会对政府的满意度。另一方面，又要通过电子政务改善政民关系。

现代政府的政策制定和实施实际上是社会不同群体政治和经济力量的综合博弈结果。这是因为，具有信息优势的强势群体对政策制定有领先的知情权，可以提前进行游说或支付政治租金，从而使得公共政策的制定有利于自己的利益诉求，而缺少信息的弱势群体或在获得信息方面滞后的群体，在公共政策制定方面就失去了优势，无法及时完整地表达自己的利益诉求，甚至很难保证自己原有的利益。所以要从社会公平出发，分析政府公共服务的特殊性，量化电子化公共服务的实施目标和公共服务的评价指标，通过电子政务对弱势群体信息福利的关注和补偿，予以信息福利的坚实保障和普遍关怀，逐步缩小"数字鸿沟"。

"十二五"期间电子政务要更加注重实现政务目标，更加重视电子政务建设深层次的问题，挖掘电子政务深化的驱动力，包括推进电子政务与行政体制改革的融合和互动，切实转变电子政务以公共服务为重点，支持服务型政府建设；强调和突出电子政务以业务联动为方向，支持精细化管理，形成跨部门、跨地区信息系统互操作和资源共享的长效机制；坚持电子政务统筹规划、协调发展；坚持以需求为导向、以应用促建设；坚持以"公众利益为出发点"，避免搞"花架子"工程；坚持分步实施、以点带面和实用为主、适度超前的基本原则，进一步扩展电子政务受益面，迈向电子政务发展中互联互通、资源共享和业务互动的新阶段。

笔者认为，规划是信息化建设的基本纲领和总体指向，是推进我国信息化健康发展进行总体设计和实施的前提和依据。"十二五"信息化规划的核心内容是要从国家"十二五"总体发展目标和发展战略中抽取内在需求和功能需求，形成信息化发展与建设的总体框架和整体模型，为进一步发挥信息化在"调结构、转方式、促创新、惠民生"中应有的作用，制定可操作的实施方案和保障措施以奠定基础。

规划基本思路必须始终坚持严格遵照党中央、国务院提出的我国"十二五"时期发展的总体思路，贯穿"一条红线"（邓小平理论、"三个代表"重要思想和科学发展观）和"调结构、转方式"的基本精神。编制"十二五"时期电子政务发展规划还必须注意符合"十二五"专题规划编制中"九个必须"（必须保持积极平稳较快发展，必须加快转变经济发展方式，必须提高全面创新能力，必须着力保障和改善民生，必须绿色发展，必须深化改革，必须全面开放，必须坚持统筹国际、国内两个大局和必须有利于提高保障国家安全能力）的基本要求，正确处理两大关系：一是新和旧的关系，既要注意挖掘新特点，也不能忽略已有的资源，要注意总结已有经验和存在差距，找出下一阶段发展要点；二是处理好国际与国内的关系，既要考虑国际的趋势变化，更要考虑国内的实际情况。

规划应正确把握我国电子政务发展的阶段性特征，重在深度融合、效果导向，坚持科学发展、和谐发展，按照提高党的执政能力和建设服务型政府的总体要求，针对经济社会发展面临的突出矛盾和问题，根据轻重缓急和工作基础，注重发展成效，强调统筹协调，加强核心业务信息化建设，扎实推进政务信息资源开发利用，大幅度提高政府网站服务和网上办事服务质量，强化共性基础环境建设，努力完善体制机制，切实提升安全保障能力，走一条立足国情、讲求实效、面向信息社会未来的电子政务发展道路。

笔者认为，规划应聚焦新时期电子政务建设的主要任务取向，必须着眼于扎实推进信息技术与政府核心业务的深度融合，切实提高执政能力；必须致力于统筹信息资源开发利用与共享协同，大幅度提升行政效能；必须强化电子政务服务功能，有效提升公共服务质量；要加快推进电子政务支撑保障环境建设，有助于增强电子政务可持续发展能力。其中，积极推进核心业务应用是新时期电子政务建设规划的重中之重，笔者建议可以从以下4个方面加以推进：

（一）改善公共服务。要逐步建立以公民和企业为对象、以互联网为基础、中央与地方相配合、多种技术手段相结合的电子政务公共服务体系；要重视推动电子政务公共服务延伸到街道、社区和乡村；要逐步增加服务内容，扩大服务范围，提高服务质量，推动服务型政府建设。

（二）加强社会管理。通过整合资源，形成全面覆盖、高效灵敏的社会管理信息网络，增强社会综合治理能力；加强协同共建，完善社会预警和应对突发事件的网络运行机制，增强对各种突发性事件的监控、决策和应急处置能力，保障国家安全、公共安全，维护社会稳定。

（三）强化综合监管。要满足转变政府职能、提高行政效率、规范监管行为的需求，深化相应业务系统建设；要围绕财政、金融、税收、工商、海关、国资监管、质检、食品药品安全等关键业务，统筹规划，分类指导，有序推进相关业务系统之间、中央与地方之间的信息共享，促进部门间业务协同，提高监管能力；要建设企业、个人征信系统，规范和维护市场秩序。

（四）继续完善宏观调控。要通过完善财政、金融等经济运行信息系统，提升国民经济预测、预警和监测水平，增强宏观调控决策的有效性和科学性。

规划编制中既要特别注意规划的整体性、前瞻性，又要注意规划的可行性、延续性；既要注意从发展历史出发，基于“十一五”形成的基础，推断“十二五”发展路径依赖，又要从“十一五”以来国内外环境变动出发，把握“十二五”发展新机遇、新挑战，还要注意从未来发展趋势角度把握十二五发展趋势和定位。

“十二五”规划编制必须勇于创新，包括协调重大关系创新、发展思路创新、发展原则创新、规划定位创新、发展指标创新、发展路径创新，通过规划创新体现电子政务的核心价值。

第二节 政府网站

政府网站是我国各级政府机关履行职能、面向社会提供服务的官方网站，是政府机关实现政务信息公开、服务企业和社会公众、互动交流的重要渠道。政府网站建设一直是电子政务建设的重点，是转变政府职能、构建服务型政府的重要抓手，也是专家学者研究的热点领域，他们的独特见解为我们搞好政务网站建设提供了有益参考（专栏19-6、专栏19-7）。

专栏19-6

把握国际新动向 推进政府网站国际化

中国社会科学院信息化研究中心主任 汪向东

自2007年开始，中国社会科学院信息化研究中心与国脉互联合作，每年一度联合主办全国性的“政府网站国际化程度测评”活动。现在，我国政府网站的国际化到了总结思考和提升的时候。一方面，许多地方开始结合制定“十二五”规划对前些年政府网站的发展进行总结；另一方面，近年，国外政府网站出现了一些新的发展动向，值得我们关注和研究借鉴。

一、国际政府网站发展的新动向

在国际上，尤其是发达国家，政府网站的发展近年出现了以下令人关注的新动向：

（一）应对危机，政府网站被赋予更大的责任。在此次金融危机的背景下，政府网站的作用更加凸显。其背后的原因不难理解：面对危机，公众迫切希望了解情况，包括危机的程度、范围、影响、政府的应对措施、社会各方面的反应等；政府也需要倾听社会公众的声音，动员社会力量共同应对危机。于是，政府网站便成为政府与公众沟通的最好的载体和渠道。另外，克服危机的关键因素之一，是增强公众的信任和信心。而政府网站在获得公众信任、重塑公众信心上，能发挥不可替代的作用。

政府网站作用凸显的根本原因在于它本身的特性：

快速性：诚如联合国副秘书长沙祖康先生所言，“在困难的情况下，快速响应并提供预期结果的能力，是政府有效性的重要基石和公众信任的基础”。政府网站为政府快速响应公众多样化、甚至个性化的关切，以其预期结果安抚民心，提供了比任何其他手段都要便捷得多的快速通道。

权威性：政府网站作为政府的喉舌，向公众传达的是政府的声音。一个负责任的政府，面对危机时通过政府网站介绍经济发展态势，表达政府立场，动员社会公众，解读所采取的政策和举措，它的权威性、可信度、号召力和说服力，是任何其他网站所不能替代的。

透明性：在危机的背景下，公众对政府采取的应对措施、资金来源及使用情况高度关心，要求政府有更高的透明性。而政府网站在技术上可以做到更为全面而深度的信息披露和行政公开，从而在实现公共管理的透明性上，具有其他手段难以比拟的优势。

广泛性：较之于政府与公众沟通的其他渠道而言，政府网站可以让公众实现更为广泛的接入和参与互动。尤其是在互联网渗透率较高的国家，更多的网民可以通过政府网站更加方便地获得政府信息，表达自己对公共政策的意见。

正是基于以上特点，政府网站在应对危机中被赋予了更大的责任，进而，金融危机成为推动政府网站升级转型的新契机。

（二）政府网站的信息开放度取得新突破。公众对危机及政府应对危机举措的关注，极大地推进了政府网站的信息开放，从而推动了政府行政透明性和可问责性取得新进展。在美国，奥巴马于正式执政的第二天便发布了名为“透明与开放的政府（Transparency and Open Government）”的备忘录，提出要努力创建“前所未有的透明政府”。美国联邦政府据此于2009年5月出台了“开放政府计划（Open Government Initiative）”，建立并开通了专门向公众免费开放和下载政府数据的门户网站www.data.gov。而另一个新建政府网站www.recovery.gov则用于披露政府应对金融危机的复苏基金的支出信息，为纳税人提供在线监督和举报的专门渠道。一些国家也随之跟进，例如，新西兰政府于2009年11月、英国政府于2010年1月也推出了旨在开放政府数据的类似网站www.data.gov.net和www.data.gov.uk，澳大利亚、加拿大和一些欧盟成员国在国家和地方不同层级，也涌现出一批类似的政府网站。

基于政府网站而形成的这一轮信息开放，突破了此前政府信息开放的局限。新突破主要表现在以下三个方面：

一是在数据内容上，不仅开放经加工后的政府数据，而且开始开放原数据；

二是不仅开放数据，而且开放数据标准，尽量采取通用开放的机读数据技术，方便用户使用，促进数据分享；

三是不仅开放数据和数据标准，而且同时提供数据加工工具，鼓励和帮助用户对所提供的数据进行加工使用，生成新数据。

政府网站所有这些开放数据的服务均对用户免费。

（三）创新政府与公众交互方式。目前，政府网站已经成为政府与公众加强互动交流的最主要的渠道之一。在金融危机的背景下，许多国家的政府比以往更关注与公众的交互。其短期的意义，是有助于政府与公众携手应对危机；而长期的价值是有助于按公众的意愿推进良政建设。

近年，政府与公众交互的方式不断创新。从德国总理默克尔首开政治家个人博客，到“网络总统”奥巴马借力互联网在大选中获胜，越来越多的政治家和政府官员认识到利用互联网与公众交流的意义。这推动了政治家和政府官员个人网站、博客、微博等的流行，web2.0工具和资源被大量应用于政府网站的运作实践中，结合电话、手机短信等普通工具的应用，呈现出政府与公众多方式交互的新局面。其结果，一方面政治领袖有了谋取公众支持和获得权利的新路径，政府官员可以听到来自公众的各种声音乃至来自社会边缘的声音；另一方面，公众获得更多和更方便地参与政治决策和公共事务管理的新渠道。

（四）“政府2.0”正由概念走向现实。在电子政务发展水平较高的国家，“政府2.0”已不再是web2.0出现之初的概念推导，而在实践中有了切实的推进。从网站的角度看，“政府2.0”主要通过链接和内生两种形式实现：一方面，越来越多的政府网站开始与具有草根特性的社会网络业务（SNS）的网站链接，政府通过如YouTube、Facebook和Twitter等外部SNS平台发布信息；另一方面，更值得注意的是web2.0对政府网站登堂入室，开始在政府网站上内生化。政府网站越来越多地拥有了博客、播客、图片及视频分享，利用在线合作工具如Wiki开展关于政府决策和规划的在线咨询。政府网站不再仅以传统的G2C方式，即政府对个人的一对多、直线放射式地与公众互动，而是在加强C2G的同时借助web2.0技术发展公众间的C2C互动，从而形成C与C、C与G之间多对多、多对一等多方位的互动。政府网站允许公众间横向交流，就各种政务问题展开讨论和辩论，可使公众的不同意见实现更充分的分类聚合，不同利益诉求得到更有效的协调，有利于政府在决策过程中兼听则明，在政策执行中减少阻力。

“政府2.0”的实践发展离不开政府的主动倡导和大力推动。借web2.0之力从竞选获胜中尝到甜头的奥巴马政府成为“政府2.0”的积极倡导者；澳大利亚成立了“政府2.0特别工作组（Government 2.0 Taskforce）”；德国联邦政府早在2006年就出台了“‘政府2.0’计划（Programme‘E-Government 2.0’）”作为“以创新面向未来管理”的重要内容加以实施；英国政府甚至发文要求和指导公务员学习使用Twitter；新西兰政府利用Wiki技术开设了全球注册用户的社区网站Participation Wiki；欧盟于2009年11月通过了马尔默《关于电子政府的部长级宣言（Ministerial Declaration on e-Government）》决定发展更加开放、灵活、与公众和企业更密切合作的电子政府，欧盟议会也于当年开通了面向欧盟选民的微博平台（europatweets.eu）。

（五）政府网站进一步转型。政府网站作为电子政务的重要体现形式推动了政府运作和政务提交方式的转变，近年“政府2.0”的实践又进而为政府网站的发展带来新的重大变化。

政府网站的新变化主要包括以下几个方面：

一是平台化：按照“政府2.0”的始作俑者TimO’Reilly的说法，平台化是“政府2.0”成功的真正秘诀所在。政府网站的平台化，不仅是利用web2.0实现公务员间的横向交流和合作，如为公务员博客或Gov Loop之类的服务提供平台；而且更是向非政府的机构和社会公众开放，使政府网站成为动员社会和实现“大家帮助大家”的平台。

二是去中心化：起初，政府网站是与实体政府机构相对应建立起来的，从而具有同样的树型或金字塔形的结构特征，无论是G2C、G2B，还是G2G的政务提供方式，都体现出传统政府体系以自身为中心的行为特征。随着电子政务日益转向以用户为中心，政府网站发展的去中心化便不可避免。丰富多样的用户需求，在驱动政府网站分分合合的同时，模糊了政府网站的边界，开始令政府网站由原来相对封闭的树型结构，变成开放的网状结构。借助web2.0的手段，政府网站的去中心化趋势更是如虎添翼，以致人们开始对未来一站式政府门户的前途发生质疑，转而认为以开放、合作、参与为基础的混搭（mash-up）的网络服务，将成为政府网站去中心化后的常态。

三是多样化和个性化：近年，用户个人定制也越来越多地被用于政府网站的服务中，用户可以在自己的计算机或手机终端上，选择自己常用或感兴趣的政府网站业务与内容，定制“我的政府门户”界面；政府数据的开放和允许用户对政府数据进行再度加工利用，推动政府网站与非政府网站业务模块层的捆绑混搭向数据层的融合深化，从而加大了用户体验的差异性；用户接入电子政务的渠道也未必一定经由政府门户，相反可以“由一个互联网公司（如谷歌，雅虎或MSN），一个媒体公司（如CNN或纽约时报），一个电信运营商（尤其是对移动设备），一家投资公司，一个家长协会或高尔夫俱乐部提供。”以上终端、界面、业务、数据和渠道的差异，将政府门户原来的千人一面变为多样化与个性化的异彩纷呈。

（六）强化政府网站的广泛包容性。近年，国外政府网站发展的另一趋势，是进一步与电子包容（e-inclusion）的信息社会目标相结合。在不少国际同行看来，电子政务的根本目标之一是向市民授权（Citizen empowerment）。因此，政府网站的发展，必须高度关注电子包容问题。一方面，政府在信息化政策体系的设计上，要与相关措施密切配合，持之以恒地缩小数字鸿沟；另一方面，从政府网站本身的建设上，要更多地考虑语言、文化、内容、辅助功能和提交方法等方面，尽量方便弱势群体、特殊用户群体的应用。

二、推进我国政府网站国际化

随着我国经济社会对外开放日益发展，政府网站国际化的必要性毋庸置疑。研究和把握国外政府网站发展的新动向，目的是为了更好地推进我国政府网站的国际化。对此，我们这里提出以下看法供大家参考。

（一）政府网站的国际化不等于政府网站的外文版。政府网站的国际化包括内容和形式两个方面。外文版体现的是语言形式。政府网站的外文版对于政府网站的国际化当然是很重要的，考虑到现阶段中文在国外用户中的普及程度还不高，政府网站如果没有外文版，就会大大限制国外用户的使用。我们在前几届“政府网站国际化程度测评”活动中，着重解决外文版“有无”问题，将测评的重点放在外文版上是必要的。

但是，政府网站的国际化仅有外文版显然不够：政府网站本身的对外开放特性，相关内容与服务的提供与实现方式，尤其在以用户为中心还是以政府自我为中心运作的基本问题上，如果不能与国际发展潮流接轨，那么，网站外文版做得再好，仍会限制政府网站国际化功能的实现。因此，政府网站的国际化，应该从形式和内容两方面结合去推进。

（二）推进政府网站的国际化与坚持中国特色并不矛盾。如同我们加入WTO并不牺牲中国特色和自己的根本利益一样，推进政府网站的国际化，不仅不牺牲我国政府网站的中国特色，而且相反是为了更好地实现对外开放不断深化条件下政府履行的相关功能。

我们这里所说的政府网站内容的国际化，是相对于政府网站外文版的语言形式而言的，指的是政府网站主要面向国外用户提供信息与服务的状态和过程。比如，是否以及在何种程度上根据外国用户的情况和需求提供有针对性的在线信息和服务，在线内容与服务的提交与实现方式的发展是否符合国际政府网站发展的一般趋势等。政府网站内容的国际化，并不是要机械地拷贝发达国家政府网站的信息和服务。

不仅如此，在研讨中，我们还发现，我国一些地方的主管官员对政府网站国际化与本地特色的辩证关系也有深刻认识。他们相信，政府网站提供的信息和服务，越是本土化的，越能符合当地国外用户的需要，越能起到事半功倍的效果。

（三）研究国际政府网站发展新动向要把握要点。借鉴国外政府网站的成功经验，对于提升我国政府网站的国际化水平和电子政务的整体能力是非常必要的。新的信息通信技术层出不穷，政府网站和电子政务的创新方兴未艾，对此，我们必须保持一种开放的、与时俱进的心态，不断跟踪研究国际政府网站发展的新动向，总结规律，用于我们自己的实践。

透过国际政府网站发展的种种现象，我们认为，主要应从以下三个方面把握其要点：

第一，为国际政府网站发展带来种种新变化的最根本的驱动力量，来自政府网站和电子政务“以公民为中心”核心理念的贯彻。这一理念的集中体现，是使公共管理围绕公民需求进行不断的调整和变革，而不是单纯为了强化政府自身的管理能力去发展政府网站和电子政务。“政府2.0”发展背后的动因其实很简单：既然越来越多的企业已经使用web2.0工具给用户带来好处并提升了用户对“政府2.0”的期待，既然公众越来越多地活动于SNS空间，那么，政府和政治家如果不去主动介入和使用web2.0和SNS，则有疏离选民和服务对象的风险，无异于自毁长城。进而言之，只要能够更好地响应和满足公民的需求，政府网站不仅在手段上可以不断花样翻新，而且连它本身也可以转型，完全不必拘泥于一定之规。

第二，政府网站应保持对新技术的高度敏感和开放态度，通过采用新技术，有效提升政府响应和满足公民需求的能力。这不仅在上述近年国外政府网站积极采用web2.0技术的实践中得到证明，而且以后还将在政府利用云计算、物联网等新技术上继续得到证明。

第三，“政府2.0”不是“政府1.0”加web2.0技术，而是政府及其网站转型的深刻变革。例如，政府网站的平台化必然令其本身的属性发生改变：在1.0的阶段，政府网站的建设和运维虽不排斥外包，但它所提供业务与内容的政府属性无可置疑；但在2.0阶段，政府网站的平台化使其业务与内容不再由政府机构独家提供，而是大量加进了由公务员个人乃至非政府机构和个人提供的业务与内容。由此，政府网站本身的属性变得复杂化了，由原来“政府机构”的属性向“政府机构+公务员个人”和“政府机构+公务员个人+社会机构与公众”的方向发展。

这样一来，政府网站发展的未来轨迹值得重新探讨。前几年，关于政府网站发展趋势的一种最具广泛影响的观点，当属联合国DPEPA和美国ASPA提出的“五阶段”论，即政府网站将经历起步、强化、互动、交易、整合或无缝五个阶段。它为人们描述了政府网站功能演进的一种发展轨迹。依此观点，政府门户最后会变成可7×24h提供一站式服务的、功能极为强大且边界清晰、无可替代的政务中心。然而，随着近年“政府2.0”的发展，这种认识越来越不符合实际了。在贯彻“以公民为中心”理念的过程中，政府网站随需而变，“政府搭台、企业（及公民）唱戏”越来越多地体现于网站的日常运作，最后网站的无缝可能不是政府网站高度整合后的无缝，而是政府向社会开放、融合非政府主体后的无缝，网站本身会走向边界模糊化、但服务泛在化、定制化、便捷化的状态。

（四）我国特色政府网站的新探索符合国际发展潮流。实际上，近年我国政府网站在向特色化发展的过程中，也有许多新的实践、新的探索。这些探索虽然更多地表现在政府网站的中文版上，主要是面向国内用户提供有特色的内容和服务，但其发展的方向，尤其是强调更人性化、更开放、更透明、更灵活等等，符合国际政府网站发展的潮流。例如：

更人性化：优秀的特色政府网站从用户角度出发，强调通过不断改进服务来优化用户的体验，比如采用虚拟场景导航、按用户不同类型细化服务分类、关注服务弱势群体用户、提供不同的语言版本、提供RSS订阅等；

更开放：优秀的特色政府网站已不再唱“独角戏”，而是让企事业等非政府机构利用政府网站的平台，共同面向广大用户提供服务。比如，商务部门的网站向进出口企业开放、旅游部门的网站向旅行社和景点开放，等；

更透明：优秀的特色政府网站除了信息更公开、办事过程更透明外，近年也在积极探索利用官员和公务员的个人博客、微博、政务会议网上直播、网络反腐举报、在线即时互动、网络问策、网络发言人制度等形式增强政务活动的透明化；

更灵活：优秀的特色政府网站在内容与服务的提供上更加多样化，并注意各种技术手段和提供方式的灵活配合，比如：积极发展移动政务、开通政府网站的手机版、注意在线与线下手段的配合。

（五）我国政府网站国际化程度的测评方法应与时俱进。显然，我国政府网站国际化程度测评工作今后的发展方向，是在完善外文版语言形式测评的同时，加强对内容国际化的测评。

我们建议我国政府网站的实践者和主管者重视国际政府网站的发展动向，将推进政府网站的国际化与特色政府网站建设结合起来，将外文版和中文版统筹设计，使二者都有更多更好更具特色的内容和服务，开放办网站，扩大各类用户的参与，更好地满足中外用户的需要。在勇于创新的同时，不断探索网站国际化建设与管理方法。作为第三方测评机构，我们也将加强与政府网站实践者的交流，积极着手研究改进测评指标，共同完善政府网站国际化程度的测评方法。

专栏19-7

新兴技术对政府网站的形态影响探讨

国脉信息化发展研究中心　郑爱军

政府网站无论是发布信息，还是提供网上办理有关事务，均应该以便民、利民、为民为出发点和归宿点，并在内容和形式上充分体现它的实用价值。未来的政府网站设计中，将更加强调网站功能模块的易用性，更加注重"以用户为中心"的设计理念，"从被动变主动"来提供信息和服务。

一、建立WAP网站已成为政府网站的发展趋势——信息推送服务

WAP简单说即手机上网，互联网能实现的功能在WAP上能够实现。WAP实现"世界在掌上"的美好愿望，让用户拥有可随身携带的微型"电脑"；用户通过手机直接访问WAP站点获得丰富的信息资源和多种应用服务，在享受互联网服务的同时还可自由自在地进行日常活动，真正做到随时随地享受政府提供的公共服务，充分体现了政府为民服务"从被动变主动"的服务理念。

随着3G技术的推广，使得手机作为网络终端使用更为便利。同时，网络接入和用户终端产品的价格不断下降，产品性能和用户体验的日新月异，也使得人们网络使用的门槛不断降低。据cnnic调查，截至2009年6月底，中国手机网民规模为1.55亿人，占整体网民的46%，半年内手机网民占总体互联网网民的比例提升6.5个百分点；再次，WAP站点技术是最早成熟的，其兴起是顺大势和主流；因此，移动电子政务，狭义上讲利用无线手持设备实现政府网站访问的功能将被更多政府网站应用，即政府网站建立WAP站点已成为发展趋势，未来政府网站将会开设更多的移动电子政务内容，政府网站作为政府部门电子政务的服务平台，将会走进每个人的"口袋"，它将成为传统电子政务与移动通信平台相结合的产物，真正提高了用户的办事效率、拓宽了用户的访问渠道。

WAP网站已成为政府网站的发展趋势，如"中国上海"开通了WAP网站（http:// wap.sh.gov.cn）将政府网站的绝大部分内容"搬"到了手机上，关键频道一个都不少；余姚政府网站结合地方特点，为商家和买家都提供了网上交易市场，通过WAP技术，实现移动电话或其他无线设备的信息浏览，真正做到了随时随地提供公共服务；四川金牛顺应3G潮流开手机版政务网站，是专门为移动电话用户提供的网站访问模式。

二、Web2.0将在政府网站得到广泛应用——互动性服务

Web2.0作为网站应用观念的升级，强调的是用户体验和集体参与，解决被动接受网站发布的信息和服务的问题，满足各种用户获取服务和提供信息的习惯，实现人与信息发布者、个人与个人之间的互动交流，达到"以人为本"的目的，将成为政府网站发展的趋势。

目前政府网站的用户比例还较低，网络等信息化手段惠民利民作用还有待深挖。如何

提高用户的参与度，提高政府网站的应用效果，适时的利用Web2.0提供的各种个性化服务理念，应用到政府网站的建设中，必将促进政府网站在公众中的普及，为政府网站增添新的活力。

将Web2.0的个性化服务理念运用到政府门户网站建设中，加强与公众互动，加速开发新业务模式。BLOG、Tag、RSS和BookMark作为Web2.0的主要应用表现形式，目前我国部分政府网站已实现RSS订阅或免费邮件订阅功能，RSS在部分政府网站中得到应用，且放眼发达国家的元首的政治博客，预示着必将掀起一股Web2.0广泛应用的狂潮，势必会给政务信息资源的合理利用注入新鲜的血液，也会使得政府网站更加具有活力。另外，SNS和微客等网络新贵的崛起已催生出一个新的网友活动磁场，白宫率先进军社交网站，这表明政府网站完全可以借力当下互联网新产品模式进行网络营销和品牌推广，顺应互联网发展规律，积极扮演好网络角色，保持沟通的即时性和亲切感，提升政民互动的温度。

三、搜索引擎将成为政府网站最基本的功能要求——信息的获取能力

截至2009年6月，有69.4%的网民使用搜索引擎，目前搜索引擎已经成为网民获取信息的重要入口，深刻影响着网民的网络生活和现实生活。

一般政府门户网站都设有十几个栏目，数十万条信息，对于访问者来说，从如此众多的信息和栏目中找到自己所需要的信息十分困难。检索系统虽然看似是一个简单的功能，但其使用频率很高，尤其是访问政府网站目的性很强的用户，由于不熟悉网站的架构，更会直接采用检索功能查找信息，所以网站检索功能在政府网站建设中显得越发重要。

通过搜索系统为用户提供搜索入口，使得用户可以快速地查找到网站中是否包含了自己所要寻找的信息；通过搜索引擎，实现对信息源进行定义、管理、分类和更新的功能，具备对门户网站和子网站信息的网络搜索、获取以及全文检索的功能，并可按多条件组合进行高级检索，使用户可以从主题分类、服务对象、机构、体裁、关键词、地理区域及全文检索途径查找或获取已公开的政府信息，既方便查询又提高检索效率，达到了一定的检全率与检准率。

四、流媒体技术将成为政府网站必备的功能——信息的获取能力

流媒体传输技术的主要特点是以流的形式进行多媒体数据的传输。把连续的影像和声音信息经过压缩处理后放到网络服务器上，客户端在播放前并不需要下载整个媒体文件，而是在将缓存区中已经收到的信息进行播放的同时，多媒体文件的剩余部分将持续不断地从服务器下载到客户端，即“边下载，边播放”。这样就避免了用户在收看或收听媒体流的时候要花费一段时间把完整的文件下载到客户端，可以给用户带来“实时播放”的业务感知体验。

随着互联网的迅猛发展和政府网站在线直播功能的需求为流媒体技术发展提供了强大的市场动力，流媒体功能在政府网站中的应用变得日益普及。流媒体技术广泛用于多媒体新闻发布、在线直播、网络广告、电子商务、视频点播、远程教育、远程医疗、网络电台、实时视频会议等互联网信息服务的方方面面。流媒体技术的应用将为网络信息交流带来革命性的变化，对人们的工作和生活将产生深远的影响。

五、无障碍功能设计将成为未来政府服务的创新点——服务的创新能力

用户的需求不断引导技术的发展，技术的发展使得用户的需求得到满足，技术与需求关系的不断协调，又使得技术更趋人性化。目前，无障碍功能设计已成为未来政府服务的创新点，即针对视障人士设计无障碍浏览网页功能，包括字体放大、颜色修改等；针对弱势群体在网站中实现“听网”功能。

“听网功能”技术是采用以国际领先的语音技术，丰富多彩的版块内容和实用易用的服务功能，使用户能够从任何一个普通语音设备上获取基于互联网信息、开展电子商务以及获得个人服务，为一部分需要的群体提供更多方便、更多欢乐。

使用听网功能，用户还可以通过语音在线答题，甚至还能定制个人信息。在嵌入浏览器中，“听网”可以直接朗读网页上选中的文字内容，十分方便；“听网”功能强大，操作便捷，能够实现语音识别、人机交流，只要发出指令，便可以随时随地，尽情享受信息时代的更多精彩。

六、SOA的应用已经成为不可阻挡的趋势——服务的整合能力

整合是政府网站发展的必然趋势，门户网站不仅要整合各职能部门的信息，更快、更及时发布公众关心的政务信息，而且要整合各部门的业务系统，提供灵活的一站式在线服务。这就要求实现界面门户的接入整合、应用服务的组合、业务系统后台处理和前台门户的结合可灵活定制流程等。

在SOA架构下，面向公众提供的网上咨询、行政许可申报、纳税申报、个人所得税申报、车辆违章查询、驾驶员积分查询、社保服务、在线预约挂号、定制天气预报、企业诚信、个人征信等都可以封装或分解提取后封装为Portlet服务。并将其通过门户管理提供给公众。而未来的跨部门、跨系统复杂应用服务都可以复用已建的Portlet服务，组合后建设新的应用系统。

SOA改变了以政府职能建制的政府部门网站和多元异构的数据库资源为背景的情况下，大量的数据不能进行统一的部署和有效的利用，政府门户网站与部门网站服务呈现形式不统一的难题，从根本上改变了目前电子政务领域先建孤岛后整合的尴尬局面。玄武区搭建了基于SOA架构的统一电子政务平台，实现了37个行政部门、1460个行政许可、行政处罚项目的在线审批。

七、应用云计算技术将成为政府网站整合的趋势——信息资源处理能力

未来的政府网站在建设中，尤其是地市以上级别政府的网站群整合，将会利用云计算技术。云计算在政府机构的IT政策和战略中扮演越来越重要的角色，尤其是解决不断兴建的大量数据中心，将会使IT基础架构实现集中统一的格局，大大减少建设成本和安全性。

云计算在政府机构的IT政策和战略中会扮演越来越重要的角色。云网站的子网站数量可以无限增加。无须事先设计好网站的容量和架构，只要在需要的时候根据当时的需求增加子云网站系统或者增加功能即可。奥巴马政府力图以云计算打造电子政府，运用云计算政府网

站的改版，一天就可以完成升级，能帮助政府解决安全性、性能和成本等方面的问题。另外，云计算还被看成是增加政府透明度的有力工具。

从用户角度来看，用户可以通过各种手段独立实现（完成、享受）某一项具体的业务和服务。因此，政府网站的快速发展，还需顺应技术发展的潮流，不断吸纳3G、Web2.0、智能检索、云计算、SOA、流媒体等技术，增强自身的技术实力，提供网站的功能，充分满足用户新需求，形成平台开放的生态体系。

第三节　体制机制建设

体制机制建设是信息化建设的重要内容，是信息化持续健康发展的重要保障。国内一些专家学者对CIO制度的探讨，对完善我国信息化发展体制机制具有很大的参考意义（专栏19-8、专栏19-9）。

专栏19-8

政府信息官管理体制的改革构想

中国人事科学研究院院长　吴江

政府信息官是政府系统内部从事电子政务领导、管理与建设的专门人才，是建设与发展电子政务的重要保障与支持力量。政府信息官管理体制是政府信息官管理机构、管理权限和管理规范的总称。目前，我国的政府信息官主要包括两部分人：实行公务员制度的政府信息官，主要包括在政府信息化主管部门或推进机构、国家机关内部负责部门信息化建设的主管领导及相关业务部门的工作人员；实行事业单位人员管理制度的政府信息官，主要包括在各级国家机关及其部门所属的信息中心从事电子政务建设、具体管理和日常维护的工作人员。

一、改革政府信息官管理体制的重要性和必要性

（一）我国政府信息官队伍及其管理体制的形成与发展。随着我国电子政务建设的不断发展，电子政务建设主管机构和实施机构两类主体的设置不断调整与发展。在此过程中，政府信息官队伍从无到有，且规模持续扩大，整体素质不断提升，政府信息官管理也逐步纳入两种不同的人事管理制度，且日益规范。

1. 从20世纪80年代开始，随着各级各类国家机构信息中心的建立与发展，隶属事业单位人事管理制度的政府信息官队伍逐步形成。1983年，在原国家计委成立信息管理办公室，负责国家信息管理系统的规划和建设以及相关总体方案、法律法规和标准化的研究工作。1986年，原国家计委所属的计算中心、预测中心和信息管理办公室合并，组建国家信息中心，全面负责国家信息系统规划与建设工作。与此同时，中央其他政府部门也开始开展信息系统建设工作，此后，各级地方政府及有关部门相继建立信息中心。到目前，各级各类信息中心已经成为电子政务管理与建设的重要机构，其工作人员已经成为政府信息官队伍的重要组成部分。

2. 从20世纪90年代开始，随着信息化领导小组的建立与调整，实行公务员制度的政府信息官队伍逐步形成。1993年，国务院成立国家经济信息化联席会议，统一领导和组织协调全国的信息化建设工作，领导小组下设办公室；1996年国务院以经济信息化联席会议为基础，成立全国信息化工作的议事协调机构——国家信息化领导小组并下设办公室。1997年首届全国信息化会议以后，全国绝大部分省区市、部委局办都成立了信息化工作领导小组及其日常办事机构，我国信息化工作的领导体系初步形成；1998年，原国务院信息化工作领导小组办公室整建制并入当时新组建的信息产业部。2000年，国务院重建国家信息化领导小组，并于2001年在国家信息化办公室的基础上组建国家信息化推进工作办公室，作为国家信息化领导小组的办事机构（简称国信办）。2002年，国信办设立电子政务司，成为国家电子政务建设的领导与主管部门，此后各地方也相继重组信息化领导机构。2008年，国务院信息化推动工作办公室并入工业和信息化部，原国信办电子政务司取消，与电子政务相关的机构是信息化推进司和安全协调司。由此，在国家政府层面，作为政府内部事务的电子政务管理一改统一集中管理的部外制模式，开始采取经济管理模式。但在具体的政府所属部门层面，电子政务的领导、管理与建设模式则没有大的变化。经过10多年的发展，我国逐步形成了一支具有一定规模、主要承担电子政务领导与宏观管理职责的政府信息官队伍。

（二）改革政府信息官管理体制的现实需求。经过20多年的发展，我国政府信息官队伍及其管理体制建设在取得显著成绩的同时，仍存在一些亟待解决的问题。与电子政务发展需要具有开放性、一体化属性的体制模式相比，现行的科层制政府信息官管理体制亟待重构。

1. 政府信息官的身份、地位与其职责定位不符

（1）信息中心主任缺乏首席信息官的组织依据。我国政府机关的电子政务管理体制多采用“电子政务领导小组+信息中心”模式。在这种模式中，信息中心主任应承担电子政务战略制定、组织协调和建设实施等方面的领导职责。但目前我国政府机关所属的信息中心属于事业单位，根据事业单位的功能定位，信息中心只是电子政务建设的执行部门，信息中心主任对电子政务发展决策的影响力极为有限。

（2）政府信息官存在明显的身份与业务界限。目前我国政府信息官依从两种人事管理制度，鲜有职位交流，政务与电子的有效融合由此受到明显制约。依从事业单位人事制度管理的政府信息官不能有效发挥职责作用。具体而言，隶属于信息中心的政府信息官，主要是政务信息的收集者与具体开发者，而不是管理者与开发决策者；主要是政务的电子传导者，而不是电子政务建设的战略规划者和决策者；主要是电子政务建设的组织者、日常管理与维护者，而不是电子政务项目的具体建设者。

（3）不同部门、不同层级的政府信息官管理缺乏集中性与统一性。源于技术刚性与标准化，电子政务建设与管理需要具有统一性与集中性。因此，政府信息官管理也需要一定的集权性。但目前，政府信息官管理完全依从现行的官僚制体系，缺乏集权要素。

2. 政府信息官的能力构成与其能力要求不符

（1）合格的政府信息官数量有限。根据国信办2004年的调查数据显示，各省市既懂信息技术又懂管理的人才奇缺，存在97.7%的巨大缺口。经过几年的发展，这种情况虽有好转，但并未彻底改观。

（2）信息技术类人才比重偏大，政务类人才比重偏小。目前，在各级政府信息中心的信息官中，有60%左右的人是信息技术人才，20%多是政务人才，而包括管理人才在内的其他人才仅占20%左右。这种人员结构与“三分电子、七分政务”的素质能力要求明显不符。

（3）两种身份的政府信息官均存在明显的知识与能力失衡现象。大部分依从公务员制度的信息官，其管理、政务知识与能力有余，而信息技术知识与能力不足；大多数依从事业单位人事管理制度的信息官，则是信息技术知识丰富、技术开发能力强，而管理与政务知识、能力偏弱。

3. 政府信息官的管理制度与其职责要求不符

（1）缺乏符合其功能定位的能力框架设计和资格认证制度。电子政务的专业性与技术性决定了政府信息官的知识结构、能力构成、任职资格与综合类公务员和其他专业技术人才有明显差异。但目前，在我国公务员管理和专业技术人才管理制度中，没有相应的能力框架设计与资格认证制度，致使政府信息官缺乏有效履行岗位职责的能力规范。

（2）缺乏竞争性选拔制度。源于电子政务技术的快速发展，政府信息官选拔应具有较强的竞争性。但目前，政府信息官考试录用的竞争性有制度保障，选拔的竞争性相对较弱，社会采用率明显不高。

（3）缺乏科学的培养与培训制度。一是在政府信息官教育培养层面，缺乏具体的相关标准，培养规模也远远不能满足需要。二是在政府信息官培训开发层面，培训内容、周期、方式等方面都缺乏具体规范。

（4）缺乏有竞争力的薪酬制度。保持电子政务先进性的一个重要途径是政府信息官的能力竞争性，为此需要保证其薪酬待遇的竞争性。但目前我国政府信息官的薪酬制度缺乏相关比较与协调机制。薪酬水平缺乏竞争力成为优秀政府信息官流失的重要原因。

（5）缺乏顺畅的职位交流制度。电子与政务有效融合的一个重要途径是有效的职位交流。但目前，我国不同身份、层次、部门之间的信息官鲜有交流，政务与技术的有效融合因此缺乏必要的制度支持。

二、政府信息官管理体制改革的国际经验

（一）强化电子政务功能定位与政府信息官管理体制的符合程度。提高政府效率与效能是各国发展电子政务的核心目的，建设电子政府是发展电子政务的目标选择。因此，各国发展电子政务的功能定位主要有两个：一是再造政府工作流程，打造一个开放的、一体化的信息网络工作平台。二是实现政府信息资源的高效管理与开发利用。

1. 具有相对健全的政府信息官职责体系。各国政府信息官主要履行如下职责：

（1）制定信息资源开发与电子政务发展战略及规划。美国联邦政府1996年颁布的《信息技术管理改革法》规定，政府首席信息官负责制定整个联邦政府信息化和信息资源管理开发规划，各个部门首席信息官负责依联邦规划制定本部门的相关规划。德国也有政策规定，首席信息官办公室负责统筹全德国的电子政务建设，制定本国电子政务建设的宏观规划。

（2）再造政府工作流程。在美国国家审计署2004年报告中，将联邦政府各部门首席信息官的工作职责归纳为13个方面，其中有5项为共性职责，“构建业务框架”就是其中一项。德国政府首席信息官办公室在开展电子政务建设之前的一项重要工作就是进行业务流程重组。加拿大政府首席信息官的一项重要任务也是政府业务流程的梳理与优化。

（3）制定信息资源管理与电子政务建设方案。美国联邦政府规定，政府部门的首席信息官要为本部门开发、维护一个稳妥的、整体的信息化架构。德国首席信息官办公室具体负责“联邦在线2005项目”的具体实施设计，并在此基础上制定了一个能详细提供在线公共服务的实施计划和“全体上网”赶超计划。

（4）指导、监督、评估信息资源开发与电子政务项目的建设与实施。其重点是对项目具体建设活动进行有效指导、监督和评估。

2. 政府信息官属于政府公务人员。政府信息官不论以何种方式任职，都属于政府公务人员序列。政府信息官大体分为三类：政务官，如政府的首席信息官，属于任命官；常任制公务员，属于考试录用类公务员；临时雇员，属于通过考试等方式聘任的短期工作人员。从数量上看，常任制公务员是政府信息官的主体。近年来，政府信息官中临时雇员的数量呈增加态势。

3. 政府信息官管理具有统一性与集权性。纵观各国政府信息官管理，其管理体制与通行的公务员管理体制有一定差异，其典型表现就是突出政府信息官的集中、统一管理。

（1）政府首席信息官具有较大的人事管理权。美国联邦政府的首席信息官对各部门的首席信息官具有业务指导职责，是联邦政府首席信息官理事会的负责人，而且对各部门的首席信息官具有一定的考核权。联邦德国在电子政务建设方面，坚持中央集中统一规划，制定了基于互联网的职能联合策略，形成了一个完整的政府服务职能一览表。以此为基础，联邦政府首席信息官对各部门和地方政府的首席信息官具有业务领导与指导权。

（2）政府首席信息官在一定范围内进行职位交流。这是很多国家保障电子政务建设统一性、协调性和资源共享性的重要保障措施。

（二）强化政府信息官素质能力与其职责体系的符合程度

1. 政府信息官应掌握多学科知识。强调多学科学知识交叉与融合，崇尚“业务+管理”知识构成模式：专业知识，强调对信息技术与具体政务知识的把握；管理学知识，主要包括政府管理知识、人力资源管理知识、经济管理知识以及项目管理知识等。

2. 政府信息官要具备以管理能力为主体的复合型能力要素。各国都特别强调创新能力、管理能力、业务处理能力等为政府信息官应具备的核心能力要素。美国的《信息技术管理改革法》强调政府首席信息官必须具备卓越的领导能力、沟通能力、人际关系处理能力、在复杂的合作和协作环境中游刃有余地发挥作用的能力。

3. 政府信息官要具备创新意识、诚实、负责等素质。政府首席信息官首先是改革者，然后才是管理者和政治家。科学精神、创新意识等是其必备的基本素质。美国《信息技术管理改革法》提出：首席信息官应具备敏感、诚实、务实、为同事所信任的品质。

（三）强化政府信息官管理的针对性和有效性。政府信息官管理制度从大的方面看，属于公职人员管理制度，从自身职责看，则十分重视其素质能力的高水平。

1. 实行有特色的政府信息官选用制度。一是源于政府信息官工作的创新性、综合性、高负荷性，其人员选用特别关注创新能力、管理能力和责任心等要素的考察。二是源于对技术的前沿性要求，坚持不断提高社会采用率。

2. 建立有特色的政府信息官考核制度。源于对电子政务的高度预期，各国普遍对政府信息官的考核极为重视。美国联邦政府对政府首席信息官的考核采取计分卡制度，每个季度考核一次，重点关注：是否将大部分信息技术开支放在需要优先执行的现代化实施项目上；是否已按照既定的成本/时间表/执行目标来实施重大信息技术项目；重大信息技术系统是否具有充分的安全性；电子政务项目是否具有可操作性，并能够提高效率与效能。

3. 推行有针对性的政府信息官培训制度。很多国家都建立了政府信息官培训的知识体系与培训模式，且培训内容与方式个性化明显。培训一般分有两种类型：一是普适性的认知提升与知识补充性培训。一般采用内部培训方式。二是针对高层人才和重要人才进行的能力提升培训。一般采取外部培训方式。

三、重构我国政府信息官管理体制的基本思路

重构我国政府信息官管理体制的核心是依从电子政务的本质属性，改变官僚化的科层管理体制，建立具有开放的、一体化属性的矩阵式管理体制，重点是构建政府信息官的权责体系、素质能力框架与职位体系、管理制度体系。

（一）理顺政府信息官的管理体制

1. 构建我国政府信息官的职责体系。我国政府信息官应主要履行如下几项职责：一是电

子政务建设规划、计划、政策法规、相关标准的制定与落实。二是政府信息资源管理与开发规划、计划、政策法规、相关标准的制定与落实。三是电子政务和政府信息资源管理与开发的具体业务设计、建设项目管理、运行系统日常监控。

2. 明确政府信息官的法律地位和公务身份。采取部外制模式，将电子政务管理纳入政府内部管理范畴，将政府信息官统一纳入政府公务员序列。这主要是基于两方面的考虑：一是电子政务建设的外包将大大减少具体技术人员的需求数量。二是政府信息官要有效履行其岗位职责必须具有一定的管理权威性。

3. 建立以首席信息官为首的政府信息官管理机构和职位体系。建立以政府首席信息官为核心的政府信息官组织架构，形成"政府信息化决策机构+首席信息官办公室"的管理模式，具体如图1所示。其中，上级政府信息化决策机构对下级政府信息化决策机构有业务领导关系。各级信息化决策机构下设首席信息官办公室，上下级政府的首席信息官、上下级政府所属部门的首席信息官、本级政府的首席信息官与各部门的首席信息官之间存在业务指导和领导关系，如中央政府首席信息官负责指导、协调省级政府首席信息官的工作，负责领导中央各部委首席信息官的工作；同时，政府及其所属部门的首席信息官向本级政府或本部门的行政首长负责。

此外，在政府信息官的职位体系中，首席信息官是最高级别政府信息官，属于公务员的领导层，依从领导人员的管理制度；在具体业务岗位上的工作人员为政府信息官，依从专业技术类公务员管理制度，具有能级差异。

（二）构建政府信息官的素质能力框架

1. 政府信息官应具备的知识要素。政府信息官应掌握以下三类知识：一是信息类知识，主要包括信息技术类知识、信息管理类知识、信息系统类知识等。二是项目管理类知识，主要包括电子政务项目管理、监理、审计等方面知识。三是公共管理类知识，主要包括公共管理基本原理、公共管理改革与发展动态和趋势等。不同层次和级别的政府信息官对上述知识要素掌握程度的要求有所区别。一般而言，层次、级别较高者对管理类知识的要求相对较高；层次、级别较低者对技术知识的要求相对较高。

2. 政府信息官应具备的能力要素。政府信息官应主要具备以下三种能力要素：一是业务能力，主要是指调查研究能力、理解与执行能力、技术应用能力等。二是管理能力，主要包括规划设计能力、战略思维能力、项目管理能力等。三是学习创新能力，主要包括学习能力、创新能力、应变能力等。不同层次的政府信息官对各类能力的需求程度也有一定差异。一般而言，层次、层级较高者对规划设计能力和战略思维能力的要求相对较高；层次、层级较低者对项目管理能力的要求相对较高。

3. 政府信息官应具备的素质要素。政府信息官应具备如下四种素质要素：一是全局意识。政府信息官要能够根据整个行政改革和信息化发展的大背景谋划电子政务建设。二是创新精神。主要体现在两个层面：从无到有的创新开拓意识；渐进式改进与变革意识。前者适用于电子政务建设早期，后者则贯穿于电子政务建设全过程。三是科学态度。政府信息官必须具备较强的科学态度和求真务实精神，力求电子政务解决方案的最优化和效用最大化。四是责任心。这是我国政府信息官亟待强化的素质要素，其原因在于：电子政务项目大都投入较大，影响深远；我国电子政务建设的管理体制尚不规范和完善；电子政务的创新性使政府信息官在组织内部具有一定的异己特征，工作压力与负荷较重。一般而言，层次、级别较高的政府信息官对全局意识和创新精神的要求相对较高，层次、级别较低者对科学态度和责任心的要求则相对较高。

（三）规范政府信息官的管理行为。政府信息官管理是一项系统工程，涉及选拔任用、考核、培训、薪酬、交流等多项制度。下面仅就不同于一般公务员管理的制度环节加以阐述：

1. 实行职业资格制度。凡是在政府信息官岗位任职，就必须通过一定级别的职业资格考试，持证上岗。建立政府信息官职业资格制度时，应重点强化两点：一是保证该项制度的权威性，可由国务院人力资源和劳动保障部门会同国务院有关主管部门制定职业标准，建立能力水平评价制度，并统一组织考试和证书发放。二是既要保证该项制度的独立性，又要搞好与其他职业资格制度之间的衔接。

2. 实行公开选拔制度。一是在实行公开考试录用制度的基础上，实行公开选拔与招聘制度。将绝大部分政府信息官职位设为公开选拔职位，一旦有职位空缺，即采取公开选拔的方式补充人选。二是部分政府信息官实行聘用制，实行合同管理。

3. 实行职业培训制度。建立政府信息官的职业培训体系。在培训内容方面，一是提高信息类知识、素质和能力，如信息技术、信息管理等知识与技能的更新；二是提高管理类知识、素质和能力，如公共管理、项目管理等知识和技能的培养和提高，以及决策、沟通、合作等管理素质和能力的锻炼和提升。在培训实施方面，培训业务主管机构是政府信息化主管部门，培训实施机构主要是政府所属或社会上有相应资质的高校、培训机构和行业自律组织等。培训课程由培训业务主管部门和培训实施机构联合开发。在培训方式方面，主要采取研讨、案例分析、情景模拟等参与性较强和见效较快的方式方法。

4. 实行有市场竞争力的薪酬制度。确定政府信息官的薪酬水平应综合考虑如下因素：一是信息产业或其他相关领域同等资质人员的薪酬水平；二是其他行业或领域信息化人才的薪酬水平；三是同职级公务员的薪酬水平；四是政府信息官的任用方式、工作职责和稀缺程度等。政府信息官的薪酬水平要略高于同级别的公务员，以体现其技术性与专业性，但不能高于信息行业的薪酬水平，因为政府信息官一般具有相对稳定的公职身份。

5. 实行首席信息官职位交流与工作交流制度。首席信息官的职位轮换主要有两种形式：一是在人事隶属关系不变的情况下，政府各部门的首席信息官实行交互任职。各部门的首席信息官在一定时期内，在本部门工作一段时间后，可到其他部门工作一段时间。二是在垂直管理系统或部门，政府首席信息官的职位轮换按照人事管理权限进行。

首席信息官的工作交流主要有两种方式：一是建立政府首席信息官联席会议制度。上级政府首席信息官定期召开下一级政府首席信息官参加的联席会议，以交流经验，讨论本地区电子政务建设的热点、难点问题，提出相应的决策建议，安排布置下一步电子政务发展的相关事宜。二是建立政府首席信息官委员会制度。中央、省、市三级政府的首席信息官可定期召开由各部门首席信息官参加的委员会议，以交流各部门电子政务建设情况，就共同面临的问题进行探讨，安排布置电子政务建设的相关事宜。

专栏19-9

中国政府CIO机制分析

国家行政学院电子政务专家委员会秘书长　江源富

政府生产和管理的信息约占社会信息总量的80%，政府信息资源是经济社会最主要的信息资源。政府CIO（首席信息官）制度是政府信息化管理体制中最重要的组成部分，完善政府CIO运行机制能够提高政府决策的科学性，促进政府信息化建设健康快速发展，扩大政府信息资源的有效利用，推动整个社会的信息化发展。本文对中央政府部委、省级和地市级政府CIO结构状况、运行机理进行了研究和探讨。虽然基层政府的CIO机制与这里所研究的机制很相似，但本文不包括基层政府的CIO运行机制，也没有包括国家顶层的信息化推进机制。

一、中国政府CIO运行机制

2001年以来，随着我国政府信息化建设的深入推进，研究者对中国政府CIO的关注日趋提高，国内相关研究文献迅速增多，有代表性的文献大致可分为两类：一类偏重于对政府CIO现状进行描述和梳理，如有学者认为我国只存在类似于美国政府CIO的机构和人员：如团队类型（信息化领导小组）、兼职CIO类型（兼管信息化的副职领导）、准CIO类型（信息中心主任）。也有学者认为目前我国信息化管理工作的典型模式是“信息化工作领导小组+信息技术处／科(信息中心)”。在这种模式下CIO实际上只是一个负责信息技术部门的中层领导，还没有真正进入组织的决策层。另一类是针对当前CIO模式提出的解决方法。如吴江提出要明确政府CIO在政府中的职责定位，并在此基础上合理构建其素质能力框架，并详细列出了政府CIO的职责与能力要求等。张红胜认为须逐步将信息化工作纳入政府行政管理序列，将信息化建设资金列入各级政府及其职能部门的财政预算。樊博提出由发改委合署信息化办公室模式来统一电子政务项目的规划权和立项权，发改委的各个职能部门有法定的权力和协同其他机构的能力，并认为这一模式最为适合我国国情。于施洋指出“在制度安排上，政务信息资源管理应当纳入各级政府部门的职能，明确职责权限和相应的管理主体”。也有学者对政府机关信息化管理机构的设置模式、管理领导体制的类型和健全政府机关信息化管理体制应考虑的因素等进行了较为细致的探讨，提出将信息化管理机构与信息中心合为一体的模式，这样既能提高信息化管理机构的管理水平，也能充分利用信息中心的技术优势。虽然目前学术界已积累了一批研究成果，但总体来看还存在两方面不足：一是缺乏对我国政府CIO现状的客观描述，甚至对我国是否真正存在政府CIO还有争议；二是缺少具有现实操作性并能解决问题的有效措施。笔者认为当前中国政府的CIO是“信息化主管领导+信息办主任+信息中心”这“三位一体”方式，在不同地区和部门会结合自身要求进行一定的组合或者调整，主要运行机制可分为三类，分别如下图所示：

（一）中国政府CIO运行机制基本模式

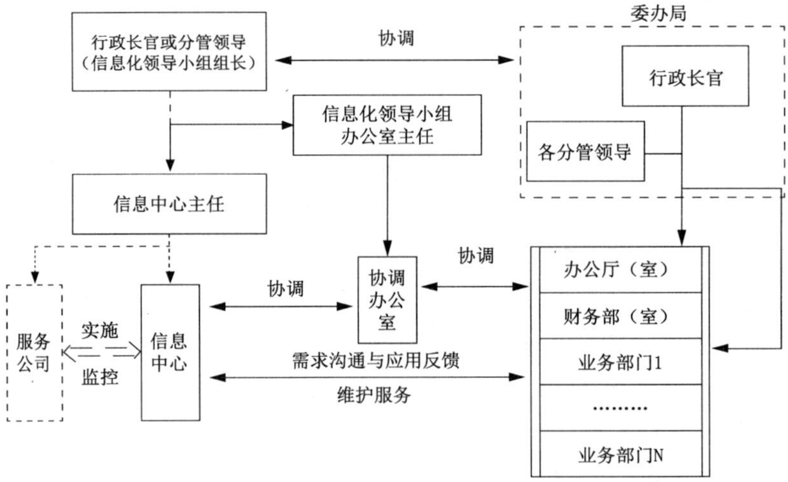

上图为中国政府职能部门和地方政府的CIO制度的基本模式。在此模式中，由信息化领导小组、信息化领导小组办公室和信息中心构成政府信息化管理“三位一体”的决策、协调和执行机制。

决策及决策层协调：信息化领导小组负责信息化的决策工作。为了有效地开展信息化决策工作，领导小组需要与相关单位的行政长官或分管领导进行领导层面的沟通和协调，信息化领导小组一般由行政长官或分管信息化的领导担任组长，成员包括政府各职能部门长官或分管副职领导，以及重要支撑部门领导，以保证决策的科学性和有效性。

执行层协调：信息化领导小组办公室（或者信息办）是领导小组的常设协调机构，承担信息化领导小组的日常工作和大量的日常协调任务。协调任务具体包括三个方面，一是与业务部门就信息化的业务需求进行协调，如信息化的统一规划和协同共建、信息资源共享、具体政策的制定和落实等；二是与执行部门进行执行层面的协调，如信息化实施管理机制、信息化建设监督、运行维护等其他执行层面的重大问题；三是与其他部委或机构就信息化建设中的协同、共享等问题进行沟通和协商。总之，信息化领导小组办公室需要尽可能地将领导小组的日常协调工作做到位，让领导小组的精力集中于决策工作。信息办无法完成的协调工作，由领导小组从领导层进行沟通和处理。

执行与管理监控：信息中心是主要的执行机构，负责执行领导小组的决策，将信息化建设和运行付诸实施。信息中心偏重于技术和工程层面，一般属于从事技术实施和技术服务管理的政府事业单位，具体任务大致包括：与职能部门沟通业务需求；信息化建设实施管理；获取职能部门应用反馈；网络与系统维护服务的管理等。

信息中心虽然注重于技术层面，但它仍然是一个政府机构，更多的工作在于技术实施和技术服务的管理，具体的信息化实施和服务工作往往需要借助更专业信息技术企业或研究机构来完成。

（二）中国政府CIO运行机制模式二

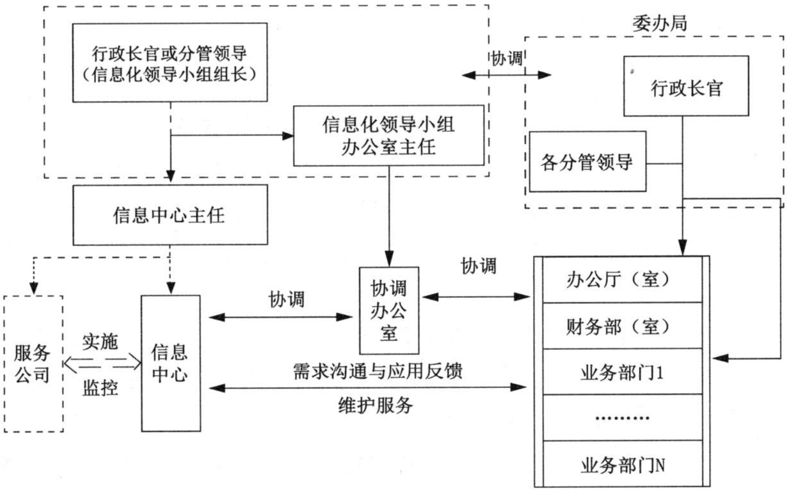

在模式二里面，信息化领导小组组长与信息化领导小组办公室之间的联系更为紧密，通常是将非常设的信息办的职能落实到一个常设的专职负责信息化协调工作的政府机构，或者由分管信息化工作的领导兼任信息办主任。比如有的城市成立信息委作为一个常设部门，大大拓展了其信息化协调和综合管理职能。通过这种安排，高层领导对工作层面的协调支持力度更大。由于有高层领导的支持，信息办的权威性有了更好的保障，工作层面的协调更容易开展。

（三）中国政府CIO运行机制模式三

在模式三里面，信息中心和信息化领导小组办公室的联系更为紧密，甚至合并办公，有的地区或者政府机构由信息化领导小组办公室主任兼任信息中心主任，或者从信息中心抽调

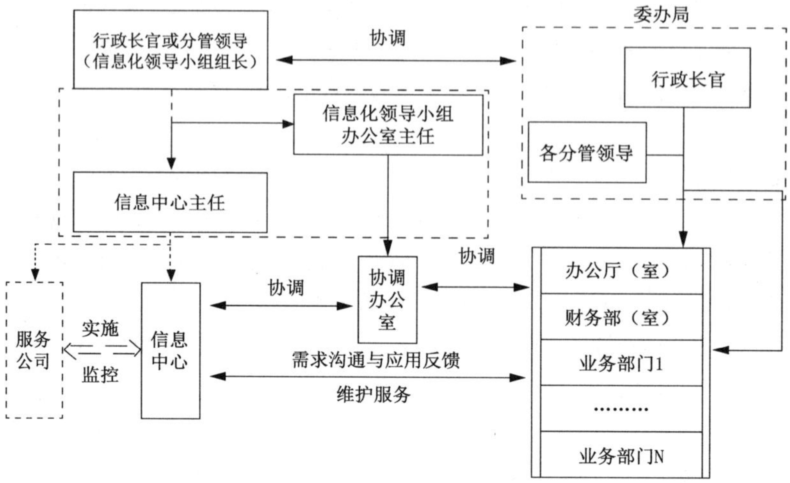

人员参与信息办的工作。在这种体制下，有了信息办的支持，信息中心具有更高的权威，执行工作更容易开展。

二、中国政府CIO职业发展路径

政府CIO的职业发展是指政府信息化从业者随着知识阅历的积累和年龄的增长，其可能的职业发展路径和前景，以及政府CIO的产生途径。好的职业发展前景有助于政府信息化从业者更加专注于自身未来的发展方向并为之努力，可以提高工作满意度，增强职业稳定性，改进工作积极性。减少由于人员频繁流动和优秀人才流失所带来的业务受阻和发展不畅。其可能的职业发展路径有两条：

（一）行政职务发展。我国政府信息化管理体制是一个金字塔形结构的科层制体系，从基层到高层依次是执行层、协调层和决策层，所对应的领导职务分别是信息中心主任、信息办主任和信息化领导小组组长，若政府信息化管理者有志于从事信息化管理的统筹规划、全面协调等领域的工作，追求自身职业发展，其可能的领导职务分别有信息中心主任、信息办主任、信息化领导小组组长、主管信息化高级领导。这种职业发展路径指明了从一个职位到下一个职位发展的路径。即政府信息化管理者明确其发展的特定工作序列，可以一步一步地进行岗位变动,以获得更高级管理职位所需的经历和准备。

（二）技术领域发展。技术领域发展是指为那些专注技术及技术管理的政府信息化从业者所提供的职业发展路径，设置了一个平行的、与行政职务同等重要的技术能力阶梯,并与待遇相挂钩。这种职业发展路径有助于政府信息化专业人员专心立足于专业领域，保持专业独立性，发挥其技术特长，提供专业化、科学化的咨询建议；同时可给予其一定的级别或职位如“巡视员”、“调研员”等，使其拥有更多从事专业活动的资源，方便其开展调查研究工作。

通过这两种职业路径的设计,有利于调动政府信息化专业人员和管理人员从事管理领域和专业技术领域的积极性,拓宽其职业生涯通道,满足多样化的发展需要，同时也有利于开阔视野，保证各尽其能,各展其长，实现稳定与有序流动、维持与发展的平衡。

三、中国政府CIO运行机制的优缺点

笔者认为中国目前已经存在政府CIO体制，“信息化主管领导+信息办主任+信息中心主任”（在不同单位和地区名称会略有变化）这三位一体的方式是事实上的中国CIO运行机制，这种运行机制的主要优点是：

（一）分工明确，发挥各自优势。信息化主管领导能够从政府高层贯彻政府意志，负责信息化重大项目的审议；信息办主任可进行宽范围的协调，负责政府信息化建设的规划标准、项目前置审批；而信息中心主任可专注于做技术支撑，负责维护信息系统，推动电子政务。这是一种兼职与专职相结合的管理体制，强调领导层面、协调层面和执行层面的沟通互动。

（二）提高管理地位，吸引优秀人才。在许多地方，信息中心承担着政府信息化推进的具体任务，肩负着信息化项目建设的成败责任。但是其地位不高，甚至只是信息化办公室下属的事业单位，信息中心主任的职业发展空间很小，很难留住高层次人才，通过职业生涯规划安排，可提供更广阔职业发展空间和更强的岗位激励，吸引更多优秀人才充实政府信息化建设队伍。

（三）适合国情，具有现实针对性。尽管许多地区和部门对信息化建设极为重视，提出了许多改革建议和操作办法，但最终效果却不甚理想，一个极为重要的原因就是改革原有体制难度较大，在操作中难以执行。而这种安排是在基本不触动其他部门管理权限基础上实现的，不要求对行政管理体制进行变革，同时也照顾到了信息化管理部门内部的权限划分，具有较高的普及性和推广性。

当前政府CIO运行机制在发挥作用的同时，由于缺乏配套管理制度和职责尚不清晰，再加上IT技术更新换代较快，在实践中产生了许多问题，特别表现在如下方面：

（一）政出多门，难于协调。由于信息化管理部门职能范围不同、工作性质不同，有可能产生信息壁垒，导致协调沟通困难，降低了组织的凝聚力，影响了政府信息化工作的顺利开展。

（二）职权分散，缺乏权威。信息化主管领导常常缺乏信息化管理的知识背景及经验，缺少推动信息化建设的动力；信息办主任又可能不是专职，从而难以投入全部精力，且所得到的授权也有限。信息中心主任只是机构中的中层干部，不能在管理流程整合方面施加足够的影响，结果造成要么是制定的信息化政策过于笼统，要么是好的政策得不到很好的贯彻落实。

（三）依赖高层支持，存在不确定性。由于当前政府CIO尚未成为一项规范的制度性的安排融入到政府职能之中，政府CIO难以拥有充分的资源去开展工作，因此常需仰望高层领导的威望和能力去推动信息化建设，但由于个人观念差异，导致信息化主管领导对政府CIO工作的重视程度会有不同，影响信息化建设的有序推进。

四、结论

我国当前这种“信息化主管领导+信息办主任+信息中心主任”这一操作安排和美国政府CIO

制度相比算得上是一种“准CIO”模式，但这种模式却更符合当前我国国情，更具有实际可操作性，也能更好地完成信息化的工作要求；同时我们看到当前这种运行机制还存在许多问题和不足，关键的不足是信息化领导小组的组长（信息化主管领导）对于信息化推进工作的职责不规范，从而使得信息化推进工作对信息化主管领导的个人意志、权威乃至个人兴趣有较大依赖。除此以外，还表现在相关职责和职能规定得不够清晰，因而实际工作中对领导倚仗较多，而对制度推动和团队能力倚仗较少。当然，一个有意愿、有能力的信息化管理高层领导是无可替代的，在信息化建设中，尤其在起步发展阶段起着开路先锋的作用，能在实践中推进政府信息化建设和运营维护管理机制的成熟完善，从这个意义上说，信息化主管领导是个“明白人”显得尤为重要。而这个“明白人”的主管领导，就是真正的政府CIO；他（她）的工作成效也有赖于一个适宜的环境，这个环境就是更为规范的政府CIO的运行机制。

附 录

一、2010年中国信息化大事记

1月13日

国务院总理温家宝主持召开国务院常务会议，决定加快推进电信网、广播电视网和互联网“三网融合”。

1月21日

国务院下发《国务院关于印发推进“三网融合”总体方案的通知》（国发〔2010〕5号）。该通知明确将“三网融合”作为重要任务纳入国家发展战略。

中国林业网和国家林业局办公网开通运行。

2月1日

我国服装电子商务领军企业中国服装网宣布重要股权交易，以其董事长陈学军为首的管理层向大股东网盛生意宝（002095，SZ）回购了浙江中服网络科技有限公司11.38%的股权，最终以60.38%的比例成公司第一大股东实现了控股。这是国内电子商务领域首例MBO，也是继新浪之后的国内互联网企业又一次MBO事件。

2月2日

工信部在公告的62个国家新型工业化产业示范基地中，江苏无锡高新技术产业开发区正式获批为物联网示范基地。

2月5日

北京市经济与信息化委员会和中关村管委会联合发布促进物联网产业发展的“感知北京”示范工程首批项目。

3月5日

温家宝总理在十一届全国人大三次会议上作政府工作报告时指出，要“大力发展新能源、新材料、节能环保、生物医药、信息网络和高端制造产业。积极推进新能源汽车、‘三网融合’取得实质性进展，加快物联网的研究应用。加大对战略性新兴产业的投入和政策支持。”

3月10日

中央机构编制委员会办公室印发《关于国家林业局信息中心机构编制的批复》。

3月18日

美国电子商务网站eBay旗下支付系统Pay Pal宣布，将与中国银联合作，以便中国银联的用户进行海外网站的购物结算。

3月30日

首届物联网应用高峰论坛在无锡市召开。

3月31日

国家广播电影电视总局发放首批三张互联网电视牌照，分别为中国网络电视台（CNTV）、上海文广和杭州华数。

4月9日

国内首家“三网融合全程电子商务工程中心”在华南正式成立，并同时启动“百万推进工程”，促进全国百万企业开展全程电子商务应用。

4月20日

中国物流企业爱普司集团宣布推出物流电子商务交易公共服务平台——流通宝，该平台是一集卡、手机和网络平台为一体的新型电子商务平台，实现了物流与互联网及金融业的有机结合。

5月3日

国际互联网监测公司Alexa发布的最新统计数据显示：淘宝网的日独立访问数已逾4000万，首次超过Amazon、Ebay等国际大型购物网站，在全球电子商务网站流量中排名第一。

5月21日

“第四届APEC电子商务工商联盟论坛”在成都举办，论坛主题为“开启E时代的新未来”。

5月31日

国家工商行政管理总局正式公布《网络商品交易及有关服务行为管理暂行办法》。

6月1日

国家林业局综合办公系统正式启用，标志着全国林业系统开始进入无纸化办公时代。

6月7日

经东盟各国政府批准，“中国—东盟自由贸易区商务门户网站运营中心”在昆明启动。

6月8日

国务院新闻办公室首次发表《中国互联网状况》白皮书，阐述了中国政府关于互联网的基本政策：积极利用、科学发展、依法管理、确保安全。

中国物联网标准联合工作组在北京成立，以推进物联网技术的研究和标准的制定。

6月17日

国家林业局印发《关于成立国家林业局信息中心的通知》，正式成立了国家林业局信息中心。

6月21日

中国人民银行出台了《非金融机构支付服务管理办法》。该《办法》的出台规范了当前发展迅猛的第三方支付行业，起到了引导作用。

6月22日

2010年中国国际物联网大会在上海市召开。

6月30日

国务院办公厅发布了《关于印发第一批“三网融合”试点地区（城市）名单的通知》，确定了第一批共12个“三网融合”试点地区（城市）名单。

7月16日

教育部发出通知，为了加大互联网、电子商务等新兴产业人才培养力度，有关高校可从本科教育入手，积极申报与战略性新兴产业发展人才需求相关的新专业，积极培养战略性新兴产业相关专业的人才，满足国家战略性新兴产业发展对高素质人才的迫切需求。

7月20日

“三网融合”工作协调小组办公室印发《关于“三网融合”试点工作有关问题的通知》，要求各试点地区尽快建立健全“三网融合”组织协调机构，以指导和推进“三网融合”第一阶段试点工作有序展开。

7月31日

中国电信物联网应用和推广中心等60多家单位加入国内首个物联网联盟，促进技术与产业资源的有效利用，通过构建诚信、自律、互惠的合作交流平台，共同推进物联网标准应用和大规模产业化。

8月5日

深圳市市场监管局发放全国首张商务秘书企业的营业执照，这意味着在深圳没有办公场所，也可以登记注册电子商务公司。

8月12日

财政部、商务部最近联合修订《中小企业国际市场开拓资金管理办法》，其中涉及企业开展电子商务可获资金支持。

8月24日

由北京市经信委、市消协、中国消费网等发起的“中国3•15电子商务诚信平台”正式设立，它将专门受理网购等电子商务的消费投诉，并将在2011年初率先对网购试行“先行赔付”。

8月30日

“超级网银”（即央行牵头搭建的第二代网上支付跨行清算系统）上线。系统不仅能为个人和单位用户提供跨行24小时实时的资金汇划、跨行账户和账务查询，还能实现目前支付系统所无法实现的跨行扣款、第三方支付等功能。

9月1日

中国人民银行施行《非金融机构支付服务管理办法》，要求第三方支付机构必须取得支付《业务许可证》后方可从事支付业务。这标志着第三方支付企业有望从过去的灰色地带走到阳光下。

9月8日

人民网、中国共产党新闻网正式推出“直通中南海——中央领导人和中央机构留言板”。该留言板突出互动性，旨在让网友对中央领导人倾诉心声，给中央机构提出意见建议。

9月25日

首个“国家电子商务综合创新实践区”在上海浦东诞生。

10月9日

国家新闻出版总署出台《新闻出版总署关于发展电子书产业的意见》，提出要依法依规建立电子书行业准入制度，依法对从事电子书相关业务的企业实施分类审批和管理。

10月15日

党的十七届五中全会通过的《中共中央关于制定国民经济和社会发展第十二个五年规划的建议》提出，要“全面提高信息化水平。推动信息化和工业化深度融合，加快经济社会各领域信息化。发展和提升软件产业。积极发展电子商务。加强重要信息系统建设，强化地理、人口、金融、税收、统计等基础信息资源开发利用。实现电信网、广播电视网、互联网‘三网融合’，构建宽带、融合、安全的下一代国家信息基础设施。推进物联网研发应用。以信息共享、互联互通为重点，大力推进国家电子政务网络建设，整合提升政府公共服务和管理能力。确保基础信息网络和重要信息系统安全。”

10月27日

商务部发布《电子商务示范企业创建规范（试行）》。

10月29日

在第十三次中国—东盟“10+1”领导人会议上，中国—东盟虚拟中心网站正式开通，温家宝总理与东盟领导人共同出席网站开通仪式。

10月31日

举世瞩目的上海世博会胜利闭幕。杭州华三通信技术有限公司（H3C）在世博期间，提供了全方位的网络通信和安防监控产品及解决方案，也成为科技世博中一道亮丽风景。

11月5日

科技部“863”计划信息技术领域办公室发布《“863”计划信息技术领域“‘三网融合’演

进技术与系统研究”大宗项目申请指南》，标志着“三网融合”已被纳入“863”计划重大项目课题组。

11月26日

首次物联网示范工作会议召开，国家林业局和有关部委被列入首批物联网示范单位。

11月27日

2010中国绿色食品博览会绿色食品与电子商务高峰论坛在江西举行，探讨我国绿色食品电子商务安全监管面临的问题及未来发展方向。

11月30日

“2010年度中国经济和信息化论坛”在北京举行。

12月4日

央行在其网站上正式公布了《非金融机构支付服务管理办法实施细则》，对支付机构从事支付业务的最基本规则、申请人资质条件等进行细化，标志着支付企业申请支付业务许可证的最后一个政策门槛消除。

12月6日

华东林业产权交易所建成，标志着我国森林资源和林业要素交易平台建设布局趋于完整。

12月27~28日

首次全国林业信息化示范省建设工作座谈会在北京召开。

12月30日

《中国林业信息化发展报告2010》正式出版，这是首部中国林业信息化发展年度报告。

二、2010年中国林业信息化大事记

1月21日

中国林业网和国家林业局办公网开通运行，整合了50多个业务子站和一批重点数据库及应用系统，建成了首个国家林业政府网站群。

1~3月

国家林业局组织开展首次全员信息化培训，连续举办5期培训班学习中国林业网、国家林业局办公网和综合办公系统的应用，为国家林业局内外网应用和实现无纸化办公奠定了基础。

1月29日

电子政务管理实践案例评选活动总结大会召开，国家林业局荣获知识管理奖和电子政务管理效能提升奖。

2月4日

组织召开全国林业信息数据标委会年会，并完成《林业信息术语》等6个标准的专家评审。

2月5日

工信部软件司赵小凡司长一行来国家林业局检查指导信息化工作。

2月10日

吉林森工“三网”融合项目完成方案设计，进入实施阶段。

3月2日

国家网络森林医院开通运行，实现了森林疾病在线“就医问药”和“在线咨询服务”。

3月10日

中央机构编制委员会办公室印发《关于国家林业局信息中心机构编制的批复》。

3月12日

湖南省林木测土配方基础平台建设完成并投入运行。

4月1日

国家林业局综合办公系统开始试运行。

4月2日

国家林业局局长办公会专题听取中国林业网和国家林业局办公网等林业信息化建设应用情况汇报。

4月30日

国家林业局政府网开通上海世博会专题。

5月10~20日

组织编制《国家重大信息化工程建设规划（2011~2015）》林业信息化项目建议。

5月26日

国家知识产权局来国家林业局调研无纸化办公情况。

5月27日

国家测绘局来国家林业局调研信息化工作。

6月1日

国家林业局综合办公系统正式启用，这标志着全国林业系统开始进入无纸化办公时代。

辽宁省召开第二次全省林业信息化工作会议。

6月17日

国家林业局印发《关于成立国家林业局信息中心的通知》，正式成立了国家林业局信息中心，该中心为国家林业局正司局级单位，核定事业编制30人，承担组织、协调、指导、监督、管理全国林业信息化建设和电子政务工作。

7月7~28日

组织参加赴英国电子政务管理培训班。

7月8日

国家林业局印发《中国林业网管理办法》、《国家林业局办公网管理办法》、《全国林业专网管理办法》、《国家林业局中心机房管理办法》和《国家林业局网络信息安全应急处置预案》五项信息管理制度。

7月9日

国家林业局印发《全国林业信息化工作管理办法》。

8月19日

空军信息化工作办公室到国家林业局调研信息化工作。

9月1日

组织召开林业资源监管服务体系试点建设项目实施方案座谈会。

9月6日

国家林业局政府网直播张建龙副局长接受中国政府网专访。

9月20日

辽宁省数字林业核心平台建成，并获得辽宁省科技进步二等奖。

10月10日

国家林业局政府网开通全国集体林改百县经验交流会专题，并开始组织“百县书记县长谈林改”网络电视访谈直播系列活动。

11月8日

国家林业局信息办印发《办公计算机安全管理办法》等8项信息安全管理办法。

11月10日

林业资源综合监管服务体系试点建设项目正式启动，这是《全国林业信息化建设纲要》第一个行动计划的核心内容，信息技术在林业核心业务中的应用深入发展。

11月22日

《全国林业信息化发展“十二五”规划（2011~2015年）》通过专家评审。

11月26日

首次物联网示范工作会议召开，国家林业局和有关部委被列入首批物联网示范单位。

12月6日

华东林业产权交易所建成。建立了全省统一、规范、公开的森林资源和林业要素交易平台，为林业和融资担保之间找到了一个契合点。

12月8日

国家林业局政府网获2010年绩效评估“品牌栏目”奖。

12月16日

第九届中国政府网站绩效评估结果发布会召开，国家林业局政府网在73个部委网站综合排名中位列第11名，荣获“优秀政府网站”称号。

12月20日

河南林业信息网荣获“全国农业网站百强”称号。

12月23日

印发《国家林业局信息办财务与资产管理办法（试行）》。

12月27~28日

首届全国林业信息化示范省建设工作座谈会在北京召开，会议向首批全国林业信息化示范省颁发了奖牌，宣布了首次中国林业网子站和各省（区、市）林业厅（局）网站绩效评估结果，宣布了“十一五”全国林业十件大事和2010年全国林业信息化十件大事评选初步结果。

12月30日

《中国林业信息化发展报告2010》正式出版，这是首部中国林业信息化发展报告。